ZRÓB TO W WARSZAWIE!

Do it in Warsaw!

ZRÓB TO W WARSZAWIE!
Do it in Warsaw!

ISBN 978-83-7552-991-3

WYDAWCA/PUBLISHER:
Agora SA, ul. Czerska 8/10, 00-732 Warszawa

OPRACOWANIE REDAKCYJNE/EDITORS:
Agnieszka Kowalska, Łukasz Kamiński

KOORDYNATOR PROJEKTU ORAZ PROMOCJA
PROJECT COORDINATOR AND PROMOTION:
Anna Pruszyńska

PROJEKT GRAFICZNY, PROJEKT OKŁADKI, SKŁAD I PRZYGOTOWANIE DO DRUKU
GRAPHIC DESIGN, LAYOUT, COVER:
Mamastudio (www.mamastudio.pl)

KOREKTA/PROOFREADING:
Karol Weber

FOTOEDYCJA/PHOTOEDITING:
Agnieszka Kowalska

ZESPÓŁ DS. PRZESTRZENI BARWNEJ
SCANNING AND COLOUR MANAGEMENT:
Anna Biała

TŁUMACZENIE/TRANSLATING:
Jade Communications Katarzyna Diehl

ZDJĘCIA/PHOTOS:
Bartosz Bobkowski (s. 6, 12, 13, 14, 15, 26, 35, 37, 58, 64, 77, 83, 93, 94, 95, 96, 102, 105, 110, 111, 112, 113, 119, 122, 139, 147, 161, 163, 167, 169, 173, 177, 180, 183, 187, 188, 204, 215, 217, 223, 231, 233, 235, 236, 239, 243; Albert Zawada (s. 10, 13, 16, 20, 24, 27, 32, 33, 36, 39, 42, 50, 51, 53, 54, 61, 65, 80, 85, 89, 95, 97, 101, 116, 125, 131, 135, 138, 140, 143, 157, 159, 166, 168, 179, 181, 182, 191, 205, 217, 222, 229, 231, 232; Agnieszka Kowalska (s. 11, 32, 43, 50, 58, 59, 69, 70, 79, 102, 112, 124, 125, 133, 160, 170, 172, 183, 189, 199, 237); Łukasz Kamiński (s. 55); Magdalena Ponagajbo (s. 129); Tadeusz Rolke (s. 151); Grażyna Jaworska (s. 25, 44, 121, 204, 216); Alina Gajdamowicz (s. 36, 49, 68, 149, 198); Robert Kowalewski (s. 57, 60, 154, 210); Jacek Łagowski (s. 23, 118); Michał Mutor (s. 29, 35, 107); Jan Zamoyski (s. 56, 92, 106, 107); Jerzy Gumowski (s. 84, 162, 176, 179, 241); Krzysztof Miller (s. 234); Tomasz Wawer (s. 22, 40, 67, 150); Bruno Fidrych (s. 45); Adam Kozak (s. 144); Kuba Atys (s. 153, 213, 245); Sławomir Kamiński (s. 91, 180, 240); Arkadiusz Ścichocki (s. 203); Filip Klimaszewski (s. 224); Maciej Zienkiewicz (s. 8, 28, 192); Piotr Bernaś (s. 41); Jacek Łagowski (s. 71, 132); Piotr Molęcki (s. 80, 145); Anna Bedyńska (s. 108); Wojciech Olkuśnik (s. 148); Wojciech Surdziel (s. 158); Iwona Burdzanowska (s. 223); Maurycy Gomulicki (s. 17); WWAA (s. 30, 31); Mikołaj Długosz (s. 63, 134); Mirella von Chrupek (s. 17, 75, 78); Nicolas Grospierre (s. 72); Karol Grygoruk (s. 87, 201); Tomasz Dubiel (s. 99); Krzysztof Pacholak (s. 121, 137); Fontarte (s. 59, 131); Stanisław Boniecki (s. 175); Jarema Drogowski (s. 195); Ivo Nikić (s. 207); Monika Kmita (s. 221); Bęc Zmiana (s. 18); Chrum.com (s. 19); Babaryba (s. 19); Muzeum Powstania Warszawskiego (s. 21); Oki Doki (s. 49); CSW (s. 52); Keramos (s. 55); Adventure Warsaw (s. 76); Kultowe Dobranocki/Michał Grzegorczyk (s. 81); Warszawa Powiśle (s. 83); Centrum Nauki „Kopernik" (s. 104); Muzeum Sztuki Nowoczesnej (s. 117, 186, 214); Piotr Maciaszek (s. 146); Jakub Szczęsny (s. 147); Refre (s. 152); Tworzywo (s. 170, 171); Narodowe Centrum Sportu (s. 178); Moho Design (s. 204); Pies czy Suka (s. 205); Yann Deshoulieres (s. 211); Jacek Sielski/Zachęta (s. 17).

MAPA/MAP (s. 298):
źródło: Centrum Komunikacji Społecznej, Urząd Miasta st. Warszawy (stan na dzień 1 maja 2010)
source: Centre of Social Communication, Warsaw City Hall (state as on May 1, 2010)

MATERIAŁY REKLAMOWE/ADVERTISEMENTS:
strony/pages: 301, 302, 303, 304

WARSZAWA 2010

DRUKARNIA PERFEKT
ul. Połczyńska 99, 01-303 Warszawa

AGNIESZKA KOWALSKA
ŁUKASZ KAMIŃSKI

Gazeta Co Jest Grane
alternative guide

ALTERNATYWNY PRZEWODNIK
GAZETY CO JEST GRANE

ZRÓB TO W WARSZAWIE!

Do it in Warsaw!

BIBLIOTEKA GAZETY WYBORCZEJ

SPIS TREŚCI

Contents

◆

Do it with us!

This is a 2010 edition of our off-the-beaten-path guidebook "Do it in Warsaw". We published the first edition two years ago. Much has changed in our city since that time. Warsaw has gained such momentum that we barely manage to keep pace with it. Even when writing texts every week for the last page of "Gazeta Co Jest Grane" – the weekly cultural supplement of "Gazeta Wyborcza" – we are in a dilemma – a pleasant one, but a dilemma all the same – over which events to recommend. Containing Warsaw in one book is no easy task.

Warsaw is a city under construction. It is full of creative people, hence so many changes. We wonder whether when you take this book into your hand the Copernicus Centre of Science on the Vistula and the new Legia stadium will be ready or not? Whether the Raster gallery will still be located on ul. Hoża or elsewhere? Whether the huge KDT market hall built of tin sheeting right by the Palace of Culture will be pulled down or not to free the space for the Museum of Modern Art? We are impressed by the number café-clubs that have recently been opened in Warsaw. We recommend these places in our guidebook – they are true culture centres and Warsaw's favourite meeting places, sometimes for business, but mostly for fun.

In "Do it in Warsaw!" we write about our city and our trails. So you shouldn't be surprised that you won't find here much information about standard tourist attractions. This time we are showing the works of young artists – graphic designers, photographers, architects – those whom we value and who create the atmosphere of our city. We made "Do it in Warsaw!" together with designers from mamastudio: Magda Panagajbo and Witek Gottesman, because we also attach great importance to the form of our book. We just work well together as a team because they are simply the best! We wish to thank Ania Pruszyńska for managing the entire project (without her we wouldn't have made it) and our colleagues from "Gazeta Stołeczna": Jurek S. Majewski, Tomek Urzykowski, Darek Bartoszewicz, Dorota Wyżyńska, Agnieszka Jurczak, Jarek Osowski and Krzysiek Śmietana for their advice and consultation. Their knowledge is a source of our constant inspiration.

And now read, explore and enjoy the city!

Agnieszka Kowalska
Łukasz Kamiński

ZRÓB TO Z NAMI!

◆

To już kolejna edycja naszego alternatywnego przewodnika „Zrób to w Warszawie!”. Pierwszy wydaliśmy dwa lata temu. Od tego czasu wiele się w naszym mieście zmieniło. Warszawa nabrała takiego przyspieszenia, że ledwo za nią nadążamy. Nawet pisząc co tydzień teksty na ostatnią stronę „Gazety Co Jest Grane”, kulturalnego dodatku do „Gazety Wyborczej”, mamy dylemat, które wydarzenia polecić. Pomieścić więc Warszawę w jednej książce to dość karkołomne zadanie.

To miasto w budowie, pełne twórczych ludzi. I stąd właśnie tyle zmian. Zastanawiamy się, czy gdy weźmiesz do ręki ten przewodnik, gotowe już będą Centrum Nauki „Kopernik” i nowy stadion Legii, czy galeria Raster będzie jeszcze na ul. Hożej, czy już w całkiem nowym miejscu, czy na placu Defilad rozebrana już zostanie wielka blaszana hala Kupieckich Domów Towarowych, która ustępuje miejsca Muzeum Sztuki Nowoczesnej. Jesteśmy też pod wrażeniem liczby klubokawiarni, jakie powstają ostatnio w Warszawie. Polecamy je w naszym przewodniku szczególnie, bo to prawdziwe centra kultury, i ulubione przez wielu miejsca spotkań.

W „Zrób to w Warszawie!” piszemy o naszym mieście, naszych ścieżkach. Dlatego nie zdziw się, że nie znajdziesz tu zbyt wielu informacji o typowych atrakcjach turystycznych. Pokazujemy też tym razem prace młodych artystów – grafików, fotografów, architektów – których cenimy i którzy tworzą klimat naszego miasta. „Zrób to w Warszawie!” ponownie zrobiliśmy z projektantami z Mamastudio: Magdą Ponagajbo i Witkiem Gottesmanem, bo dużą wagę przykładamy również do formy naszej książki. Dobrze nam się razem pracuje, są po prostu najlepsi! Dziękujemy też Ani Pruszyńskiej za zorganizowanie całego projektu (bez niej nie doprowadzilibyśmy go do finału) oraz naszym koleżankom i kolegom z „Gazety Stołecznej”: Jurkowi S. Majewskiemu, Tomkowi Urzykowskiemu, Darkowi Bartoszewiczowi, Dorocie Wyżyńskiej, Agnieszce Jurczak, Jarkowi Osowskiemu i Krzyśkowi Śmietanie, którzy służyli nam radą i konsultacjami i z których wiedzy nieustająco korzystamy.

A teraz już czytaj, oglądaj i ruszaj w miasto!

Agnieszka Kowalska
Łukasz Kamiński

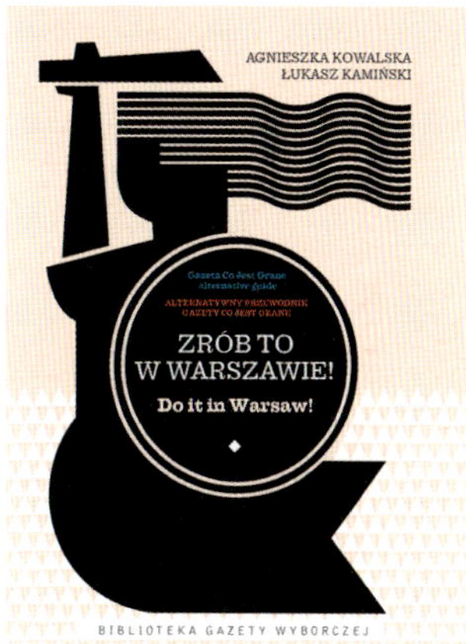

ZOBACZ SYMBOLE WARSZAWY

See the symbols of Warsaw

◆

PAŁAC KULTURY I NAUKI

PL. DEFILAD 1, WWW.PKIN.PL

Pałac to punkt orientacyjny i pierwszy budynek, jaki zobaczysz, wychodząc z Dworca Centralnego. Relikt komunizmu, który warszawiacy zaczynają nawet lubić, a zagraniczni turyści lubią bardzo.

Ten „dar narodu radzieckiego dla narodu polskiego" budowało 3,5 tys. radzieckich i polskich robotników. Dlatego został ukończony w rekordowym czasie trzech lat i oddany do użytku 22 lipca 1955 r. Pomysłodawcą budowy był Józef Stalin (który otwarcia pałacu nie doczekał), a zaprojektował go radziecki architekt Lew Rudniew z zespołem.

Ma 231 m wysokości i 42 kondygnacje. Mieści w sobie tyle atrakcji, że możesz w nim spędzić kilka dni i jeszcze nie zdołasz się znudzić. Są: taras widokowy na 30. piętrze (s. 38), Sala Kongresowa na 3 tys. miejsc, w której kiedyś odbywały się wiece partii komunistycznej, a która dziś służy jako sala koncertowa, basen w Pałacu Młodzieży, cztery teatry (Dramatyczny,

The Palace of Culture and Science
Pl. Defilad 1 www.pkin.pl

The Palace of Culture and Science is a good orientation point and the first building in the city you see when you come out of the Dworzec Centralny Railway Station. Being a relic of Communism it is better tolerated by the people of Warsaw now than in the past, but certainly tourists like it most. It was a "gift from the Soviet nation to the Polish nation" built by 3.5 thousand Russian and Polish workers. The construction was finished at a record-short time of 3 years and it was opened on July 22, 1955. The idea of the gift came from Józef Stalin (who actually died before it was finished) and the designs were made by a Soviet architect Lev Rudnev and his team. The building is 231 metres high and has 42 storeys. It houses so many different attractions that one could spend many days inside before getting bored. It has a view terrace at the 30th floor (p. 38), the Sala Kongresowa Hall for an audience of 3,000 where Communist Party rallies used to be held in the past and is now used as a concert hall, a swimming pool at the Palace of Youth which occupies part of the building,

Studio, 6. Piętro, Lalka), kino (Kinoteka, s. 96), Muzeum Techniki z ekspozycją w bardzo starym stylu (s. 32), coś dla dzieciaków – szkielety dinozaurów w Muzeum Ewolucji, klimatyczna klubokawiarnia Café Kulturalna w Teatrze Dramatycznym, gdzie można coś zjeść i za darmo podłączyć się do internetu (s. 77), socrealistyczne rzeźby na elewacjach pałacu i nieskończona liczba ciekawych detali wewnątrz (s. 172).

Oglądając pałac, pamiętaj – masz do czynienia z zabytkiem! Nie obyło się bez ostrych sporów, jednak 2 lutego 2007 r. PKiN został wpisany do rejestru zabytków. Ale pamiętaj też o tym, że kiedyś było tu centrum miasta z prawdziwego zdarzenia, poprzetykane siatką ulic, placów, zieleni i pięknych kamienic.

plus four theatres (The Dramatyczny Theatre, the Studio Theatre, The 6th Floor, and the Lalka Theatre), a movie theatre (Kinoteka, p. 96), The Museum of Technology with truly old-school exhibits (p. 32), attractions for the kids like a dinosaur's skeleton on show at the Museum of Evolution, an atmospheric club Café Kulturalna (Cultural Café) at the Dramatyczny Theatre where you can have a meal and surf the Internet for free (p. 77), Socialist Realist sculptures on the outside walls of the Palace, and uncounted unusual details inside (p. 172).

When looking at the Palace, remember, this is a historical object! Yes, there had been fierce disputes but the Palace of Culture and Science entered the historical heritage list on February 2, 2007. You may also remember that the Palace was built in the area that once was the bustling centre of the city with all its mesh of streets, squares, lawns, and stylish buildings.

The Palm Tree

Rondo de Gaulle'a an artistic project by Joanna Rajkowska "Greetings from Aleje Jerozolimskie", www.palma.art.pl

It took the Varsovians quite some time before they got used to it but they can hardly imagine life without it anymore. A 15 metre-tall plastic palm tree standing at the junction of the main streets in the city – Aleje Jerozolimskie and the route known as Trakt Królewski (The Royal Route) has changed the town's landscape forever. And it has become a symbol of new Warsaw, its pictures are shown in promotion folders, post-cards, advertisements, and videos.

The palm tree was installed there by the visual artist Joanna Rajkowska in December 2002. Inspired by her visit to Israel, she decided to recall to the public the origins of the name of Aleje Jerozolimskie (The Jerusalem Avenue), as a local Jewish community used to live along that street in the 18th century. The artist also wanted to change our usual way of thinking about the town's space.

Take a shot of the palm tree or buy a palm tree gadget (Centre for Contemporary Art Ujazdowski Castle). This artistic project is titled "Greetings from Aleje Jerozolimskie", so you too may use the palm tree to make your own postcard from Warsaw.

PALMA

RONDO DE GAULLE'A, ARTYSTYCZNY PROJEKT JOANNY RAJKOWSKIEJ „POZDROWIENIA Z ALEJ JEROZOLIMSKICH", WWW.PALMA.ART.PL

Warszawiacy długo się z nią oswajali, a teraz nie wyobrażają już sobie miasta bez niej. 15-metrowa sztuczna palma na przecięciu głównych tras komunikacyjnych – Alej Jerozolimskich i Traktu Królewskiego – zmieniła na zawsze krajobraz stolicy. I jako symbol nowej Warszawy trafiła do folderów promocyjnych, na pocztówki, do reklam i teledysków.

Postawiła ją tu w grudniu 2002 r. artystka sztuk wizualnych Joanna Rajkowska. Zainspirowana wizytą w Izraelu chciała przypomnieć, skąd wzięła się nazwa Alej Jerozolimskich, które w XVIII w. zamieszkiwała społeczność żydowska. I zmienić nasze przyzwyczajenia w myśleniu o przestrzeni miasta.

Zrób palmie zdjęcie albo kup palmowy gadżet (w Centrum Sztuki Współczesnej Zamek Ujazdowski). Ten artystyczny projekt nosi tytuł „Pozdrowienia z Alej Jerozolimskich", więc możesz też wykorzystać palmę przy tworzeniu własnej oryginalnej pocztówki z Warszawy.

The Mermaid

Rynek Starego Miasta (The Old Town Market Place); Wybrzeże Kościuszkowskie (a boulevard along the Vistula River), next to Świętokrzyski Bridge; Poniatowski Bridge; Markiewicz Flyover; ul. Grochowska 274; ul. Inżynierska 6; Mirowski Park by pl. Żelaznej Bramy

The Mermaid – half fish, half woman, naked, wielding a sword in her right hand and holding a shield in her left hand – is the emblem of Warsaw. This is why you can buy souvenirs featuring the Mermaid at almost every corner. But instead of buying them all, we recommend you take a closer look and identify the different

SYRENKA

RYNEK STAREGO MIASTA; WYBRZEŻE KOŚCIUSZKOWSKIE NAD WISŁĄ PRZY MOŚCIE ŚWIĘTOKRZYSKIM; MOST PONIATOWSKIEGO; WIADUKT MARKIEWICZA; UL. GROCHOWSKA 274; UL. INŻYNIERSKA 6; PARK MIROWSKI PRZY PL. ŻELAZNEJ BRAMY

Syrena – pół ryba, pół kobieta, naga, z mieczem i tarczą w dłoni – zdobi herb Warszawy. Dlatego możesz kupić niezliczoną liczbę pamiątek z jej wizerunkiem. Ale my polecamy raczej, byś wytropił jej rozmaite wersje rozsiane po całej Warszawie.

Te najsłynniejsze znajdziesz na Rynku Starego Miasta (XIX-wieczna rzeźba Konstantego Hegla) i nad Wisłą przy moście Świętokrzyskim (z 1939 r., autorstwa Ludwiki Nitschowej, z twarzą poetki Krystyny Krahelskiej, która zginęła w Powstaniu Warszawskim).

Ale są też syrenki mniej znane – rzeźba Jana Woydygi na wiadukcie Markiewicza (1904 r.) i płaskorzeźbiony betonowy herb Warszawy zdobiący jedną z zachodnich wież mostu Poniatowskiego (ok. 1912 r.), elegancka smukła syrenka przed Urzędem Dzielnicy Praga-Południe, przeniesiona tam sprzed wyburzonego kina Sawa na Saskiej Kępie (z 1974 r., autorstwa Jerzego Chojnackiego), wreszcie mała syrenka w herbie nad wejściem do dawnej remizy tramwajów konnych w Domu pod Syreną na Pradze-Północ (lata 20. XX w.).

Najmniej znana, a wyjątkowo piękna jest spora rzeźba z betonu z pojnikiem dla ptaków w ogonie, z przełomu lat 60. i 70., ulokowana w parku Mirowskim, między blokami osiedla Za Żelazną Bramą (na zdjęciu obok).

varieties of the Mermaid which are scattered all over Warsaw.

The best-known Mermaids are found at the Rynek Starego Miasta (a 19th-century sculpture by Konstanty Hegel) and on the Vistula River bank close to the Świętokrzyski Bridge (a sculpture authored by Ludwika Nitschowa in 1939 with a face modelled on the poet Krystyna Krahelska who was later killed in the Warsaw Rising in 1944).

But there are less popular Mermaids too. One of them was made by Jan Woydyga in 1904 and placed on the Markiewicz Flyover , and another one – a concrete bas-relief featuring the Mermaid as the emblem of Warsaw – can be seen on one of the turrets of the Poniatowski Bridge's western end. This one dates back to around 1912. Then, you can find an elegant, slender figure of the Mermaid in front of the Praga Południe District Hall where it was brought from the square in front of what used to be the Sawa Movie Theatre, in the Saska Kępa District, before the theatre was demolished. This Mermaid was sculpted by Jerzy Chojnacki in 1974. Finally, you can go and see a small figure of the Mermaid in a cartouche over the entrance to the horse tramway depot, known as the House under the Mermaid, in the district of Praga Północ (1920s).

A beautiful, though known to few people, is a sizeable concrete sculpture with a drinking fountain for birds installed in its tail. It was built on the turn of the 1960s and 1970s and placed in the Mirowski Park, amidst the group of immense blocks of flats called Za Żelazną Bramą (photo).

Count the stations of the only metro line

Trains run Sun-Thu from 5.00 am to 12.00 pm; Fri-Sat from 5.00 am to 2.45 am, www.metro.waw.pl, www.metro.civ.pl

Do not worry, you have no eye problem, you are seeing right: unbelievable but Warsaw has only ONE underground railway line, 23 kilometres long, with 21 stations, and trains that need 38 minutes to cover the whole distance end-to-end. Quite unusual, is it not? You may wonder, how on earth can we live in a city like that. Well, traffic jams are our everyday tough experience and cars park in several rows on the pavements. The plans have always been beautiful. The first designs of the Warsaw underground railway were made in 1920s, but its construction started in 1951 and was soon mothballed when it turned out too difficult and too costly. The work was resumed in 1983 and this time, the first 11-kilometre section from the terminal station Kabaty to a downtown station Politechnika was built by 1995. Since then, the construction has been going on at the pace of one new station every several years. The railway now links a vast suburb of Ursynów which is all covered with blocks of flats and, therefore, often called Warsaw's "sleeping space" with a quarter called Młociny on the northern fringes of the city. The construction of the first underground railway line was finished after 25 years on October 25, 2008.

POLICZ STACJE JEDYNEJ LINII METRA

KURSUJE OD NIEDZ. DO CZW. W GODZ. 5-24, W PIĄTKI I SOBOTY DŁUŻEJ, DO GODZ. 2.45, WWW.METRO.WAW.PL, WWW.METRO.CIV.PL

◆

Tak, dobrze widzisz, nie masz problemów ze wzrokiem. Warszawa ma JEDNĄ linię metra – 21 stacji, 23 km, czas przejazdu 38 minut. Intrygujące, prawda? Pewnie zastanawiasz się, jak my w ogóle w tym mieście funkcjonujemy. No, cóż – korki to nasz chleb powszedni, a samochody z braku miejsc parkują już w kilku rzędach na chodnikach.

Plany były ambitne. Podziemną kolej projektowano w Warszawie już w latach 20. Budowa ruszyła w 1951 r., jednak okazała się zbyt trudna i droga. Wznowiono ją w 1983 r., a pierwszy odcinek o długości 11 km od Kabat do Politechniki oddano do użytkowania w 1995 r. I tak w tempie średnio jednej stacji na kilka lat nasze metro się rozrasta. Dotychczas połączyło wielką warszawską sypialnię – blokowisko Ursynowa – z centrum miasta i dotarło na Młociny. Budowę pierwszej linii metra po 25 latach zakończono 25 października 2008 r.

Gdzie nim dojedziesz? Na przykład do Lasu Kabackiego na spacer (stacja Kabaty), do ursynowskiego Multikina na film (stacja Imielin), do wielkiego parku Pole Mokotowskie na rekreację (stacja Pole Mokotowskie), do Pałacu Kultury (stacja Centrum) i na Żoliborz, do najbardziej malowniczej dzielnicy Warszawy (stacja Plac Wilsona – na zdjęciach).

Mamy też dobrą i złą wiadomość. Dobra – zaczyna się właśnie budowa drugiej linii metra, która połączy oba brzegi Wisły. Zła – w związku z budową zamkniętych zostanie dla ruchu wiele ulic w centrum, co jeszcze bardziej zakorkuje miasto.

Where can the underground railway take you? Well, for example, to the Las Kabacki Woods for a walk (get off at the Kabaty Station), to the Multikino Cinema in the district of Ursynów (get off at the Imielin Station), to a large park Pole Mokotowskie for some recreation (Station to get off: Pole Mokotowskie) or to the Palace of Culture and Science (Centrum Station) or to Warsaw's most picturesque district of Żoliborz (Plac Wilsona Station – photos).

Now, we have good and bad news for you. The good one is that the construction of the second underground railway line is just about to start soon. This line will link the two parts of the city on both banks of the Vistula. The bad news is that the construction works will block road traffic from many streets in the city centre and that will enormously intensify congestion.

ZRÓB SOBIE ZDJĘCIE Z ŻYRAFĄ

PARK PRASKI, UL. RATUSZOWA 1/3 (ŻYRAFĘ WIDAĆ TUŻ PO ZJEŹDZIE Z MOSTU ŚLĄSKO-DĄBROWSKIEGO, PO LEWEJ STRONIE)

◆

To wyzwanie niemal tak duże jak sfotografowanie się z Pałacem Kultury czy kolumną Zygmunta. Ale zawsze możesz przecież zrobić zdjęcie samej żyrafie. Wielu warszawskich 30-latków ma w rodzinnym albumie taką fotografię z dzieciństwa. A to dlatego, że żyrafa znajduje się w parku przylegającym do ogrodu zoologicznego. Pojawiła się tu jako dar warszawskich dzieci dla zoo, a wykonał ją w 1981 r. Władysław Frycz. Zwana jest przez niektórych „metaliczną żyrafą", a w jej dziurkach chętnie gnieżdżą się ptaki. Podobna, tego samego autora, tyle że żółta i znacznie mniejsza, stoi przy myjni samochodowej w pobliżu bazaru Olimpia (s. 70). Żyrafa jak ser szwajcarski, bo też w dziurki.

Have a picture with a giraffe

Praski Park ul. Ratuszowa 1/3 (you can see the giraffe right after you exit the Śląsko-Dąbrowski Bridge, on your left)

A picture of yourself and a giraffe is a challenge not much different from being photographed together with the Palace of Culture and Science or with the Zygmunt's Column. Alternatively, you can always take a compromise picture... of the giraffe alone. Many Varsovians in their 30s have such a picture with the giraffe in their photo albums, shot when they were little children. The giraffe is always available in a park adjacent to the Zoo garden. It was made by Władysław Frycz in 1981 as a gift for the children of Warsaw. Some people call it the "metallic giraffe" and birds like to make nests in its holes. A similar giraffe made by the same sculptor is yellow and much smaller, and you can see it in front of the Olimpia bazaar (p. 70).

WYPIJ KAWĘ NA KĘPIE

KĘPA CAFÉ, UL. FINLANDZKA 12A,
PON.-SOB. 10-22, NIEDZ. 11-20, KEPACAFE.BLOG.PL

◆

O Saskiej Kępie mówi się, że to dzielnica artystów, ale ostatnio niewiele się tu działo. – Może dlatego, że młodzi nie mieli się gdzie spotkać – mówi Alina Pękalska (na zdjęciu). Dlatego stworzyła takie miejsce – Kępa Café. Kawiarenka działa od czerwca 2008 r. w budynku z lat 90. na ul. Finlandzkiej. Dawniej mieściło się tu biuro, teraz można wpaść na kawę, poczytać aktualną prasę, ulotki o okolicznych imprezach, książki o Pradze. Już zaczęli się tu spotykać lokalni artyści i społecznicy. Zainicjowali akcję zbierania i digitalizowania archiwów dotyczących dzielnicy. Zapraszają na dyskusję z burmistrzem na temat domu kultury, który powstaje właśnie na Kępie, włączają się w organizację święta dzielnicy i projekty rewitalizacji ul. Francuskiej. Są młodzi i chcą zmienić swoją okolicę.

Atutem Kępa Café jest nie tylko przytulne wnętrze, ale też jakość oferowanej tu kawy. Surowce do jej produkcji dostarczają spółdzielnie drobnych rolników z Boliwii, Kolumbii i Nikaragui uczestniczących w sprawiedliwym handlu.

Have a cup of coffee at Kępa

Kępa Café ul. Finlandzka 12a, Mon-Sat 10.00 am-10.00 pm, Sun 11.00 am-08.00 pm; kepacafe.blog.pl

– The Saska Kępa district has a reputation of a place populated by artists but there is little evidence for it these days. Young people have no good place to meet, says Alina Pękalska (photo). So she has provided such a place. It is the Kępa Café, a little café opened in a 1990s building on ul. Finlandzka in June 2008. The place was formerly used by some office but now you can come there to have a cup of coffee, read some press, check flyers advertising the on-going or up-coming events, and books about right-bank Warsaw's suburb of Praga. The café has gradually started to attract artists and public activists. They have just launched a collection and digitalization campaign of documents related to the district. They help to organize the Saska Kępa Days, and develop projects which help to revitalize ul. Francuska. They are young and eager to change their district for the better.

The advantage of the Kępa Café is not only its cosy interior but also the quality of coffee they serve. They buy coffee from small farmers in Bolivia, Colombia, and Nicaragua who are in the Fair Trade Programme.

Take a ride from loop to loop

Traditional tourist lines are hardly our favourite bet. But we do have the 107 bus line which we use to commute from Muranów and which can easily substitute a tourist double-decker. It is the most convoluted line in Warsaw. You'll go past downtown attractions and enter the world of housing estates out of the PRL days on the fringes of the city. After 84 minutes you'll get the city in a nutshell. Get on the bus at Esperanto loop in the Muranów district (ul. Anielewicza, close to the Jewish cemetery). You'll pass the pl. Bankowy with the town hall and the blue high-rise that was built on the site of the former synagogue (p. 162).Then you'll see the Palace of Culture (p. 8), the city centre, ul. Krucza with its quarter of public office buildings and numerous good restaurants. Then the embassies on ul. Piękna will begin, you'll see the Polish Parliament from afar, and you'll take a steep ride down the winding ul. Myśliwiecka to the Legia FC stadium, now under construction (p. 213). The bus will now cruise round the district of Mokotów and climb up the ridge again. It will pass by the Galeria Mokotów, the first big shopping mall opened towards the end of 1990s. It will finish off in Ursynów, the district of blocks of flats from the People's Republic days, which has been washed over by favourable change after the underground railway line opened (you may now take the underground to the city centre from Stokłosy station).

PRZEJEDŹ OD PĘTLI DO PĘTLI

Tradycyjne turystyczne linie to nie dla nas. Ale mamy taki jeden autobus, numer 107, którym dojeżdżamy do pracy z Muranowa i który z powodzeniem zastąpić ci może turystycznego piętrusa.

To najbardziej zakręcona linia w Warszawie. Przejedziesz nią obok śródmiejskich atrakcji i wkroczysz w świat PRL-owskich blokowisk na obrzeżach. Po 84 minutach masz miasto w pigułce. Wyrusz z pętli Esperanto na Muranowie (ul. Anielewicza koło Cmentarza Żydowskiego). Po drodze mijasz pl. Bankowy z ratuszem i „błękitnym wieżowcem", który wyrósł w miejscu synagogi (s. 162), dalej Pałac Kultury (s. 8) i centrum, ul. Kruczą z dzielnicą urzędów i dobrych knajpek. Potem zaczynają się ambasady przy ul. Pięknej, z daleka widać Sejm na ul. Wiejskiej, a ty zjeżdżasz krętą ul. Myśliwiecką do stadionu warszawskiej Legii (s. 213). Autobus kluczy teraz po Mokotowie i znów wspina się na skarpę. Mija pierwsze duże centrum handlowe otwarte pod koniec lat 90. – Galerię Mokotów. Trasę kończy na Ursynowie, dzielnicy blokowisk z czasów PRL, która zmienia się korzystnie po otwarciu linii metra (możesz nim wrócić do centrum ze stacji Stokłosy).

Polecamy też krótką, 13-minutową wyprawę najbardziej klimatyczną linią w Warszawie. To jedyna w mieście jednotorowa trasa z mijankami tramwajowymi między Kołem a Boernerowem. Kiedyś zdarzały się na niej czołowe zderzenia. Dziś to niemożliwe – na linii 20 kursuje tylko jeden tramwaj. Na końcowym przystanku w przedwojennej dzielnicy willi pocztowców wysiądziesz prosto do lasu, który łączy się z Puszczą Kampinoską.

Maurycy Gomulicki

ARTYSTA, PROJEKTANT, FOTOGRAF, KOLEKCJONER, ANTROPOLOG KULTURY POPULARNEJ, HEDONISTA. MIESZKA W MEKSYKU I WARSZAWIE

Artist, designer, photographer, collection-builder, anthropologist of popular culture, hedonist. He lives in Mexico City and Warsaw

◆

If you want to absorb some Warsaw modernism, head for Żoliborz. I suggest that you begin exploring it on ul. Próchnika which conjures up images of a departure terminal of the most beautiful transatlantic liners. The Brukalski housing estate is also definitely worth a moment of contemplation. It surrounds the eclectic cake of the Komedia Theatre. I especially recommend colony IX – its staircases, windows, and rhythms. The two neighbouring courtyards, built on the arch ground plan, will also guarantee a balsamic experience for the eye and soul. When crossing the Warsaw Housing Cooperative WSM housing estate, it is worth waiting for the right moment to step inside the House at the Peartree and admire both the unconventional spiral staircase and the sunny mosaic in Mars red on the ground floor. Now you may catch a tram to Bielany to continue your transatlantic adventure at the campus of the Academy of Physical Education AWF. Forget about your head and set your heart into motion. We are in Warsaw!

Jeżeli chcemy zachłysnąć się warszawskim modernizmem na całego, warto wybrać się na Żoliborz. Ekspolorację proponuję rozpocząć od ulicy Próchnika – stąd startują najpiękniejsze „transatlantyki". Warto poświęcić dłuższą chwilę spokojnej uwagi osiedlom Brukalskich otaczającym eklektyczne ciasteczko Teatru Komedia. Szczególnie polecam kolonię IX – jej klatki schodowe, okna, rytmy. Dwa sąsiadujące z nią, zbudowane na planie łuku podwórka są również balsamicznym dla oka i duszy doświadczeniem. Przecinając WSM po przekątnej w kierunku Marymontu, warto wyczekać moment, aby dostać się do środka Domu pod Gruszą – tam napawać można się zarówno niekonwencjonalnie spiralną klatką schodową, jak i słoneczną, marsjańską mozaiką na posadzce parteru.

Dalej tramwajem na Bielany, gdzie kontynuować możemy transatlantycką przygodę na AWF-ie. Tu szczególnie polecałbym małą architekturę: wentylatory i odpływy wody deszczowej. Stare Bielany mamy pod bokiem i wydają się one nader przyjemną konsekwencją. Nasyceni modernizmem możemy szybko przemieścić się w kierunku Wisły, na Kępę Potocką. Tutaj zimny paulaner „u Araba", a w sprzyjającej porze lubieżny rechot żab. Zapraszam na całowanie lub choć jego powidok pod „Światłotrysk". Tuż obok mamy „ogród dolny" – ogródki pracownicze, czyli Raj Polski. Blisko tak nad Wisłę, jak na Cytadelę. Czas zapomnieć o głowie i uruchomić serce. Jesteśmy w Warszawie!

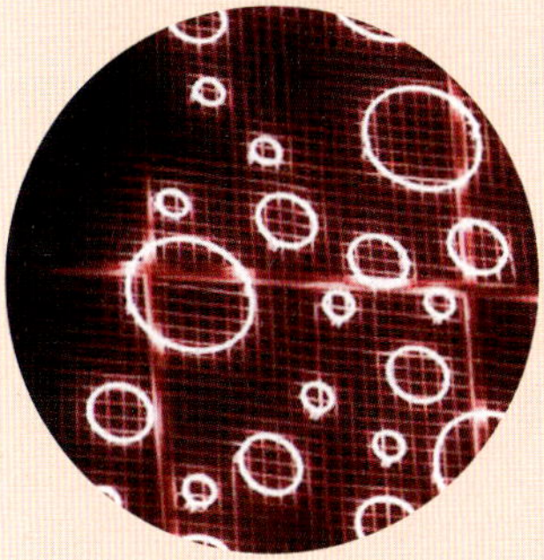

PRACA MAURYCEGO NA WYSTAWIE „POD ŚCIANĄ" W GALERII ZACHĘTA, 2008 R. OBOK – FOTOGRAFIA Z ALBUMU „MINIMAL FETISH"

Installation at the "Against the Wall" exhibition in Zachęta Gallery and Photo from the latest album "Minimal Fetish"

RÓŻOWY NEON NA KĘPIE POTOCKIEJ

Pink neon at Kępa Potocka

FOTOGRAFIA Z ALBUMU „W-WA"

Photo from "W-WA" album

KUP NA PAMIĄTKĘ

Buy a souvenir...

◆

WWW.BABARYBA.PL; WWW.TISZERT.COM; CZUŁY BARBARZYŃCA, UL. DOBRA 31; SIEDZIBA FUNDACJI BĘC ZMIANA, UL. MOKOTOWSKA 65; KULTOWE DOBRANOCKI, UL. OGRODOWA 1A

Warszawa cierpi na brak nowoczesnych gadżetów promujących nasze miasto. Ciągle jest ich za mało, a w sklepach z pamiątkami królują breloczki z państwowym godłem lub syrenką utrzymane w stylistyce lat 70. Takie souveniry też oczywiście znajdują swoich amatorów, ale my proponujemy kilka nowocześniejszych perełek.

www.babaryba.pl; www.tiszert.com; Czuły Barbarzyńca ul. Dobra 31; **HQ of Bęc Zmiana Foundation** ul. Mokotowska 65; **Kultowe Dobranocki** (Hit Kids Shows), ul. Ogrodowa 1a

Apparently Warsaw suffers from some shortage of modern gadgets that would promote our city. There are still too few of them, and the gift shops are packed with 1970s style key pendants bearing the national emblem or the Warsaw mermaid. Of course, such old-school gifts may also find their fans, but we propose several more recent pearls:

CERAMICZNE MINIBUDYNKI

To pamiątkarski hit ostatnich miesięcy. Ceramiczne miniaturki budynków ikon PRL – sklepu Sezam, kina Skarpa, Dworca Centralnego, Rotundy, Supersamu – wymyśliła studentka wzornictwa Magdalena Łapińska. Można je kupić m.in. w siedzibie fundacji Bęc Zmiana (ok. 85 zł). Souvenir to bardzo warszawski, bo socmodernistyczna architektura lat 50.-60. XX w. jest unikatowa i niezwykle charakterystyczna dla pejzażu naszego miasta.

Ceramic mini-buildings

It is the newest gift hit. Ceramic miniatures of PRL's iconic buildings (PRL stands for the former People's Republic of Poland): the Sezam department store, the Skarpa cinema theatre, the Dworzec Centralny Railway Station, the Rotunda bank building, the Supersam supermarket – were invented by student of design Magdalena Łapińska. They are on sale in the HQ of the Bęc Zmiana Foundation (ca. PLN 85). The souvenir is very much Warsaw-style, because the Soc-Modernist architecture of the 1950s, 1960s is quite unique and absolutely characteristic for the panorama of the city.

T-SHIRT Z MOTYWEM LUDOWYM

Może niekoniecznie jest to pamiątka warszawska, ale dla turystów zagranicznych to zakup równie obowiązkowy jak butelka żubrówki na lotnisku. Piękne polskie ludowe wycinanki zostały przez firmę Chrum.com nieco zmodyfikowane – pojawiają się w nich np. Łowiczanki z gołym biustem czy kosmita jako „zielony gość niedzielny". A na metce widnieje hasło: „Lepsze niż sex". Można je kupić przez internet na Chrum.com lub osobiście w sklepach na ul. Bokserskiej 17 oraz Tiszert na ul. Chmielnej 21 (ok. 65 zł).

T-shirt with a folk print

It may not necessarily be a Warsaw souvenir, but for foreign tourists it is the same must-buy as a bottle of Zubrovka at the airport. Splendid Polish folk cut-outs have been slightly modified by the company Chrum.com – half-nude women in Łowicz folk costumes have been added or a cosmic creature styled as a "green Sunday guest". And the label reads: "better than sex". You may buy them online at Chrum.com or in person at ul. Bokserska 17 and the Tiszert shop at ul. Chmielna 21 (price – ca. PLN 65).

KUBKI Z SYRENKĄ PICASSA

Warszawską syrenkę z młotkiem w dłoni Pablo Picasso narysował w 1948 r., kiedy gościł u nas z okazji Światowego Kongresu Intelektualistów w Obronie Pokoju. Producenci warszawskich pamiątek z rodzinnej firmy Babaryba umieścili ją na kubkach i T-shirtach (kubek ok. 30 zł, koszulka ok. 40 zł).

Mugs with Picasso's Mermaid

Pablo Picasso drew the Warsaw Mermaid holding a hammer in hand when he attended here the 1948 World Congress of Intellectuals in Defence of Peace. A manufacturer of Warsaw souvernirs – a family-run company Babaryba (Womanfish) – printed it on mugs and T-shirts (mug – ca. PLN 30, T-shirt – ca. PLN 40).

SZALIK LEGII WARSZAWA

I tu wchodzimy na grząski grunt, bo jak się zapewne domyślasz, Legia nie jest jedynym warszawskim klubem piłkarskim. Jak napiszemy, że najlepszym, z najbardziej zagorzałymi kibicami – narazić się możemy jeszcze bardziej. No, ale – dyplomatycznie rzecz ujmując – coś w tym jest. A gadżety w barwach Legii kupisz w sklepiku przy klubowym stadionie na ul. Łazienkowskiej 3.

Legia Warszawa FC Scarf

And now we are walking on thin ice, because, as you may well presume, Legia is not the only Warsaw-based football club. If we dared to write that they're the best and had most dedicated fans, we would be asking for trouble. But to put it in diplomatic terms, there is something to it. You will find the Legia FC gadgets in a shop at the Legia Stadium at ul. Łazienkowska 3.

ZRÓB ZAKUPY PRZY HALI MIROWSKIEJ

PL. MIROWSKI 1

◆

Jeśli chcesz upichcić coś smacznego i szukasz dobrych produktów, znajdziesz je na targowisku przy Hali Mirowskiej. Wiejskie jaja, miody, mięso, ryby, owoce polskie i egzotyczne, słowem – czego dusza zapragnie i we wszystkich możliwych odmianach. Od babulinek, które sprzedają pierogi i ćwikłę własnej roboty prosto z ulicznego trotuaru, aż po zagraniczne towary na eleganckich stoiskach w nowych zadaszonych pawilonach. Przyjedź tu też koniecznie, jeśli chcesz kupić kwiaty, niedrogo i w dużej liczbie. Już za 20 zł dostaniesz tu naprawdę spory bukiet.

Warto też obejrzeć sobie dokładnie samą halę, a właściwie dwie Hale Mirowskie z 1901 r., bo to najpiękniejszy przykład tego typu architektury w Warszawie.

Ciekawostka: w czasie swojej oficjalnej wizyty w Polsce w 1988 r. halę odwiedziła Margaret Thatcher. Tłum gapiów obserwował, jak kupowała warzywa.

Do your shopping at Hala Mirowska

Pl. Mirowski 1

If you want to cook something good and need the right ingredients, go to the bazaar at Hala Mirowska market hall. Free-range eggs, honeys, meat, fish, Polish and southern fruit, all you may want is offered here in decent selection. You can buy from old women displaying their products directly on the pavement or from better-off, roofed stands. Should you need flowers in big quantities and at low price, this is the best place to buy. A thick bunch of flowers is sold here for as little as PLN 20.

While you are there, do not forget to look closely at the market hall, or in fact two Hala Mirowska halls standing here. Built in 1901, they are the best sample of architecture of this type in Warsaw.

By the way, when Margaret Thatcher visited Poland in 1988, people flocked to see her buy some vegetables at this bazaar.

ZOBACZ MURAL SASNALA

MUZEUM POWSTANIA WARSZAWSKIEGO,
OGRÓD RÓŻANY, UL. GRZYBOWSKA 79, TEL. 22 539 79 05,
PON., ŚR., PT. 8-18, CZW. 8-20, SOB.-NIEDZ. 10-18,
WWW.1944.PL

◆

Wilhelm Sasnal, jeden z najbardziej cenionych polskich malarzy, choć zdeklarowany krakus, oddał hołd powstańcom warszawskim i namalował mural w Muzeum Powstania – żółte bratki na czarnym tle. Na pierwszy rzut oka – spokojny obrazek. Ale gdy przyjrzeć się bliżej, niewinne kwiaty zmieniają się w czaszki, pokrzywione twarze zjaw. – Te kwiaty, które często widzimy rosnące na grobach, budzą rozmaite skojarzenia. Chciałem, żeby mój obraz nie był dosłowny, a jak najbardziej otwarty na interpretacje. Wybrałem też nieco ustronne miejsce, po to by zlewały się z rosnącą w ogrodzie roślinnością i tym bardziej zaskakiwały – mówił Sasnal podczas

malowania w lipcu 2007 r. Wyszedł mocny obraz, który trafił nawet na okładkę książki poświęconej malarzowi – „Sasnal. Przewodnik »Krytyki Politycznej«". W plenerowej galerii Mur Sztuki w Ogrodzie Różanym za Murem Pamięci można też oglądać dzieła m.in. Edwarda Dwurnika, grupy Twożywo, Bartka Materki i Przemka „Trusta" Truścińskiego. Za darmo, bo tu bilet wstępu nie jest konieczny.

See a mural by Sasnal

The Warsaw Rising Museum ul. Grzybowska 79, tel. 22 539 79 05, www.1944.pl

Wilhelm Sasnal – one of the best Polish painters these days is a Cracovian to the core but he paid homage to the Warsaw Insurgents by painting a mural at the Warsaw Rising Museum. It features yellow pansies on black backdrop. It may seem a quiet picture at the first glance but when you take a closer look, you will find out that the lovely flowers are actually human skulls and distorted spectre faces. – Pansies often grow on graves and have a variety of connotations. I did not want my painting to express any verbatim message but to allow various interpretations. And I chose a quiet place where it blends with the garden plants and is, therefore, more surprising, Sasnal explained as he was half-way through painting the mural in July 2007.

Once you are in the open-air gallery known as the Wall of Art in the Rose Garden right behind the Memorial Wall, you can also see works by Edward Dwurnik, the group Twożywo, Bartek Materka and Przemek "Trust" Truściński. Admission free.

PRZEJDŹ OD ŚCIEKU DO LUKSUSU

OD DWORCA PKP WARSZAWA CENTRALNA (AL. JEROZOLIMSKIE 54) DO ZŁOTYCH TARASÓW

◆

Ponieważ ziemia pod inwestycje jest u nas na wagę złota, w samym centrum doszło niemal do sklejenia się dwóch kompletnie nieprzystających do siebie budynków: najbrudniejszego kolejowego dworca – Centralnego – i błyszczących tanim blichtrem Złotych Tarasów (s. 51). Oba połączono nawet przejściem podziemnym. Dlatego w kilka sekund z duszącego smrodu kebabów i moczu przejść możesz do pachnącego i lśniącego centrum handlowego. Dworzec Centralny to całkiem niezły architektonicznie budynek z lat 70. Niestety, sprawia wrażenie, jakby od tego czasu nie był sprzątany. W dodatku w otaczających go przejściach podziemnych straszą dziesiątki budek z jedzeniem, filmami porno i automatami do gier. Nie ma o czym mówić – to powód naszego największego wstydu. I oto w 2007 r. tuż obok otwarta zostaje galeria handlowa o pretensjonalnej nazwie Złote Tarasy (od sąsiadującej z nią ul. Złotej) i o dziwnej, przeskalowanej architekturze. A warszawiacy, którzy uwielbiają wprost takie zakupowe świątynie, walą tu drzwiami i oknami. Zbitka Dworzec Centralny – Złote Tarasy to chyba najlepszy i dość przygnębiający jednocześnie symbol współczesnej Warszawy, wciąż zawieszonej między komunistycznym zaściankiem a kapitalistyczną konsumpcją.

Walk from slums to luxury

From Polish Rail Station Warszawa Centralna (Al. Jerozolimskie 54) to Złote Tarasy (Golden Terraces)

The sky-high prices of land in Warsaw are responsible for the fact that two totally different buildings have grown just next to each other in the very heart of the town. As a result, the dirtiest place, the Dworzec Centralny (The Central Railway Station), is a next-door neighbour of the shiny and posh Golden Terraces (Złote Tarasy) shopping mall (p. 51). Both buildings are linked with an underground passageway so it takes just a few minutes to walk from the Station filled with a choking stench of kebabs and urine to the nice-smelling and clean shopping mall.

As an architectural design, the Central Station is an interesting structure built in the 1970s but it now looks as if it has not been cleaned ever after. To make

FOTOGRAFUJ APARATEM LOMO

LOMO.ART.PL, APARATY MOŻNA KUPIĆ W SIEDZIBIE FUNDACJI BĘC ZMIANA, UL. MOKOTOWSKA 65, W CENIE OD 150 ZŁ

◆

Lomomaniacy mówią: – Lomo jest sexy!

Ten aparacik o radzieckim rodowodzie mieści się w męskiej dłoni i w damskiej torebce. Jest lekki i wytrzymały. A jakie daje efekty, jakie kolory! Są tacy, którzy nie zamieniliby tego aparatu na żaden cyfrowy. To byłaby zdrada!

Lomo stało się modne również w Polsce. Dowody znajdziesz na stworzonej przez fundację Bęc Zmiana stronie lomo.art.pl. W zależności od tego, który aparat wybierzesz, możesz uzyskać efekt: rybiego oka, sekwencji kilku obrazów lub charakterystycznego czarnego obramowania. Więc gdy tylko wyjdzie słońce, fotografuj Warszawę w wersji lomo, a twoje zdjęcia z podróży na pewno nie będą banalne.

things worse, all the underground passages are a total dump full of single-handed bandits and makeshift stands selling fast food and porn movies. Bottom line – shame. Then, a shopping gallery with a pompous name Golden Terraces (named so after the nearby ul. Złota which means Golden Street) and a strange, overscaled shape was suddenly opened just next to the Station in 2007. City dwellers, who love such shopping temples, are flocking there day and night. As a result, we have a blend of the Dworzec Centralny Station and the Golden Terraces shops and that is probably the most eloquent symbol of contemporary Warsaw, still sitting astride between the communist obsolescence and free market consumption.

Shoot pictures with a Lomo camera

lomo.art.pl, you can buy lomo cameras from the **Bęc Zmiana Foundation**, ul. Mokotowska 65, for PLN 150 a piece

– Lomo is sexy! – the Lomomaniacs claim. This Soviet-made photo camera is very small and handy, and it easily goes into a handbag. It is light-weight and strong. And what effects it can produce, what colours! Many users will swear they would never exchange it for any type of a digital camera as this would be sheer betrayal!

Lomo has become fashionable in Poland. You can see this trend by entering the Web site lomo.art.pl of the Bęc Zmiana Foundation. Depending on which particular camera you choose, you will get a fish-eye effect, a sequence of several images, or a dark vignette. As soon as you see sunshine in Warsaw, go out and take Lomo-style shots of Warsaw. Your souvenir pictures will be anything but dull.

Discuss Polish art

Foksal Gallery Foundation ul. Górskiego 1a, www.fgf.com.pl; **Raster** ul. Hoża 42/8, raster.art.pl; **Museum of Modern Art** ul. Pańska 3, www.artmuseum.waw.pl

POROZMAWIAJ O POLSKIEJ SZTUCE

FUNDACJA GALERII FOKSAL, UL. GÓRSKIEGO 1A, WWW.FGF.COM.PL; RASTER, UL. HOŻA 42/8, RASTER.ART.PL; MUZEUM SZTUKI NOWOCZESNEJ, UL. PAŃSKA 3, WWW.ARTMUSEUM.WAW.PL

◆

Sasnal, Sosnowska, Althamer, Libera, Żmijewski, Bujnowski, Kuśmirowski, Grzeszykowska i Smaga, Maciejowski – to nazwiska dobrze znane miłośnikom sztuki współczesnej i kolekcjonerom na całym świecie. Zainteresowanie polską sztuką za granicą nie maleje. To zasługa instytucji, które zajmują się jej promocją. Wśród nich prym wiodą ulokowane w Warszawie Fundacja Galerii Foksal, Raster i od niedawna również Muzeum Sztuki Nowoczesnej.

Fundacja Galerii Foksal to instytucja stosunkowo młoda, a już z ogromnymi osiągnięciami. W 2001 r. trójka młodych kuratorów – Joanna Mytkowska, Andrzej Przywara i Adam Szymczyk – odeszła z galerii Foksal. Tam zdobyli doświadczenie i wiedzę niezbędną, by podążyć własną drogą. I dziś to oni najskuteczniej promują na świecie polską sztukę. Adam Szymczyk zajmuje prestiżowe stanowisko dyrektora Kunsthalle w Bazylei, był też współkuratorem 5. Berlin Biennale, a Joanna Mytkowska po krótkim epizodzie pracy w Centrum Pompidou została przez ministra kultury mianowana dyrektorką powstającego w Warszawie Muzeum Sztuki Nowoczesnej (s. 177).

Dlatego na dobre wystawy oraz po wiedzę i publikacje o polskiej sztuce współczesnej ruszaj koniecznie do FGF, która ulokowała się w modernistycznym pawilonie na tyłach Nowego Światu (z pięknym widokiem na Pałac Kultury), do galerii Raster na ul. Hożą (s. 227) lub do Muzeum Sztuki Nowoczesnej na ul. Pańską 3.

Sasnal, Sosnowska, Althamer, Żmijewski, Bujnowski, Kuśmirowski, Grzeszykowska and Smaga, Maciejowski – are all well-known names on the contemporary-art scene. Polish artists enjoy unfading international fame kicked off by dynamic art promotion organizations. The credit goes to the Warsaw-based Foksal Gallery Foundation, Raster, and the recent newcomer, namely the Museum of Modern Art. The Foksal Gallery Foundation is a relatively new player on the Polish art scene, but their achievements are immense. In 2001 three young curators – Joanna Mytkowska, Andrzej Przywara i Adam Szymczyk – decided to leave the Foksal gallery and go their own way. And today they are the most accomplished promoters of Polish art abroad. Szymczyk holds a prestigious position of the Kunsthalle director in Basel and was also one of the curators of the 5th Berlin Biennale. Mytkowska, having worked for some time at the Centre Pompidou, was appointed the director of the newly formed Museum of Modern Art (p. 177). Head for the FGF HQ in a modernist pavillion just off ul. Nowy Świat to see their latest exhibits. Interestingly, the place also offers beautiful views of the Palace of Culture. Take a stroll to visit Raster on ul. Hoża 42/8 (p. 227) or take a streetcar to get to the Museum of Modern Art's temporary seat at ul. Pańska 3.

CZYTAJ PRZY KAWIE

CZUŁY BARBARZYŃCA, UL. DOBRA 31;
NUMERY LITERY, UL. WILCZA 26;
TARABUK, UL. BROWARNA 6;
DOM KSIĄŻKI – BOOKHOUSECAFÉ, UL. ŚWIĘTOKRZYSKA 14

◆

Wymieniamy tu tylko kawiarenki, w których książki są w zdecydowanej przewadze, a nie wszystkie kawiarniane miejsca, w których można poczytać, bo tych jest znacznie więcej. Warszawskim liderem w tym względzie jest wciąż Czuły Barbarzyńca na Powiślu – przytulna kawiarnioksięgarnia z nowoczesnym wystrojem, przepastnymi fotelami i przede wszystkim dużym wyborem ambitnej literatury. Znajdziesz tu też książki o Warszawie, notesy Moleskine i stołeczne pamiątki. A w menu: kawa, ciasta, tarty na ciepło. Jeśli w czułym zabraknie wolnego stolika, wybierz się do ulokowanej po sąsiedzku połączonej z księgarnią kawiarenki Tarabuk. Do naszych ulubionych miejsc należą też Numery Litery, w których z kolei znajdziesz duży wybór książek dla dzieci. Wśród polecanych adresów wymieniamy też Dom Książki, w którym ulokowała się z angielska nazwana Bookhousecafé. Atmosfera jest tu nieporównywalnie sztywniejsza (podobna do Trafficu). ale za to jest dość dużo stolików i całkiem jadalne menu, więc wpadaj tu, ale tylko jak będziesz skonany i nie zdołasz już zjechać w dół na Powiśle.

Read, over your coffee

Czuły Barbarzyńca ul. Dobra 31, www.czulybarbarzynca.pl; **Numery Litery** ul. Wilcza 26, www.numerylitery.pl; **Tarabuk** ul. Browarna 6, www.tarabuk.pl; **Dom Książki – Bookhousecafé**, ul. Świętokrzyska 14

We mention here only the cafés where books are the main event, though many more spots tend to offer books these days. The unchallenged favourite is still the place called Czuły Barbarzyńca (Gentle Barbarian) in the Powiśle district – a cosy café-bookshop featuring sleek design, spacious armchairs and, first of all, a large selection of ambitious literature. You'll find here books on Warsaw, Moleskine notebooks and local gifts. You may use the Internet and enjoy excellent coffee, a slice of cake or a hot pie. You may sit on a wooden swing. If all tables are taken, head for the nearby Tarabuk, a new café-meets-bookshop place on the Warsaw scene. It is also close to the University Library, the décor is cosy and colourful, yet the place feels more like a café than a bookstore.

One of our favourites is also Numery Litery (Numbers Letters) where you'll find a big selection of children's books. The bookshop also offers activities for the little ones.

We may also recommend the Dom Książki and its Bookhousecafé that picked an English name. But the atmosphere here is way more official than in places listed above.

ZOBACZ ZMIANĘ MOKOTOWSKIEJ

SIEDZIBA FUNDACJI BĘC ZMIANA, UL. MOKOTOWSKA 65, BLISKO PL. TRZECH KRZYŻY, PON.-PT. W GODZ. 11-19, WWW.BEC.ART.PL

◆

Mamy czasy kryzysu i instytucje kultury też muszą się w nich odnaleźć – twierdzi Bogna Świątkowska z Fundacji Nowej Kultury „Bęc Zmiana" – jednej z najprężniejszych organizacji pozarządowych animujących kulturę w Warszawie. I realizuje tę zasadę w swojej siedzibie – minilokalu na ul. Mokotowskiej. Celowo zawalczyła o wynajęcie od miasta tak małej klitki, w której teoretycznie nie da się nic sensownego zrobić. Chciała zamanifestować, że kultura powinna być obecna również w samym sercu miasta, na reprezentacyjnych ulicach, na których rządzi pieniądz. I że nawet w tak niesprzyjających warunkach można kreować ważne wydarzenia. Bęc Zmiana stworzyła tu coś, co jest połączeniem punktu informacji kulturalnej i turystycznej, galerii, księgarni artystycznej i miejsca spotkań. W lokalu na Mokotowskiej znajdziesz wydawnictwa Bęc Zmiany, m.in.: bezpłatną praktyczną mapę Warszawy dla travellersów, informatory kulturalne „Notes.na.6.tygodni" i książkę „Stadion X. Miejsce, którego nie było". Kupisz tu też na pamiątkę ceramiczne minibudynki warszawskie (s. 18).

Bang, change!

Fundacja Bęc Zmiana
(Bang Change Foundation), ul. Mokotowska 65, near pl. Trzech Krzyży, Mon-Fri 11.00 am to 7.00 pm; www.bec.art.pl

– It is a crisis time and cultural institutions must find their way in this situation too, says Bogna Świątkowska of the New Culture Foundation Bęc Zmiana (Bang Change) – perhaps the most dynamic NGO that works to animate cultural life in Warsaw. It now works in a new place, a tiny space unit in ul. Mokotowska. The Foundation deliberately asked the Town Hall for this extremely small place in which doing anything seems hardly possible at all. The Foundation's idea was to demonstrate that culture should be present also in the very heart of the city, in its high streets where money is King. And it wanted to show that important events can be created even in that very uncomfortable space. The Foundation Bęc Zmiana uses its place on ul. Mokotowska as a cultural and tourist information point integrated with an art gallery and a meeting place.
The Foundation also has its own publications which are offered on its premises in ul. Mokotowska, among them, a free practical map of Warsaw for tourists and cultural guide-books "Notes.na.6.tygodni" (Notes.for.6.weeks).

Sit down next to Agnieszka Osiecka

In front of a pancake bar
Rue de Paris, ul. Francuska 13, corner ul. Obrońców

We are not very enthusiastic about installing bronze figures of recently deceased charismatic Polish culture personalities sitting at a table in front of their once favourite café. But we mention this monument of Agnieszka Osiecka for the sake of herself and of the Saska Kępa district where she used to live. In fact, the figure of Osiecka is sitting in front of a French pancake bar and not in the tiny café Sax where she was a frequent customer (ul. Francuska 31) but a cup of coffee at the pancake bar will make quite a good start for the Saska Kępa sight-seeing anyway. So, sit down for a while next to the figure (authors: Teresa and Dariusz Kowalski) of young Agnieszka Osiecka and ask a passer-by what else is worth seeing in the area. One of such places, also associated with Agnieszka Osiecka, is the house at ul. Dąbrowiecka 25 where she lived almost all her life (1936-1997). The building is now decorated with an original memorial plaque featuring a quotation from lyrics written by Osiecka to a once popular song sung by Maryla Rodowicz, titled "Małgośka" (a dimunitive of Margaret). Poems, lyrics, and other texts written by Agnieszka Osiecka as well as her life story can be found on the webpage of the Foundation Okularnicy (The Bespectacled) www.osiecka.pl which was created by the poet's daughter, columnist and varsavianist Agata Passent.

PRZYSIĄDŹ SIĘ DO AGNIESZKI OSIECKIEJ

PRZED NALEŚNIKARNIĄ RUE DE PARIS,
UL. FRANCUSKA 13, RÓG OBROŃCÓW

Nie przepadamy za takimi pomysłami, żeby dopiero co zmarłe charyzmatyczne postaci polskiej kultury uwieczniać w postaci figur z brązu siedzących przy stoliku przed ich niegdyś ulubioną knajpką. Ale o pomniku poetki Agnieszki Osieckiej wspominamy ze względu na nią samą i na Saską Kępę, z którą była związana. Osiecka siedzi co prawda przed francuską naleśnikarnią, a nie przed swoją ulubioną kafejką, którą była mała klitka Sax ulokowana nieopodal (ul. Francuska 31), ale kawa w ogródku naleśnikarni to też całkiem niezły początek zwiedzania Saskiej Kępy. Przysiądź się więc do młodej Agnieszki Osieckiej (autorstwa rzeźbiarzy Teresy i Dariusza Kowalskich) i podpytuj przechodniów, co powinieneś zobaczyć w okolicy. Jednym z takich miejsc związanych z Agnieszką Osiecką jest dom przy ul. Dąbrowieckiej 25, w którym mieszkała niemal przez całe życie (1936-97). Zdobi go oryginalna tablica pamiątkowa w kształcie rozłożonego zeszytu z cytatem: „To był maj, pachniała Saska Kępa", z piosenki „Małgośka", którą śpiewa Maryla Rodowicz.

Teksty Agnieszki Osieckiej i historię jej życia znajdziesz na stronie fundacji Okularnicy (www.osiecka.pl) stworzonej przez córkę poetki, felietonistkę i varsavianistkę Agatę Passent.

POPŁYWAJ W BASENIE Z WIDOKIEM

RIVERVIEW WELLNESS CENTRE, HOTEL INTERCONTINENTAL, UL. EMILII PLATER 49, PON.-PT. W GODZ. 6-23, SOB.-NIEDZ. 7-21; TEL. 22 328 86 40, WWW.RIVERVIEW.COM.PL

◆

To przyjemność z serii luksusowych. Bo żeby z niej skorzystać, trzeba albo zatrzymać się w pięciogwiazdkowym hotelu InterContinental (tym z dziwną dziurą pośrodku), albo wykupić drogie członkostwo w tamtejszym fitness clubie. Ale jeśli masz trochę luźnej gotówki, musisz koniecznie spróbować. Na 44. piętrze hotelu ulokowany jest bowiem basen, z którego rozciąga się prawdziwie wielkomiejski widok na Pałac Kultury i ścisłe centrum miasta. Warto wybrać się tu po zmierzchu, bo rozświetlone nocą city wygląda naprawdę atrakcyjnie. Basen co prawda nie jest wielki, ale nie o to chodzi. Ważne, że tafla wody niemal styka się tu z przeszklonymi ścianami, za którymi tętni życiem miasto. Nic więc dziwnego, że basen hotelu InterContinental zagrał w tak wielu polskich filmach, które miały pokazać nowobogacki blichtr współczesnej Warszawy.

Experience a panorama-view swimming pool

RiverView Wellness Centre
Hotel InterContinental, ul. Emilii Plater 49, Mon-Fri 6.00 am to 11.00 pm, Sat-Sun 7.00 am to 9.00 pm; tel. 22 328 86 40, www.riverview.com.pl

This is quite a luxury. To try it you have to check in the five-star Intercontinental Hotel (the one with a strange hole in the middle) or buy an expensive membership card with the Hotel's fitness club. Anyway, if you happen to have some spare cash, why not to try this one? The panorama swimming pool is at the 44th floor of the hotel from where you can see the whole city with the Palace of Culture and Science towering in the middle. It is nice to come here in the evening when the town's lights seen from above make an unforgettable an impression. The pool is not very large but this is not the point. The point is that the water touches directly on the glass walls, behind which there is the big city, way below. This swimming pool has already been used as location for several Polish films when the directors needed to show the lifestyle and wealth of contemporary Warsaw upstarts.

Comfort the very sad bears

Al. "Solidarności", adjacent to the Park Praski, opposite the St. Florian's Cathedral

The Warsaw Zoo arranged a bear-run for its brown bears right on the side of the East-West Expressway (Trasa W-Z) high street in 1952 when nobody had expected how heavy the road traffic would become years after. The bears do not get too much space there and have to inhale car exhaust, be exposed to engine roar, and see the crowds of passers-by and onlookers who come to see the bears for free, because tickets are not sold here. Worse than that, people keep feeding the bears with rolls, chips, and sweets which these animals should absolutely never eat. The animals usually look sleepy and lazy. But sometimes it seems their patience has some limits too. In May 2005, a young woman fell off the wall surrounding the bears and found herself among them. No-one knows whether she did it deliberately or by accident. The fact is that she was in no time torn into pieces. Advice: do not annoy the bears. You had rather annoy the Zoo Manager by writing a letter demanding a new run space for the poor animals.

POCIESZ NAJSMUTNIEJSZE MISIE

AL. „SOLIDARNOŚCI", W SĄSIEDZTWIE PARKU PRASKIEGO, NAPRZECIWKO KATEDRY ŚW. FLORIANA

◆

Wybieg dla niedźwiedzi brunatnych warszawskie zoo zbudowało przy Trasie W-Z w 1952 r., nie spodziewając się chyba jeszcze w tym rejonie takiego wzmożenia ruchu samochodowego. Wybieg jest dość ciasny, a mieszkające tu misie muszą znosić smród spalin, ryk samochodowych silników i watahy ludzi, którzy żeby je obejrzeć, nie muszą nawet płacić za bilet wstępu do zoo. Notorycznie też lądują na jego terenie bułki, chipsy i słodycze, których niedźwiedzie nie powinny jeść. Dlatego jeśli już wychodzą na wybieg, to są smutne i ospałe. Choć zdarzyło się tak, że nie wytrzymały. W maju 2005 r. wpadła na wybieg pewna młoda kobieta – nie wiadomo, czy celowo, czy był to wypadek. Dość, że rozleniwione na ogół niedźwiedzie brutalnie ją rozszarpały. Dlatego radzimy – do misiów tylko z dobrym słowem. A najlepiej od razu do dyrekcji zoo z petycją w sprawie budowy nowego wybiegu.

WWAA

MARCIN MOSTAFA I NATALIA PASZKOWSKA (WWAA.PL) PODEJMUJĄ WYZWANIA W RÓŻNEJ SKALI: PROJEKTUJĄ GRAFIKĘ, PRZEDMIOTY CODZIENNEGO UŻYTKU, BUDYNKI, ZAŁOŻENIA URBANISTYCZNE

Marcin Mostafa and Natalia Paszkowska (wwaa.pl) take on a variety of challenges ranging from graphic design, functional object design to buildings and urban development projects

◆

What to do in Warsaw?
– every evening look at the new constellation of cranes above the stadium
– lose your way as you bike along the Vistula (especially in the neighbourhood of Siekierki) or discover the charm of lying on the beach just off the Saska Kępa
– as you picnic on the Kępa Potocka in Żoliborz praise the joy of life right by Maurycy Gomulicki's neon display presenting a glass of sparkling lemonade
– spend a Sunday at the Służewiec Horse Racing Track to admire the animals and the Warsaw modernist architecture
– experience how a former railway station building in Powiśle is buzzing with amazing activity and attracting a crowd after dark
– explore Mokotów, Żoliborz and Saska Kępa in search of pearls of post-war architecture
– taste a blueberry bun at Krakowskie Przedmieście

Co zrobić w Warszawie?
– każdego wieczoru przyjrzeć się nowej konstelacji żurawi nad Stadionem Narodowym
– pobłądzić na rowerze nad Wisłą (szczególnie w okolicach Siekierek) lub odkryć uroki plażowania nad rzeką na wysokości Saskiej Kępy
– piknikując na Kępie Potockiej na Żoliborzu, oddać cześć radości życia przy neonie Maurycego Gomulickiego przedstawiającym oranżadę
– w sezonie spędzić niedzielę na służewieckim torze wyścigów konnych, podziwiając zwierzęta i warszawski modernizm
– doświadczyć, jak wieczorami tętni życiem dawny budynek dworca na Powiślu
– przeczesać Mokotów, Żoliborz i Saską Kępę w poszukiwaniu pereł powojennej architektury
– zjeść jagodziankę na Krakowskim Przedmieściu

NA EXPO 2010 W SZANGHAJU WŁAŚNIE ZOSTAŁ ZREALIZOWANY POLSKI PAWILON PROJEKTU WWAA

Polish pavilion designed by WWAA for EXPO 2010 in Shanghai

W 2008 R. NATALIA I MARCIN WRAZ Z JANEM SUKIENNIKIEM Z BIURA 137KILO WYGRALI KONKURS NA PROJEKT SŁUŻEWIECKIEGO DOMU KULTURY

Natalia and Marcin, together with Jan Sukiennik from 137 kilo bureau, won a competition for the Służewiec Community Centre in Warsaw

Visit cult museums

Muzeum Techniki (The Museum of Technology) in the Palace of Culture and Science, pl. Defilad 1, www.muzeum-techniki.waw.pl; **Muzeum Kolejnictwa** (The Railways Museum), ul. Towarowa 1, www.muzeumkolejnictwa.waw.pl

ZWIEDŹ KULTOWE MUZEA

MUZEUM TECHNIKI, PAŁAC KULTURY I NAUKI, PL. DEFILAD 1, WWW.MUZEUM-TECHNIKI.WAW.PL; MUZEUM KOLEJNICTWA, UL. TOWAROWA 1, WWW.MUZEUMKOLEJNICTWA.WAW.PL

◆

Te ekspozycje mają swoich wiernych fanów. Świadczą o tym chociażby tłumy szturmujące je podczas Nocy Muzeów. Warszawscy 30-latkowie potwierdzą, że od czasu, kiedy zwiedzali je z rodzicami w latach 70., niewiele się tu zmieniło. Ale za to właśnie je kochamy!

Muzeum Techniki w Pałacu Kultury posiada w swoich zbiorach takie osiągnięcia okresu PRL jak pralka Frania, samochód Fiat 126p popularnie zwany maluchem, skutery Osa czy komputery Odra. Z innych ciekawostek znajdziesz tu model statku kosmicznego Wostok Jurija Gagarina. Są też oczywiście eksponaty starsze: kolekcja przedwojennych radioodbiorników, ręczne centrale telefoniczne, XIX-wieczne prasy drukarskie, samochody o ponadstuletniej historii, zabytkowe bicykle i XIX-wieczny welocyped.

Niedaleko, w budynku dawnego dworca PKP Warszawa Główna, mieści się Muzeum Kolejnictwa. Z ekspozycją pod dachem, ale też z zabytkowym taborem ustawionym na przydworcowych torach. Znajdziesz tu modele lokomotyw parowych, spalinowych i elektrycznych, a w części plenerowej – m.in. pociąg pancerny z 1942 r. i niemieckie parowozy osobowe z pierwszych lat XX w.

The exhibitions offered by these two museums have their loyal fans. You should see the crowds flocking there in the Night of Museums. Some 30-year-olds might say that little has changed in those museums since they were there with their parents in the 1970s but this is exactly the reason why people love them!

The Museum of Technology in the Palace of Culture and Science presents such achievements of Communist Poland's industry as the Frania washing machine, a baby Fiat 126, Osa scooters and Odra computers. There are many other interesting things to see there, among them a model of Yuri Gagarin's spaceship Vostok, and many older exhibits, like the first radio receivers, manual telephone switches, 19th century printing vmachines, motor cars older than 100 years, similarly old push-bikes, etc. The Railways Museum is not very far away in an old Warsaw Main Railway Station (Warszawa Główna) but many of the exhibits are, naturally, on display outside. These include old rolling stock, steam, diesel, and electric locomotives, a 1942 armoured train, some German-made locomotives which pulled passenger trains in the early 20th century.

ZOBACZ WIEŻOWIEC W MIEJSCU SYNAGOGI

PL. BANKOWY 2, ŻYDOWSKI INSTYTUT HISTORYCZNY, UL. TŁOMACKIE 3/5, WWW.JEWISHINSTITUTE.ORG.PL

Ten biurowiec zwany jest błękitnym wieżowcem, bo w jego szklanych elewacjach przy dobrej pogodzie odbija się niebo. To prawdziwy rekordzista, jeśli chodzi o czas budowy. Jego pierwsze projekty pochodzą już z końca lat 50., a budowę ukończono dopiero w 1992 r.

Nie dziw się, że gromadzą się przy nim często wycieczki z Izraela. Tu bowiem do 1943 r. stała Wielka Synagoga – największa w przedwojennej Warszawie, otwarta w 1878 r. Wysadzenie jej w powietrze przez Niemców 16 maja 1943 r. było jednym z ostatnich akordów tłumienia powstania w getcie.

Na tyłach „błękitnego wieżowca" ma swoją siedzibę Żydowski Instytut Historyczny. Obejrzyj tam wystawę.

See where the Great Synagogue once stood

Pl. Bankowy 2;
The Jewish Historical Institute ul. Tłomackie 3/5,
www.jewishinstitute.org.pl

This office high-riser is commonly described as the "blue tower" because blue sky nicely reflects in its glass-panelled walls whenever the weather is good. The building is also known for being the longest time under construction. The first blueprints were made in the late 1950s but the builders finished the job as recently as in 1992.

Do not be surprised spotting a package tour group from Israel looking at it. This is the place where the Great Synagogue used to be until it was destroyed in 1943. It was the biggest synagogue in pre-war Warsaw built in 1878. The Germans blew it up on May 16, 1943, as part of the last push to suppress the rising at the Jewish Ghetto.

The Jewish Historical Institute has its seat at the back of the "blue tower." Why not pop in there too to see an exhibition?

DOCEŃ DESIGN NEONÓW

Appreciate the unique neon signs

Nasze neony z lat 60. i 70. to prawdziwy fenomen na skalę światową. W przaśnych czasach Polski Ludowej, kiedy reklamy zachodnich firm nie były mile widziane (tego akurat zazdrościmy!), graficy i projektanci mogli się wyżyć, wymyślając ciekawe sklepowe szyldy, murale i reklamy świetlne. Powstawały nawet kompleksowe plany tzw. neonizacji całych ulic (np. ul. Puławskiej). Neony nie tylko rozświetlały mroki miasta, ale wprowadzały też elementy koloru, lekkości i finezji. Charakteryzowały się piękną czcionką i pomysłowym wzornictwem: sportsmenka zrzucała piłkę z dachu budynku, globus reklamujący biuro podróży nie tylko się świecił, ale też obracał, nad kwiaciarnią zawisł kolorowy motyl, nad barem mlecznym – krówka, a elewację domu towarowego Smyk zdobił gigantyczny neonowy zawijas. Niewiele z tych dzieł przetrwało do dziś, a jeśli przetrwały, to giną w zalewie ogromnych reklamowych banerów. Dlatego miłośnicy warszawskich neonów organizują się w nieformalne kluby, fotografują to, co ocalało, restaurują, co się da, i uświadamiają właścicielom sklepów i punktów usługowych, że nie warto wyrzucać neonów na śmietnik. Na szczęście zainteresowało się nimi również Muzeum Sztuki Nowoczesnej, które zajęło się gromadzeniem archiwów i badaniem historii tego złotego okresu polskich reklam świetlnych.

Our neon signs seen here in the 1960s and 1970s were a most single phenomenon in the world. During the austere era of Communist Poland when colourful adverts of western companies were not very popular with the authorities, indigenous advert designers enjoyed a little more freedom to use their imagination when making unconventional shop windows, murals, and neon signs (something we truly miss today!). There were even comprehensive plans made to "neonize" entire streets (e.g. Puławska) in order to advertise products and cast some more light on the streets in this way, perhaps, adding a little more colour to the gloomy city. The designers used nice lettering and original shapes, e.g., one neon sign showed a girl athlete throwing a ball from the rooftop of a building, in another place a shining globe kept turning around to advertise a state-owned travel agency, a colourful butterfly glowed over a flower shop, a little cow hung over the entrance to a milk bar and a huge, abstract zig-zag ornamented the front wall of the Smyk department store. Only few of those neon signs have survived to our time and those which are still there can be hardly noticed amidst the multitude of huge advertising banners and billboards. This is why some people who have sentiment for old neon signs get organized in informal clubs, make photographic documentation of the surviving neon relics, renovate some of them, and try to get across to shop-keepers that it is a shame to throw the old neons away. Fortunately, the Museum of Modern Art do some research of them and will set up an archive of Polish neon signs.

MC
Donal
okienko
BIURO OGŁOSZEŃ
gazeta
TASK
Travel

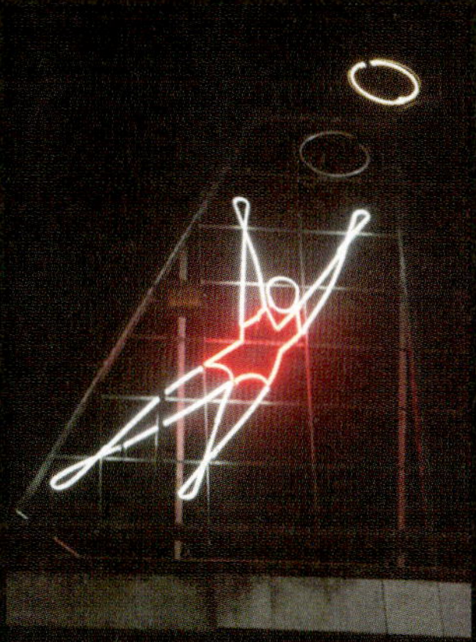

casino

EMILIA

Skarpa

dancing

PRZEJDŹ KANAŁEM

MUZEUM POWSTANIA WARSZAWSKIEGO, UL. GRZYBOWSKA 79, TEL. 22 539 79 05, PON., ŚR., PT. 8-18, CZW. 8-20, SOB.-NIEDZ. 10-18, BILETY 7 I 5 ZŁ, W NIEDZIELĘ WSTĘP WOLNY, WWW.1944.PL

Jeśli nie cierpisz urlopowego terroru polegającego na obowiązkowym zaliczeniu Muzeum Narodowego i Zamku Królewskiego, polecamy odtrutkę. W Muzeum Powstania się wyleczysz! Warszawiacy są z niego niesłychanie dumni. Podobnie jak z powstańców.

Fascynująca jest już sama architektura zmodernizowanej starej elektrowni tramwajowej na Woli, która była świadkiem walk. A ekspozycja nie ma sobie równych w Polsce! Tu wszystkiego możesz dotykać: wysuwać ze ścian szuflady z tekstami, zrywać kartki z kalendarza, przykładać ucho do dziur w murze, z których płyną powstańcze piosenki. Możesz obejrzeć filmy w prawdziwym kinie i napić się kawy w kawiarni stylizowanej na przedwojenną. Hitem wśród zwiedzających jest fragment kanału, którym można po ciemku przejść z latarką (przypomina, w jakich warunkach przemieszczali się powstańcy pod ulicami Warszawy). Znajdziesz tu też zrekonstruowany ogromny bombowiec Liberator i wjedziesz windą na wieżę, z której rozciąga się wspaniały widok na Warszawę.

Walk a sewer

The Warsaw Rising Museum ul. Grzybowska 79, 22 539 79 05, Mon,Wed, Fri 8.00 am-6 pm, Thu 8.00 am-8.00 pm, Sat-Sun. 10.00 am to 6.00 pm; ticket price: PLN 7 and 5, Sundays admission free, www.1944.pl

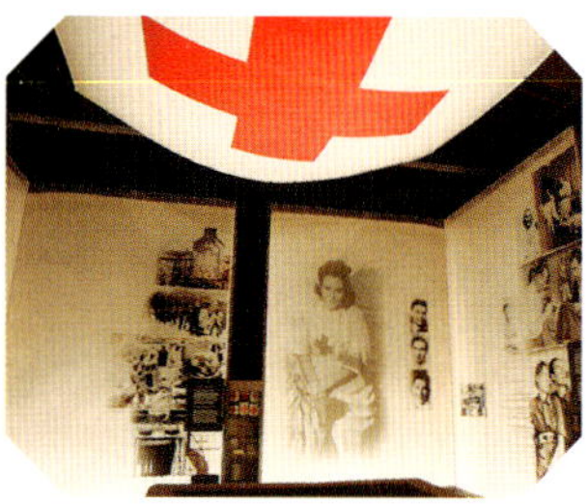

If you hate the powerful holiday agenda that forces you to go to the mandatory attractions such as the National Museum and the Royal Castle, we can offer you an antidote. Go to the Warsaw Rising Museum and you will soon feel much better! The people of Warsaw are extremely proud of it as they are proud of the insurgents.

At first, you will be fascinated by the very building which houses the Museum. It is a rebuilt, old street car depot in the Wola district where the insurgents fought many street battles years later in 1944. Then you will be truly thrilled by what you see inside – the exhibition is absolutely unparalleled. And you are allowed to touch the exhibits, pull out drawers with relevant texts, tear off calendar pages, listen to the insurgents singing behind a shell-cracked wall.

The biggest attraction is a section of a sewer in which you can walk equipped with a torchlight to get an impression of what the insurgents had to go through when they moved from battle to battle under the streets of Warsaw. Among the exhibits you will find a renovated Liberator bomber and, of course, you can also use the lift to go atop a tower from where you can admire one more view of Warsaw.

KUP ZABAWNĄ ZABAWKĘ

SKLEP KALIMBA I KAWIARENKA KOFIFI, UL. MIEROSŁAWSKIEGO 19, WWW.KALIMBA.PL (TU RÓWNIEŻ SKLEP INTERNETOWY)

◆

Kolejny zestaw klocków Lego czy lalkę Barbie? Jeśli zadajesz sobie właśnie pytanie, co kupić dziecku, kup coś oryginalnego. Upominki ze sklepiku Kalimba na Żoliborzu inspirowane są światem zabawek sprzed lat. Ich autorka Natka Luniak często podkreśla, że swoje projekty konsultuje z mamą i babcią, a następnie sprawdza na swojej córce Helence. Każda najprostsza przytulanka z Kalimby to małe dzieło sztuki. Wszystkie pluszaki szyte są ręcznie, nie ma więc dwóch identycznych egzemplarzy. Są gry planszowe, gra w kółko i krzyżyk, domino (również takie do nauki angielskiego), układanki. Są proste instrumenty muzyczne, m.in. kalimba z tykwy i bębny z tektury. I wreszcie prawdziwe cacka, np. drewniany domek obrotowy z mebelkami (m.in. z fortepianem). Jest koń na biegunach i konik na patyku, modele starych samochodów czy siatka z warzywami – szmacianymi. Lalki też są szmaciane, ale „z dobrym serduszkiem" – jak czytamy na stronie internetowej Kalimby. I choć te zabawki można już kupić w różnych punktach w Warszawie, to warto zajrzeć do bazy na Żoliborzu, do bajkowego świata Kalimby wykreowanego w kawiarence Kofifi. Więcej propozycji dla dzieci znajdziesz na s. 120.

Buy a fancy toy

The Kalimba Shop and Kofifi café ul. Mierosławskiego 19, www.kalimba.pl (online shop available here too)

One more Lego box or one more Barbie doll? If you are asking yourself this question right now trying to sort out what souvenir to buy for your child, try to buy something a little more unusual. Gifts sold at the Kalimba Shop in Warsaw's district of Żoliborz are inspired by the toys of the past. Their author, Natka Luniak, often stresses that she consults all her projects with her Mom and Grandma, and then tests them on her daughter Helenka. Every single huggy doll from Kalimba is a small piece of art. All are handmade so there are no two identical ones. There are also board games, the noughts and crosses, dominos (including versions for learning English), jig-saw puzzles. The shop sells a variety of simple musical instruments, like a kalimba made of a bottle-gourd and drums made of cardboard. Apart from that, you will find true masterpieces, such as a turning house with furniture (including a grand piano), a rocking-horse, a horse of a stick, vintage car models, and a shopping bag full of vegetables. Rag vegetables. Dolls are also made of rag. But they are claimed to have "a good heart" if you take your time to read the shop's Web site. Although these toys are now sold by some other shops in Warsaw, it is worth popping in the Kalimba shop to see its fairy-tale universe created inside the Kofifi café.

ROZEJRZYJ SIĘ

Look around

From the terrace on the 30th floor of the Palace of Culture (144 m)

Palace of Culture and Science

pl. Defilad 1, open daily 9.00 am-6.00 pm; from June 1 to August 31 – open until 8.00 pm. Ticket prices: PLN 20 and PLN 15. Phone: 22 656 76 00, www.pkin.pl

You think it is boring? But why don't you try? Every town has its TV tower or some sort of an Empire State Building with a view terrace atop from which one can contemplate a panorama of the town. Sometimes, we are not very attracted to it, we complain it is one of the tourist's mandatory attractions, but we go up there anyway. Quite right. Shooting pictures from a high altitude and trying to identify various buildings and other objects from there gives us a very good time and teaches us the basics of the town's topography.

But the Palace of Culture offers many more attractions. For example, you can inspect architectural details inside the building, have

Z TARASU NA 30. PIĘTRZE PAŁACU KULTURY

PAŁAC KULTURY I NAUKI, PL. DEFILAD 1, CODZ. W GODZ. 9-18, 1.06--31.08 – DO GODZ. 20, BILETY 20 I 15 ZŁ, TEL. 22 656 76 00, WWW.PKIN.PL

Mówisz: banalne? A jednak trzeba spróbować. Każde miasto ma swoją wieżę telewizyjną czy Empire State Building z tarasem widokowym, z którego można podziwiać panoramę miasta. Kręcimy nosem, że to taki turystyczny obowiązek, ale ciągnie nas tam. I słusznie. Bo to robienie zdjęć z wysokości i rozpoznawanie poszczególnych budynków to doskonała zabawa i sposób na wstępne zorientowanie się w topografii miasta.

W tym przypadku masz zapewnione dodatkowe atrakcje: możliwość podziwiania detali architektonicznych we wnętrzach Pałacu Kultury, kafejkę na 30. piętrze i windziarzy, z którymi podczas jazdy możesz uciąć sobie krótką (dotarcie na górę trwa zaledwie 19 sekund), ale ciekawą pogawędkę.

Z OGRODÓW NA DACHU BUW-U

BIBLIOTEKA UNIWERSYTECKA W WARSZAWIE, UL. DOBRA 56/66, CODZ. W GODZ. 9-20 (1.05-30.09), 9-18 (1-30 KWIETNIA ORAZ 1-31 PAŹDZIERNIKA), 9-15 (1 LISTOPADA – 31 MARCA, BEZ WSTĘPU NA DACH), WSTĘP WOLNY

Tu podziwiasz miasto co prawda z niższej wysokości, ale za to w pięknych okolicznościach przyrody.

Sam gmach Biblioteki Uniwersyteckiej to jeden z piękniejszych nowoczesnych budynków Warszawy (zaprojektowany przez Marka Budzyńskiego i Zbigniewa Badowskiego, oddany do użytku w 1999 r.). A już ogrody urządzone na jego dachu to prawdziwy majstersztyk. Są tu sadzawki w japońskim stylu,

a cup of tea in a café on the top (30th floor) or chat with the lift operator who travels up and down with you. The conversation will be interesting, but brief – the lifts there need as little as 19 seconds to take you to the top.

From the gardens on top of the University Library

University of Warsaw Library

ul. Dobra 56/66, open daily from 9.00 am to 8.00 pm (May 1–September 9), from 9.00 am to 6.00 pm (April 1–April 30 and October 1–October 30), from 9.00 am to 3.00 pm (November 1–March 31 with no access to the roof), admission free

Once you come here, you will see the town from a smaller altitude but you will be surrounded by beautiful vegetation.

The University of Warsaw Library building is perhaps the nicest new building in the city (designed by Marek Budzyński and Zbigniew Badowski, it was opened to users in 1999). The gardens on top are a real piece of art with Japanese ponds, cosy benches, steps, a little creek, arbours, bridges, and terraces. All those places offer fascinating views over the Vistula River flowing not far away, Warsaw's prettiest Świętokrzyski Bridge with a white pylon and a mesh of white support cables. Behind the bridge, you will spot the National Sports Stadium under construction. The Stadium will replace the 10th Anniversary Stadium (Stadion Dziesięciolecia) which used to be at the same place and, looking a little to the left, you will see the red-brick towers of the St. Florian's Cathedral (1902). Let's go back to the left-bank Warsaw. Here you will see the statue of the Warsaw Mermaid and historical buildings of the Powiśle Power Station dating back to 1904. When you climb on an expanded metal bridge (mind your high heels!) you will see a charming panorama of the Old and New Town districts.

Well, you can also indulge your sadistic instincts and look through a window in the roof to enjoy seeing students work hard inside the library's reading room downstairs.

ławki, schodki, strumyk, altany, mostki i tarasy. No i ten widok! Jest Wisła widziana z bliska, nasz najpiękniejszy most - Świętokrzyski, z pylonem i siatką białych lin. Za nim – budowa Stadionu Narodowego na miejscu Stadionu Dziesięciolecia, a bardziej w lewo – ceglane wieże neogotyckiej praskiej katedry św. Floriana (1902 r.). I wracając na ten brzeg Wisły – pomnik warszawskiej Syreny oraz zabytkowy budynek elektrowni Powiśle z 1904 r. A z ażurowego metalowego mostku (uwaga na obcasy!) rozciąga się piękny widok na Stare i Nowe Miasto.

Wielką sadystyczną przyjemność może ci też sprawić podglądanie przez okno w dachu uczących się w bibliotece studentów.

From the staircase window in Praga
Ul. Inżynierska 3

You have to see Warsaw also from the other bank of the Vistula. If you don't know anyone who lives in the attic of one of the Praga apartment houses and who can show you the view, take advantage of our favourite location. This requires you to get past the intercom, but it is worth the effort. You enter the gate of the house at Inżynierska 3 (a grand building formerly housing a furniture warehouse owned by Adolf Wróblewski, built in the years 1910--1914), then go through the doors on your right, before entering the courtyard. Climb the top storey, look out of the staircase window and what do you see? Not only the picturesque mosaic of Praga rooftops, but also a unique combination: the domes of the largest orthodox church in Warsaw, St. Mary Magdalene (1869), the spires of the neo-gothic Catholic Cathedral of St. Florian (1902) and the socialist realism of the Palace of Culture (1955). Was it worth it?

Z OKNA KLATKI SCHODOWEJ NA PRADZE

UL. INŻYNIERSKA 3

Musisz też koniecznie zobaczyć Warszawę z drugiego brzegu Wisły. Jeśli nie masz znajomego, który mieszka na poddaszu jednej z praskich kamienic i może ci taki widok udostępnić, skorzystaj z naszej ulubionej lokalizacji. Wymaga to pokonania bariery domofonu, ale warto się na to odważyć. Wchodzisz w bramę kamienicy przy ul. Inżynierskiej 3 (okazały budynek dawnych składów mebli Adolfa Wróblewskiego z lat 1910-14), w drzwi po prawej, jeszcze przed podwórkiem. Wdrapujesz się na najwyższe piętro, wyglądasz z okna na klatce schodowej i co widzisz? Nie tylko malowniczą mozaikę dachów praskich kamienic, ale też unikalne zestawienie: kopuł największej w Warszawie cerkwi św. Marii Magdaleny (1869 r.), wież katolickiej katedry św. Floriana (1902 r.) i socrealistycznej bryły Pałacu Kultury (1955 r.). Warto było?

PRZY MOŚCIE ŚWIĘTOKRZYSKIM

NA PRZEDŁUŻENIU UL. ZAJĘCZEJ, PO PRASKIEJ STRONIE WISŁY

I jeszcze jedno spojrzenie na Warszawę z praskiego brzegu Wisły. Jest takie miejsce między placem budowy Stadionu Narodowego a mostem Świętokrzyskim, a w zasadzie tuż przy samym moście, z którego Warszawa wydaje się piękna o każdej porze dnia i nocy. Centrum miasta widziane przez liny mostu, z Wisłą u stóp, to pocztówkowa panorama, którą musisz uwiecznić. Polecamy wybranie się tu na rowerze. Bo o ile ścieżek rowerowych jest w Warszawie bardzo mało, to akurat wzdłuż Wisły są, na moście Świętokrzyskim również.

Z DACHU BLOKU

INSTYTUT AWANGARDY, AL. „SOLIDARNOŚCI" 64/118, ZWIEDZANIE PO UMÓWIENIU, TEL. 22 826 50 81, MAIL@FGF.COM.PL

Wjeżdżasz na ostatnie piętro zwykłego obskurnego bloku, a tu czeka cię miła niespodzianka. W mieszkaniu, które służyło od lat 60. do życia i pracy wybitnym artystom (najpierw Henrykowi Stażewskiemu, a później Edwardowi Krasińskiemu), w nietypowy sposób ich pamięć postanowiła uczcić jedna z najważniejszych polskich instytucji artystycznych – Fundacja Galerii Foksal.

W kilku pomieszczeniach zachowano mieszkanie-pracownię Krasińskiego takie, jakie je pozostawił – z meblami, obrazami, obiektami i jego słynną niebieską taśmą, którą okleił cały ten artystyczny „bałagan" na wysokości 130 cm. A na obszernym tarasie architekci z holenderskiej pracowni BAR wraz z Polakiem Marcinem Kwietowiczem dobudowali nowoczesny szklany pawilon, twórczo interpretując bryłę bloku z lat 60. Tu odbywają się wystawy, spotkania, debaty.

Wjedź więc koniecznie na 11. piętro, wdrap się po schodkach na dach szklanego pawilonu i ciesz się widokiem. Zobaczysz tu centrum miasta zamknięte w ramy zamontowanego na dachu ekranu do projekcji filmowych.

At the Świętokrzyski Bridge

On the Vistula's right bank, opposite ul. Zajęcza

One more glance at Warsaw from the Praga district on the right bank of the Vistula. There is a point between the former 10th Anniversary Stadium and the Świętokrzyski Bridge, quite close to the bridge actually, from where Warsaw looks beautiful at all times of day and night, and in all weather conditions. You can shoot downtown Warsaw through the bridge's support cables with the Vistula caught at the bottom of your frame. You must get that picture. Our advice is to go there on a push-bike. There are not many bike paths in Warsaw, but one of them runs comfortably along the river bank and across the Świętokrzyski Bridge too.

From the rooftop of a block of flats

Avant-garde Institute (Instytut Awangardy), al. "Solidarności" 64/118, open after telephone appointment: call 22 826 50 81, mail@fgf.com.pl

Use the lift in an ordinary, scruffy block of flats and get to the top. You will be surprised. There is an apartment in which two outstanding artists used to live in the 1960s. The first was Henryk Stażewski and the other, Edward Krasiński. These artists have been commemorated in an unusual way by one of the most important Polish artistic institutions, the Foksal Gallery Foundation (Fundacja Galerii Foksal).

Krasiński's apartment and studio has been preserved in several rooms as he left it, all the furniture, paintings, other objects, and his famous blue tape which ran around everything inside 1.30 metre above the floor. Architects from the Dutch studio BAR working together with Poland's Marcin Kwietowicz set up a modern glass pavilion on the vast terrace thus giving a creative interpretation of the 1960s Communist-style block of flats. The pavilion is used for exhibitions, meetings, and debates.

Do not forget to take the lift, get on the 11th floor, climb the steep steps onto the pavilion's glass roof, and enjoy the view. You will see the centre of the city in the frame of a film screen installed there.

Get a new dress

Virgo ul. Ordynacka 10/12;
Mysikrólik ul. Okólnik 11a, www.mysikrolik.com;
Ania Kuczyńska's boutique ul. Mokotowska 61, aniakuczynska.com;
Joanna Klimas' boutique ul. Nowolipki 2, www.joannaklimas.com;
justiniloveu.com

Because you'll have no trouble finding chain clothes stores in the huge shopping malls, we recommend less obvious places to shop.

You'll find an ideal assortment at Virgo on ul. Ordynacka. It stocks remnants of lines of clothes and accessories from Great Britain, very original and reasonably priced. It's worth dropping in especially if you're looking for a dress, bag or shoes.

For colour therapy, you must go to Imagine (one is in Żoliborz - photo, and the other on ul. Nowolipki), where you'll find unusual clothes, bursting with energy, by the Danish brand Lysgaard. Here are also galoshes in spots, airy silk desses, thick tights in stripes and jewellery designed by Warsaw artists.

By all means also check out the boutiques of good Polish designers, though of course they are somewhat more expensive. Our favourites are: Mysikrólik (Kinglet) owned by Matylda Czerwińska and the boutiques of Ania Kuczyńska and Joanna Klimas, together with the on-line store of the Justin Iloveu brand of clothes, very much a trademark of Warsaw.

KUP DAMSKI CIUSZEK

VIRGO, UL. ORDYNACKA 10/12; IMAGINE, UL. MICKIEWICZA 52, NOWOLIPIE 23, IMAGINERIA.BLOGSPOT.COM; MYSIKRÓLIK, UL. OKÓLNIK 11A, WWW.MYSIKROLIK.COM; BUTIK ANI KUCZYŃSKIEJ, UL. MOKOTOWSKA 61, ANIAKUCZYNSKA.COM; BUTIK JOANNY KLIMAS, UL. NOWOLIPKI 2, WWW.JOANNAKLIMAS.COM; JUSTINILOVEU.COM

◆

Ponieważ na sieciowe sklepy trafisz bez trudu w wielkich galeriach handlowych, polecamy ci mniej oczywiste miejsca na zakupy. Idealną mieszankę znajdziesz w sklepie Virgo na Ordynackiej. Końcówki serii ubrań i dodatków sprowadzanych z Wielkiej Brytanii są tu naprawdę oryginalne i w dobrych cenach. Warto tu wpaść szczególnie wtedy, gdy szukasz sukienki, torebki albo butów. Na koloroterapię udaj się koniecznie do butików Imagine (jeden jest na Żoliborzu – na zdjęciu, drugi na Nowolipiu), gdzie znajdziesz nietuzinkowe, tryskające energią ubrania duńskiej marki Lysgaard. Są tu kalosze w grochy, zwiewne jedwabne sukienki, grube rajstopy w pasy i autorska biżuteria warszawskich artystek. Koniecznie zajrzyj też do butików dobrych polskich projektantek, choć tu jest oczywiście nieco drożej. Nasze ulubione to: sklepik Mysikrólik Matyldy Czerwińskiej, butiki Ani Kuczyńskiej i Joanny Klimas oraz internetowy sklep bardzo warszawskiej marki ubrań Justin Iloveu.

ZWIEDŹ GALERIĘ POD MOSTEM

RONDO SEDLACZKA

◆

Ta niezwykła plenerowa galeria powstała w lipcu 2009 r., w ramach festiwalu Street Art Doping. Urzędnicy zgodzili się, by artyści uliczni pokryli swoimi pracami filary pod mostem Łazienkowskim, bo wcześniej były one notorycznie zaklejane plakatami i wyglądały jak zaniedbane słupy ogłoszeniowe. Ten eksperyment sprawdził się doskonale. Od czasu Szablon Jamu niemal żadna z tych prac nie została ani zamalowana przez grafficiarzy, ani zaklejona plakatami. Rondo Sedlaczka z dziełami m.in. Monstfura, 3fali i grupy Taki Myk wygląda znacznie lepiej.

Dojedziesz tu z centrum polecanym przez nas autobusem 107 (s. 15), a w sąsiedztwie znajdziesz m.in. prestiżowe warszawskie liceum im. Stefana Batorego (ul. Myśliwiecka 6), Wydział Wzornictwa Przemysłowego warszawskiej Akademii Sztuk Pięknych (ul. Myśliwiecka 8) oraz nowy stadion Legii (ul. Łazienkowska 3).

Visit a gallery beneath a bridge

Rondo Sedlaczka

This unusual open-air gallery was formed in July 2009 during the Street Art Doping Festival. The city's officials gave their permission for street artists to cover the pillars of the Łazienkowski Bridge with their work, because before that they were covered with posters and looked very untidy. And this experiment has worked. Since the time of the Szablon Jam (Street Art Jam), hardly any of these works has been painted over by graffiti artists or covered with posters. With works by Monstfur, 3fala and the Taki Myk group, the Rondo Sedlaczka definitely looks better now.

To get here, we recommend taking the 107 bus (p. 15). Nearby you'll find the prestigious Stefan Batory Lycée (ul. Myśliwiecka 6), the Industrial Design Faculty of the Academy of Fine Arts (ul. Myśliwiecka 8) and the new stadium of the Legia football club (ul. Łazienkowska 3).

Encourage yourself to art

Zachęta National Gallery of Art pl. Małachowskiego 3, www.zacheta.art.pl, Tue-Sun noon-8.00 pm, tickets: PLN 10 and 7, Thurs – free admission

This is by far the best state-run gallery of contemprary art in the city. Or even the best art gallery in the country. Its beautiful 1903 Neo-Baroque building is worth a special trip and you may always count on a good exhibition here. There are usually two or three rotating large-scale exhibitions, so the risk you will not find anything interesting is really very small. Zachęta exhibitions showcase the newest art from various countries or culture areas. We have admired here, among others, the works of Russian, Chinese, Afroamerican or British artists. The very good art bookstore is worth a stop and when you're ready to take a break, in the basement you will find the Obiekt Znaleziony club (The Object Found) where you may sit and sip your coffee or evening wine. And yes, Zachęta has long opening hours, it closes at 8 pm (except Mondays). If you're planning just one museum visit while in Warsaw, choose the National Gallery.

Photos: Painter Leon Tarasewicz is creating an installation in the main entrance hall of Zachęta for the exhibition "21st century Polish painting" (December 2006). Ferns are part of the exhibition "Viva Mexico!".

ZACHĘĆ SIĘ DO SZTUKI

ZACHĘTA NARODOWA GALERIA SZTUKI, PL. MAŁACHOWSKIEGO 3, WWW.ZACHETA.ART.PL, WT.-NIEDZ. W GODZ. 12-20, BILETY 10 I 7 ZŁ, W CZWARTKI WSTĘP WOLNY

◆

To najlepsza państwowa galeria sztuki współczesnej w mieście. A może nawet w kraju. Mieści się w pięknym neobarokowym budynku z 1903 r. i zawsze można tu liczyć na dobrą wystawę. Na ogół prezentowane są jednocześnie dwie, trzy spore ekspozycje, także ryzyko, że nie znajdziesz nic dla siebie, jest naprawdę znikome. Zachęta słynie m.in. z wystaw poświęconych sztuce najnowszej z konkretnych krajów lub obszarów kulturowych. Mogliśmy tu już oglądać m.in. dzieła Rosjan, Chińczyków, Afroamerykanów czy Brytyjczyków. W galerii działa też bardzo dobra księgarnia artystyczna, a w podziemiach budynku – klub Obiekt Znaleziony, do którego możesz wpaść na kawę lub wieczorne wino. Atutem Zachęty jest to, że jest czynna dość długo, do godz. 20 (oprócz poniedziałków). Dlatego jeśli podczas pobytu w Warszawie masz czas na wizytę tylko w jednym muzeum, wybierz właśnie Narodową Galerię. Na zdjęciach: malarz Leon Tarasewicz tworzy instalację w holu głównym Zachęty w grudniu 2006 r., w ramach wystawy „Malarstwo polskie XXI wieku" oraz paprotki jako element ekspozycji „Viva Mexico!".

See model Soc-Realist architecture

MDM ul. Marszałkowska, around pl. Konstytucji

Plac Konstytucji is one of the vastest and nicest squares in Warsaw, though definitely not all Varsovians would share this opinion. The square does not make a fascinating view until you learn more about the times when it was built in 1952. It was designed to be the heart of the Marszałkowska Housing Estate MDM (Marszałkowska Dzielnica Mieszkaniowa) and was not only intended to be the purest sample of Soc-Realist architecture but also an expression of the social policy allegedly pursued by the state authorities. The whole thing was designed by architect Józef Sigalin and his team in 1949 to give accommodation to new elites with working class roots. The intention was to do away with the bourgeois character of the pre-war ul. Marszałkowska forever. Many well-preserved old buildings had to be demolished to give room for the new MDM estate and its Plac Konstytucji. The project also brutally disrupted the line of ul. Koszykowa which now runs up to one corner of the square and shows up again at the other corner. The square is decorated with ornate lamp posts and a neon display on a building where a sports equipment store used to be, featuring a volleyball player and a ball falling down along the corner walls of the building at pl. Konstytucji 5 (designed by Jan Mucharski and recently renovated by visual artist Paulina Ołowska, *see p. 35**).*

ZOBACZ WZORCOWĄ ARCHITEKTURĘ SOCREALISTYCZNĄ

MDM, UL. MARSZAŁKOWSKA W SĄSIEDZTWIE PL. KONSTYTUCJI

◆

Plac Konstytucji to jeden z największych i najpiękniejszych placów Warszawy, choć nie wszyscy warszawiacy się z nami zgodzą. Nie da się bowiem na niego patrzeć, nie widząc kontekstu czasów, w jakich został zbudowany. Oddany do użytku w 1952 r. był sercem Marszałkowskiej Dzielnicy Mieszkaniowej, która miała być nie tylko wzorem architektury socrealistycznej, ale też przykładem społecznej polityki władz. Zaprojektowana w 1949 r. przez Józefa Sigalina i współpracowników miała służyć ludziom z awansu społecznego, ale o robotniczym rodowodzie. Chodziło o zanegowanie burżuazyjnego charakteru przedwojennej ul. Marszałkowskiej. Przy okazji wytyczania pl. Konstytucji zburzono sporo nieźle zachowanych kamienic. Przerwano też w kuriozalny sposób bieg ulicy Koszykowej, która dochodzi teraz do jednego narożnika placu, by z drugiej strony pojawić się przy zupełnie innym, po skosie. Ozdobą pl. Konstytucji są wielkie kandelabry i zamontowany w 1961 r. nad sklepem sportowym neon z siatkarką odbijającą piłkę (zobacz na s. 35).

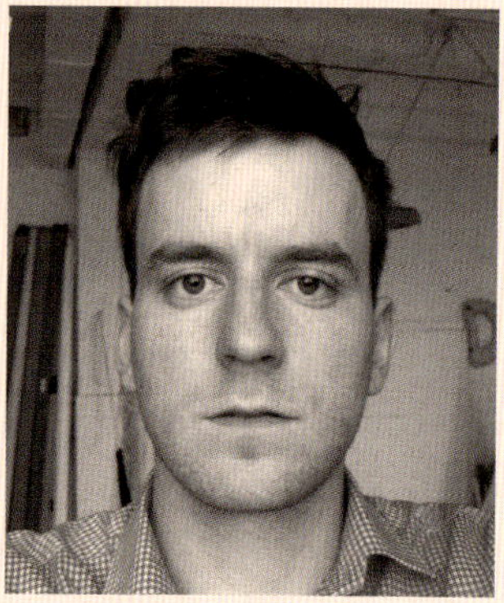

Tymek Jezierski

TYMEKJEZIERSKI.COM
RYSOWNIK, ILUSTRATOR, PLAKACISTA
RAZEM Z BRATEM JAKUBEM TWORZY DUET
PROJEKTOWY BROTHERS IN ARMS

tymekjezierski.com
Draughtsman, illustrator, poster designer.
He and his brother Jakub
form a design duo
Brothers in Arms

◆

To me Warsaw means mainly Wola, where I live, work and hangout in my favourite bar. Here you'll find places that look as if they hadn't changed since the war (just to name such streets as Łucka or Wronia). Here you'll visit vanishing craftsmen's workshops, buy incredible things at the Olimpia bazaar. For an emo type of tourist the Jewish cemetery in ul. Okopowa is a must-see – it is mysteriously overgrown, and will make a great impression on you, especially in the autumn… In winter I would recommend a cross-country skiing excursion to the Powsin park. In the spring/summer season I would bet on horses at a modernist horseracing track in Służewiec. If it gets warm, hop a bike and ride along the Vistulan Escarpment (lush vegetation all along the way). Take a break to try two places: Plac Zabaw and Warszawa Powiśle. If it gets romantic, stroll in the Skaryszewski park and the Saska Kępa neighbourhood. Warsaw is all about attitude. Open up your mind a bit, and it will make things much easier.

Moja Warszawa to przede wszystkim Wola, gdzie mieszkam, pracuję i przesiaduję w ulubionym lokalu.

Tutaj można znaleźć miejsca, które wydają się nietknięte od czasów wojny (ulice Łucka, Wronia). Można odwiedzić odchodzące w zapomnienie zakłady rzemieślnicze, a na bazarze Olimpia kupić niesłychane rzeczy i poczuć specyficzny warszawski folklor (w każdą niedzielę).

Z kolei dla turysty w typie emo obowiązkowym punktem będzie Cmentarz Żydowski na Okopowej – tajemniczo zarośnięty, robiący wrażenie szczególnie na jesieni...

W zimie poleciłbym wycieczkę na biegówki do Powsina, a w sezonie wiosenno-letnim obstawianie koni na modernistycznym torze wyścigowym na Służewcu. Jeśli ciepło, to koniecznie rower i przejażdżka wzdłuż skarpy wiślanej (prawie cały czas zieleń). Po drodze trzeba obowiązkowo odwiedzić Plac Zabaw i Warszawę Powiśle.

Jeżeli romantycznie, to park Skaryszewski i spacerek po Saskiej Kępie.

Na Warszawę trzeba się trochę otworzyć i użyć wyobraźni – wtedy będzie na pewno łatwiej.

PROJEKT PLAKATU
DLA KLUBOKAWIARNI CHŁODNA 25
Poster designed by Tymek Jezierski
for Chłodna 25 café-club

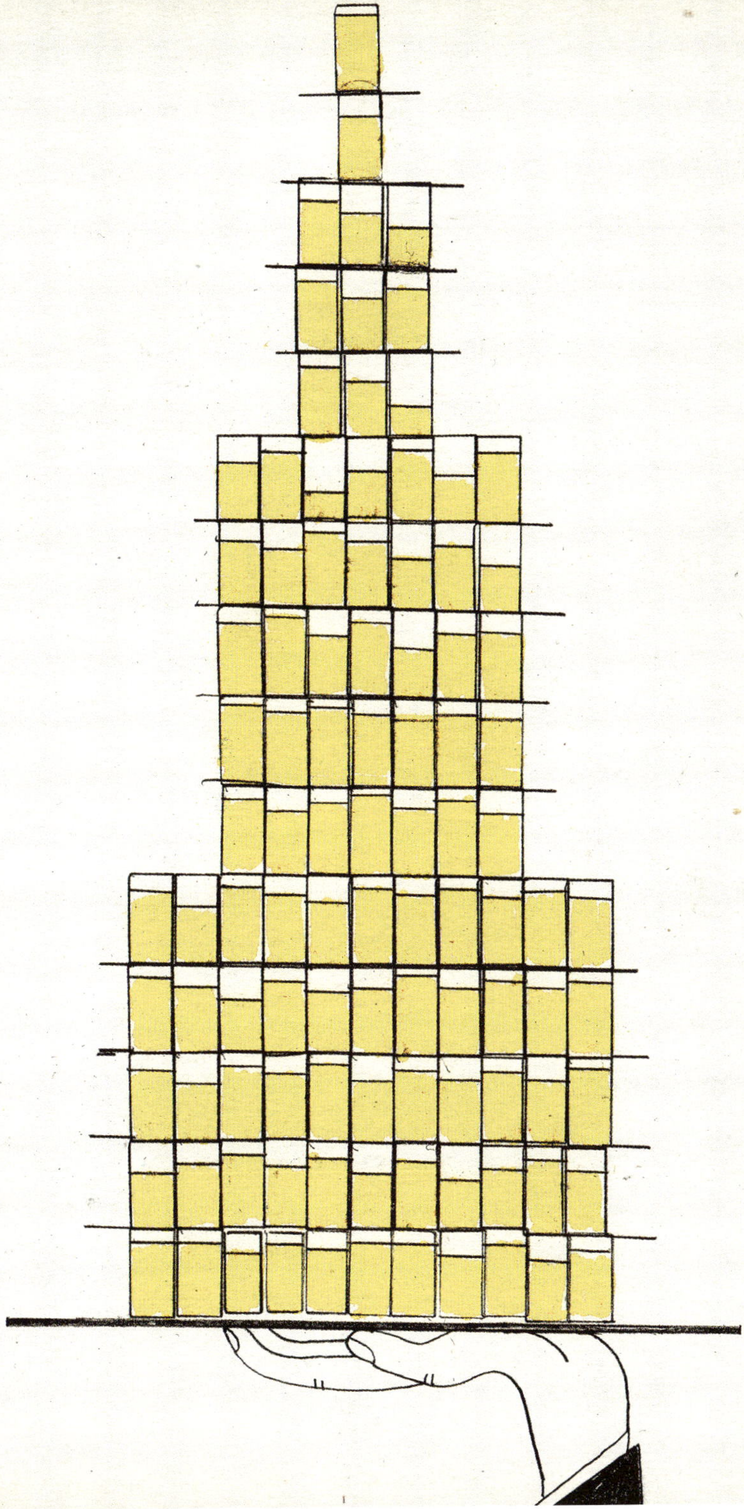

Sit with a Magic Hen

Szczotki Pędzle ul. Tamka 45b, szczotkipedzle.blox.pl

Szczotki Pędzle is one of the cosiest joints in the city where you may feel the atmosphere of the old working-class district of Powiśle that has now morphed into a bastion of alternative culture. It is hard to believe but earlier and since the war the place was occupied by a brush maker's shop. It is tiny, but – as the hosts say - kid- and dog-friendly (luckily smoking is no longer allowed). You may get in here with your bicycle, or use the Internet. There are always new exhibits on display and on the bookshelves you will find children's books and the issues of the here published magazine for little kids titled "Czarodziejska Kura" (Magic Hen). The interior is filled with carefully selected furniture and objects dating from the 1950s, 1960s and 1970s. The spot is just a friendly hangout where you drop by for a piece of cake, a cup of coffee and the latest gossip.

POSIEDŹ Z CZARODZIEJSKĄ KURĄ

SZCZOTKI PĘDZLE, UL. TAMKA 45B, CODZ. W GODZ. 10-22, TEL. 22 827 92 30, SZCZOTKIPEDZLE.BLOX.PL

◆

Szczotki Pędzle to jedna z przytulniejszych klubokawiarni w mieście, w której można poczuć klimat zmieniającej swoje oblicze robotniczej dzielnicy Powiśle. Aż trudno uwierzyć, że wcześniej od czasów wojny mieścił się tu zakład szczotkarski. Lokal jest malutki, ale przyjazny – jak zapewniają gospodarze – dzieciom i psom (palaczom na szczęście już od niedawna nie). Można tu wtarabanić się z rowerem, można skorzystać z internetu. Na ścianach zmieniają się wystawy, a na półkach – książki dla dzieci i kolejne numery wydawanego tu pisma dla maluchów „Czarodziejska Kura".

Wnętrze pełne jest dobranych ze smakiem mebli i przedmiotów z lat 50., 60., 70. A gdy robi się ciepło na zewnątrz, na chodniku staje najmniejszy ogródek w mieście – jeden stoliczek z chroniącą od słońca parasolką (s. 112). W porze obiadowej zgłodniałym raczej nie polecamy, bo dań na ciepło jest tu niewiele. No ale do Szczotek przychodzi się raczej na posiadówkę w domowej atmosferze, dobre ciasto, kawę i ploteczki niż na jedzenie.Plakaty dla klubokawiarni projektuje Karolina Kotowska (www.karokoto.blogspot.com, jeden z nich – obok).

PRZENOCUJ W DOMU DZIEWICY

HOSTEL OKI DOKI, PL. DĄBROWSKIEGO 3, TEL. 22 826 51 12, WWW.OKIDOKI.PL; HOTELIK CASTLE INN, UL. ŚWIĘTOJAŃSKA 2, TEL. 22 425 01 00, WWW.CASTLEINN.PL

◆

Brzmi zachęcająco? Oprócz Domu Dziewicy do wyboru masz też m.in. Siódme Niebo, PRL i Santorini. To nazwy pokoi w hostelu Oki Doki, który polecamy szczególnie, bo to jedno z najlepszych i, niestety, niewielu w Warszawie tanich miejsc noclegowych (więcej znajdziesz na s. 275). Mieści się w dość ponurym budynku, ale lokalizację ma świetną – przy zacisznym placu na tyłach ul. Marszałkowskiej, dosłownie rzut beretem od Pałacu Kultury. Poza tym niech cię nie zwiedzie ta szara fasada. W środku aż kipi od kolorów i oryginalnych pomysłów. To zasługa młodych właścicieli Oki Doki – Łucji i Ernesta Mikołajczuków, którzy do współpracy przy aranżacji wnętrz zaprosili artystów, projektantów mody, podróżników. Każdy z 30 pokoi możesz sobie przed przyjazdem obejrzeć w internecie i dobrać według własnych estetycznych upodobań. W hostelu wypożyczysz też rower i skorzystasz z bezprzewodowego internetu.

Idąc za ciosem, Łucja i Ernest otworzyli przytulny hotelik artystyczny Castle Inn przy pl. Zamkowym – bardziej luksusową wersję Oki Doki, ale z całkiem przystępnymi cenami.

Stay at the Virgin's House

Oki Doki Hostel
pl.Dąbrowskiego 3,
www.okidoki.pl;
Castle Inn Hotel
ul.Świętojańska 2,
www.castleinn.pl

Next to the Virgin's House, you may also choose the Seventh Heaven, PRL and Santorini. These are the names of some of the rooms in the Oki Doki hostel. This is your best bet for the lowest-priced lodgings in downtown Warsaw (find more information on p. 275). The building is quite gritty, but the location is perfect – on a quiet square just off the main thoroughfare, ul. Marszałkowska, and within a stone's throw from the Palace of Culture. The façade won't really dazzle you, but wait till you step inside. You will be overwhelmed with all kinds of colourful furnishings and original ideas. The young owners of Oki Doki Łucja and Ernest Mikołajczuk invited artists, fashion designers and travelers to do the decorating job. You may see each room in the Internet and choose the one that appeals to you most. The hostel also provides bike rental and wi-fi.

In 2007 Oki Doki owners got the 2006 Hoscar award as one of the best 10 hostels in the world. And they opened Castle Inn, a cosy, boutique hotel in pl. Zamkowy. It is a more luxurious and yet affordable version of Oki Doki.

ZNAJDŹ WYJŚCIE Z DWORCA CENTRALNEGO

DWORZEC PKP WARSZAWA CENTRALNA, AL. JEROZOLIMSKIE 54

◆

Tu możesz rozegrać z przyjaciółmi niezłą grę terenową. Tylko nie bawcie się w chowanego, bo możecie się już nigdy nie znaleźć. Wspominaliśmy ci już, jak bardzo wstydzimy się Dworca Centralnego, tego zaniedbanego i brudnego slumsu w centrum Warszawy. Dodatkowym powodem zażenowania jest brak na tym dworcu profesjonalnego (lub po prostu czytelnego) systemu informacyjnego. Dlatego nawet nie próbujemy wytłumaczyć ci, jak masz wydostać się z peronu w odpowiednie miejsce na powierzchni. Bo sami mamy z tym zawsze duży kłopot. Krążymy po podziemiach dworca jak w scenografii mrocznej gry komputerowej – intuicyjnie. Dlatego jedyne, co możemy ci poradzić, to: pytaj, a nie zbłądzisz.

Find an exit from the Central Station

Polish Rail Station

Warszawa Centralna,
Al. Jerozolimskie 54

This is a place where you can play a fascinating adventure game by trying to find the exit from the Station. Avoid playing hide-and-seek because it is unsafe as you may get lost for good and never find your way out. You remember that we have mentioned how ashamed we are of the Central Station, this big, dirty, and smelly slum in the heart of the capital city. An extra reason why we feel embarrassed is that the Station has no information and signage system whatsoever. We will not even try to explain to you which signs to follow to get from the platforms to some destination point on the ground level because we also tend to get lost there every time we are there, it seems to us we are inside a gloomy computer game where we can only rely on our intuition to save ourselves out. The only advice we can give you is: keep asking the way and do not waste your chance.

ZOBACZ DESZCZ SPŁYWAJĄCY PO DACHU ZŁOTYCH TARASÓW

ZŁOTE TARASY, UL. ZŁOTA 59, PON.-SOB. W GODZ. 9-22, NIEDZ. 9-21, TEL. 22 222 22 00, WWW.ZLOTETARASY.PL

◆

Sam budynek centrum handlowego Złote Tarasy, który wyrósł w 2007 r. w centrum miasta, jest brzydki i przeskalowany. Jedyne, co się amerykańskim architektom z pracowni The Jerde Partnership udało, to pofalowany szklany dach złożony z ośmiu mniejszych i większych kopuł posklejanych ze szklanych trójkącików. I to też nie do końca, bo przez to, że po kopułach spływa deszcz lub roztopiony śnieg, notorycznie są brudne. Nie mówiąc już o tym, że spływa szerokim strumieniem tuż przy głównym wejściu. No ale nic, nie narzekajmy. Na szybkie zakupy Złote Tarasy są bardzo dobre, bo czynne do godz. 22. A na ostatnim piętrze z fast foodami można się nawet rozmarzyć, oglądając szarą panoramę centrum i deszcz spływający po szklanych kopułach.

See the rain falling down upon the roof of The Golden Terraces

Złote Tarasy ul. Złota 59, Mon-Sat. 9.00 am to 10.00 pm, Sundays 9.00 am to 9.00 pm; tel. 22 222 22 00, www.zlotetarasy.pl

The body of the Golden Terraces (Złote Tarasy) shopping mall is ugly and out of proportion. All that the US architects from the The Jerde Partnership managed to do well is its wavy glass roof that looks like a cluster of 8 big and small semi-domes made of triangle-shaped glass panels. However, this interesting roof has some disadvantages too because, being exposed to rain and snow, the glass is permanently covered with dirt. Not to mention that the main mass of runoff water from the roof flows down a bit too close to the main entrance. OK, no more complaints. The place is more than perfect for quick, successful shopping and it is open until 10.00 pm. When necessary, you can calm down sitting in one of the fast food places on the top floor and look at the grey panorama of the town outside and at the rain water running down the glass roof domes.

POCZYTAJ NA ŁAWCE

CENTRUM SZTUKI WSPÓŁCZESNEJ ZAMEK UJAZDOWSKI, UL. JAZDÓW 2, WT.–NIEDZ. 12-19, PT. 12-21, CSW.ART.PL; RESTAURACJA QCHNIA ARTYSTYCZNA, WWW.QCHNIA.PL

◆

A w zasadzie poczytaj z ławki. Przed Centrum Sztuki Współczesnej możesz posiedzieć na jednej z dziesięciu ław projektu znanej amerykańskiej artystki Jenny Holzer, na których umieściła dające do myślenia aforyzmy. Są ławki z „Truizmami" takimi jak: „Zadbaj o to, aby twe życie nie stało w miejscu" czy „Egoizm jest najbardziej podstawową motywacją" oraz „ławki survivalowe" z napomnieniami w stylu „Chroń mnie przed tym, czego pragnę". A propos survivalu – nie siedź na nich, gdy jest zimno, bo ławki są z kamienia i szybko się wychładzają. Stanęły w tym miejscu w 1999 r. i miały być zalążkiem plenerowej galerii rzeźby. Ten projekt jednak zbytnio nie zaowocował. Rozwinęło się za to Centrum Sztuki Współczesnej, które jest jednym z najważniejszych ośrodków promujących sztukę najnowszą w Polsce (na zdjęciu obok: instalacja Mirosława Filonika na zamkowym dziedzińcu w 2010 r.). Zobacz tu wystawę albo film w studyjnym KINO.LAB-ie, kup książkę w księgarni Spis Treści, zejdź do galerii w dawnej cysternie wodnej albo zjedz stylowy obiad w prowadzonej przez Martę Gessler Qchni Artystycznej. Restauracja ulokowana jest na tyłach zamku i ma jeden z najlepszych w mieście ogródków z widokiem.

Read a bench

The Centre for Contemporary Art Ujazdowski Castle
ul. Jazdów 2, csw.art.pl;
restaurant **Qchnia Artystyczna**
www.qchnia.pl

Yes, you can read... a bench. When you are in front of the Centre for Contemporary Art, you can sit down on one of 10 benches designed by a famous US artist Jenny Holzer who inscribed a number of aphorisms on them. The benches are covered with "truisms", such as: "It's crucial to have an active fantasy life", other benches carry more "survival-oriented" texts: "Protect me from what I want." Once we have mentioned survival – to protect youself from freezing never sit down on these stone benches on a cold day. The benches were installed there in 1999 to become seed from which an open-air gallery was hoped to evolve. The project did not work out but, instead, the Centre for Contemporary Art has developed perfectly into a major centre promoting modern art in Poland. Come over

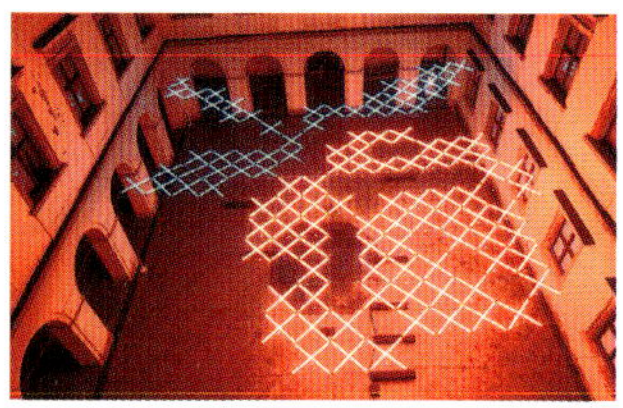

here to see the exhibition or a film in the KINO.LAB cinema or have a lunch in the Qchnia Artystyczna. The restaurant is in the back of the Castle and has one of the nicest outside gardens with a perfect view.

Have a cup of coffee with Stachura

Legalna Bookstore-Club

ul. Terespolska 4, apt. 506 (access from ul. Grochowska, get off at Praga-Południe--Ratusz), www.legalna.waw.pl

Monika Stachura, Edward's niece, runs a Legal Bookstore-Club in the Grochów district. The place is intended for customers who are lawyers, literature fans, and those who love the local atmosphere of Grochów. Monika is an educated lawyer but this happened to her by incidence so she has taken interest in literature. Literature is in her blood and, in addition, she settled down in a flat on ul. Rębkowska, Grochów, where her famous uncle – poet, writer, singer lived for over a decade and wrote a book titled "Siekierezada", a mixture of the word axe and Sheherazade. Monika marked the 30th anniversary of Edward Stachura's death with a meeting of experts in his writings in the Legal café in July 2009. Attendance was very high. Then, she organised a series of meetings called Literature at the Outskirts. The festival was proposed by Czarek Polak, a great local patriot of Grochów, who has come to the Legal café and seems to have stayed there for long. The place has also developed a group Off to Grochów (Leciem na Grochów) in which Monika and Czarek collect historical material from local residents, organise meetings on past and current problems of this part of the Praga-Południe area. Monika chose Grochów as the place to settle down quite deliberately. She loves its small-town old-fashioned atmosphere that is not posh at all but a little prone to delinquency instead.

NAPIJ SIĘ KAWY ZE STACHURĄ

KLUBOKSIĘGARNIA LEGALNA, UL. TERESPOLSKA 4, LOKAL 506 (DOJAZD ULICĄ GROCHOWSKĄ, PRZYSTANEK PRAGA-POŁUDNIE –RATUSZ), TEL. 22 331 09 88, W TYGODNIU W GODZ. 7.30-22, SOB. 10-22, NIEDZ. 12-20, WWW.LEGALNA.WAW.PL

◆

Monika Stachura, bratanica Edwarda, prowadzi na Grochowie kluboksięgarnię Legalna. Dla prawników, miłośników literatury i grochowskich klimatów. Monika z wykształcenia jest prawniczką, ale że to prawo było trochę przez przypadek, wróciła do literatury. Ma ją we krwi, w dodatku osiadła w mieszkaniu na ul. Rębkowskiej na Grochowie, gdzie przez kilkanaście lat żył jej słynny wujek – poeta, pisarz, pieśniarz, autor „Siekierezady". W 30. rocznicę śmierci Edwarda Stachury, w lipcu 2009 r., w kawiarni Legalna zorganizowała spotkanie ze znawcami jego twórczości. Były tłumy.

Potem odbyły się kolejne debaty pod szyldem Literatura na Peryferiach. Inicjator festiwalu Czarek Polak, sam wielki grochowski patriota, znalazł w Legalnej swoją przystań. Zawiązał się tu też kolektyw Leciem na Grochów – Monika i Czarek zbierają od mieszkańców materiały archiwalne, organizują spotkania dotyczące aktualnych problemów i historii tego fragmentu Pragi-Południe. Grochów Monika wybrała świadomie. Lubi jego małomiasteczkowy klimat, wyrazistą tkankę miejską, przedwojenny klimat – nie ekskluzywny, ale trochę szemrany.

POCZUJ CIEPŁO CHŁODNEJ

KLUBOKAWIARNIA CHŁODNA 25, UL. CHŁODNA 25,
PON.-PT. OD GODZ. 8, SOB.-NIEDZ. OD 10, WWW.CHLODNA25.BLOG.PL

◆

Tu nie sposób nie czuć się dobrze, a lokal jest tak popularny, że często brakuje wolnych stolików. Przed wyjściem na Chłodną zajrzyj koniecznie na stronę internetową tej klubokawiarni, a dowiesz się, czy dziś wieczorem otwierana jest wystawa, ktoś gra kameralny koncert, a może pojawiła się nowa gra planszowa. Gdy Polacy grają ważny mecz, jest wspólne oglądanie transmisji, gdy trzeba przedyskutować jakąś gorącą kwestię społeczną czy polityczną, odbywają się spotkania. Wielu warszawskich artystów bywa na Chłodnej częściej niż w domu. Wpadnij tu wieczorem – również po to, by wznieść toast serwowaną przez gospodarza Grzegorza Lewandowskiego wódeczką żołądkową z cytryną. Grzegorza śmiało można nazwać mecenasem warszawskiej kultury niezależnej, jest też prężnym kulturalnym animatorem. A Chłodna zgodnie z myślą Tadeusza Kantora wypisaną nad barem to jedna z tych kawiarni, w których rodzą się rewolucje. Przez jakiś czas działała tu też sekcja piłkarska, która teraz, jak twierdzi jej trener Robert, jest w lekkiej hibernacji. A co to za klub, który nie miałby swoich szalików? Dlatego ukazała się limitowana edycja tego kibicowskiego artefaktu. Chłodna 25 ma już więc nie tylko zagorzałych fanów, ale i szalikowców.

Feel the heat of the Cool Street

Chłodna 25 café-club
ul. Chłodna 25,
www.chlodna25.blog.pl

It is a place where you feel right. Get there early to claim one of the tables as Chłodna lures the masses on most days and nights (Chłodna in Polish means: Cool). Before you're off to Chłodna, check their blog to find out about their today's exhibition, concert, or new board game. There is something happening almost every evening. When Poles are playing an important match, watch the video screen together with other patrons, when there is some hot social or political debate attend their meetings with some special guests.

Drop by in the evening, also to raise the signature toast (the Żołądkowa Vodka mixed with lemon) served by Chłodna's host, Grzegorz Lewandowski. Grzegorz may easily be called the patron of Warsaw's alternative culture, he is also a dynamic cultural activist. Stop for a moment and read the thought of Tadeusz Kantor inscribed above the bar. Chłodna is a kind of a café where revolutions are born.

There used to a football section on ul. Chłodna for a while. But, as its trainer Robert says, it is now in a state of light hibernation. And what is a football club without its own scarves? A limited edition of this supporter's artefact appeared a while ago. Thanks to this, one can boldly say that Chłodna 25 has not only firm fans, but also scarf-wearers.

UKRĘĆ SOBIE MISĘ

PRACOWNIA STOWARZYSZENIA ARTYSTÓW CERAMIKÓW „KERAMOS", UL. KRASIŃSKIEGO 29/202, TEL. 22 839 90 98

◆

To wcale nie takie łatwe, ale jakie satysfakcjonujące! Dlatego zajęcia ceramiczne w pracowni Keramos cieszą się tak dużym zainteresowaniem. Wyrabianie gliny, próba uformowania z niej jakiegoś w miarę prostego naczynia tradycyjną metodą, na kole garncarskim, wreszcie szkliwienie i wypał. I już możesz się pochwalić swoim autorskim, unikatowym dziełem. W Keramosie pracują i uczą znani polscy ceramicy, m.in. Zofia Kosiorek, Andrzej Bero i Katarzyna Modrzejewska. Dwa razy w roku, przed świętami, organizują też tzw. otwarte pracownie, podczas których sprzedają swoje dzieła: miski, czajniczki, biżuterię, wazony, lampy, po bardzo atrakcyjnych cenach. Przyznają to zwłaszcza goście zagraniczni, bo wiedzą, jaką fortunę trzeba wydać u nich w kraju za taką ręczną robotę.

Spin yourself a bowl

The Ceramic Artists Association's "Keramos" Studio
ul. Krasińskiego 29/202,
tel. 22 839 90 98

Well, it's not all that easy, but the satisfaction is immense! No wonder that the ceramic classes at the Keramos studio enjoy such great popularity. Just make your clay, try to form some kind of a simple vessel on a traditional jolley, then glaze your work and put it into the oven. When it is ready, you may boast your own unique pottery. The place offers pottery classes by such well-known Polish ceramic artists as Zofia Kosiorek, Andrzej Bero and Katarzyna Modrzejewska. Keramos has also become known for its Christmas and Easter bazaar events where artists display bowls, teapots, jewellery, flower vases, and lamps for sale. The prices are very attractive. Particularly foreign visitors are able to appreciate this because they know that in their home country hand-made pottery can cost a fortune.

ZJEDZ CIASTO W SZALECIE

CAFÉ MISIANKA, PARK SKARYSZEWSKI, WEJŚCIE OD AL. WASZYNGTONA

No dobrze, żeby ci nie obrzydzić, a jednak cię zachęcić, doprecyzujemy – w dawnym szalecie. Ale poprzednią funkcję tego malowniczego domku w parku Skaryszewskim pamiętają już tylko najstarsi prażanie (no i geje, dla których był ekscytującym miejscem schadzek). Domowej roboty torty i ciasta są tu naprawdę wyśmienite, taki tort kajmakowy albo tarta cytrynowa na przykład. Kafejka jest malutka, ale w słoneczne dni wystawia na zewnątrz stoliki.

Są tacy, którzy twierdzą, że to lokal przereklamowany, bo za mały, prząśnie urządzony, a ciasta z Misianki można już kupić w całej Warszawie. To prawda. Ale w letnie dni Misianka nie ma sobie równych. Polecamy - weź znajomych, rower, psy, dzieciaki, rozłóżcie się na trawie w pobliżu i delektujcie się tortami. Czy może być lepsza piknikowa opcja?

PS Nazwa kafejki pochodzi od imienia właścicielki Misi Zielińskiej, córki wybitnego tłumacza literatury amerykańskiej.

Try some cake in a public lavatory

Café Misianka

Skaryszewski park, entrance from al. Waszyngtona

Ok, we didn't mean to fill you with disgust. Let's be precise – the place is located in a former public toilet. But the previous function of this picturesque little house is now recalled only by the oldest locals (and gays for whom it once was an exciting dating spot). Misianka' s hand-made pastry and cakes are out-of-this-world, just try their kaymak pastry or lemon pie. When it gets warm, their ice cream is the main event. The café is a tiny place, but on warm, summer days it sets about half a dozen tables on the sidewalk. Café Misianka is also available for catering and private parties.

Some claim that the place is overpublicized, as it is too small, the furnishings are austere, and you may now buy Misianka pastry all over Warsaw. It is true. But on summer days nothing will equal Misianka. Take your friends, your bike, dogs and kids, relax on the lawn nearby and delight in Misianka pastry. Is there a better picnic option?

PS. The café's name comes from the name of the owner Misia Zielińska, daughter of the famous Polish translator of American literature.

ZANURZ SIĘ W WIŚLE

WWW.JAWISLA.PL

◆

Nasza Wisła to fenomen na światową skalę. Tylko jeden brzeg rzeki zamknięty jest betonowym nabrzeżem, drugi jest niemal całkiem dziki. Japońscy architekci, którzy odwiedzili kiedyś Warszawę, pytali nas, kto nam taką fenomenalną zieleń zaprojektował. A ona zrobiła się sama. Dlatego tak fascynujące są spacery praskim brzegiem Wisły – między krzakami, w towarzystwie dzikich ptaków. Musisz spróbować – po drodze znajdziesz kilka plaż, które swoją świetność przeżywały przed drugą wojną światową, kiedy jeszcze w Wiśle można było się kąpać, opuszczone baseny czy kluby wodniackie. Wisłę możesz podziwiać z wysokości – z ogrodów na dachu BUW-u (str. 38), czy też płynąc tramwajem wodnym (s. 125) albo drewnianą łodzią z Przemkiem Paskiem. Przemek (na zdjęciu) to nasz największy pasjonat Wisły – ekolog i animator kultury. Jego fundacja Ja Wisła ma swój punkt wypadowy na Cyplu Czerniakowskim, na lewym brzegu. Tu odbywają się kameralne koncerty, seanse filmowe w kinie pod mostem i tańce na dechach. Przemek zabiera też chętnych na spacery i wycieczki rowerowe wzdłuż wiślanych brzegów albo na rejsy jedną z odrestaurowanych łodzi. Wisła dzieli Warszawę na dwie nierówne części, na „lepszą" i „gorszą" – Pragę, która wcale gorsza nie jest, a jedynie niedofinansowana i niedowartościowana. Mamy nadzieję, że zmieni to budowa Stadionu Narodowego i związany z Euro 2012 turystyczny ruch z lewego na prawy brzeg Wisły.

Dive beneath the bushes on the Vistula

www.jawisla.pl

Our Vistula is unique. Only one of the river's banks has a concrete embankment, the other bank is virtually untamed. Japanese architects who once visited Warsaw even asked us who designed such phenomenal greenery. But the greenery appeared on its own. That is why a walk along the Praga bank of the river is so fascinating – among the trees and bushes, in the company of wild birds. You must try it – on the way you'll come across several wild beaches (whose heyday was before World War II when one could still swim in the Vistula because it was relatively clean then), deserted swimming pools and boating clubs. You can also admire the Vistula from a height – from the gardens on the roof of the University Library (p. 38); or while sailing gently on the water bus (p. 125) or in a wooden boat with Przemek Pasek. Przemek (photo) is our greatest Vistula enthusiast – an ecologist and cultural activist. His foundation Ja Wisła has its base on the Czerniakowski Promontory. Here there are chamber music concerts, film shows in a cinema beneath the bridge, and open-air dancing. Przemek Pasek also takes people on long walks or bicycle trips along the riverbank, or on a trip in one of his restored boats. The Vistula divides Warsaw into two unequal parts, a "better" part and a "worse" part – Praga, which is not worse at all, but merely underfinanced and undervalued.

SZUKAJ PIĘKNYCH LITEREK

◆

To ostatnio nasze hobby. Wypatrujemy w witrynach sklepów i fotografujemy piękne literki, jeszcze z czasów PRL-u. Wydawały nam się oczywiste, bo widzieliśmy je na co dzień, wśród nich wyrastaliśmy. Ale teraz, gdy znikają zastępowane nową reklamową tandetą, doceniamy ich jakość. Neony z lat 60. i 70. „wypisane" pięknym odręcznym charakterem pisma (s. 34), kroje pism w systemie informacyjnym Dworca Centralnego, cenowe promocje – wciąż odręcznie pisane – w sklepach sieci Społem.

Naszą pasję podziela wielu współczesnych projektantów. Żeby się o tym przekonać, wystarczy zerknąć na stronę internetową Stowarzyszenia Twórców Grafiki Użytkowej. Magda i Artur Frankowscy na podstawie czcionki z witryny kawiarni Jaś i Małgosia stworzyli własny font Golonka (s. 130). Współpracujący z Muzeum Sztuki Nowoczesnej szwajcarski typograf Ludovic Balland, projektując identyfikację wizualną tej instytucji, także sięgnął do polskiej klasyki, do kroju pisma z lat 60. z tablic drogowych i kolejowych (plakat jego autorstwa na stronie obok).

Look for beautiful letters

This is our latest hobby. We look into shop windows and photograph beautiful letters from the days of the People's Republic. We used to take them for granted because we grew up among them and saw them every day. But now that they are disappearing and are being replaced with shoddy new advertising, we appreciate their quality – neon signs from the 1960s and 1970s in beautiful script type (p. 34), the Central Station signage, and price discounts – also handwritten – in the Społem chain of grocery stores. Our hobby is shared by many modern designers. On the basis of the inscription in the window of the Jaś i Małgosia café, Magda and Artur Frankowski have created their own font called "Hand of pork" (p. 130). The Swiss typographer Ludovic Balland, who is designing a visual identity for the Museum of Modern Art, has also reached for Polish classic type.

URZĄDŹ PIKNIK W PARKU

PARK IGNACEGO PADEREWSKIEGO (SKARYSZEWSKI),
RONDO WASZYNGTONA;
KĘPA POTOCKA, UL. GWIAŹDZISTA;
POLE MOKOTOWSKIE, AL. NIEPODLEGŁOŚCI,
METRO POLE MOKOTOWSKIE

◆

W Warszawie nie ma zbyt wielu parków, w których można się swobodnie zachowywać. Nadeszła moda na budowanie ogrodzeń i mnożenie zakazów: siadania na trawie, jazdy rowerem i na rolkach, wprowadzania psów, słuchania muzyki. My się temu ostro sprzeciwiamy, bo w końcu parki są dla ludzi. Dlatego polecamy ci nasze ulubione miejsca, w których możesz swobodnie wypoczywać na trawie na kocyku, grać w kometkę, zośkę lub frisbee, a nawet donieść sobie lody lub piwko z sąsiedniego baru.

Króluje park Skaryszewski na Pradze-Południe. To drugi po Łazienkach pod względem wielkości park Warszawy. Został założony w latach 1906-22. Jest czasami liściasty, gdzie indziej pagórkowaty i bardziej leśny. Ze sporym Jeziorkiem Kamionkowskim, po którym możesz popływać rowerem wodnym i przy którym zjesz w knajpce smażonego pstrąga. Po całym parku rozsiane są piękne rzeźby z okresu międzywojennego (s. 84), a w dawnym szalecie serwują pyszne ciasta (s. 56). Zimą po tutejszych kanałkach świetnie jeździ się na łyżwach, a dzieciaki mogą skorzystać ze szkółki jeździeckiej. Jest też malutka muszla koncertowa, w której w lecie odbywają się darmowe koncerty i pokazy filmowe.

Świetna na popas na trawie jest też Kępa Potocka. To co prawda zwykły wielki kawał trawnika, prawie bez drzew, ale panuje tu doskonały klimat. Park założono w latach 60. XX w. na terenie niegdyś zalewanym przez Wisłę. Tu rozpędzisz się na rowerze, popływasz kajakiem, spędzisz romantyczne chwile pod różowym neonem (s. 134) i zjesz co nieco z grilla w kultowej knajpce „u Araba".

Ale największą przestrzenią rekreacyjną w centrum miasta jest Pole Mokotowskie, tuż przy stacji metra. Tu w lecie działa plenerowe kino, jest kilka pubów z piwem i jedzeniem, jest fontanna. Są psy, dzieci, wagarowicze, biegacze. I największe miejskie festyny. Słowem – pełen relaks.

Have a picnic in a park

The Ignacy Paderewski Park (park Skaryszewski)
rondo Waszyngtona;
Kępa Potocka ul. Gwiaździsta;
Pole Mokotowskie
al. Niepodległości, underground station Pole Mokotowskie

Warsaw is short of parks where you can do anything you want. The trend is to build fences, and to ban sitting on the lawn, riding a push-bike, roller-skating on park lanes, bringing dogs, listening to the music, etc. We are strongly opposed to that because parks are to serve the people. This is why we advise you which are our favourite places where you are allowed to sit down on the grass, play badminton or frisbee, and get some ice-cream or a pint to your picnic company from a nearby bar.

The best such place is the Park Skaryszewski in Praga-Południe. This is the second-largest park in Warsaw after Łazienki, its history going back to the years 1906-22.

It has deciduous and coniferous copses, some parts are waved into little hills, and it has the Kamionkowskie Pond where you can rent a pedal boat or have a grilled trout. Many nice sculptures by pre-war artists are scattered all over the park *(p. 84)* *and delicious sweets and pastries are served in what used to be a public lavatory long ago* *(p. 56)**. The pond and little canals in the park are excellent for winter skating and children can take their first horse riding lessons. There is also a tiny little concert bowl used for open-air free concerts and film screenings in the summer time.*

The place known as Kępa Potocka is also excellent for a picnic. This is actually just a vast lawn with no trees but it has a fantastic atmosphere. It was arranged in the 1960s at the area that had often been flooded by Vistula in the old times. You can ride your pushbike, do some canoeing, and have some grilled food in a charming bar "u Araba" (at the Arab's).

The vastest recreation ground in the city centre is the Pole Mokotowskie (Mokotów Field) stretching right from the underground railway station. It has a summertime open-air cinema, a number of pubs serving beer and food, and a fountain. It is full of dogs, children, school students playing truant, joggers, etc. It is the vastest space for fun-fairs. In a nutshell: fun and relaxation.

ZOBACZ WYBUCHOWĄ MOZAIKĘ

EMPIK, AL. JEROZOLIMSKIE 28

◆

Księgarnię Empik przy rondzie de Gaulle'a zdobi mozaika, nad której treścią nikt się specjalnie nie zastanawia. A jest dość wywrotowa. Przedstawieni tu kobieta i dwóch mężczyzn uzbrojeni w granat, pistolet i karabin to żołnierze Gwardii Ludowej, którzy w czasie okupacji hitlerowskiej dwukrotnie zaatakowali działający tu wówczas Café Club przeznaczony „nur für Deutsche" (tylko dla Niemców). Autorem tej socrealistycznej mozaiki z 1964 r. jest Władysław Zych.

See an explosive mosaic

Empik Al. Jerozolimskie 28

The Empik bookstore at Rondo de Gaulle'a is ornamented with a mosaic but hardly anyone takes interest in what it actually shows. Its message is quite rebellious: the mosaic features a woman and two men armed with hand grenades, a pistol, and a rifle. They are the People's Guard soldiers who had made two raids on the place which – during World War II – housed the Café Club, a nur für Deutsche (admission: Germans only) club. This Soc-Realist mosaic was designed by Władysław Zych in 1964.

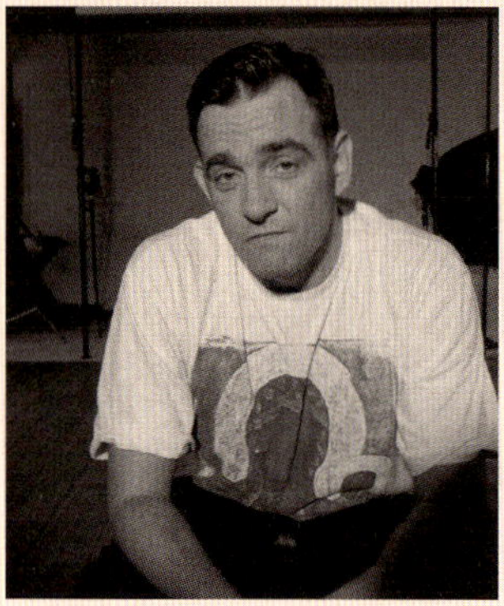

Mikołaj Długosz

MIKOLAJDLUGOSZ.COM
ARTYSTA SZTUK WIZUALNYCH,
AUTOR KSIĄŻEK: „REAL FOTO",
„POGODA ŁADNA, AŻ ŻAL WYJEŻDŻAĆ"
I WYDANEJ WŁAŚNIE „1994"

mikołajdlugosz.com
Visual artist, author of books
"Pogoda ładna, aż żal wyjeżdżać",
"Real Foto" and "1994"

Warsaw does not offer much in the way of open-air recreation. When you're ready to rest your weary self, you may head for Łazienki or Kępa Potocka but this is not very original. Frankly, there is nothing special about Warsaw. But what thrills one most and where one can really focus on company are BUSHES. I mean it. We have here a green and scattered city, the neighbourhoods are separated by hectares of undeveloped ground. On the Vistula bank, by the Siekierkowski bridge and the swimming pools live folks who chose freedom. Mister Marian, the one on the Mokotów side, will eagerly show you his well the casing of which is made of tyres. He'll show you his 4-meter-high glass high-rise and guide you through a labyrinth of rooms in a huge dugout. You'll find here a real and underestimated beach with a view of the magical building of the Gruba Kaśka water-tower. You'll find sand mines where you may jump from pipes and land 5 meters below on soft ground with sand in your shoes.

Zmęczeni miejskim zgiełkiem nie mają wielu miejsc, w których mogliby się oderwać od codzienności. Można się wybrać do Łazienek albo na Kępę Potocką, ale to banał. Niestety, Warszawa nie jest jakimś niezwykłym miastem. Nie ma gdzie spędzić czasu w ciekawy sposób. W przeciętnym europejskim teatrze? Zwiedzając makietę Starówki? Czy w powtórce moskiewskich socrealnych pałaców? Chyba tylko to ostatnie jest godne polecenia. Przynajmniej w polskiej skali Pałac Kultury jest oryginalnym miejscem. Warto się przebić tam, gdzie nie wolno, na zaplecze. Moim zdaniem to, co jest w Warszawie oryginalne, to KRZAKI. Naprawdę. Mamy bardzo zielone i rozrzucone miasto, część dzielnic jest od siebie oddzielona nieużytkami. Często są tam pozostałości wsi, nietrudno o konia lub traktor. Tak jak w kącie Wilanowskiej i Sikorskiego. Zakochani uwielbiają samochodowe randki w chaszczach pod Okęciem, pokazują sobie samoloty. A nad Wisłą mieszkają goście, którzy wybrali wolność. Pan Marian prezentuje chętnie swoją studnię, której cembrowina jest zrobiona z opon, szklany wieżowiec o wysokości 4 metrów i labirynt pokoi w ogromnej ziemiance. Prawdziwa i niedoceniona plaża z widokiem na magiczny budynek Grubej Kaśki, do którego tylko wtajemniczeni potrafią się dostać tunelem, też zasługują na uwagę. Kopalnie piasku, w których się skacze z rur i leci w dół 5 metrów na miękkie podłoże, zostawią wam na pamiątkę kupę piachu w butach.

Blow up your evening

Powiększenie club
ul. Nowy Świat 27,
daily 11.00 am–2.00 am,
www.klubpowiekszenie.pl

This is one of our favourite spots in Warsaw, so much so that we have awarded it a "Wdecha" title for 2009, in other words the culture prize granted by "Gazeta Co Jest Grane". We awarded Powiększenie (Blow-up) for its atmosphere (extremely unpretentious) and its culture programme which goes far beyond excellent music – the club holds slams, film screenings and theatre plays. Situated at the back of Nowy Świat in the city centre proper, Powiększenie is the new child of Michał "Borek" Borkiewicz and Paweł "Bebech" Górski, who already run Plan B on plac Zbawiciela. Even though the club has only been in business for a year, it already hosts regular events such as the excellent "Warsoul Sessions" led by DJ MaceoWyro.

POWIĘKSZ SWÓJ WIECZÓR

POWIĘKSZENIE, UL. NOWY ŚWIAT 27, CODZ. W GODZ. 11-2,
WWW.KLUBPOWIEKSZENIE.BLOGSPOT.COM,
WWW.KLUBPOWIEKSZENIE.PL

◆

To jedno z naszych ulubionych miejsc w Warszawie. Na tyle ulubione, że przyznaliśmy mu Wdechę 2009, czyli nagrodę kulturalną „Gazety Co Jest Grane" – za klimat (skrajnie bezpretensjonalny) i program kulturalny wykraczający daleko poza muzykę (w klubie odbywają się slamy, pokazy filmów, spektakle teatralne). Ulokowane na tyłach Nowego Światu w ścisłym centrum miasta Powiększenie to nowe miejsce gospodarzy Planu B na pl. Zbawiciela – Michała „Borka" Borkiewicza i Pawła „Bebecha" Górskiego. Plan B powiększony. Składa się z dwóch poziomów, górnego – barowego – i sali dolnej, gdzie odbywają się imprezy i koncerty. Mimo że klub działa dopiero rok, ma już kilka stałych cykli imprezowych, w tym doskonały Warsoul Sessions prowadzony przez didżeja Maceo Wyro (na jego zaproszenie wystąpiły już takie gwiazdy współczesnej elektroniki przesiąkniętej soulem jak Sa-Ra czy Electric Wire Hustle). Powiększenie wyrobiło też już sobie markę koncertową. W misternie utkanym programie muzycznym jest miejsce dla awangardy, offu, jazzu, hałasu, ambitnych brzmień elektronicznych, czyli wszystkiego, co jest poza komercyjnym nurtem.

SPENETRUJ ZAKLĘTE REWIRY

MALINOVA, AL. NIEPODLEGŁOŚCI 130, CODZ. W GODZ. 11-21;
CENTRUM KOMIKSU, AL. NIEPODLEGŁOŚCI 148,
WWW.CENTRUMKOMIKSU.PL;
LOKALNA, UL. KWIATOWA 1/3/5 (WEJŚCIE OD RÓŻANEJ);
ZAKLĘTE REWIRY, UL. NARBUTTA 50A, TEL. 22 425 20 12,
CODZ. OD GODZ. 14

◆

Mokotów to kolejne miasto w mieście. Miasto piękne, miejscami przedwojenne. Polecamy ci go na całodniowy spacer. Wysiądź na stacji metra Pole Mokotowskie i udaj się do tego wielkiego parku, żeby złapać słońce i zjeść coś z grilla w jednej z tutejszych plenerowych knajpek.

Po obiedzie powędruj al. Niepodległości, lewą jej stroną. Po drodze zobaczysz kilka uroczych małych sklepików i warsztatów w suterenach, kupisz komiks w Centrum Komiksu i zjesz pyszne lody w najlepszej warszawskiej lodziarni Malinova. Czas już na kawę, więc skręć dwa kroki w ul. Różaną i usiądź w najsłynniejszej mokotowskiej klubokawiarni Lokalna. Koniecznie zajrzyj jeszcze na skwer Słonimskiego, gdzie życie płynie jakby wolniej, i zatop się w klimacie knajpki Zaklęte Rewiry. Mieści się ona w malutkim pięknym budynku studyjnego kina Iluzjon, z przełomu lat 40 i 50. XX w., który czeka gruntowny remont. My nie możemy się już doczekać ponownego otwarcia Iluzjonu Filmoteki Narodowej, za co chętnie wypijemy z tobą w Zaklętych Rewirach.

Explore the Forbidden Areas

Malinova al. Niepodległości 130, daily 11.00 am-9.00 pm;
Centrum Komiksu al. Niepodległości 148 www.centrumkomiksu.pl;
Lokalna ul. Kwiatowa 1/3/5 (entrance from ul. Różana);
Zaklęte Rewiry (Forbidden Areas), ul. Narbutta 50a, tel. 22 425 20 12, daily from 2.00 pm until last guest

Mokotów is another city within a city. A beautiful city, still pre-war in parts. We recommend a whole-day walk. Take the underground to the Pole Mokotowskie station, and from there head for the great meadow to catch some sun and eat some grilled food in one of the many little eateries here. After lunch, walk along the left-hand side of al. Niepodległości. You'll come across several charming little shops and workshops in basements, and you can buy a comic book at the Centre for the Comic Book and eat delicious ice cream at Warsaw's best ice-cream parlour, Malinova. By now it'll be time for a coffee, so turn into ul. Różana close by and take a seat at Lokalna, one of Mokotów's most famous café-clubs. By all means visit the Skwer Słonimskiego, where life flows at a snail's pace, and delve into the atmosphere of the Zaklęte Rewiry bar, whose name means "Forbidden Areas". It is located inside a beautiful tiny building dating from the late 1940s and early 1950s that used to be the home of the Iluzjon cinema but is now awaiting a thorough renovation. We can't wait for the Iluzjon to reopen, to which we'll drink with you at Zaklęte Rewiry.

PRZESIĄDŹ SIĘ NA ROWER

Switch to a bike

◆

Trudno było dotychczas powiedzieć o Warszawie, że jest przyjazna rowerzystom. Jak na dwumilionową stolicę liczba ścieżek jest żenująca, poruszanie się po ruchliwych ulicach nie zawsze jest przyjemne, a czasem może być niebezpieczne. Cierpimy też boleśnie na brak rowerowych stojaków. W porównaniu z Kopenhagą (w końcu zawsze trzeba porównywać się do lepszych) wypadamy słabo. W stolicy Danii aż 36 proc. mieszkańców jeździ na rowerze – za pięć lat ma ich być już 50 proc.! W Warszawie robi to niecały 1 proc.

Mimo to warto przesiąść się na rower, bo Warszawa z jego perspektywy jest naprawdę fascynująca. Na rowerze dotrzesz do miejsc kompletnie niedostępnych samochodem, a jeśli się zapędzisz zbyt daleko i zasapiesz, to zawsze możesz wrócić komunikacją miejską lub pociągiem. W autobusach, tramwajach i metrze rowery można transportować za darmo. W pociągach są specjalne przedziały dla pasażerów z większym bagażem, w których bez dodatkowych opłat przewieziesz rower od maja do końca września.

Wokół rowerów rozwija się też cała kultura. Niedawno zapaleni rowerzyści otworzyli urocze kawiarnie, w których można nie tylko coś zjeść i napić się dobrej kawy, ale też kupić rowerowe gadżety, wypożyczyć rower lub go naprawić (OSiR – s. 139, Cykloza przy ul. Hożej 62, Relaks – s. 188).

Warsaw can hardly be described as bike-friendly. For a city of two million people, the length of bike paths is a downright scandal, and cycling along the busy streets is not always pleasant and can even be dangerous. We also suffer from a lack of bike stands. Compared to Copenhagen (after all, one must always draw comparisons with the best), we fare very poorly. In the Danish capital as much as 36% of the population ride a bike, and in five years' time it might be as much as 50%! In Warsaw, cyclists make up less than 1% of the population. Even so it is worth transferring to a bike, because seen from a bike the city looks fascinating. By bike you can reach places that are completely inaccessible by car, and if you cycle too afar and get tired, you can always come back by municipal transportation or train. Bikes can be carried free of charge on buses, trams and in the underground, and trains have special compartments for passengers with heavy baggage where a bike can be transported from May to the end of September at no extra charge. There is also an entire bike culture. Recently, keen cyclists have opened several charming cafés where one can not only eat and drink good coffee, but also buy bike accessories, or hire or repair a bicycle (OSiR – p. 139, Cykloza at ul. Hoża 62, Relaks – p. 188).

PEDAŁUJ W SŁUSZNEJ SPRAWIE

ROWEROWA MASA KRYTYCZNA, WWW.MASA.WAW.PL

W każdy ostatni piątek miesiąca o godz. 18 z placu Zamkowego startuje Masa Krytyczna – największa comiesięczna impreza rowerowa w Europie. Setki, a czasem i tysiące rowerzystów nieśpiesznie, w tempie ok. 15 km na godz., przejeżdżają przez miasto, by zamanifestować, jak daleko Warszawie do miejsca przyjaznego miłośnikom transportu niespalinowego (wyprowadzając przy okazji z równowagi kierowców samochodów i autobusów). Do historii przeszły już słowa rzecznika prasowego Zarządu Dróg Miejskich Marka Wosia, który tłumacząc likwidację ścieżki rowerowej przy ul. Świętokrzyskiej, powiedział: „Warszawa to nie wieś, żeby po niej rowerem jeździć". Mimo takiego płaskiego jak świeżo wyremontowana droga myślenia Masa stała się już częścią warszawskiego folkloru. A przejażdżka w niej jest nie tylko protestem, ale też przyjemnym sposobem na piątkowe popołudnie, któremu czasem towarzyszy muzyka – dotychczas na Masie wystąpili m.in. doskonały pianista Marcin Masecki (grał, jadąc na lawecie) czy gitarzysta z San Francisco Alex Carlin (grał i śpiewał, jadąc na rikszy).

Pierwsza Masa Krytyczna odbyła się w 1992 r. w San Francisco, w Warszawie pojawiła się sześć lat później. Od 2004 r. w każdą drugą sobotę miesiąca odbywają się też Nocne Masy Krytyczne, które wyruszają z pl. Zamkowego o północy. A ci, którzy nie chcą jeździć po mieście, mogą wziąć udział w Masie Turystycznej (trzecia sobota miesiąca, początek o godz. 10, również na placu).

Pedal for a just cause

Rowerowa Masa Krytyczna

www.masa.waw.pl

On the last Friday of the month, at 6.00 p.m., the plac Zamkowy witnesses Europe's biggest monthly biking event, called "Masa Krytyczna" (Critical Mass). Hundreds, sometimes thousands, of cyclists ride calmly through the city at about 15 km per hour in order to protest about the fact that Warsaw still has a long way to go before it becomes a place friendly to fans of modes of transport that have no combustion engines (while cycling, they get on the nerves of motorists and bus drivers). The words uttered by Marek Woś, press spokesman for the Municipal Roads Directorate, explaining the abolition of the bike path along ul. Świętokrzyska, have gone down in history: "Warsaw isn't a village so people don't have to cycle in it". Despite this shallow way of thinking, "Critical Mass" has already become part of Warsaw's folklore. Participation in it is not just a protest, but also a pleasant way to spend a Friday afternoon. Sometimes there is musical accompaniment. The musicians taking part have included the excellent pianist Marcin Masecki (he played the piano on the flatbed of a tow truck).

The first Critical Mass was in San Francisco in 1992, and appeared in Warsaw six years later. Since 2004, "Nocne Masy Krytyczne" (Nocturnal Critical Masses) have also been held on the second Saturday of each month. Cyclists set off from the plac Zamkowy at midnight.

Race a courier

www.alleycat.waw.pl

"Alleycat" is a bicycle race for couriers in which anyone can test his ability. All one has to do is pass control points in the shortest possible time, in any order and along any route. Though this idea came from Canada, Warsaw's couriers refer to the pre-war tradition of races by Warsaw's bicycle deliverers. Amateurs will probably find it hard to win (it's a bit like racing Robert Kubica along his favourite track), but it's really worth testing one's strength and field orientation against the best.

POŚCIGAJ SIĘ Z KURIEREM

WWW.ALLEYCAT.WAW.PL

Alleycat to kurierski wyścig rowerowy, w którym każdy może się sprawdzić. Trzeba po prostu w jak najkrótszym czasie zaliczyć punkty kontrolne – w dowolnej kolejności, dowolnie obraną przez siebie trasą. Choć pomysł na takie wyścigi przyszedł z Kanady, to warszawscy kurierzy odwołują się do przedwojennej jeszcze historii, kiedy to w stolicy odbywały się wyścigi majdaniarzy. Amatorom pewnie niełatwo będzie wygrać takie zawody (to trochę tak, jakby ścigać się z Robertem Kubicą na jego ulubionym torze), ale naprawdę warto sprawdzić swoje siły i orientację w terenie z najlepszymi.

ZWIEDZAJ WARSZAWĘ NA ROWERZE

WYPOŻYCZALNIE:
WYGODNY ROWER UL. STAWKI 19, WWW.WYGODNYROWER.PL;
LOCAL RENT A CAR UL. MARSZAŁKOWSKA 140, WWW.LRC.COM.PL;
HOSTEL OKI DOKI PL. DĄBROWSKIEGO 3, WWW.OKIDOKI.PL

Nasza ulubiona rowerowa trasa to tzw. droga nadwiślańska. Zaczyna się na południu Warszawy w Powsinie obok parku i sporego Lasu Kabackiego. Dalej prowadzi szeroką trasą rowerową do Wilanowa, a potem wzdłuż al. Wilanowskiej, ul. Sobieskiego, Belwederskiej, Al. Ujazdowskich do pl. Na Rozdrożu. Stąd zjeżdżasz po skarpie w dół i dalej przez Powiśle docierasz nad Wisłę. Wzdłuż rzeki możesz dojechać na Żoliborz, a potem do dzikiego Lasu Bielańskiego, gdzie na skarpie wznosi się dawny klasztor Kamedułów. Jadąc dalej na północ, dotrzesz jeszcze do Lasu Młocińskiego. Cały trasa liczy ok. 25 km.

Visit Warsaw by bike

Bike rental shops:
Wygodny Rower ul. Stawki 19, www.wygodnyrower.pl; **Local Rent a Car** ul.Marszałkowska 140, www.lrc.com.pl; **Hostel Oki Doki** pl. Dąbrowskiego 3, www.okidoki.pl

Our favourite biking route is the Vistula route. It starts in Powsin in the south of Warsaw, near the park and the large Kabaty Forest, follows a broad bike path to Wilanów, and then continues along al. Wilanowska, ul. Sobieskiego, ul. Belwederska, and Al. Ujazdowskie to pl. Na Rozdrożu. From there, you cycle down the ridge and, via Powiśle, reach the Vistula. Along the river you can get to Żoliborz and further to the wild Bielany Wood, with the former Camaldolese monastery atop the ridge. If you continue northwards, you will reach the Młociny Wood. The whole route is about 25 km long.

ZOBACZ ZIELONĄ METROPOLIĘ

Warszawa to zielone miasto. Podkreślają to wszyscy przyjezdni. Oczywiście szary kolor betonu dominuje, ale zieleni, parków i kwiatów ci u nas pod dostatkiem. Zafascynowani obserwujemy, co na miejskich klombach wyczyniają ogrodnicy z Miejskiego Przedsiębiorstwa Robót Ogrodniczych. Są prawdziwymi mistrzami kwietnych kompozycji – z róż, wiosennych tulipanów czy jesiennych chryzantem.

Ale wiele jest też lokalnych, indywidualnych inicjatyw zazieleniania miasta. Ogrodnicza partyzantka potrafi wysiać całą al. Jana Pawła II słonecznikami. Artystka Teresa Murak rozsiewa wzdłuż torów tramwajowych len, rzeżuchę, maki. Grupa Kwiatuchi zrzuca kwietne bomby w zaniedbane kwietniki. A nasi nieocenieni emeryci czynią z miasta ogród, dbając o kawałki ziemi przy swoich blokach albo umajając kwieciem balkony. Dużo jest też w Warszawie drzew owocowych (głównie mirabelek), stąd w kwietniu ten iście japoński wysyp różowych i białych pąków.

See the green metropolis

Warsaw is a green city. All visitors stress this. Of course the grey colour of concrete dominates, but we have sufficient greenery, parks and flowers. We are fascinated by what the gardeners from the Municipal Gardening Enterprise can do to flowers. They are real masters of floral composition, whether roses, spring tulips or autumn chrysanthemums.

But there are also many local, private initiatives to make the city greener. A group of gardening buffs is capable of planting the whole length of al. Jana Pawła II with sunflowers. The artist Teresa Murak is planting flax, cress and poppies along tram lines. The Kwiatuchi group puts flower bombs into neglected flower boxes. And our wonderful pensioners are turning the city into a garden, tending the patches of soil beneath their blocks or placing flowers on their balconies. There are also a lot of fruit trees in our city (mainly mirabelle plums), hence the veritable Japanese-style eruption of pink and white buds in April.

WYSZPERAJ SKARB NA TARGU STAROCI

BAZAR NA KOLE, UL. OBOZOWA 99, RÓG CIOŁKA;
OLIMPIA, AL. PRYMASA TYSIĄCLECIA, RÓG UL. GÓRCZEWSKIEJ;
AL. JANA PAWŁA II, RÓG UL. ELEKTORALNEJ

◆

Miłośnicy antyków, kolekcjonerzy i szperacze mają w Warszawie swoje ulubione targowiska. Największe to bazar na Kole. W sobotę o świcie przyjeżdża się tu po meble, w niedzielę – po wszystko. Targowisko ma swoje rewiry. Wokół, wzdłuż ogrodzenia można upolować okazję po naprawdę dobrej cenie. Na samym targowisku miejsca zajmują już wytrawni sprzedawcy, którzy niechętnie obniżają ceny. Ale targować się trzeba. Zwłaszcza że Koło to prawdziwa ostoja warszawskiej gwary, anegdot i opowieści. Znajdziesz tu różności – od mebli, przez militaria, dywany, szkło i ceramikę, zabawki i torebki, po książki i winylowe płyty. Z kolei Olimpia to miejsce dla cierpliwych, gotowych przekopywać się przez sterty bezużytecznych śmieci, by trafić na upragnioną rzecz. Tu w weekend handlują raczej biedniejsi warszawiacy, którzy pozbywają się z domów wszystkiego, co tylko się da – od starych ubrań, przez zabawki po śrubki. Ale to oznacza, że jest tu bardzo tanio i niespodziewanie można upolować prawdziwą perełkę do kolekcji. Warto też zaglądać pod Halę Mirowską. Tu wzdłuż al. Jana Pawła II codziennie kilkanaście osób rozkłada na chodniku przedmioty wyniesione z mieszkań lub wygrzebane na śmietniku.

Fish out a treasure

Bazaar at Koło ul. Obozowa 99, corner ul. Ciołka; **Olimpia** al. Prymasa Tysiąclecia, corner ul. Górczewska; al. Jana Pawła II corner ul. Elektoralna

Those who love antiquities, collector item fans, and others whose hobby is to look for unusual objects have their favourite hunting areas. The best one is known as the Bazaar at Koło. On Saturday mornings, they sell furniture here and everything else is sold on Sunday. The bazaar has its regions. Outside the bazaar, along the fencing, you can do real bargains. The proper bazaar inside the fencing is populated by professional sellers who are reluctant to offer you a lower price. But you have to press them, especially that bargaining will give you an opportunity to hear the local dialect which has survived in the Koło district in quite a good shape. And you may hear some interesting story or anecdote. So, take your time and have a chat with a barrow-keeper, it may pay off later. And carefully inspect the offered things from furniture to military collectibles, carpets, glassware, china, toys, handbags, books, vinyl records, and to a multitude of small items used in the Communist Poland era.

Olimpia is a place for very patient visitors who are prepared to dig through heaps of useless trash just to get hold of something they really want. The folks selling things here are ordinary Warsaw residents who are poor and spend weekends here to sell away anything they can just to earn some money. They offer old apparel, used toys, and various metal bits and bobs. Naturally, they ask rather low prices but it does not mean you cannot find interesting things for your collection here. Olimpia is a paradise for the enthusiasts of post-war design.

Surely, it is also worthwhile to visit the bazaar at the Hala Mirowska market hall. The goods are offered here everyday as a dozen or so people put their goods on the pavement along al. Jana Pawła II. These are usually things taken away from home or found in a dust bin. The type of merchandise is not much different from that offered at Olimpia but it tends to be cheaper. No antiquities here because these are sold only at Koło on Sunday mornings.

ZOBACZ KOŚĆ MAMUTA W KOŚCIELE

KOŚCIÓŁ ŚW. ANNY W WILANOWIE, UL. BIEDRONKI 1A

◆

To dość nietypowy obiekt eksponowany we wnętrzu sakralnym. W kościele św. Anny w Wilanowie na pierwszym filarze po prawej stronie wisi wielka kość i informacja, że to „kość mamuta wykopana przy zakładaniu fundamentów pod kościół w 1770 r.". Wierzymy na słowo. Samą świątynię zbudowaną w latach 1772-75 zaprojektował Jan Kotecki, a przebudował w stylu neorenesansu włoskiego Henryk Marconi. Warszawiacy najchętniej wybierają ten kościół na miejsce ceremonii ślubnych, zapewne ze względu na wyjątkowo piękną fasadę z wgłębionym portykiem wejściowym i dwiema wieżami. No i oczywiście z powodu sąsiedztwa perły polskiego baroku - pałacu w Wilanowie (rezydencji m.in. króla Jana III Sobieskiego) i malowniczego parku, który jest doskonałą scenerią do ślubnych zdjęć. Wybierz się do Wilanowa w słoneczny dzień. Dojeżdżają tu autobusy 422 z centrum i 180 z Nowego Światu. A o pałacu poczytaj na stronie www.wilanow-palac.art.pl.

See a mammoth bone in a church

The St. Ann's Church in Wilanów ul. Biedronki 1a

It is a rare occasion to see such a thing on display in a church. But in the St. Ann's church in Wilanów a big bone is hanging on the first pillar on the right and information attached to it reads that it is "a bone of a mammoth unearthed here when digging was done for the church foundations in 1770". Believe it or not. The church was built in the years 1772-1775 according to blueprints by Jan Kotecki, but it was later modified into the Neo-renaissance style by Italian architect Henryk Marconi. The people of Warsaw love to choose this church for weddings, probably because it has a beautiful façade with a stylish portal and two handsome towers. Some role is apparently played by the fact that a jewel of Polish baroque, the Wilanów Palace (www.wilanow-palac.art.pl) which used to be King John III Sobieski's residence, and a charming park around it are just nearby and the newly-weds can walk there to have pictures taken in a charming scenery. Go to see the place on a sunny day (buses 422 and 180).

POLICZ KLATKI SCHODOWE W NAJDŁUŻSZYM BLOKU

UL. KIJOWSKA 11

◆

Zrób to, jeśli bardzo ci się nudzi (podpowiadamy – jest ich ponad 40). A blok przy ul. Kijowskiej jest rzeczywiście niezwykły. Tego kolosa o długości ponad pół kilometra (508 m) zbudowano w 1973 r. po to chyba tylko, żeby wychodzącym z Dworca Wschodniego oszczędzić widoku niszczejących praskich kamienic. No cóż, teraz powinno się nam oszczędzić raczej widoku Dworca Wschodniego, ale jest szansa na to, że przy okazji przygotowań do piłkarskich mistrzostw Euro 2012, które mają być rozgrywane w Warszawie, dworzec zostanie zmodernizowany.

Dla uściślenia trzeba dodać, że blok przy Kijowskiej, zwany przez mieszkańców jamnikiem lub tasiemcem, jest najdłuższym zbudowanym w linii prostej. Łamane budynki bywają dłuższe, np. ten z końca lat 60. na osiedlu Przyczółek Grochowski – ciąg 22 bloków o długości 1,5 km (s. 89).

„Jamnik" zasłynął też tym, że swój teledysk do utworu „Love Will Come Through" kręcił tu brytyjski zespół Travis.

Count up the staircases in the longest building

Ul. Kijowska 11

You can do it as a last resort to kill boredom (hint: there are more than 40 staircases in that building). This block of flats in ul. Kijowska is by all means unusual. This 508 metres long giant was built in 1973. Its only reasonable purpose seems to have been to eclipse the sad view of crumbling old tenement houses behind it which passengers coming out of the Dworzec Wschodni Railway Station might experience as the first sight of Warsaw. The situation has changed over years and we should rather be spared the view of the Railway Station today. There is, however, some hope that they will modernise the Station for the upcoming soccer championships Euro 2012 because some matches will be played in Warsaw.

For your information: the building in ul. Kijowska, often called

"dachshund" or "tapeworm", is the longest straight building. There are some longer ones around, like a block of flats built in the late 1960s in the Przyczółek Grochowski housing estate. It is 1.5 kilometre-long but, in fact, it is rather a row of 22 attached buildings which do not make a straight line (p. 89). The "dachshund" has become famous because the British band Travis were shooting a video clip for their "Love Will Come Through" there.

SZUSUJ NA ZIELONYM

GÓRKA SZCZĘŚLIWICKA, PARK SZCZĘŚLIWICKI, UL. DRAWSKA 22.
WT.-PT. W GODZ. 14-20, SOB.-NIEDZ. 10-20, WWW.WOSIR.WAW.PL

◆

Biorąc pod uwagę to, ilu warszawiaków jeździ na nartach i snowboardzie, można odnieść wrażenie, że nasze miasto otoczone jest górami. Tymczasem najbliższe miejsce, gdzie można porządnie pojeździć, jest w oddalonym od Warszawy o 160 km Bełchatowie. Substytutem i chwilowym lekarstwem na tęsknotę za jazdą może być wizyta na Górce Szczęśliwickiej. Górka ma 75 m wysokości, trasa zjazdu wynosi 225 m. Dostać się na nią można za pomocą dwóch wyciągów, talerzowego i krzesełkowego. Stok pokryty jest igelitem, a gdy temperatura spadnie poniżej zera, pada na niego sztuczny śnieg.

Schusson a green slope

Górka Szczęśliwicka
park Szczęśliwicki,
ul. Drawska 22.
Tue-Fri 2.00 pm to 8.00 pm,
Sat-Sun 10.00 am to 8.00 pm,
www.wosir.waw.pl

If you could see how many people of Warsaw do skiing, you might think the town is surrounded by high mountains but, in fact, the nearest proper skiing slope is in Bełchatów, some 160 kilometres away. But Warsaw has something that nicely mimics a skiing slope and can ease your craving for a real downhill. This place is called Górka Szczęśliwicka (Szczęśliwice Hill). The hill is 75 metres high, the slope is 225 metres long and there are two ski lifts to take you to the top. The slope is lined with green plastic mats which are covered with real snow from snow cannons whenever the temperature outside drops below zero Celsius.

Mirella von Chrupek

WWW.AMOMIRELLA.COM
NETARTYSTKA, FOTOGRAFKA, ILUSTRATORKA, KREATORKA ALTERNATYWNYCH ŚWIATÓW

www.amomirella.com
Net-artist, photographer, illustrator, creator of alternative worlds

◆

I was brought up in Łódź, in a gritty housing estate packed with pre-fabricated blocks of flats. I have lived in Warsaw for 6 years now and I stick to the Wola district.
I would like to propose an obligation-free walk across Muranów. To able to appreciate the value of this neighbourhood, you need to know that the construction of housing estates in this area began after World War II on the site of the former Jewish ghetto. The shortage of funds caused that some of the rubble had not been removed and some buildings were erected on artificial hills. For me Muranów is a two-level area: one level is covered with earth and the other one is built on the rubble of history. Muranów is a lyrical place, but you need to show interest, otherwise you'll see only blocks of flats. It is great to bike there on a sunny day. You may be surprised by what you'll discover in the backyards. Raise your head and scan the details, cornices and balconies.

Wychowałam się na szarym łódzkim blokowisku. W Warszawie mieszkam od sześciu lat, niezmiennie na Woli. Chciałabym zaproponować wam niezobowiązujący spacer po Muranowie. By docenić jego urok, trzeba wiedzieć, że budowę osiedli na tym terenie zaczęto po drugiej wojnie światowej od wyrównania pozostałości po budynkach getta. Z braku środków na wywózkę gruzu część budynków wybudowano na wzniesieniach. Dlatego dla mnie Muranów jest dwupoziomowy: jeden przysypany ziemią i ten wyrastający na gruzach historii. Liryczny. Wymaga od nas zaangażowania, bo inaczej zobaczymy tylko bloki. Wspaniale jest wybrać się rowerem w pogodny dzień i pomykać bocznymi uliczkami, podziwiając zabudowę, delektować się ciszą i zielenią. Nie omijajcie bram i podcieni. To, co znajdziecie wewnątrz podwórek, może was zaskoczyć. Warto podnieść nieco głowę i popatrzeć na detale, gzymsy, balkony.

Na Nowolipiu można zobaczyć słynne muranowskie galeriowce oraz jednorodzinne domki zwane klatkowcami. Polecam okrąglak na ul. Andersa 13, czyli budynek z okrągłym placem, przez który zawsze przejeżdżam, udając się do Ogrodu Krasińskich. W parku lubię pohasać ze swoim szczurkiem po zielonej trawce. Nie ma tam tłoku, więc bez problemu można umościć sobie miejsce pod ulubionym drzewem.

LALKI SFOTOGRAFOWANE PRZEZ MIRELLĘ W STWORZONYCH PRZEZ NIĄ MINIŚWIATACH

Dolls photographed by Mirella in mini-worlds she created

PRZEJEDŹ SIĘ NYSKĄ

WWW.ADVENTUREWARSAW.PL

◆

Rok temu Rafał Patla kończył pisać pracę magisterską o przedwojennej Warszawie, a jego przyjaciel Tomek Baranowski biegał po mieście z aparatem fotograficznym. Postanowili połączyć siły i stworzyli stronę internetową Adventure Warsaw z alternatywną ofertą dla turystów. Kupili samochód Nysa 522, żeby stylowo wozić swoich klientów, zostawili ulotki w hostelach i zaczęło się – grupy z Anglii, Stanów, Wenezueli, Chin. Bardzo pomogła też rekomendacja turystycznego portalu Trip Advisor. Czterogodzinna wycieczka kosztuje u nich 169 zł (40 euro) od osoby. W programie m.in.: plac Konstytucji, Pałac Kultury, Dworzec Centralny, Próżna, osiedle Za Żelazną Bramą, Muranów, przejazd na Pragę na wódeczkę i zakąski w mieszkanku w stylu PRL urządzonym na ostatnim piętrze klubu Skłot na ul. Ząbkowskiej, spacer po Pradze, wizyta na bazarze Różyckiego i w sklepie mięsnym na Brzeskiej, obiad w barze mlecznym. Warszawa przedwojenna, socrealistyczna i współczesna. – Oczywiście bierzemy też pod uwagę sugestie naszych klientów. Bardzo szybko się podczas tych wycieczek integrujemy – mówi Tomek.

Take a ride in a Nyska van

www.adventurewarsaw.pl

A year ago Rafał Patla was finishing his M.A. thesis about pre-war Warsaw and his friend Tomek Baranowski kept running around the town with a photo camera ready to shoot. The two joined their hands and opened an Internet site called Adventure Warsaw which offers off the beaten path attractions to tourists. They bought an obsolete Nysa 522 van (Nyska is a dimunitive) to give style to their tourist transport, distributed advert fliers in student hostels and that is how it all started. Groups started to come from England, USA, Venezuela, and China. Recommendation given to their project by a tourist portal Trip Advisor has played a crucial role in this. A 4-hour trip costs PLN 169 (EUR 40) a person. The programme includes: the Plac Konstytucji, the Palace of Culture and Science, the Central Railway Station, ul. Próżna, the Za Żelazną Bramą housing estate, the Muranów housing estate, a visit to the Praga district where you are helped with a vodka shot and a snack in a Communist Poland style flat at the top floor of the newest club Skłot (Squat) in ul. Ząbkowska, a visit to the Różycki Bazaar and a butcher's shop in ul. Brzeska Street, and a lunch in a milk bar. It is Warsaw as it was before World War II, under Communism, and today. – Of course, we take our client's proposals into consideration. And we get integrated very quickly during these excursions, Tomek says.

SPĘDŹ WIECZÓR KULTURALNIE

CAFÉ KULTURALNA, PAŁAC KULTURY I NAUKI,
TEATR DRAMATYCZNY, PL. DEFILAD 1,
WWW.KULTURALNA.PL

◆

Café Kulturalna jest spokojną wyspą w chaotycznym centrum miasta. Jej wnętrze to połączenie modnego salonu (ach, te czerwone kanapy!) z bombastycznym peerelowskim stylem Pałacu Kultury. To jedna z najpopularniejszych klubokawiarni Warszawy, w której regularnie odbywają się koncerty, slamy poetyckie, pokazy filmów, wystawy, imprezy z didżejami. Jest darmowy dostęp do internetu i dobrze karmią do późnych godzin nocnych. Dlatego czasem trzeba z braku wolnych miejsc spędzać wieczór przy barze.

Polecamy, na przykład po seansie filmowym w sąsiedniej Kinotece.

Spend a quality culture evening

Café Kulturalna
Palace of Culture and Science,
The Dramatyczny Theatre,
pl. Defilad 1, www.kulturalna.pl

Café Kulturalna is like a peaceful island amidst the downtown chaos. Its interior represents a combination of a fashionable salon (ah, these red sofas!) and the bombastic PRL style of the Palace of Culture. It is one of the most popular café-clubs in Warsaw holding regular concerts, poetry slams and DJ events. It provides free Internet access and good food is served until late at night.
We recommend going there after the picture show at the neighbouring Kinoteka.

WYRUSZ TROPEM RÓŻU
Track down the Pink

Warsaw is generally a grey city, with delicate countershots of green. Blue is definitely in short supply, not to mention such extravagant colours as pink. But there are some exceptions.

Warszawa generalnie jest szara, z lekkimi przebitkami zieleni. Błękitu u nas jak na lekarstwo, nie mówiąc już o bardziej ekstrawaganckich kolorach takich jak róż. Ale są wyjątki.

Pink neon display on Kępa Potocka

Kępa Potocka
where ul. Gwiaździsta and ul. Krasińskiego meet, opposite the Olympic Centre

One of the greatest fans of this colour, eulogist of delight and pleasure, artist Maurycy Gomulicki (p. 16) set up a huge standalone pink neon display in the Żoliborz park of Kępa Potocka in October 2009. Air bubbles are lit alternately and fly into the sky like sparkling orange lemonade or champagne bubbles. A perfect place for a date and first kisses in the glowing pink light.

RÓŻOWY NEON NA KĘPIE POTOCKIEJ

KĘPA POTOCKA, U ZBIEGU UL. GWIAŹDZISTEJ I KRASIŃSKIEGO, VIS-À-VIS CENTRUM OLIMPIJSKIEGO

Jeden z największych fanów tego koloru, piewca rozkoszy i przyjemności, artysta Maurycy Gomulicki (s. 16) w październiku 2009 r. ustawił w żoliborskim parku Kępa Potocka wielki wolnostojący różowy neon. Świetlne banieczki zapalają się rytmicznie, ulatując ku niebu jak bąbelki oranżady lub szampana. Doskonałe miejsce na randkę i pierwsze pocałunki w różowej poświacie.

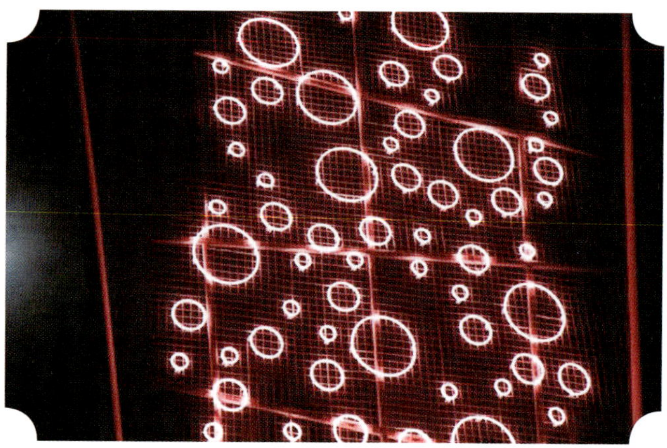

O CO CHODZI Z RÓŻOWYMI JELENIAMI?

Zauważyłeś, że w wielu materiałach promocyjnych Warszawy pojawiają się trzy tajemnicze plastikowe różowe jelenie, które w dodatku świecą? Zastanawiasz się, o co chodzi, bo nigdzie tych jeleni nie możesz znaleźć? No, niestety, już nie znajdziesz. Jelonki zaprojektowane przez Hannę Kokczyńską i Luizę Marklowską pasły się od 2004 do 2007 r. na zielonym skwerze nad Wisłą, przy Bibliotece Uniwersyteckiej. Stanęły tu dzięki staraniom fundacji Bęc Zmiana i były jedną z największych i najczęściej fotografowanych atrakcji miasta. Zniknęły, by ustąpić budowie interaktywnego Centrum Nauki „Kopernik" (www.kopernik.org.pl, s. 104).

What's the big deal with the pink deer?

Have you leaved through various Warsaw magazines? Have you spotted the three mysterious plastic pink deer glowing in the dark? Do you wonder what's up if you can't find them anywhere? Well, you won't find them.The deer designed by the graduates of the Academy of Fine Arts Hanna Kokczyńska and Luiza Marklowska grazed on the lawn from 2004 to 2007 on the green bank of the Vistula, right behind the University Library. This amazing installation set up thanks to the efforts of the Bęc Zmiana Foundation turned out to be one of the greatest and most photographed attractions. The deer disappeared to empty the space for a future Copernicus Centre of Science (www.kopernik.org.pl, p. 104).

RÓŻOWE ŁAWKI W METRZE

STACJA ŚWIĘTOKRZYSKA

Każda stacja warszawskiej kolei podziemnej ma swoją charakterystyczną kolorystykę. Nam najbardziej podoba się przystanek Świętokrzyska. Właśnie ze względu na różowe ławki. Wysiądź tu, a zobaczysz ulokowaną w pobliżu dawną żydowską ul. Próżną (s. 241) i synagogę Nożyków w sąsiedztwie pl. Grzybowskiego (s. 162). Bardzo blisko stąd też do Pałacu Kultury (s. 8).

Pink benches in the metro

Świętokrzyska Station

Each station of the Warsaw Underground Railway features a charateristic set of colours. The Świętokrzyska station is our favourite place, specifically because of its pink benches. Get off here and you'll see the nearby pre-war Jewish street – ul. Próżna (p. 241) and the Nożyk synagogue in the neighbourhood of the pl. Grzybowski (p. 162). The Palace of Culture is also very close (p. 8).

RÓŻOWY RUSZT PRZED BIBLIOTEKĄ UNIWERSYTECKĄ

UL. DOBRA 56/66

Wzbudził swego czasu sporo kontrowersji. Solidną metalową konstrukcję magazynu książek z końca XIX w., wyciągniętą z trzewi starego gmachu biblioteki, architekci nowego BUW-u postanowili do niego „dokleić". I w dodatku pomalować na ten ostry kolor. Nam się bardzo podoba. Świetnie komponuje się z surową bryłą BUW-u i porastającą go winoroślą. A i studenci, idąc do czytelni, dostają dzięki niemu zastrzyk pozytywnej energii.

Warto wiedzieć, że zabytkowy ruszt został uratowany dzięki interwencji naszej „Gazety Stołecznej".

Pink structure at the University Library's entrance

Ul. Dobra 56/66

It once caused a great deal of controversy. Designers of the new library building decided to "attach" to it the mighty metal support structure of the vintage 19th century bookstacks pulled out of the guts of the old university building. And to paint it fuchsia pink. We fancy this idea very much. It makes a perfect addition to the no-frills solid of the BUW Library and the winding grapevine on the walls. Students going to the library get an injection of positive energy. It is worth knowing that the historical support structure was saved from scrapping thanks to "Gazeta Stołeczna's" intervention.

ZOBACZ KULTOWE DOBRANOCKI

KULTOWE DOBRANOCKI, UL. OGRODOWA 1A, RÓG AL. JANA PAWŁA II, TEL 22 241 10 00, PON.-PT. W GODZ. 10-19, SOB. 10-15, WWW.KULTOWEDOBRANOCKI.PL

◆

Tamara Kurowska i Grzegorz Krasnodębski, gospodarze tego przytulnego sklepiku, przyznają: Kultowe Dobranocki są bardziej dla rodziców niż dla dzieci. Dla tych z pokolenia 30-latków, którzy z sentymentem wspominają bajki wyświetlane na ścianie z rzutnika Ania, zawody w układaniu kostki Rubika, wieczorynki z Krecikiem, Reksiem, Misiem Uszatkiem, Wilkiem i Zającem.

To głównie z myślą o nich powstało to miejsce. Zachęca dużą witryną od al. Jana Pawła II, ale wejście ma z podwórka. Na parterze jest sklepik, a na piętrze – zalążek Muzeum Dzieciństwa w PRL-u z eksponatami, które można dotykać, ale nie można ich kupować. Stoi tu stara kanapa, lampy z lat 60., regał z pięknie ilustrowanymi książkami, pacynkami, kalejdoskopami. Tu fani Kultowych Dobranocek przynoszą swoje skarby. Można rozsiąść się wygodnie, poczytać archiwalne numery „Misia" czy „Przekroju", zagrać w gry planszowe.

Oprócz zabawek znajdziecie tu też warszawskie pamiątki – kubki z syrenką Picassa, torby i T-shirty, puzzle i serwetki z motywami ludowymi oraz tenisówki czeszki w różnych kolorach.

See the Hit Kids Shows

Kultowe Dobranocki

ul. Ogrodowa 1a, tel. 22 241 10 00, corner al. Jana Pawła II, Mon–Fri 10.00 am–7.00 pm, Sat 10.00 am–3.00 pm, www.kultowedobranocki.pl

The hosts of this cosy shop Tamara Kurowska and Grzegorz Krasnodębski admit: - The Hit Kid Shows is in fact a place for parents rather than for children. It has been created for 30-somethings who recall with sentiment the fairy tale slides projected on the wall from the Ania projector, the Rubik cube contests, kids goodnight shows with Krecik (the smart little mole), Reksio (the smart little dog called Reksio), Miś Uszatek (the big-eared teddy bear – photo), the Woolf and the Hare. This place is designed chiefly for them. The big shopping window facing al. Jana Pawła II encourages passers-by to walk in. You'll find the entrance in the backyard. There is a small shop on the ground level, and a nucleus of the Museum of Childhood in the Polish People's Republic PRL on the upper level. You may touch the objects on display, but they are not for sale. The interior is furnished with an old sofa, 1960s lamps, a bookshelf filled with beautifully illustrated books, hand puppets, and kaleidoscopes. The fans of Hit Kids Shows may also bring their treasures. There is ample space to sit down comfortably, peruse archival issues of the "Miś" or "Przekrój" weeklies, or play board games. Next to toys, you'll find gifts from Warsaw, like mugs with Picasso's Mermaid, bags and T-shirts, jigsaw puzzles and napkins with folk prints, as well as Czech tennis shoes in a variety of colours.

WYSIĄDŹ NA STACJI POWIŚLE

WARSZAWA POWIŚLE, UL. KRUCZKOWSKIEGO 3,
OD GODZ. 10 DO OSTATNIEGO GOŚCIA,
WWW.POWISLE.BLOG.PL

◆

Choć to jedno z najmłodszych miejsc na kulturalnej mapie Warszawy, to wiele z imprez, które się tu odbyły, przeszło już do miejskiej legendy. Z założenia miał to być, jak mówili twórcy klubokawiarni Norbert Redkie i Bartek Kraciuk, „kiosk z wódką i kulturą". Jest czymś o wiele więcej.

70-metrowa klubokawiarnia mieści się w budynku dawnej kasy biletowej z początku lat 60. autorstwa Arseniusza Romanowicza. Odnowieniem budynku zajęli się młodzi architekci z grupy projektowej Centrala, znawcy i miłośnicy modernistycznej architektury w Warszawie. Architekci nie tylko zachowali oryginalny kształt i smaczki okrąglaka, ale podkreślili go jeszcze oświetleniem. – Nocą ta bryła może przypominać statek kosmiczny. Doskonała sceneria dla alternatywnych wydarzeń kulturalnych! – śmiał się przed otwarciem Powiśla Norbert Redkie.

Choć bar i didżejka są wewnątrz kawiarni, to często życie toczy się na placu przed wejściem (także z tego powodu, że w środku nie wolno palić). Widok kolorowego radosnego tłumu skąpanego w świetle wielkiego neonu Warszawy Powiśle jest naprawdę godny uwagi!

A ludzie ciągną na Kruczkowskiego 3 nie tylko dla imprez, smacznego pszennego piwa Tucher czy dobrej kawy, ale też na spotkania z artystami, którzy tworzą prace specjalnie do tego wnętrza, pokazy filmowe, giełdy rowerowe, targowiska, wykłady. Albo żeby poplażować (w jeden z letnich weekendów przed kawiarnią wysypano mnóstwo piasku, były leżaki, dmuchane baseny i drinki z parasolką – patrz zdjęcie obok) czy też pojeździć na snowboardzie (w zimie zorganizowano na przylegającym do kawiarni nasypie zawody snowboardowe).

Gdy odwiedzają nas znajomi z innych miast i krajów, Warszawa Powiśle jest jednym z absolutnie obowiązkowych przystanków wieczoru – to kulturalna Warszawa w pigułce.

Get off at Powiśle station

Warszawa Powiśle
ul. Kruczkowskiego 3b;
from 10 a.m until last guest;
www.powisle.blog.pl

Though this is one of the latest spots on the cultural map of Warsaw, many of the events that have happened here have already become legends. In the words of its founders Norbert Redkie and Bartek Kraciuk, originally this café-club was meant to be a "kiosk with vodka and culture". But instead, it is much more.

Seventy square metres in size, it is located in the former ticket office of Warszawa-Powiśle station, designed by Arseniusz Romanowicz and built in the early 1960s. The task of renovating the building was undertaken by young architects from the design group Centrala who are connoisseurs and lovers of modernist architecture in Warsaw. They not only preserved the round building's original shape and decor, they even accentuated it with the aid of lighting. At night it looks like a spaceship. "An excellent place for alternative cultural events", laughed Norbert Redkie before the opening.

Although the bar and DJ are inside the café, the action often takes place in front of the entrance (one of the reasons is that smoking is not allowed inside). The colourful crowd, bathed in the light of the giant Warszawa Powiśle neon sign, is really a sight to see!

And people flock to ul. Kruczkowskiego 3 (the club's address) not only for the parties, the tasty Tucher wheat beer or good coffee, but also to meet with artists who produce artworks specially for the club , or for film shows and lectures. Or to lie on the beach (on one summer weekend, a lot of sand was piled in front of the café. There were deckchairs, inflatable pools and drinks with an umbrella), or to ride a snowboard (in winter, a snowboarding championship was held on a waste mound next to the café).

If people from other cities and countries come to visit us, Warszawa Powiśle is an obligatory stop on an evening's outing. It is Warsaw in a nutshell.

WALCZ, TAŃCZĄC

Warszawski zespół Cinq G śpiewa na swojej debiutanckiej płycie: „Hej, bracie, posłuchaj mnie, jestem sztuka, walka, capoeira, zaraz poznasz mnie". Od kilku lat charakterystyczny dźwięk berimbau usłyszeć można w klubach, salach ćwiczeń, a przy pięknej pogodzie również w warszawskich parkach. Boom na capoeirę trwa już od ponad dziesięciu lat. Na początku w zajęciach brali udział tylko wtajemniczeni, dziś tysiące osób w różnym wieku uprawiają ten taniec walki lub – jeśli ktoś woli – walkę tańca. Pierwszą grupą prowadzoną przez brazylijskiego mestre była Beribazu (www.beribazu.pl). Jeśli chcesz się dowiedzieć więcej o historii i ideologii capoeiry, zajrzyj koniecznie na strony: www.capoeira.com.pl, www.capoeira.warszawa.pl, www.capoeira.net.pl.

Dance while you fight

"Hey, brother, listen to me, I am art, combat, capoeira, you'll soon get to know me", sings the Warsaw band Cinq G on their wonderful first album (www.cinqg.art.pl). For several years, the characteristic sound of berimbau has been heard in clubs, rehearsal rooms and, in fine weather, also in Warsaw parks. The capoeira boom has lasted for over ten years. At first, only initiates danced it at events, but today thousands of people of all ages perform this dance of combat or, if you prefer, combat of dance. The first group to be led by a Brazilian mestre was Beribazu (www.beribazu.pl). If you want to find out more about the history and ideology of capoeira, be sure to visit: www.capoeira.com.pl, www.capoeira.warszawa.pl, www.capoeira.net.pl.

Grasp the rhythm of the park

Park Skaryszewski

Rondo Waszyngtona, access from city centre over the Vistula River by street cars: 7, 8, 9, 24, 22, 25

"The Rhythm" is one of the nicest sculptures found in Warsaw parks. You can see it in the Skaryszewski Park which, in fact, is like one big open-air gallery of pre-war sculpture. Take your time and walk around the park to find the figures of:

– a woman wrapped in a light soft piece of fabric, posing as if she were dancing on the bank of a pond. That is "The Rhythm", a figure made by Henryk Kuna, one of the best sculptors of pre-war Poland. Kuna was a member of a group of artists who called themselves Rhythm and they considered the woman's figure in the park as the expression of their programme. The first figure of the Rhythm woman was carved in ebony, and its bronze replica in the park was made in 1929.

– "A naked woman taking a bath", carved by artist Olka Niewska who was popular before the War but now is rather forgotten. The bronze figure cast in 1929 stands on a short, round plinth of marble surrounded by a pool that should be filled with water but the piping and pumps went out of order long time ago. Some vandals tried to steal the whole figure in 1997 but they failed and only slightly damaged the figure's foot with a saw.

– another "dancing" woman with

ZŁAP RYTM W PARKU

PARK SKARYSZEWSKI, RONDO WASZYNGTONA, Z CENTRUM PRZEZ WISŁĘ DOJAZD TRAMWAJAMI: 7, 8, 9, 24, 22, 25

To jedna z piękniejszych parkowych rzeźb w Warszawie. „Rytm" znajdziesz w parku Skaryszewskim, który cały jest plenerową galerią rzeźby okresu międzywojennego. Spaceruj więc i szukaj:

– kobiety w tanecznej pozie przysłoniętej jedynie zwiewną tkaniną, nad brzegiem jednego z parkowych stawów – to właśnie „Rytm" Henryka Kuny, jednego z najlepszych polskich rzeźbiarzy lat międzywojennych. Kuna należał do grupy artystycznej Rytm, dla której posąg w parku Skaryszewskim był dziełem programowym. Jego pierwowzór wykonał z hebanowego drewna. Parkowy odlew z brązu pochodzi z 1929 r.;

– „Kąpiącej się" nagiej kobiety, którą wyrzeźbiła znana przed wojną, choć dziś trochę zapomniana artystka Olga Niewska. Odlana z brązu figura z 1929 r. ma niski okrągły cokół z czarnego marmuru otoczony basenem, w którym powinna pluskać woda. Urządzenie jednak od dawna nie działa. W 1997 r. złodzieje próbowali ukraść rzeźbę, ale tylko uszkodzili piłą jej nogę;

– kolejnej „Tancerki", młodej kobiety z uniesionymi do góry rękami i odchyloną do tyłu głową stojącej wśród zadbanych pergoli ogrodu różanego. To rzeźba Stanisława Jackowskiego z 1927 r., za którą dostał nagrodę na wystawie sztuk pięknych w Paryżu.

W parku Skaryszewskim polecamy ci też: urządzić rodzinny piknik na trawie, pojeździć na rolkach, rowerze lub łyżwach, zjeść tort w kafejce Misianka, pstrąga z rusztu w pubie Pod Pstrągiem, wypożyczyć tam rower wodny i popływać po Jeziorku Kamionkowskim.

hands raised over her head and standing amidst pergolas in a rose garden was fashioned by Stanisław Jackowski in 1927. The figure won him a prize at an art exhibition in Paris.

While at the Skaryszewski Park, we also advise you to have a picnic, some roller-skate fun, a bicycle ride or some skating then try a delicious pastry at the Misianka café, a grilled trout in the pub Pod Pstrągiem, and rent a pedal boat to take a cruise around the Jeziorko Kamionkowskie (The Kamionkowskie Pond).

Climb 400 steps

The Czerniakowski Mound

ul. Bartycka

Why should you do that? To see a monument to the Fighting Poland and one more thrilling panorama of Warsaw. The Czerniakowski Mound (120 m above sea level) is actually a huge heap of rubble gathered there right after World War II. When walking among the trees, you will often see bricks, concrete beams and other construction elements buried in the ground. The idea to commemorate the Warsaw Rising here dates back to the 1940s but the Communist authorities would not allow that. A lot of time had to pass until the symbol of the Fighting Poland, a huge anchor, was built on top of the mound and a symbolic torch at its foot was lit on the 50th anniversary of the Rising in 1994.

WDRAP SIĘ PO 400 SCHODACH

KOPIEC CZERNIAKOWSKI,
UL. BARTYCKA

◆

Po co? Żeby zobaczyć pomnik Polski Walczącej i kolejną piękną panoramę miasta. Kopiec Czerniakowski (120 m n.p.m.) usypano po wojnie z gruzów zburzonej Warszawy. Dlatego gdy zapuścisz się nieco w boczne ścieżki, możesz tu znaleźć cegły, fragmenty kolumn, belki stropowe, a nawet kawałki portali z lat 30. Projekt, by tu właśnie upamiętnić powstańców warszawskich, powstał już w latach 40., ale władze komunistyczne nie chciały na to pozwolić. Dopiero w 1994 r., w 50. rocznicę wybuchu Powstania, ustawiono tu gigantyczną „kotwicę", symbol Polski Walczącej, przy którym odtąd co roku płonie symboliczny ogień.

Karol Grygoruk

PEPPERPIRATE.BLOGSPOT.COM
Z WYKSZTAŁCENIA SOCJOLOG, PRACUJE JAKO FOTOGRAF. URODZIŁ SIĘ W WARSZAWIE, WYCHOWAŁ W BIAŁOSTOCKIM BLOKU

pepperpirate.blogspot.com
A sociologist by education, he works as a photographer. He was born in Warsaw, brought up in a block of flats in Białystok

♦

W Warszawie dobrze słucha się The Smiths, a w męskim zakładzie fryzjerskim na Żelaznej robią fryzurę na Morriseya. W barze Cô Tú mają najlepsze tofu w pomidorach, a w kawiarni Cykloza na Hożej serwują kawę tylko na mleku sojowym. W Warszawie dobrze czyta się komiksy o Batmanie. Gdy jesteś na moście Świętokrzyskim i patrzysz na lewy brzeg Wisły, to wszystko wygląda jak z „Mad Maxa", a jak patrzysz na prawy brzeg, to wszystko wygląda jak z „Robin Hooda". W Warszawie na prawym brzegu Wisły czasem widać bobry, a bardziej na północ czasem widać łosie. Dobrze się słucha tam Johnny'ego Casha i Bona Ivera. Tam też jest elektrociepłownia, a koło niej plątanina betonowych ulic i estakad, pomiędzy którymi stoi betonowy kościół. W Warszawie, gdy jest ciepło, to pod Planem B wszyscy grają w zośkę, a w Skaryszaku dobrze rzuca się frisbee. W Warszawie, gdy Bloody Tears obchodziło rocznicę powstania swojego studia, chłopaki tatuowali wszystkim chętnym pierogi na widelcu za darmo. W Warszawie koło Przekąsek Zakąsek mieszka pan prezydent.

Warsaw is a good place to listen to The Smiths, and in a barbershop in ul. Żelazna you'll get a Morrisey hairstyle. In the Cô Tú bar they serve the best tofu in tomatoes, and in the Cykloza café in ul. Hoża – only coffee with soya milk. Warsaw is also a good place to read Batman comic books, and when you're on the Świętokrzyski Bridge, and get a glimpse of the left bank of the Vistula, everything looks like from "Mad Max", but if you turn your head and get a glimpse of the left bank everything looks like from "Robin Hood". On the right bank you'll sometimes see beavers, and more to the north you may sometimes see elks. It is a good place to listen to Johnny Cash and Bon Iver. There you'll also see the thermal power plant, a mesh of concrete streets and flyovers right beside, and a concrete church right in the middle. When it gets warm everybody plays freestyle footbag at the entrance to the Plan B club, and the Skaryszak park is a great place to play frisbie. In Warsaw, when Bloody Tears celebrated an anniversary of their tattoo studio, the guys tattooed pierogis on the fork for free. Opposite the Przekąski Zakąski à la fourchette bistro, lives Mr. President.

AMADEUSZ, PRZYJACIEL
Amadeusz, friend

HATE

POWŁÓCZ SIĘ PO OSIEDLACH

Wander through the housing estates

◆

Zrób to raczej w słoneczne dni, żeby nie nabawić się depresji. Polecamy twojej uwadze blokowiska, ale oryginalne i z charakterem.

...but choose a sunny day, otherwise you risk mental depression. Go out to see the blocks of flats which stand in irregular groups and have their own character.

OSIEDLE ZA ŻELAZNĄ BRAMĄ

MIĘDZY UL. MARSZAŁKOWSKĄ, KRÓLEWSKĄ, PL. GRZYBOWSKIM, UL. TWARDĄ, PROSTĄ, ŻELAZNĄ, CHŁODNĄ, PL. MIROWSKIM, UL. PTASIĄ. PROJEKT: JERZY CZYŻ, JAN FURMAN, JERZY JÓZEFOWICZ I ANDRZEJ SKAPIŃSKI

Białe pudła 16-piętrowych bloczysk (dokładnie 19) zbudowano w latach 1961-72 w samym centrum miasta na pozostałych po wojnie gruzach gęstej śródmiejskiej zabudowy. I zawsze budziły wiele kontrowersji. Sam układ i bryły bloków inspirowanych architekturą Le Corbusiera mogą się podobać, ciekawe są też ich wielkie klatki schodowe z kanapami i palmami w donicach, w stylu lobby podupadłych hoteli z lat 70. Ale mieszkańców to raczej nie bawi. Żyją w małych klitkach z ciemnymi kuchniami, bez balkonów, i robią wszystko, żeby się stąd wyrwać. Bloki Za Żelazną Bramą upodobali sobie ostatnio Wietnamczycy, którzy licznie przybywają do Warszawy, by tu pracować i studiować. Łącznie mieszka tu ponad 25 tys. ludzi. Włócząc się po osiedlu, możesz się natknąć m.in. na: synagogę Nożyków (s. 162), XIX-wieczny kościół św. Karola Boromeusza (ul. Chłodna 21), Halę Mirowską (s. 20), rzeźbę warszawskiej syrenki (s. 11) i tory tramwajowe na ul. Chłodnej prowadzące donikąd (s. 180).

Behind the Iron Gate

Between ul. Marszałkowska, ul. Królewska, pl. Grzybowski, ul. Twarda, ul. Prosta, ul. Żelazna, ul. Chłodna, pl. Mirowski, ul. Ptasia. Designed by: Jerzy Czyż, Jan Furman, Jerzy Józefowicz and Andrzej Skapiński

19 white blocks of huge, 16-storey buildings were erected in the very heart of the city in the years 1961-1972 to replace the heaps of rubble to which all the previous densely built-up downtown area had been turned by the war. These blocks have always been controversial. The very arrangement of the buildings in the available space and their shape, inspired by Le Corbusier's ideology, may be liked from the outside. Inside, they have spacy staircases with sofas and palm trees in pots resembling the lobbies of declining 1970s hotels but all that is not something the people living in them really enjoy because they must spend their lives squeezed in extremely small rooms, they have kitchenettes with

PRZYCZÓŁEK GROCHOWSKI

MIĘDZY ULICAMI: OSTRZYCKĄ, MOTOROWĄ, ŻYMIRSKIEGO, KWARCIANĄ I BRACŁAWSKĄ. PROJEKT OSKAR I ZOFIA HANSENOWIE. DOJAZD Z CENTRUM AUTOBUSAMI 520 I 525

To osiedle osobliwe, zwane przez mieszkańców Pekinem. Tworzy je jeden budynek długi na półtora kilometra, załamujący się dziewięciokrotnie pod kątem prostym, otoczony rodzajem fosy, przez którą przechodzi się po kładkach. Budowany od 1963 do 1972 r., w latach 80. i 90. niszczał i cieszył się złą sławą. Dziś jest stopniowo odnawiany. W 1,8 tys. mieszkaniach żyje tu prawie 7 tys. ludzi, którzy podobnie jak ci Za Żelazną Bramą narzekają. Nie przekonuje ich nawet to, że mieszkają w podręcznikowym już osiedlu autorstwa wybitnego architekta Oskara Hansena i jego żony Zofii. Mieszkania są tu ciasne, wchodzi się do nich bezpośrednio z okalających blok długich ciemnych galerii, na których panuje nieustający gwar. Nie przypadkiem już w latach 70. kręcono tu sceny do filmów kryminalnych. Dziś korytarze pocięte są ściankami, przegrodami, w oknach mieszkań wychodzących na galerie tkwią kraty. To przykład na to, jak wizjonerska architektura chwalona na międzynarodowych wystawach sprawdza się w zetknięciu z rzeczywistością.

no windows, no balcony, etc. They would do anything to get out of there and some succeed so that the buildings in the Za Żelazną Bramą residential estate are now increasingly popular among Vietnamese immigrants who come over to Warsaw in large numbers to work and study. Altogether, the place has over 25 thousand inhabitants.

As you walk criss-crossing among the buildings, you may run at such things as the Nożyk Synagogue (p. 162), the 19th century St. Charles Borromeo's Church (ul. Chłodna 21), the Hala Mirowska market hall (p. 20), a statue of the Warsaw Mermaid (p. 11) and street car tracks in ul. Chłodna that lead to nowhere (p. 180).

Przyczółek Grochowski

Between the streets: Ostrzycka, Motorowa, Żymirskiego, Kwarciana and Bracławska. Design by: Oskar and Zofia Hansen. Access: buses from city centre: 520 and 525

This is a strange place to live which the locals call "Beijing". Actually, it is only one building, half a kilometre long whose façade bends 9 times at 90° and is surrounded by a kind of moat which you can cross over several little bridges. All this was built between 1963 and 1972, after some time it started to deteriorate until it developed bad reputation in the 1980s, and 1990s but it is under renovation now. The building comprises 1,800 flats in which nearly 7 thousand people are living and complaining just like those living in the Za Żelazną Bramą. Those who live here are not comforted by the fact that their extraordinary building was designed by outstanding architect Oskar Hansen whose name can be found in every architecture textbook and his wife Zofia. Their flats are very small and their entrance doors are placed along dark and noisy access galleries. The whole place does not look good at all and this is why the building was used as a location for shooting crime movies in the 1970s. This is a perfect example of how architect's vision, however praised at international exhibitions, works in real life.

SADY ŻOLIBORSKIE I

MIĘDZY ULICAMI WŁOŚCIAŃSKĄ, KRASIŃSKIEGO, BRONIEWSKIEGO, POPIEŁUSZKI, GOJAWICZYŃSKIEJ I BRACI ZAŁUSKICH.
PROJEKT HALINA SKIBNIEWSKA

Zielone osiedle Warszawskiej Spółdzielni Mieszkaniowej Sady Żoliborskie I to jeden z najlepiej rozplanowanych zespołów mieszkaniowych PRL-u. Powstawało w latach 1958-63 na terenie zajmowanym wcześniej przez ogródki działkowe. Projektantka Halina Skibniewska wkomponowała bloki w układ terenu, nie niszcząc ocalałych drzew owocowych.

To blokowisko malownicze, na ludzką skalę, z przydomowymi ogródkami i kameralnymi placykami zabaw. Dlatego ci warszawiacy, którzy tu się wychowali, wspominają swoje podwórkowe życie z dużym sentymentem. Wyrusz koniecznie dalej, przez Stary Żoliborz, malownicze ogródki działkowe aż na Kępę Potocką, gdzie odpoczniesz i posilisz się w barze „u Araba" i zobaczysz neon z różowymi bąbelkami (s. 134).

Sady Żoliborskie I

Between the streets: Włościańska, Krasińskiego, Broniewskiego, Popiełuszki, Gojawiczyńskiej and Braci Załuskich. Design by: Halina Skibniewska

A green residential estate of the Warsaw Housing Co-op WSM (Warszawska Spółdzielnia Mieszkaniowa), called Sady Żoliborskie I (Żoliborz Orchads I) is probably one of the best planned housing projects in Communist Poland. It was built in the years 1958-63 at an area formerly used as private allotments and the designer Halina Skibniewska nicely integrated the buildings with the landscape without destroying the trees and orchards. This group of blocks of flats is not depressing but has a "human face" and many buildings have their little gardens and safe playing grounds. Those Varsovians who were born and brought up here have very good memories of their childhood. Then walk on to the Stary Żoliborz district down to the place called Kępa Potocka to see pink neon designed by Maurycy Gomulicki *(p. 134)**.*

ZOBACZ DAWNY DOM PARTII

UL. NOWY ŚWIAT 6/12,
PRZY RONDZIE DE GAULLE'A

◆

To jeden z warszawskich fenomenów. Po upadku komunistycznego systemu w dawnym Domu Partii, czyli centrum dowodzenia rządzącej Polskiej Zjednoczonej Partii Robotniczej, ulokowała się warszawska giełda. Symbol kapitalizmu w ikonie socjalizmu. Dom Partii (do dziś wielu warszawiaków tak go nazywa) zbudowano w 1951 r. ze składek członkowskich według projektu zespołu architektów: Wacława Kłyszewskiego, Jerzego Mokrzyńskiego i Eugeniusza Wierzbickiego.

W 1990 r. pierwszy po wojnie demokratycznie wybrany premier Tadeusz Mazowiecki zdecydował, że środki z wynajmu pomieszczeń opuszczonego przez PZPR budynku zostaną przeznaczone na budowę nowej Biblioteki Uniwersytetu Warszawskiego.

Giełda Papierów Wartościowych mieściła się tu od 1991 do 2000 r., a następnie przeniosła się do nowej siedziby zbudowanej w sąsiedztwie, na ul. Książęcej. Dziś w Domu Partii nadal mieszczą się banki i inne instytucje finansowe.

See the House of the Party

Ul. Nowy Świat 6/12
at rondo de Gaulle'a

This is one more unusual phenomenon in Warsaw. The Warsaw Stock Exchange moved into the House of the Party deserted by the Communist party which had disbanded itself. The symbol of capitalism inside the symbol of communism. The House of the Party (many Varsovians stick to the old name) was built in 1951 for money raised by the communist party members, according to blueprints by a team of architects: Wacław Kłyszewski, Jerzy Mokrzyński and Eugeniusz Wierzbicki.

In 1990, the first democratically elected Prime Minister after World War II Tadeusz Mazowiecki ruled that rent money from the building deserted by the communist party would be spent on the construction of a new library for the University of Warsaw.

The Warsaw Stock Exchange stayed in the building in the years 1991-2000, but then they moved to its own new building next-door in ul. Książęca and the House of the Party now contains some banks and other financial institutions.

Visit a disputed square

Pl. Grzybowski

www.rajkowska.com

This is an unusual place. During World War II it was part of the Jewish Ghetto. Today, all sorts of people are seen here: old ladies walking their little dogs, local tramps, Catholics going to the overwhelming All Saints' Church, Jews sightseeing the former Ghetto area, the Nożyk Synagogue and the nearby ul. Próżna, residents of the Za Żelazną Bramą residential estate which looks like a forest of blocks of flats and businessmen going in and out of the nearby Deutsche Bank building. These people did not usually meet together. But this situation changed when visual artist Joanna Rajkowska, the one who built the palm tree on the Rondo de Gaulle'a, grabbed a shovel, dug a hole, and placed a pond in pl. Grzybowski which she called the Oxygen Well (Dotleniacz). The pond was surrounded by vegetation and a cloud of oxygen-loaded air hovered over it. This very simple trick soon won the hearts of many locals. They would come to the place, sit down by the pond, and chat. When autumn came, the Oxygen Well was dismantled because it was not winter-proof and now a dispute is on whether or not it should be placed again in the square or, perhaps, should be replaced with a solid concrete fountain, or rather a monument to Poles who saved Jewish lives during the War. This is, by the way, the most interesting debate about public space in Warsaw in years.

ODWIEDŹ SPORNY PLAC

PL. GRZYBOWSKI, WWW.RAJKOWSKA.COM

◆

To miejsce niezwykłe. W czasie drugiej wojny światowej w granicach żydowskiego getta. Dziś krzyżują się tu różne szlaki. Starszych pań z pieskami i miejscowych meneli. Katolików spieszących na mszę do dominującego nad placem kościoła Wszystkich Świętych i Żydów zwiedzających dawne rejony getta, synagogę Nożyków i ul. Próżną. Mieszkańców blokowiska Za Żelazną Bramą i biznesmenów z sąsiedniego biurowca Deutsche Banku. Nigdy dotąd nie mieli ani miejsca, ani okazji, żeby się spotkać. Kij w tę martwą przestrzeń postanowiła włożyć artystka sztuk wizualnych Joanna Rajkowska, autorka palmy na rondzie de Gaulle'a. W lecie 2007 r. wraz z CSW Zamek Ujazdowski zbudowała na pl. Grzybowskim Dotleniacz – staw obsadzony roślinnością, nad którym unosiła się mgiełka dotlenionego powietrza. I ten prosty gest bardzo się warszawiakom spodobał. Gromadzili się przy stawie, odpoczywali, rozmawiali. Jesienią Dotleniacz rozebrano, bo nie był przystosowany do zimowych mrozów, i rozpoczęła się wokół niego gorąca dyskusja – czy ma powrócić i w jakiej formie. Czy ma go zastąpić wybetonowana fontanna, a może pomnik Polaków, którzy pomagali Żydom w czasie drugiej wojny światowej. To najciekawsza od lat dyskusja o przestrzeni publicznej w Warszawie.

Do some shopping in Milano

Milano Gallery
rondo Waszyngtona 2a,
www.milano.arts.pl

Warsaw's Milano is in the Saska Kępa district. This name was given to a café in a circular building at the Rondo Waszyngtona when it was opened in 1975. Adults would come there for a sip of brandy, children could get whipped cream or something. The place is now run by the first owner's granddaughter Elżbieta Kochanek van Dijk (she used to work for her grandfather as a waitress) who opened there a contemporary art gallery. She lives there too, on the second floor above the gallery.

Milano is an excellent starting point for walks in Saska Kępa, probably the nicest residential quarter in Warsaw full of charming modernist-style houses build in the 1920s and 1930s (the best examples in ul. Obrońców, ul. Katowicka and ul. Francuska).

SKOCZ NA ZAKUPY DO MEDIOLANU

GALERIA MILANO, RONDO WASZYNGTONA 2A,
PON.-PT. W GODZ. 11-19, SOB. 11-15, TEL. 22 617 54 03,
WWW.MILANO.ARTS.PL

◆

Milano w Warszawie znajdziesz na Saskiej Kępie. W charakterystycznych półokrągłych budynkach zamykających rondo Waszyngtona od 1975 r. działała kafejka o tej nazwie. Starsi popijali tu koniak, a dzieciaki zajadały się bitą śmietaną. Dziś wnuczka właściciela kawiarni Elżbieta Kochanek van Dijk (która zresztą u dziadka kelnerowała) prowadzi tu galerię sztuki współczesnej. I mieszka tuż nad nią.

W Milano kupisz obraz polskiego malarza po naprawdę przyzwoitej cenie (w ofercie m.in. dzieła Edwarda Dwurnika, Olgi Wolniak, Marii Kiesner). A jeśli jesteś sroczką na biżuterię, to w gablotach pod oknem możesz wyszperać prawdziwe cacka autorstwa polskich projektantów.

Milano to też doskonała baza wypadowa do spacerów po Saskiej Kępie, jednej z najpiękniejszych willowych dzielnic Warszawy, gdzie znajdziesz wyjątkowej urody modernistyczne budynki z lat 20. i 30. (głównie na ul. Obrońców, Katowickiej i Francuskiej).

Go to the [v]iuro to get some street art

[v]iuro ul. 11 Listopada 22, viuro.bzzz.net, Thu-Fri 6.00 pm to 10.00 pm, Saturdays 12.00 to 8.00 pm or on appointment vlepvnet@gmail.com

This is the first streetart gallery in Warsaw established by the group that call themselves "vlep[v]net" and are known for their effort to support visual culture in public space. The group have settled down in a yard of a building in ul. 11 Listopada in the Praga District, where one of the most dynamic clubs are also localised (p. 231). This austere building offers much opportunity for various exhibitions and this is probably why art comes out from the gallery and flows into the staircase and outside into the yard. What you can see here is not just the doings of the street artists but also a little shop with their works, such as: T-shirts, pictures, stickers (vlepki), bags, stamps, and albums. For summer 2010, Vlep[v]net has opened a branch [v]2 nearer the city centre, at 5-10-15, an artistic building on ul. Mokotowska (p. 105). Check out their website regularly, because they work mainly around the city, as street artists normally do (they invite interesting artists from around the world who paint murals and stick posters here). But they also run interesting classes for children. Associated with [v]iuro are artists such as Miesto (miesto.pl), Kwiatek (photo, kwiatek.bzzz.net, kwiatuchi.org) and IXI-COLOR (ixicolor.bzzz.net).

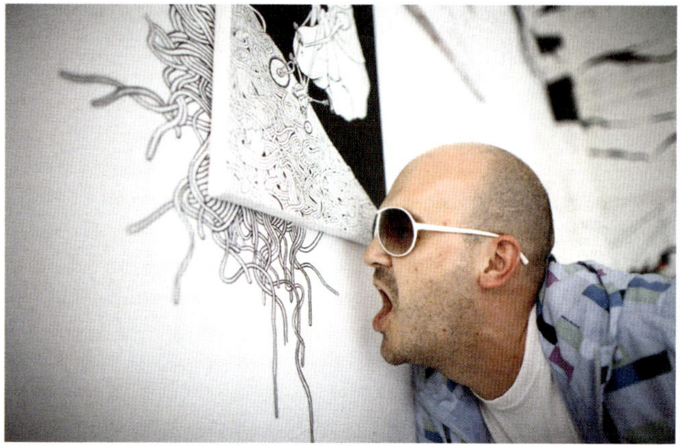

IDŹ DO [V]IURA PO STREET ART

[V]IURO, UL. 11 LISTOPADA 22, CZW.-PT. W GODZ. 18-22, SOB.12-20 LUB PO WCZEŚNIEJSZYM UMÓWIENIU VLEPVNET@GMAIL.COM, VIURO.BZZZ.NET

◆

To pierwsza streetartowa galeria w Warszawie założona przez grupę Vlep[v]net, znaną z działań wspierających kulturę wizualną w przestrzeni publicznej. Zakotwiczyła na praskim podwórku przy ul. 11 Listopada, które jest jednym z najprężniejszych zagłębi klubowych Warszawy (s. 231), w surowym budynku, który daje duże pole do popisu przy aranżowaniu wystaw (sztuka wylewa się z galerii na klatkę schodową, a nawet na podwórko). Znajdziesz tu nie tylko prezentacje działań artystów ulicznych, ale również sklepik z ich pracami: T-shirtami, obrazkami, vlepkami, torbami, znaczkami, albumami. Na letnie miesiące 2010 r. Vlep[v]net uruchomił filię [v]2 bliżej centrum, w 5-10-15 – artystycznej kamienicy przy ul. Mokotowskiej 73 (s. 105). Sprawdzaj na bieżąco ich strony internetowe, bo działają, jak to artyści uliczni, przede wszystkim na mieście (zapraszają m.in. ciekawych artystów ze świata, którzy malują u nas swoje murale, wlepiają vlepy), prowadzą też ciekawe warsztaty dla dzieciaków. Z [v]iurem związani są m.in. tacy twórcy jak Miesto (miesto.pl), Kwiatek (na zdjęciu powyżej, kwiatek.bzzz.net, kwiatuchi.org) czy Ixi Color (ixicolor.bzzz.net).

PRASKIE PODWÓRKO, NA KTÓRYM ULOKOWAŁO SIĘ [V]IURO
A yard of a building in Praga that contains the [v]iuro

MIESTO PROWADZI NA UL. GROTTGERA 1 MALUTKI STREETARTOWY SKLEPIK NOT4TOYS (WWW.NOT4TOYS.PL)
Miesto runs a small street-art shop at ul. Grottgera 1 called Not4Toys (www.not4toys.pl)

UCIEKAJ Z MULTIPLEKSU

KINOTEKA, PAŁAC KULTURY I NAUKI, PL. DEFILAD 1, OD STRONY AL. JEROZOLIMSKICH, WWW.KINOTEKA.PL; MURANÓW, UL. ANDERSA 1, METRO RATUSZ-ARSENAŁ, WWW.MURANOW.GUTEKFILM.COM; KULTURA, UL. KRAKOWSKIE PRZEDMIEŚCIE 21/23, WWW.KINOKULTURA.PL

Nie przepadamy za multipleksami. Polecamy więc nasze ulubione, bardziej kameralne kina.

Kinoteka w Pałacu Kultury ma co prawda aż siedem sal i wciąż sprzedaje się tu popcorn (nad czym zresztą ubolewamy), ale tutejszy repertuar to idealna mieszanka kina komercyjnego i ambitnego. Możesz tu też obejrzeć i sfotografować detale wystroju Pałacu Kultury, a nawet zagrać w bilard w jednej z tutejszych kafejek.

Przed popcornem i amerykańskimi superprodukcjami ustrzegło się za to nasze ulubione kino studyjne Muranów. Tu zobaczysz nieco ambitniejsze (co nie oznacza, że nudne) filmy z Polski, Europy i najdalszych zakątków świata sprowadzane przez firmę Gutek Film. Atutem tego kina jest bliskość stacji metra i sympatyczna kawiarenka, do której można wejść również bez biletu do kina i gdzie kawa serwowana jest nie tylko w papierowych kubkach, ale także w filiżankach. Taki drobiazg, ale istotny.

Polecamy też kino Kultura na głównym warszawskim trakcie spacerowym, na Krakowskim Przedmieściu: z jedną dużą salą, tuż po remoncie, w pięknej kamienicy. Eleganckie, wygodne, z ambitnym repertuarem.

Escape from the Multiplex

Kinoteka Palace of Culture; **Muranów** ul. Andersa 1; **Kultura** ul. Krakowskie Przedmieście 21/23

We are not especially fond of multiplexes. So we recommend our favourite, art movie houses. Though the Kinoteka in the Palace of Culture is also a movie palace with as many as 7 screening rooms and they still sell popcorn here (much to our regret), their programming is an ideal mix of commercial and independent films. You may also see and photograph the details of the Palace's decor, and even play billiards in one of their cafés. Luckily, our favourite art movie house Muranów managed to stay clear of popcorn and American superproductions . Muranów screens slightly more ambitious films (which does not mean boring) from Poland, Europe and from around the world. The films are booked by the company Gutek Film. One of the theatre's assets is its perfect location above the underground Ratusz station and a cosy café where you may enter without a cinema ticket, and where coffee is served not only in paper cups, but also in china coffee-cups. It is a small thing that matters.

We also recommend the Kultura theatre located on the Warsaw's main walk route, on Krakowskie Przedmieście, in a beautiful house. Its single screening room has recently been refurbished, it is now elegant, comfortable and caters to cinema buffs with original programming.

See Warsaw in sepia

Fotoplastikon Warszawski

Al. Jerozolimskie 51, tel. 22 629 60 78, Tue–Sun 10.00 am–6.00 pm, tickets: PLN 2 and PLN 4, free admission on Sundays, www.fotoplastikonwarszawski.pl

Sit down on a chair in a half-lit room behind a huge wooden cylinder, look into the special viewers and watch the slowly shifting tri-dimensional photographs of old Warsaw. You'll see streets, houses and people that no longer exist. You're in Fotoplastikon (Stereoscope) – a magical place where time stands still. The slide projecting device has operated here since 1905. The Fotoplastikon holds a collection of over 3, 000 original photographs ranging from photographs documenting the opening of the Suez Canal, to expeditions to Spitzbergen to Warsaw at the turn of the centuries. You may see here the photographs of pre-war Warsaw, but also the photographs by outstanding contemporary authors, who prepare special exhibits for the Warsaw Fotoplastikon. Since 2008 the place has been operated by the Warsaw Rising Museum.

ZOBACZ WARSZAWĘ W SEPII

AL. JEROZOLIMSKIE 51, TEL. 22 629 60 78, WT.-NIEDZ. W GODZ. 10-18, BILETY 2 I 4 ZŁ, W NIEDZIELĘ WSTĘP WOLNY, WWW.FOTOPLASTIKONWARSZAWSKI.PL

◆

Siadasz w półmroku na krzesełku przy wielkim drewnianym walcu, przytykasz oczy do specjalnych wizjerów i oglądasz przesuwające się powoli trójwymiarowe fotografie starej Warszawy. Ulice, domy, ludzi, których już nie ma. Jesteś w Fotoplastikonie – miejscu magicznym, w którym czas się zatrzymał. Urządzenie do projekcji slajdów działa tu od 1905 r. Fotoplastikon ma w swoich zbiorach ponad 3 tys. oryginalnych fotografii, od zdjęć dokumentujących otwarcie Kanału Sueskiego, poprzez wyprawy na Spitsbergen po Warszawę na przełomie wieków. Możesz tu obejrzeć nie tylko zdjęcia przedwojennej Warszawy, ale też fotografie wybitnych współczesnych autorów, którzy przygotowują wystawy specjalnie z myślą o ekspozycji w Fotoplastikonie. W 2008 r. opiekę nad tym miejscem przejęło Muzeum Powstania Warszawskiego.

Tomasz Dubiel

WWW.EXTERMINATETHEINDIANS.COM
FOTOGRAF
DOKUMENTUJE M.IN. WARSZAWSKĄ NIEZALEŻNĄ SCENĘ MUZYCZNĄ

www.exterminatetheindians.com
Photographer.
He is involved in a number of projects, including documentation of the independent warsaw music scene

◆

If an 18-year old distant cousin from Japan visited me in Warsaw, I would take her to a concert. In such places as Chłodna 25, Powiększenie (Blow-up) or Kulturalna you can mostly listen to music played by guys from the lado abc record company. Owing to their consistent work and musical imagination, the independent Warsaw music scene is now decidedly one of the best in Poland, and in fact across Europe. Regular performers include Mitch&Mitch, SzaZa, Baaba, Paris Tetris, Cukunft, Levity, Polpo Motel, whose music escapes any known classification. Some acts draw their inspiration from classical music, others from heavy metal. At any rate their accomplishments are way ahead of the time.

You can catch the occasional performance by foreign touring acts. Last year's visiting performers included Hanne Hukkelberg and Max Tundra. The music may get loud, it may also get mellow. Just remember to get there early to grab a seat!

Gdyby nagle odwiedziła mnie 18-letnia daleka kuzynka z Japonii, to na pewno zabrałbym ją w Warszawie na koncert. W miejscach takich jak Chłodna 25, Powiększenie czy Kulturalna najczęściej można usłyszeć chłopaków z wytwórni Lado ABC. Dzięki ich konsekwentnej pracy i wyobraźni muzycznej warszawska scena niezależna stała się jedną z ważniejszych w kraju i w Europie. Mitch & Mitch, SzaZa, Baaba, Paris Tetris, Cukunft, Levity, Polpo Motel – to tylko kilka z zespołów, których muzyka wymyka się oczywistej klasyfikacji. Niektórzy swoje inspiracje czerpią z klasyki, inni z heavy metalu. W każdym razie ich dokonania wyprzedzają swoje czasy.

Poza rodzimymi artystami do Warszawy co jakiś czas przyjeżdża ktoś z zagranicy. W zeszłym roku odwiedzili nas Hanne Hukkelberg i Max Tundra. Czasami jest głośno, czasami kameralnie. Trzeba tylko pamiętać, żeby przyjść wcześniej, bo zabraknie miejsca!

PAWEŁ SZAMBURSKI W KLUBOKAWIARNI CHŁODNA 25

Paweł Szamburski at Chłodna 25

ZJEDZ DOBRZE I TANIO

Have a good and cheap meal

◆

BARY MLECZNE

PRASOWY, UL. MARSZAŁKOWSKA 10/16; BAMBINO, UL. KRUCZA 21

To polski fenomen. Możesz w nich zjeść pyszne domowe dania (naleśniki z serem, ruskie pierogi, zupę pomidorową) – naprawdę bardzo tanio. W barach mlecznych stołują się mniej zamożni, emeryci, ale spotkasz tam też biznesmenów pod krawatem, którzy tęsknią za domowymi obiadami. Dodatkowym atutem jest niezmieniony często od czasów PRL-u wystrój wnętrz. W jednym z takich miejsc spotkaliśmy członków warszawskiego kolektywu didżejskiego Hungry Hungry Models Sylwię Zarembską i Piotra Mikę – patrz zdjęcie obok. Polecamy szczególnie bary Prasowy i Bambino.

CÔ TÚ

PAWILONY NA TYŁACH UL. NOWY ŚWIAT 26,
PON.-PT. W GODZ. 10-21, SOB.-NIEDZ. 11-19

Najlepsza knajpka z tanią orientalną kuchnią. Poza tym pawilony na tyłach Nowego Światu to miejsce kultowe. Przekonasz się o tym zwłaszcza w ciepłe dni, kiedy każda z kilkunastu ulokowanych tu knajpek wystawia na zewnątrz małe ogródki. Po jedzeniu przenieś się tam na wieczorne piwo (s. 231).

Cô Tú

Pavilions just off Nowy Świat 26,
Mon–Fri 10.00 am–9.00 pm,
Sat–Sun 11.00 am–7.00 pm

It is the best joint serving inexpensive oriental dishes. Moreover, the pavilions just off Nowy Świat are a cult place. Check out the scene on warm days when each of over a dozen cafés sets up small outdoor beer gardens. After your dinner at the Cô Tú move here for an evening beer (p. 231).

Milk bars

Prasowy ul. Marszałkowska 10/16; **Bambino** ul. Krucza 21

It is a typically Polish phenomenon. You may get here a standard fare of delicious, home-made dishes (pancakes with cottage cheese, Russian pierogis, tomato soup) and it's really very cheap. Milk bars are places for less affluent diners, old-age pensioners, but you may also encounter an occasional businessman in professional attire who seem to miss home-cooked meals. Their undisputed asset is their interior design, often unchanged since the PRL's day, and very characteristic for the 1960s and 1970s.

Our best bets are: Prasowy and Bambino.

Photo: Members of the Warsaw DJ group Hungry Hungry Models, Sylwia Zarembska and Piotr Mika, strike a pose in one of the milk bars.

U KUCHARZY I PRZEKĄSKI ZAKĄSKI

HOTEL EUROPEJSKI, UL. OSSOLIŃSKICH 7, TEL. 22 826 79 36, CODZ. OD GODZ. 12 DO OSTATNIEGO KLIENTA, WWW.GESSLER.PL

U Kucharzy to jedna z najlepszych, a na pewno najciekawszych restauracji w Warszawie. Do stołów podają tu sami kucharze, którzy wcześniej przyrządzają dania na oczach gości. Najtaniej tu nie jest, ale warto zainwestować w lunch dnia 29 zł, bo dostaniesz ogromną porcję świetnie przyrządzonego typowo polskiego dania. Sąsiednie Przekąski Zakąski to nowoczesna wariacja na temat PRL-owskich bistro. Szczególnie polecamy nocą, na zakończenie imprezowych szaleństw. Siedząc przy półokrągłym barze, możesz przekąszać i zakąszać awanturką, pasztetem, śledziem, tatarem czy nóżkami za 8 zł (2 euro).

KEBAB

Niezawodna szybka przekąska, zwłaszcza w nocy po imprezie. Na szczęście tureckich barków jest u nas sporo. Najlepsze to ten przy ul. Marszałkowskiej 138 (róg Świętokrzyskiej), obok kinoteatru Bajka (do godz. 21), czynny do późnych godzin nocnych Bar Turecki na ul. Zgoda 3 oraz liczne tureckie barki w pawilonach w al. Jana Pawła II, między ulicami Nowolipki i Nowolipie.

U Kucharzy and Przekąski Zakąski

Hotel Europejski, ul. Ossolińskich 7, tel. 22 826 79 36, open daily from noon until last guest, www.gessler.pl

U Kucharzy (At the Cooks') is one of the best, and certainly one of the most interesting restaurants in Warsaw. The place is based on the open-kitchen format and food is served by the cooks themselves. It may well not be the cheapest place to dine, but it worth investing PLN 29 in the lunch set of the day and you'll get a hearty portion of a delicious, typically Polish dish.The neighbouring Przekąski Zakąski is a modern variation on the theme of an old-school Polish People's Republic bistro. When the downtown clubs shut down, the action moves to the Przekąski Zakąski. Sitting at the half-round bar you can snack on appetizers, such as smoked sausage, paté, herring, tartar or pickled pigs feet jelly for PLN 8 each (EUR 2).

Kebab

A quick and reliable bite after a night out. With Turkish bars dotting the streets it's always a safe bet. You'll find the best ones at Marszałkowska 138 (corner ul. Świętokrzyska), right next to the Bajka cinema theatre (open until 9.00 pm), at ul. Zgoda 3 (Bar Turecki) and in the pavilions on al. Jana Pawła II, between ul. Nowolipki and ul. Nowolipie, where numerous spots serve kebabs until real late.

Kukuryku Creperie
Ul. Kopernika 25
www.nalesnikarnia.blogspot.com

You'll find this cosy eco-creperie when descending down from Nowy Świat, along ul. Tamka. There are 50 crepe varieties on the menu, most of them cost ca. PLN 17. Dishes are served on edible plates made of wheat bran, and coffee and tea comes from fair trade in China. You may also buy designer jewellery and unique pottery.

NALEŚNIKARNIA KUKURYKU

UL. KOPERNIKA 25, TEL. 725 362 979, PON.-PT. W GODZ. 8-20, SOB.-NIEDZ. 12-20, WWW.NALESNIKARNIA.BLOGSPOT.COM

To przytulna ekonaleśnikarnia, do której trafisz, schodząc z Nowego Świata w dół, w ulicę Tamka. W menu 50 smaków naleśników w cenie ok. 17 zł. Dania podawane są na jadalnych talerzach z otrębów pszennych, a herbata i kawa pochodzą ze sprawiedliwego handlu z Chin. Można też kupić autorską biżuterię i unikatową ceramikę.

MIĘDZY NAMI I DELIKATESY.TR

MIĘDZY NAMI, UL. BRACKA 20, WWW.MIEDZYNAMICAFE.COM; DELIKATESY.TR, UL. MARSZAŁKOWSKA 8, WWW.DELIKATESYTR.BLOG.PL

To klubokawiarnie, w których smaczne jedzenie traktuje się na równi z ofertą kulturalną. Pracują tu dobrzy kucharze, a menu obfituje w gorące dania. Delikatesy.TR zasłynęły już swoimi biomakaronami, a Między Nami tym, że zawsze pamięta o wegetarianach. Solidny obiad na poziomie dobrej restauracji zjesz w obu miejscach już za 20 zł.

Między Nami and Delikatesy.TR
Między Nami
ul. Bracka 20,
www.miedzynamicafe.com;
Delikatesy.TR
ul. Marszałkowska 8,
www.delikatesytr.blog.pl

You'll find here good food and culture. Good chefs work here, and the menu abounds in warm dishes. Bio-pastas at the Delikatesy.TR (photo) are already the talk of the town, and Między Nami always remembers about the vegetarians. Both places offer full meals at a decent restaurant level and the prices start here at PLN 20.

Sail up to Lorelei

Lorelei ul. Widok 8,
Mon-Thu 11.00 am to 12.00 pm,
Fridays 11.00 am until last guest,
www.lorelei.pl

"You are sailing to her, to the end of life, Lorelei, and when you get there – you die in Lorelei" a Polish electro-pop star Kapitan Nemo used to sing in one of his greatest hits of the mid-1980s. Looking at it after time we tend to think it was quite a prophetic lyrics because loud night-long parties at Lorelei must have made many guests fall down. In terms of the programme, the place is one of the most interesting café-clubs in Warsaw which offers, among other events, regular soirées, like the Open Mic, where anyone can jump on the stage and perform for 6 minutes. Another regular attraction of the place is a team general knowledge competition Quiz Night. As all other good clubs, Lorelei also offers other events (Funfte Strasse are playing here regularly) and concerts (by neo-klezmer, Gaamera or the Trifonidis Downtown Project who play jazz).

DOPŁYŃ DO LORELEI

LORELEI, UL. WIDOK 8,
PON.-CZW. W GODZ. 11-24, PT. OD 11,
SOB.-NIEDZ. OD 12, WWW.LORELEI.PL

◆

Kapitan Nemo, polska gwiazda elektro-popu, śpiewał w połowie lat 80. w jednym ze swoich hitów: „To do niej tak płyniesz, aż na życia skraj, Lorelei, dopłyniesz i zginiesz, w Lorelei". Patrząc z perspektywy czasu, piosenka Kapitana brzmi nieco jak przepowiednia, bo podczas szalonych, ciągnących się czasem do rana balang w Lorelei niejeden imprezowicz zapewne poległ. Programowo to jedna z najciekawszych klubokawiarni w Warszawie, regularnie odbywają się tu m.in. wieczory Open Mic, gdzie każdy chętny dostaje scenę na sześć minut, by zaprezentować swoją twórczość. Do stałych atrakcji należy też Quiz Night, czyli drużynowy konkurs wiedzy. Oczywiście jak w każdym szanującym się klubie w Lorelei odbywają się też imprezy (m.in. swoją noc ma tu grający różne odmiany elektroniki kolektyw Funfte Strasse) oraz koncerty (występowała tu już m.in. nowoklezmerska Gaamera i jazzowy Trifonidis Downtown Project).

Experiment with Copernicus

Copernicus Centre of Science
on the Vistula river, at the junction of Wybrzeże Kościuszkowskie and ul. Zajęcza, www.kopernik.org.pl

Our book will appear before the Copernicus Centre of Science opens at the beginning of September 2010, but we have to announce it nonetheless, especially because a whole series of events leading up to the opening is being held all over the city. Open-air shows by well-known younger producers. i. e. Jan Klata, Bartek Konopka or Michał Zadara, tell of epoch-making 19th century inventions. To find out more, check out the online game "XIX-XXI" (www.serial.kopernik.org.pl). But the building itself has already altered the landscape of our city. Designed by young Polish architects from the design firm RAr-2 Laboratorium Architektury Gilner + Kubec from Ruda Śląska, this is the first major investment of its kind on the banks of the Vistula. It is bound to brighten up at least this part of the riverside boulevard below the University of Warsaw Library. The Copernicus Centre of Science will be a giant exploratory place with interactive exhibits with which one will be able to experience the effects of the laws of physics. But we already know of such places in the world. What pleases us most is that culture will also be present here. Artists from all over the world are creating special works in the field of new media and mobile installations that will complement the permanent displays. They will also be erected in the Park of Discovery between the Centre and the Vistula.

EKSPERYMENTUJ Z KOPERNIKIEM

CENTRUM NAUKI „KOPERNIK", NAD WISŁĄ, U ZBIEGU UL. WYBRZEŻE KOŚCIUSZKOWSKIE I ZAJĘCZEJ, WWW.KOPERNIK.ORG.PL

◆

Nasza książka ukazuje się jeszcze przed otwarciem Centrum Nauki „Kopernik" planowanym na początek września 2010 r., ale trzeba je zapowiedzieć. Zwłaszcza że trwa już w całym mieście cykl wydarzeń poprzedzających tę wielką inaugurację. Plenerowe spektakle reżyserowane przez znanych twórców młodszego pokolenia: Jana Klatę, Bartka Konopkę czy Michała Zadarę, opowiadają o XIX-wiecznych epokowych wynalazkach. Żeby dowiedzieć się czegoś więcej, sprawdźcie grę internetową „XIX-XXI" (www.serial.kopernik.org.pl).

Już sama budowa Kopernika zmieniła krajobraz naszego miasta. Budynek projektu młodych polskich architektów z pracowni RAr-2 Laboratorium Architektury Gilner + Kubec z Rudy Śląskiej to pierwsza tak poważna inwestycja nad brzegiem Wisły. Na pewno ożywi ten kawałek nadrzecznego bulwaru na wysokości Biblioteki Uniwersyteckiej. Centrum Nauki „Kopernik" będzie wielkim eksploratorium z interaktywnymi wystawami, w którym na własnej skórze będzie można odczuć działanie praw fizyki. Ale takie miejsca znamy już ze świata. Nas cieszy najbardziej, że będzie tu obecna również kultura. Artyści z całego świata tworzą specjalne prace z dziedziny nowych mediów i mobilne instalacje, które uzupełnią ekspozycję. Staną też w Parku Odkrywców między budynkiem a Wisłą. Kopernik powstaje w ekspresowym tempie. Budowa rozpoczęła się latem 2008 r., zakończy się ostatecznie na wiosnę 2011 r. otwarciem dla widzów multimedialnego planetarium.

ZWIEDŹ KULTURALNY SQUAT

5-10-15, UL. MOKOTOWSKA 73

◆

To ewenement na skalę warszawską. Cała kamienica w samym centrum miasta, na jednej z najdroższych działek tuż przy pl. Trzech Krzyży, przeznaczona na kulturę. Przynajmniej na kilka letnich miesięcy, do października 2010 r. Co będzie dalej? Zobaczymy. Właściciel tej zrujnowanej zabytkowej kamienicy zdecydował się wynająć trzy piętra i wielkie podwórko ekipie, która chce tu robić kulturę. Nowi gospodarze 5-10-15 to Bartosz Stroiński (na zdjęciu z lewej) i jego załoga z klubokawiarni OSiR na Tamce (s. 139): Antoni Górski i Maja Ochmańska oraz ich wspólnik Jakub Ciecierski (na zdjęciu z prawej).

5-10-15 przypomina berliński Tacheles – wielki artystyczny squat w sercu stolicy. Ulokowały się tu: filia streetartowej galerii [v]iuro (s. 95), galeria Syf Szymona Małeckiego, pracownia drewna Andrzeja Hunzvi i renowacji mebli Arka Hodunia. Są też artystyczne pracownie i sale prób, których tak w Warszawie brakuje.

Rewelacyjne jest podwórko, na którym możesz się zrelaksować i nabrać sił do dalszego zwiedzania.

Visit a cultural squat

5-10-15 ul. Mokotowska 73

This is something unique in Warsaw, a whole building in the very heart of the city, at one of the most expensive sites close to pl. Trzech Krzyży, has been given over to culture. At least or a few summer months until October 2010. And then? We shall see. The owner of this derelict historic building decided to lease the third floor and the large courtyard to a team of people who want to create culture here. The owners of 5-10-15 (they named this place after a popular TV programme from their childhood days) are: Bartosz Stroiński (on the left of the photograph) and his colleagues from the OSiR club on ul. Tamka (p. 139) – Antoni Górski and Maja Ochmańska, and their partner Jakub Ciecierski (on the right of the photograph).

5-10-15 is reminiscent of Tacheles in Berlin, a giant artistic squat in the heart of the city. There is a club, a branch of the street art gallery [v]iuro (p. 95), Szymon Małecki's Galeria Syf (Messy Gallery), Andrzej Hunzvi's woodwork studio, and Arek Hoduń's furniture renovation shop. There are also arts workshops of which Warsaw has so little.

The courtyard is sensational. Here you can relax and regain your strength for more sightseeing.

PLAŻUJ NAD WISŁĄ

Sunbathe by the river

Warto powłóczyć się po krzaczastych brzegach Wisły i odpocząć na piaszczystych plażach. Niestety, kąpieli nie możemy polecić, bo woda jest zbyt brudna, a prądy rzeczne niebezpieczne.

It is worth wandering along Vistula banks covered with bushes and having a rest on its sandy beaches. We regret swimming in the river is strictly not recommended because of water quality and strong, tricky currents which make swimming highly dangerous there.

KAMERALNIE

Idąc po praskiej stronie Wałem Miedzeszyńskim od mostu Poniatowskiego, trzeba minąć wszystkie zabudowania, jakie zostały po basenach nad Wisłą, i nie dochodząc do mostu Łazienkowskiego, przed klubem sportowym skręcić w dół i iść piaszczystą ścieżką. Po chwili znajdziesz się na małej plaży z widokiem na warszawskie city. Można przycupnąć i kontemplować (a nawet – jak wskazują ślady – rozpalić kameralne ognisko). Polecamy nocą (dla odważnych). Zapytaj też o „błota", legendarną gejowską plażę, na której chłopcy opalają się nago.

In private
When walking along the Wał Miedzeszyński dyke on the right bank of the river upstream from the Poniatowski Bridge, go past the ruins of old swimming pools and before reaching the Łazienkowski Bridge walk down to a sandy footpath. You will soon reach a small sandy beach with a nice view of Warsaw-City. It is a good place to sit down for a few minutes to contemplate the view and, perhaps, put out a small bonfire, like many people did before you which you can read from the black patches on the ground. You may do that in the night, if you are brave.

KLUBOWO

Na największej warszawskiej plaży po praskiej stronie na terenie TKKF Rusałka każdego lata działa oryginalny klub, w którym możesz poczuć się jak nad morzem. Przysiądź w wiklinowym koszu, napij się serwowanych tu drinków i podziwiaj piękny widok na Stare Miasto. Możesz też pograć w siatkówkę plażową, a wieczorami potańczyć przy muzyce granej na żywo przez DJ-a.

Trafisz tu, schodząc z mostu Śląsko-Dąbrowskiego i idąc wzdłuż Wisły aż do Wybrzeża Helskiego nr 1/5.

Club-style

An unusual club operates every summer at the biggest Warsaw's beach on the right bank of the Vistula part of which belongs to Physical Culture Promotion Society (TKKF Rusałka). You can get an impression of being at the real seaside, sit in a strand chair, try the drinks served there, and admire the fascinating panorama of the Old Town. Or you may prefer to play some beach volleyball or have a dance at night to music played by a DJ.

It is easy to find the way, just cross the Śląsko-Dąbrowski bridge and walk on along the river bank up to the address Wybrzeże Helskie 1/5.

Z ROZMACHEM

Idąc dalej Wałem Miedzeszyńskim w stronę Gocławia, za mostem Łazienkowskim trzeba minąć zjazd do restauracji Boathouse i zejść w stronę rzeki następnym zejściem. Na wysokości Grubej Kaśki masz wielką piaszczystą plażę – idealną do puszczania latawców i zbierania kamyków.

Larger scale

If you continue walking on along the dyke towards the district of Gocław, past the Łazienkowski Bridge, keep walking straight without calling in the Boathouse Restaurant and take the second path down. You are now at a broad sandy beach opposite the Fat Cathy (Gruba Kaśka) water supply intake, an ideal place for flying kites and picking up pebbles.

Play golf in a deserted factory

www.turbogolf.pl
www.offgolfers.pl

Or in an old bunker, or in a derelict manufacturing shed, or anywhere else where you wouldn't normally go. Turbogolf or offgolf doesn't have much in common with ordinary golf. The clubs and balls are the same, but there the similarity ends. Instead of immaculate luscious grass, the golf course is usually an industrial waste ground. There are no electric carts with comfortable seats; you have to traverse the hostile terrain on foot. And there are no iron rules – the rules in force at a given location are drawn up on the spot and are adapted to the conditions there. In Warsaw there are two turbogolf organisations: GolfShowBeasts, the first one in Poland; and Offgolfers. Their website has information on equipment and the ideal places to play. There you'll also find e-mail addresses where you can book a game.

ZAGRAJ W GOLFA W OPUSZCZONEJ HALI

WWW.TURBOGOLF.PL,
WWW.OFFGOLFERS.PL

◆

Albo w starym bunkrze, albo w zdewastowanej hali przemysłowej, albo w każdym innym miejscu, do którego w innym wypadku raczej nie chciałbyś trafić. Turbogolf lub offgolf z tradycyjnym golfem ma niewiele wspólnego – podobieństwo zaczyna się i kończy na kijach i piłeczkach. Zamiast wypieszczonej, przyciętej trawki najczęściej jest industrialne rumowisko. Nie ma meleksów z wygodnymi siedzonkami, trzeba samemu przemierzać nieprzyjazną okolicę. Nikt też za tobą nie będzie z uśmiechem nosił kijów. Nie ma wreszcie żelaznego spisu reguł – te powstają na miejscu i są dostosowane do panujących wokół warunków.

W Warszawie działają dwie organizacje turbogolfowe: pierwsza w Polsce GolfShowBeasts oraz Offgolfers. Na ich stronach internetowych szukaj informacji o sprzęcie i idealnych miejscówkach do gry. Tam znajdziesz też adresy mailowe, pod którymi możesz się umówić na rozgrywki.

Spend an evening in a sneaker factory

Fabryka Trzciny ul. Otwocka 14, **Skwer** ul. Krakowskie Przedmieście 60a, www.fabrykatrzciny.pl

One of Warsaw's best clubs, the Fabryka Trzciny is in a factory building dating from 1916 in which jam, meat preserves and tennis shoes used to be made, in that chronological order.

This is a real phenomenon. The well-known composer and music and TV producer Wojciech Trzciński (the club takes its name, meaning Trzcina's Factory, from his nickname "Trzcina") took a great risk by investing in such a place in distant Praga, for this is a rather poor area rarely frequented by Varsovians until now and which has never been associated with night life or culture. Wojciech Trzciński renovated the factory building with a great respect for its historic architecture. He even used a few industrial elements to highlight the interiors. The result is a spacious, elegant club with a theatre, restaurant and several rooms for concerts and exhibitions. It is a favourite venue for music stars who often hold parties here following their Warsaw concerts. We draw your attention to the original bar with a wall of bottles bathed in violet light. And when you go to the toilet, take your camera with you!

Recently, Wojciech Trzciński also opened a branch of his Fabryka Trzciny on a little square on Krakowskie Przedmieście. This is a culture café inside a smart pavilion designed by the firm of architects JEMS Architekci, and is particularly popular in the summer when there is a garden and an open-air stage on which chamber music concerts take place.

SPĘDŹ WIECZÓR W FABRYCE PEPEGÓW

FABRYKA TRZCINY, UL. OTWOCKA 14,
SKWER, UL. KRAKOWSKIE PRZEDMIEŚCIE 60A,
WWW.FABRYKATRZCINY.PL

◆

Fabryka Trzciny, jeden z najlepszych warszawskich klubów, mieści się w budynku fabrycznym z 1916 r., w którym produkowano kolejno: marmoladę, mięsne przetwory i popularne tenisówki zwane pepegami. To prawdziwy fenomen. Znany kompozytor, producent muzyczny i telewizyjny Wojciech Trzciński (od jego pseudonimu klub wziął swoją nazwę) podjął spore ryzyko, inwestując w takie miejsce na dalekiej Pradze. Bo to rejony raczej biedne, w które warszawiacy dotąd rzadko się zapuszczali. I które w żaden sposób nie kojarzyły się z życiem nocnym czy kulturalnym. Wojciech Trzciński zmodernizował fabrykę z dużym poszanowaniem dla zabytkowej struktury budynku. A nawet wykorzystał pewne industrialne elementy do podkreślenia charakteru wnętrz. Powstał przestronny, elegancki klub z salą teatralną, restauracją i kilkoma pomieszczeniami, w których odbywają się koncerty i wystawy. To ulubione miejsce muzycznych gwiazd, które często tu właśnie urządzają afterparty po swoich warszawskich koncertach.

Wojciech Trzciński otworzył też niedawno filię Fabryki Trzciny – Skwer na Krakowskim Przedmieściu. Kulturalna kawiarnia urządzona w eleganckim pawiloniku projektu pracowni JEMS Architekci cieszy się szczególnym powodzeniem w lecie, kiedy rozstawiane są ogródek i plenerowa scena, na której odbywają się kameralne koncerty.

ODPOCZNIJ W KAWIARNIANYM OGRÓDKU

Take a break in an outdoor café

◆

W Warszawie mamy niewiele słońca, lato trwa krótko, dlatego kawiarniane ogródki nie są u nas widokiem tak powszechnym jak w Paryżu czy na południu Europy. Ale gdy tylko robi się ciepło, wyrastają jak grzyby po deszczu. Klienci wylegają tłumnie przed lokale, relaksują się i chłoną słoneczne promienie. Zrób to w naszych ulubionych ogródkach.

We don't get much sun in Warsaw and the summer is short, so sidewalk cafés are here not so easy to find as they are in Paris or in the south of Europe. But when it gets warm, almost every place sets up outdoor tables. Patrons spill over into the outdoor seating area, sit back and enjoy the sun. Do it in our favourite outdoor cafés.

Warszawa Powiśle
ul. Kruczkowskiego 3b

Located in a round building that used to contain the Polish Rail ticket office – the spot itself is pretty tiny. But the front patio is quite large, so concerts are staged, dance parties are thrown, they even set up a beach. A bike path runs right next to the place so it's worth coming here on a bike. It is an atmospheric bar to sip coffee and admire the modernist architecture of the 1960s.

WARSZAWA POWIŚLE

UL. KRUCZKOWSKIEGO 3B, W OKRĄGLAKU DAWNYCH KAS PKP

Sam lokal jest malutki, zaledwie kilka małych stoliczków, ale za to plac przed nim jest spory (na zdjęciu obok). Odbywały się tu już koncerty, taneczne imprezy, urządzono nawet plażę i targowisko. Tuż obok przebiega ścieżka rowerowa, więc warto przyjechać na rowerze. Przyjemnie jest, popijając kawę, podziwiać piękną nowoczesną architekturę z lat 60.

CHŁODNA 25

UL. CHŁODNA 25, RÓG ŻELAZNEJ

Chłodna ma kilka stolików w podcieniach kamienicy, ma też słynny już murek naprzeciwko, który tętni życiem towarzyskim. Polecamy na wieczór.

Plan B & Karma
Pl. Zbawiciela

This is one of our favourite gardens (photo). Open-air chamber music concerts sometimes take place outside Plan B on pl. Zbawiciela. But most of all this is a wonderful spot on a beautiful square in the heart of the city, a place which has no equal in the evenings. And during the day we recommend Karma, a fine café just across the street.

Chłodna 25
Ul. Chłodna 25, róg Żelaznej

Highly recommended for the evening. Chłodna set up several tables in the arcades, it also boasts a famous low wall facing it – the wall is usually teeming with life.

Qchnia Artystyczna
Zamek Ujazdowski,
ul. Jazdów 2

This is a smart option. If you want a good lunch, interestingly served, and at a table with a beautiful view, eat in the garden of Marta Gessler's Qchnia Artystyczna restaurant at the Ujazdowski Castle. You have a view of the green ul. Agrykola and the new Legia stadium. And if you want to delve into art, after lunch you can visit the Centre for Contemporary Art in the same building – p. 52.

PLAN B I KARMA

PL. ZBAWICIELA

To jeden z naszych ulubionych ogródków (na zdjęciu powyżej). Zdarza się, że w podcieniach klubu Plan B na pl. Zbawiciela odbywają się plenerowe kameralne koncerty. Ale przede wszystkim jest to ogródek na pięknym placu w sercu miasta, który wieczorami nie ma sobie równych. W ciągu dnia polecamy ulokowaną naprzeciwko Karmę.

QCHNIA ARTYSTYCZNA

ZAMEK UJAZDOWSKI, UL. JAZDÓW 2

To opcja elegancka. Jeśli chcesz zjeść dobry obiad, ciekawie podany, w dodatku przy stoliku z pięknym widokiem, wybierz ogródek Qchni Artystycznej Marty Gessler w Zamku Ujazdowskim (ul. Jazdów 2, www.qchnia.pl). Widok masz tu na zieloną Agrykolę i nowy stadion Legii. Jedzenie możesz połączyć ze sztuką i po obiedzie obejrzeć wystawy w Centrum Sztuki Współczesnej (w tym samym zabytkowym budynku, s. 52).

Kafka
ul. Oboźna 3

Here the café garden is especially nice with its adjacent sizeable piece of green space. The coffee house sets up tables and deckchair on this green meadow, and drinks and cakes are served here. There is even a mini badminton court (equipment rental available on-site). You may play with your dog, you are free to run around yourself, and you're welcome here to play Frisbee.

SZCZOTKI PĘDZLE
UL. TAMKA 45B

Szczotki mają najmniejszy ogródek świata – zaledwie jeden stoliczek z chroniącą od słońca parasolką. Pokazujemy go raczej jako ciekawostkę, bo tuż obok niezmiennie sunie Tamką sznur samochodów i trudno się tu zrelaksować. Nazywamy go ogródkiem dla zdesperowanych palaczy.

Szczotki Pędzle
ul. Tamka 45b

Features the smallest outdoor garden in the world – just one tiny table with a sun umbrella. It is quite an amazing spot on an unchangeably busy Tamka street with cars and buses whizzing by in front of your nose. We call it an outdoor garden for desperate smokers.

KAFKA
UL. OBOŹNA 3

To ogródek bardzo przyjemny, bo tuż obok kawiarni jest spory kawałek zielonej łączki. Kafka wystawia stoliki i leżaki, do których kelnerzy donoszą zamówione napoje i ciasta. Jest nawet miniboisko do badmintona (sprzęt do wypożyczenia na miejscu). Można zabrać psy, żeby się wyhasały, można samemu pohasać, grając np. we frisbee.

CAFÉ VINCENT
UL. NOWY ŚWIAT 64

Najmodniejszy ogródek w mieście, bardzo snobistyczny. Ale serwują tu pyszne kawy, kanapki i ciasta (Vincent to również piekarnia). No i ulokowany jest na Nowym Świecie – jednej z piękniejszych ulic Warszawy. Polecamy najbardziej na letnie weekendowe śniadania. Wtedy ulica jest zamknięta dla ruchu, a widok – stricte warszawski.

Café Vincent
ul. Nowy Świat 64

The swankiest garden in the city, attracts a very snobistic crowd. But they serve delicious coffees, sandwiches and cakes (Vincent is also a bakery). And it is located on Nowy Świat – one of the most beautiful streets in Warsaw. The place is our best bet for summer weekend breakfasts. During the weekends the street is closed to traffic and the café becomes a great place to take in the typical views of Warsaw.

POSTAW NA DOBREGO KONIA

TOR SŁUŻEWIEC, UL. PUŁAWSKA 266, WWW.TORSLUZEWIEC.PL

◆

Na Służewiec dotąd jeździliśmy tylko na koncerty, grali tu m.in. Rolling Stones, Depeche Mode, U2, Daft Punk. Ale niedawno złapaliśmy też bakcyla wyścigów konnych. I już przy pierwszej wizycie wygraliśmy trochę pieniędzy (za postawione 6 zł dostaliśmy ponad 30 zł). Zazdrośni nazwali to fuksem, ale my wierzymy w swojego nosa (w końcu niewielu postawiło na najbardziej mizernie wyglądającego konia, który na dodatek podczas wyścigu się potknął i o mały włos nie wykopyrtnął!). Ale nawet jeśli nie chcecie obstawiać gonitw, to na Służewiec wybrać się warto. To jedno z najciekawszych miejsc w Warszawie. Tor ma już ponad 70 lat, a gdy otwierano go w 1939 r., był największy i najnowocześniejszy w Europie. Dziś to modernistyczne założenie wpisane jest do rejestru zabytków. Jeśli pogoda dopisuje, to zbiera się tam prawdziwa galeria postaci, od polityków i gwiazd show-biznesu po ostrych graczy, którzy od lat wczytują się w rozpiski gonitw, szukając klucza do zdobycia wielkich pieniędzy. Przed gonitwą albo po niej warto przejść się wzdłuż muru otaczającego teren toru – to jedna z największych w mieście, a pewnie i w całej Polsce, galerii graffiti.

Bet on a good horse

Służewiec Racetrack

ul. Puławska 266,
www.torsluzewiec.pl

Until recently we used to go to Służewiec for concerts – the Rolling Stones, Depeche Mode, U2 and Daft Punk are some of the bands that have played here. But we have caught the horse-betting bug. Already on our first visit we won a little money. We bet PLN 6 but got back over PLN 30. Our jealous companions called this a stroke of luck, but we trust our instincts (in the end, not many betted on the most miserable-looking horse which tripped during the race and almost fell over!). But even if you don't want to bet on the horse races, Służewiec is worth a trip. It's one of the most charming places in Warsaw. The racetrack is already more than seventy years old, and was Europe's biggest and most modern tracks when it was opened in 1939. Today, this modernist complex is included in the register of cultural heritage.

If the weather is right, a veritable gallery of personages gathers there – from politicians and stars of show business all the way to hard players who have sought big money here for many years. Before or after a race, it's worth taking a walk along the wall that surrounds the Służewiec track. It's one of the biggest graffiti galleries in town, and probably in all Poland.

Olka Osadzińska

WWW.ALEOSA.COM
ILUSTRATORKA, ORGANIZATORKA ART YARD SALE.
WSPÓŁPRACOWAŁA M.IN. Z FIRMAMI
PARAMOUNT PICTURES, REEBOK,
NIKE CZY MAX FACTOR

www.aleosa.com
Illustrator, organiser of the Art Yard Sale.
Has worked for Paramount Pictures,
Reebok, Nike and Max Factor

◆

In Warsaw I like best of all those locations and streets that retain the character of a pre-war European capital. Tyrmand wrote that Warsaw started to become dirty in the 1950s, which is why I like the places that existed earlier – ul. Mokotowska, the back of ul. Chmielna and Nowy Świat, ul. Koszykowa.When on a walk with friends in Warsaw, we usually start on plac Zbawiciela. It's better to walk down ul. Mokotowska, where the best shopping part of the city begins (the RS Store, the first shop of the Polish brand Turbokolor, Ania Kuczyńska's new boutique, and the Blind Concept Store). If there is any area of Warsaw for fine shopping, this is it. My favourite house is No. 57, a piece of eclectic architecture, with giants wearing Polish folk costumes. On the way it's worth popping into the Słodki Słony café for buttered rolls or meringue pie. All roads lead to the Warszawa Powiśle bar. There, order a Kwaśna Olka (Olka Sour), you're bound to like it. I don't drink anything else, hence the name Olka.

Najbardziej lubię te miejsca i ulice, które zachowały charakter przedwojennej europejskiej stolicy. Tyrmand pisał, że brud w Warszawie zaczął się w latach 50., dlatego wolę to, co było wcześniej – Mokotowską, tyły Nowego Światu, Karową, Koszykową, plac Zbawiciela. Mam do miast podejście „elewatorskie" i myślę, że w Warszawie, bardziej niż w innych stolicach, można docenić wartość pięknych kamienic wśród rozpadających się plomb z lat 50. i 70.

Warszawski spacer zacznijcie od pl. Zbawiciela – tuż za nim przedwojenna Marszałkowska zmienia się w socrealistyczny plac i szeroką ulicę przygotowaną na wypadek niespodziewanego przejazdu czołgów. Lepiej spacerować Mokotowską – jeśli w Warszawie można zrobić dobre zakupy, to w tych okolicach (RS, Turbokolor, Ania Kuczyńska, Blind i wiele innych butików). Zwróćcie uwagę na kamienicę z numerem 57 z atlantami w polskich strojach ludowych. Po drodze warto wpaść do cukierni Słodki Słony na maślaną bułkę albo tort bezowy.

Jeśli kiedyś będziecie chcieli przejść z Nowego Światu na Bracką, idźcie podwórkiem obejrzeć Żniwa, Rybołówstwo, Myślistwo i Winobranie – kariatydy pawilonu restauracyjnego z 1894 r. Fajniej iść tędy niż brudną i smutną Chmielną.

I na koniec drink Kwaśna Olka w Warszawie Powiśle, na pewno wam zasmakuje! Ja niczego innego już nie piję, stąd ta Olka.

WARSZAW

NIE JEDŹ AUTOBUSEM

WWW.TM.WAW.PL,
MAPA POŁĄCZEŃ TRAMWAJOWYCH NA S. 290

◆

Poruszanie się po Warszawie komunikacją miejską grozi zawałem. Z nerwów. A już dla zagranicznych turystów jest prawdziwie ekstremalną przygodą. Zaczynając od kupienia biletu na przejazd, którego na ogół nie dostaniemy u kierowcy (na szczęście na przystankach pojawia się coraz więcej biletowych automatów), poprzez stan techniczny pojazdów, kończąc na skrajnej niepunktualności z powodu notorycznych korków. Dlatego polecamy raczej przemierzanie Warszawy na piechotę albo rowerem (wypożyczalnie na s. 68). Zwłaszcza że czekają nas teraz kolejne utrudnienia w ruchu spowodowane zaczynającą się właśnie budową drugiej linii metra.

A jeśli już musisz jechać komunikacją miejską, to nie autobusem, który utknie w korku, tylko tramwajem! Koniecznie zrób też sobie pamiątkową fotkę, bo po naszej stolicy jeżdżą jeszcze tramwaje z lat 60. (np. al. Jana Pawła II), które w innych europejskich miastach można obejrzeć co najwyżej w muzeum techniki. A jeśli złapiesz bakcyla, możesz zapisać się do Klubu Miłośników Komunikacji Miejskiej w Warszawie – www.kmkm.waw.pl.

Don't take the bus

www.tm.waw.pl, to see the tram map turn to p. 290

Getting around Warsaw by public transportation may cause a heart attack. Nerves get frayed and for foreign tourists, it's a truly extreme adventure. The bus driver is usually out of tickets (fortunately there are more and more ticket machines on bus stops), the technical condition of vehicles leaves much to be desired, and the buses are never on time due to chronic traffic jams. This is why you should get around Warsaw on foot or by bike (try bike rental shops listed on p. 68). Note that the construction of the second underground line that is about to start will only increase congestion.
If you really need to use public transportation, do not try the bus which will get stuck in the traffic jams, and take a tram! You must take the photo of trams from the 1960s that are still in use (e.g. on al. Jana Pawła II). In other European cities such trams can only be seen in a museum. If you catch a bug, you can enroll in the Warsaw's Club of Public Transportation Lovers – www.kmkm.waw.pl.

Visit a museum under construction

Museum of Modern Art
www.artmuseum.pl,
ul. Pańska 3, tel. 22 596 40 10,
Tue–Sun noon–8.00 pm

If all goes according to plan, Warsaw may at last have its Museum of Modern Art in 2014, and at an excellent location in the very heart of the city, on plac Defilad between the Centrum department stores and the Palace of Culture. The design by the Swiss architect Christian Kerez is ready (photo), and an energetic team headed by Museum director Joanna Mytkowska is working on the construction programme and displays of the future museum (by the way, Christian Kerez's museum building will incorporate Grzegorz Jarzyna's theatre TR Warszawa).

Until it moves to plac Defilad, the Museum occupies a temporary home at ul. Pańska 3, in very interesting premises behind the Emilia furniture store dating from 1959. Drop by ul. Pańska – to see the exhibition (admission free), the Museum depot designed by Ludovic Balland, and the art bookshop Muzeum Pro qm. And in the autumn there is a festival showing Warsaw under construction (www.warszawawbudowie.pl).

ZWIEDŹ MUZEUM W BUDOWIE

MUZEUM SZTUKI NOWOCZESNEJ, UL. PAŃSKA 3,
TEL. 22 596 40 10,WT.-NIEDZ. W GODZ. 12-20, WWW.ARTMUSEUM.PL

◆

Jeśli wszystko pójdzie zgodnie z planem, w 2014 r. Warszawa może mieć wreszcie swoje Muzeum Sztuki Nowoczesnej. W dodatku w doskonałej lokalizacji, w samym centrum miasta, na pl. Defilad (w budynku ma się również mieścić scena TR Warszawa). Już gotowy jest projekt autorstwa szwajcarskiego architekta Christiana Kereza. Co znamienne dla Warszawy, muzeum stanie w miejscu, gdzie po 1989 r., z początkiem kapitalizmu w Polsce, rozwinął się dziki handel, a następnie powstała prowizoryczna blaszana hala Kupieckich Domów Towarowych. Halę niedawno opróżniono, czemu towarzyszyła regularna bitwa kupców z policją. Do czasu przeprowadzki na pl. Defilad zespół Muzeum Sztuki Nowoczesnej z dyrektorką Joanną Mytkowską na czele działa w tymczasowej siedzibie na ul. Pańskiej 3. W bardzo ciekawym lokalu, na tyłach domu meblowego Emilia z 1959 r., w którym wcześniej mieściły się tzw. stoiska uzupełniające z tkaninami, dywanami, porcelaną. Wpadnij koniecznie na Pańską – na wystawy (wstęp jest wolny), po magazyn „Muzeum" zaprojektowany przez Ludovica Ballanda, do świetnej księgarni artystycznej Muzeum Pro qm, a jesienią na festiwal projektowania Warszawa w Budowie (www.warszawawbudowie.pl).

WYŚPIJ SIĘ W KAPSULE

WILSON HOSTEL, UL. FELIŃSKIEGO 37,
WWW.WILSONHOSTEL.PL, TEL. 22 839 40, 81, CENY OD 79 ZŁ

◆

Wzorem japońskich hoteli kapsułowych dla biznesmenów, którzy zbyt długo zabalują na mieście, Przemek Grzywacz, Kasia Mąkosa i Konrad Mąkosa otworzyli taki hostel dla turystów bawiących w Warszawie. Pierwszy w Polsce, może nawet w Europie. Mieści się na Żoliborzu, blisko stacji metra Plac Wilsona. Miejsca do odpoczynku podzielone są na dwumetrowej długości kapsuły (90 cm szerokości i 90 cm wysokości). Godzina snu w takiej dźwiękoszczelnej kabinie kosztuje 4 zł (pościel nie jest wliczona w cenę), a noc – 79 zł.

Osiem kapsuł to tylko fragment większego ekologicznego hostelu. Również – jak na polskie warunki – pionierskiego: Wilson ogrzewany jest dzięki zainstalowanym na dachu bateriom słonecznym, funkcjonują też specjalne systemy oszczędzania wody. Dokładnie selekcjonuje się odpady, a w holu głównym o oczyszczanie powietrza dba zielona ściana roślin pnących. Polecamy, bo poza tymi wszystkimi ciekawostkami hostel jest nowy, zadbany i ciekawie urządzony.

Get a good night's sleep in a capsule

Wilson Hostel
ul. Felińskiego 37,
www.wilsonhostel.pl,
tel. 22 839 40 81,
room rates begin at PLN 79

The hostel owners, Przemek Grzywacz, Kasia Mąkosa i Konrad Mąkosa, got inspired by Japanese capsule hotels designed for businessmen who have partied too long to safely travel to their homes. They opened a similar hostel for tourists partying in Warsaw. It is the first such facility in Poland, and maybe even in Europe. It is located in the Żoliborz district, near the Plac Wilsona underground station. The modular sound-proof blocks (that provide room to sleep) are 2 m by 0.9 m by 0.9 m. The rate per one hour of sleep is PLN 4. The whole night would cost you PLN 79 (bedlinen is not included in the price). The eight capsules make only a fragment of a larger, eco-minded hostel – an equally ground-breaking enterprise, at least by Poland's standards. In Wilson hot water and heating come from the rooftop sun batteries, there are also special water saving systems, stringent waste segregation has been introduced, and in the main lobby air is cleaned by a green wall of climbing plants. Highly recommended, because, besides all these novel ideas, the hostel is brand new, clean and features creative décor.

ODPOCZNIJ PRZY STOLIKU Z WIDOKIEM

EMPIK MEGASTORE JUNIOR, UL. MARSZAŁKOWSKA 116/122; RESTAURACJA FRETA 35, UL. FRETA 35; PANORAMA CLUB, HOTEL MARRIOTT, AL. JEROZOLIMSKIE 65/67, CODZ. W GODZ. 17-1

◆

To doskonałe miejsce na relaks w ciągu dnia, podczas przerwy w bieganiu po mieście. I choć podają tu kawę wyłącznie w papierowych kubkach, to jednak warto przymknąć na to oko. Z kafejki na drugim piętrze salonu Empik rozciąga się bowiem rewelacyjny widok na pl. Defilad, Pałac Kultury i całe ścisłe centrum miasta. Można zebrać tu z całego sklepu gazety, książki, przewodniki po Warszawie i odpoczywać.

Generalnie nie polecamy zapuszczania się w rejony Starego Miasta, bo jak wiadomo, starówki oblężone przez turystów bywają naprawdę męczące (a nasza jest w dodatku całkowicie powojenną rekonstrukcją). Ale jeśli już ci się to zdarzy, to wybaczamy i polecamy świetny stolik z widokiem – na Rynku Nowego Miasta w restauracji Freta 35. Tu nie wszyscy turyści docierają, a poza tym rynek z małą białą bryłą kościoła św. Kazimierza ma swój wyjątkowy klimat.

Jeśli planujesz wieczornego drinka z widokiem, to w klubie Panorama na 40. piętrze hotelu Marriott. Lokal ten słynie z nieformalnych spotkań biznesmenów z politykami, więc mimochodem możesz stać się świadkiem rozmowy o wadze państwowej. Ostrzegamy – nie jest tu najtaniej.

Relax at the table with a view

Empik Megastore Junior ul. Marszałkowska 116/122; **Freta 35** ul. Freta 35; **Panorama Club Hotel Marriott** Al. Jerozolimskie 65/67, open all weekdays 5.00 pm to 1.00 am

It is a perfect place to settle down when you're ready to rest your weary self. And though in the Empik Megastore Junior they serve only coffee in paper cups, there is no way you will mind it. The café on the 2nd floor of the Empik bookstore offers a head-spinning view of the pl. Defilad square, the Palace of Culture and the very centre of the city. You may peruse the newspapers, books and Warsaw guidebooks you have gathered and take a break.

Generally we do not recommend digging into the Old Town area. It is a well-known fact that Old Towns all over the world, besieged by tourists as they usually are, will make you nothing but weary (and, on top of that, our Old Town is a pure, post-war reconstruction). But if you happen to go there, we shall forgive you. Head for the great table with a view in the New Town Market Place in the Freta 35 Restaurant. Not all tourists get there, and besides, the market place featuring the white St. Casimir's church offers an exceptional atmosphere.

If you are planning an evening drink with a view, attack the Panorama club on the 40th floor of the Marriott hotel. The Panorama club now enjoys tremendous fame as a place of informal meetings of Polish businessmen and politicians so you may overhear a consequence-laden conversation. A word of warning – the place is hardly the cheapest bet.

POBAW SIĘ Z DZIECKIEM

Spend some time with your kid

◆

Develop new skills
Where to find the best activities for kids? Our friends recommend weekend workshops in the Zachęta gallery (kids first see a selected painting or installation and then prepare their own work together with their parents) or in the Atelier Foksal (p. 148). The Numery Litery bookshop features slide projections named "Slajdowisko" and the Animatornia club run by the Association of the Creative Initiatives "ę" stages an event called "Bajkowanie" (Telling fairy stories) where a musician Patryk Zakrocki conjures up magical worlds on the basis of fairy-tale slides projected on the wall from an old-fashioned projector. And in the KOM restaurant (ul. Zielna 37) you'll find an original combination: book reading followed by gourmet cooking.

Dzieciaki w Warszawie od małego uczestniczą w kulturze i wspólnie z rodzicami bywają w muzeach, klubokawiarniach, księgarniach, klubach sportowych. Polecamy ci nasze ulubione miejsca, w których na pewno nie będziesz się z dziećmi nudzić.

Warsaw kids begin their cultural education very early on. Their parents take them to museums, café-clubs, bookshops and sports clubs. Below you'll find our favourite places where your kids won't get bored.

POCHODŹ PO LINIE

Wizyta w Parku Linowym w Powsinie (Park Kultury, www.veni-vici.com.pl) to idealna opcja na weekendowe przedpołudnie. Nie trzeba się zapisywać, ale należy liczyć się z tym, że przyjdzie nam poczekać na swoją kolej. Zainteresowanie tym linowo-drewnianym torem przeszkód jest ogromne. Alternatywą może być Małpi Gaj w Zalesiu Górnym (www.malpigaj.com.pl).

ROZWIŃ SIĘ

Najlepsze zajęcia w mieście? Nasi przyjaciele polecają szczególnie weekendowe warsztaty w galerii Zachęta (dzieci najpierw oglądają bieżącą wystawę, a potem przygotowują wspólnie z rodzicami własne prace) lub w Atelier Foksal (s. 148). Warto też wziąć udział w Slajdowiskach w księgarni Numery Litery i w Bajkowaniu Animatorni Towarzystwa Inicjatyw Twórczych „ę" (gdzie m.in. muzyk Patryk Zakrocki wyczarowuje magiczne światy na podstawie bajek puszczanych ze starego rzutnika – zdjęcia z Animatorni na stronie obok). A w restauracji KOM (ul. Zielna 37) traficie na oryginalne połączenie: najpierw czytanie wybranej książki, a potem wspólne gotowanie.

Walk the line

A visit in a jungle gym park in Powsin (in the Park of Culture, www.veni-vici.com.pl) is an ideal option for a weekend afternoon. You don't have to sign up for it, but you might need to wait your turn. The place enjoys tremendous interest. You may also try the monkey grove in Zalesie Górne (www.malpigaj.com.pl).

Swing on a see-saw

The best playgrounds in Warsaw are in the Żeromski park on pl. Wilsona (over 2, 000 square meters in size, an additional strong point being a shop and the Kofifi café right at hand – p. 37) and in the Ujazdowski park.

POHUŚTAJ SIĘ

Naszym zdaniem najfajniejsze place zabaw w Warszawie znajdują się w parkach: Ujazdowskim oraz Żeromskiego przy pl. Wilsona (największy, ponad 2 tys. m kw., dodatkowymi atutami są sklepik i kawiarenka Kofifi tuż obok, s. 37).

OBEJRZYJ FILM

Jeśli macie ochotę na kino, wybierzcie się koniecznie do Muranowa na sobotni poranek (na ekranie polskie kreskówki specjalnie wyszukane w archiwach, rzadko emitowane w telewizji, po projekcji zajęcia dla dzieci) albo na Misiowe Poranki w kinie Luna. Polecamy też Cinema Park Bemowo (ul. Powstańców Śląskich 126a). To kino i „ park", czyli miejsce do spacerów, w jednym. Wędrujemy po kolejnych sześciu salach, w których możemy doświadczać wszystkich elementów nowoczesnej technologii 3D – od ruchu foteli po efekty świetlne. Zanim obejrzycie wspólnie „Avatara", sprawdźcie koniecznie, jak to działa.

ZOBACZ WYSTAWĘ

Jeśli muzea, to te sztuki współczesnej albo z nowoczesną, interaktywną ekspozycją. Do tych ostatnich zaliczają się z pewnością Muzeum Powstania Warszawskiego i Muzeum Fryderyka Chopina (chopin.museum/pl, patrz – zdjęcie na s.122).

ODPOCZNIJ PRZY KAWIE I LODACH

Jeśli szukasz kawiarni i placu zabaw w jednym, polecamy ci Misiankę w parku Skaryszewskim (s. 56), wspomnianą już Kofifi oraz Kolonię na Ochocie (www.kolonia-ochota.pl). Tu rodzice mogą umówić się spokojnie na plotki, mając pewność, że dzieci będą miały się czym zająć i gdzie pohasać.

POCZYTAJ KSIĄŻECZKĘ

Są w Warszawie kluboksięgarnie, które powstały specjalnie z myślą o dzieciach. Są takie, które dzieciom są szczególnie przyjazne. Lubią w nich spędzać czas, słuchać czytanych przez aktorów bajek. Na takie czytania trafisz na pewno w Czułym Barbarzyńcy i Kofifi. A duży wybór książek dla dzieci (polecamy również obcokrajowcom, bo ilustracja książkowa to w Polsce potęga) znajdziesz w księgarniach:

Read a kids' book

There are café-clubs in Warsaw that are specifically designed for children. Some others are just kid-friendly. Kids like to spend their time there and listen to fairy tales read by actors. Such "readings" are offered by Czuły Barbarzyńca (www.czuly.pl) and Kofifi (www.kalimba.pl). You'll also find a good selection of childrens' books in the following bookshops (we do recommend them to foreign visitors as Poland is a book illustration superpower):

5 UL. KOROTYŃSKIEGO 26, WWW.KSIEGARNIA5.EU
BADET UL. LENTZA 35A, WWW.BADET.PL
BAJBUK UL. ZWYCIĘZCÓW 19, WWW.BAJBUK.PL
CZUŁY BARBARZYŃCA UL. DOBRA 31, WWW.CZULY.PL
MIĘDZY WIERSZAMI UL. KROCHMALNA 57 LOK. 5, WWW.MIEDZYWIERSZAMI.COM
NUMERY LITERY UL. WILCZA 26, WWW.NUMERYLITERY.PL

See a film

If you feel like going to the cinema, the best pick is the Muranów cinema theatre and their Saturday morning shows. You'll see rare Polish animated cartoons found in film archives and no longer shown on tv, and the screenings are accompanied by a variety of special activities for kids. You may also pick the Teddy Bear's Morning Shows in the Luna cinema theatre. We can also safely recommend the Cinema Park Bemowo (ul. Powstańców Śląskich 126a). It is a cinema theatre and a "park", meaning some strolling space, in one. We wander the six screening rooms where we may experience all elements of the 3D technology ranging from armchair movements to light effects. Before you sit down to watch "Avatar", first see how the whole thing works.

See an exhibition

If you decide to fit in some of Warsaw's museums, the best bet are contemporary or modern art museums featuring interactive exhibits. These certainly include: The Warsaw Rising Museum and the Fryderyk Chopin Museum (chopin.museum/pl).

Relax over a cup of coffee and ice-cream

If you're looking for a café and a playground in one, we recommend Misianka in the Skaryszewski park (p. 56) and Kolonia (www.kolonia-ochota.pl). Here the parents may share the latest gossip while their kids are free to frolic all over the place.

ZJEDZ BEZ MIĘSA

TEL-AVIV, UL. POZNAŃSKA 11, WWW.TEL-AVIV.PL;
VEGA, AL. JANA PAWŁA II 36C, WWW.VEGA-WARSZAWA.PL;
BIOSFEERA, AL. NIEPODLEGŁOŚCI 80, WWW.BIOSFEERA.COM

◆

Warszawa, niestety, nie jest rajem dla wegetarian, bo tradycyjna polska kuchnia w przytłaczającej, tłustej większości oparta jest na mięsie. Nie jest jednak tragicznie. W większości warszawskich knajp znajdziesz dania bezmięsne – rybne dla jaroszy lub całkowicie wegetariańskie. Zdecydowanie najgorzej mają weganie. Jeśli chcesz mieć stuprocentową pewność, że to, co zaraz zjesz, będzie pyszne i na bank bezmięsne, to polecamy wizytę w Tel-Avivie na Poznańskiej albo w Vedze na tyłach kina Femina (niełatwo znaleźć, ale warto!). W przestronnym pomieszczeniu ulokowała się jadłodajnia, w której spotkasz studentów, młodzież licealną, emerytów, biznesmenów wcinających zupy (np. wegański krupnik), solidne porcje warzyw z tofu lub samosy oraz desery (w tym piernik marchewkowy). Zdrowe, smaczne i tanie. Dochód ze swojej działalności Vega przeznacza na działalność fundacji Pożywienie – Darem Serca, która wspomaga ubogie dzieci z rodzin wielodzietnych, patologicznych, w trudnej sytuacji finansowej. Działa tu też sklepik.

Nieco inna w klimacie, bardziej elegancka w wystroju, wyszukana w potrawach i – co za tym idzie – nieco droższa jest Biosfeera na Mokotowie. Tam w ciepłym, oranżowym wnętrzu można zjeść m.in. babeczki z klasą, czyli z kruchego ciasta, wypełnione grillowanymi warzywami, zapiekane z mozzarellą i domowym pesto, zupę „Francuski łącznik" – cebulową na bazie białego wina z grzanką zapiekaną z serem, „Tortille bandita" – meksykańskie placki pszenno-kukurydziane z nadzieniem z czerwonej fasoli podawane z sałatką oraz z guacamole. A na deser wciągnij koniecznie „Szarlatankę", razową szarlotkę z orzechami, cukrem trzcinowym i orzechami. W menu jest też spora oferta dla dzieci.

Eat without meat

Tel-Aviv ul. Poznańska 11;
Vega al. Jana Pawła II 36c, www.vega-warszawa.pl;
Biosfeera al. Niepodległości 80, www.biosfeera.com

Warsaw is hardly an oasis for vegetarians, because traditional Polish cuisine – or the overwhelming, fat part of it – is based on meat. But the situation is not very bad either. Most of restaurants in town offer non-meat dishes – either fish dishes or strictly vegetarian choices. Vegan diners, however, may have a real problem. If you want to be 100 % sure that the food you'll get will be delicious and absolutely non-meat, head for Tel-Aviv (ul. Poznańska 11) or Vega in al. Jana Pawła II (at the back of the Femina cinema theatre, not easy to find, but it's worth it!). The spacious premises contain a cafeteria where you'll meet students, high school kids, OAPs, businessmen devouring soups (e.g. vegan barley soup), generous portions of vegetables with tofu or samosas and desserts (try their carrot gingerbread). To sum up in one line: healthy, tasty and inexpensive. Vega's profits are used to support the foundation Food: Gift from the Heart established to provide care to children in crisis. There's also a small shop (opening hours: Mon – Fri noon – 6.00 pm, Sat noon – 5.00 pm). It's also worth tracking down Biosfeera in the Mokotów district. The place has a more elegant feel and the courses are more refined, hence it's a little more expensive than other vegetarian-friendly spots. The dining room is a hip, orange affair and on the menu you'll find classy "ladies" (cakes) filled with grilled vegetables, baked with mozzarella and home-made pesto, the "French connection" onion soup with white wine and toast baked with cheese on top, "Bandita Tortillas" with red bean filling served with side salad and guacamole. And for dessert try their "Szarlatanka", a whole-grain apple pie with nuts and brown sugar. The place also has an extensive kids menu.

KLEPNIJ W PLECY PANA GUMĘ

RÓG ULIC STALOWEJ I CZYNSZOWEJ, PRAWIE DO SAMEGO CELU DOJEDZIESZ TRAMWAJEM 23 ZE STACJI METRA RATUSZ-ARSENAŁ

◆

To nasz najoryginalniejszy pomnik, jeśli w ogóle można go nazwać pomnikiem. Pana Gumę, lokalnego menela, który w wieku 35 lat zapił się na śmierć, postanowili upamiętnić chłopcy ze Szmulek. Stoi tak, jak stał – pod sklepem spożywczym na rogu ulic Stalowej i Czynszowej na Pradze-Północ. Zgarbiony, kiwa się, tak jak się na ogół kiwał, skąd pewnie wzięła się jego ksywa – Pan Guma. Rzeźbę – z gumy oczywiście – wykonali podopieczni tutejszych streetworkerów wraz z artystą Pawłem Althamerem. Na ten pomysł wpadli podczas wspólnych zajęć.

Pan Guma spełnił swoje zadanie – wywołał wiele emocji wśród mieszkańców Pragi. Jedni uważali, że taka rzeźba ich obraża i utrwala negatywny stereotyp dzielnicy alkoholików. Inni byli zadowoleni, że nadarzyła się okazja, by zwrócić uwagę całej Warszawy, w jakiej biedzie się tu żyje. Pan Guma przetrwał mroźną zimę 2009/10, ktoś założył mu czapkę na głowę, ktoś przypiął futrzany kołnierz. Wciąż zatrzymują się przy nim mieszkańcy, klepią po plecach: „Cześć, Guma!", dyskutują. Też go poklep, postój tam chwilę, a przekonasz się, że na Pradze-Północ czas płynie zupełnie inaczej.

Pat Mister Rubber on the back

Corner of ul. Stalowa and ul. Czynszowa. Tram 23 from the Ratusz/Arsenał metro station will take you almost there

This is our most original monument, if it can be called a monument. It was decided to commemorate Pan Guma (Mr. Rubber), a local down-and-out who drank himself to death at the age of 35. He stands as he has always stood, in front of a grocery store on the corner of ul. Stalowa and ul. Czynszowa, in the Praga-Północ district. Hunched, he sways like he used to sway, which is probably what gave him his nickname of Pan Guma. The figure – of rubber of course – was made by young people under the care of local streetworkers, together with the artist Paweł Althamer. They picked up the idea during joint activities. Pan Guma has done his job. He has aroused much emotion among the residents of Praga. Some thought that the figure is an insult and perpetuates the district's negative stereotype as a haunt of alcoholics, while others were happy that the figure provides an opportunity to draw the attention of all Warsaw to the poverty in which people live here. Pan Guma survived the icy winter of 2009/10, someone put a hat on his head and someone else fastened a fur collar around his neck. People still stop by and pat him on the back, saying "Hi, Guma!". You pat him as well, stand there for a while, and you'll see that time goes by completely differently in Praga-Północ.

Take the water bus

The Podzamcze Pier, below the Old Town, at the Śląsko-Dąbrowski Bridge

Ferries and a water bus are going into service on the Vistula at the beginning of May, and at weekends you can take a boat all the way to Serock.

This is a real hit! Unhurriedly you sail along the Vistula, catch the sun's rays and admire the wild vegetation on the right river bank and the Old Town on the left bank. You integrate with the pensioners sailing along with you and delight in the food you have brought along.

The water bus Wars sails from Podzamcze to the Gruba Kaśka five times a day. The trip lasts almost two hours. On board you can hear music or listen to an audioguide produced by Warsaw City Transport. Tickets, costing PLN 18, are best bought on board on the day you travel.

Each Saturday and Sunday you can go on a longer trip, to Serock. The ship Zefir leaves the Podzamcze Pier at 9.00 am and reaches Serock in the afternoon. There, passengers have about 1.5 hours to visit the town. Arrival back in Warsaw is at 6.00 pm. The ship accommodates 110 passengers and there is a grill and bar on board. Tickets cost PLN 36.

To prepare for this Vistulan journey, you must of course see the cult comedy film by Marek Piwowski called "Rejs" (Cruise), made in 1970.

POPŁYŃ TRAMWAJEM WODNYM

PRZYSTAŃ PODZAMCZE, NA WYSOKOŚCI STAREGO MIASTA, PRZY MOŚCIE ŚLĄSKO-DĄBROWSKIM

◆

Z początkiem maja Wisłą zaczynają kursować promy i tramwaj wodny, w weekendy statkiem można dopłynąć aż do Serocka. To prawdziwy hit! Niespiesznie suniesz Wisłą, łapiesz promienie słoneczne, podziwiasz dziką przyrodę na prawym i kamieniczki Starego Miasta na lewym brzegu rzeki. Integrujesz się z płynącymi wraz z tobą emerytami, zakąszając zabranym ze sobą prowiantem. Tramwaj wodny „Wars" pływa od Podzamcza do Grubej Kaśki pięć razy dziennie. Każdy rejs trwa prawie dwie godziny. Na pokładzie można posłuchać muzyki i skorzystać z warszawskiego audioprzewodnika. Bilety na rejs (18 zł) najlepiej kupić już na statku. A w każdą sobotę i niedzielę można wybrać się w dłuższy rejs, do Serocka. Statek „Zefir" wypływa o godz. 9 z przystani Podzamcze, w południe jest już w Serocku. Tam pasażerowie mają ok. 1,5 godziny na zwiedzanie miasteczka. Powrót do stolicy o godz. 18. Statek może zabrać 110 pasażerów; na pokładzie są grill i bufet z napojami. Bilety kosztują 36 zł. W ramach przygotowań do tej wiślanej wycieczki musisz oczywiście obejrzeć kultową komedię Marka Piwowskiego „Rejs" z 1970 r.

SPĘDZ NOC W KLUBIE

Spend a night in a club

Warszawska mapa klubowa to przedziwna historia. Zmienia się jak w kalejdoskopie. Niektóre miejsca odchodzą, zostawiając po sobie doskonałe wspomnienia (jak choćby Vinyl czy 55 w Pałacu Kultury i Nauki). Inne – jak CDQ – trwają dzielnie na swoich imprezowych posterunkach. Powstają też nowe. Niektóre lanserskie, takie jakie znajdziesz w każdym innym mieście. Inne oryginalne, z własnym klimatem i sznytem. Niektórych chronią wielcy bramkarze i niekiedy histeryczni selekcjonerzy. Do innych możesz normalnie wejść i spędzić doskonały wieczór. Te właśnie chcielibyśmy ci polecić.

Warsaw's map of clubs is odd. It changes like in a kaleidoscope. Some clubs disappear, leaving wonderful memories (such as Vinyl or 55 inside the Palace of Culture and Science). Others, like CDQ remain stalwartly at their posts. New ones also appear. Some of them are trendy, just like in any other city, while others are original, with their own atmosphere and style. Some of them are guarded by huge door staff and sometimes by hysterical men who select who may enter. But others can enter normally and spend a wonderful evening. These are the ones we want to recommend to you.

1500 m2 do Wynajęcia
ul. Solec 18, www.1500m2.pl

A labyrinth of post-industrial buildings dating back to the 1960s on ul. Solec in the Powiśle district. The buildings are now filled with culture. At the beginning 1,500 m2 looked like an artistic squat. The gates and yard were painted by street artists, others brought in makeshift tables and benches, and then the first bikes were seen parked there. A number of independent events and festivals got wings and picked up momentum here. There was a photo exhibition of Tom Hunter, a festival "Warsaw is a Lady", a recycling event titled Przetwory (Preserves), concerts, and dancing events all attracting similar crowds. Discover the potential of those interiors, preferably on a weekend. Artists and designers fill them with mini-exhibitions, there are several little bars available, plus some stages on which bands play their music. On your way back, you should definitely pop in a nearby café-club Warszawa Powiśle (s. 82).

1500 M2 DO WYNAJĘCIA

UL. SOLEC 18, WWW.1500M2.PL

Labirynt poprzemysłowych wnętrz z lat 60. przy ul. Solec na Powiślu, w których wcześniej mieściła się drukarnia kartograficzna, wypełniła kultura. Początkowo 1500 m2 przypominało trochę artystyczny squat. Bramę i podwórko wymalowali uliczni twórcy, stanęły prowizoryczne stoły i siedziska, zaparkowano pierwsze rowery. Wiele offowych imprez i festiwali rozwinęło tutaj skrzydła i nabrało rozmachu. Odbyły się tu m.in. fotograficzna wystawa Toma Huntera, festiwal Warszawa Jest Kobietą, recyklingowe Przetwory, koncerty i imprezy taneczne, na które przybywały tłumy.

Odkryj potencjał tych wnętrz, najlepiej w weekend. Artyści i designerzy wypełniają je specjalnie przygotowywanymi miniwystawami, staje kilka barów, scen, na których gra muzyka. A wracając, zajrzyj koniecznie do mieszczącej się nieopodal klubokawiarni Warszawa Powiśle (s. 82).

SEN PSZCZOŁY

UL. INŻYNIERSKA 3, TEL. 791 311 060,
WT.-NIEDZ. OD GODZ. 18, SENPSZCZOLY.BLOGSPOT.COM

Czy znasz bardziej skomplikowaną nazwę klubu niż Sen Spowodowany przez Lot Pszczoły wokół Owocu Granatu na Sekundę przed Przebudzeniem? Właśnie tak – od tytułu obrazu Salvadora Dalego – nazywa się nowy klub na Pradze. W skrócie – Sen Pszczoły. Ulokował się w podwórku przy Inżynierskiej 3, które od dawna tętni kulturalnym życiem (znajdziesz tu m.in. galerie Melon i Nizio oraz liczne artystyczne pracownie). Przed wojną mieściła się tu przechowalnia mebli, stąd duże przestrzenie sprzyjające nowym galeryjnym i klubowym projektom.

Do wyboru masz tu dwie klubowe strefy: na górze, kilka obszernych pomieszczeń do posiedzenia i posłuchania grających na żywo didżejów, oraz na dole – sporą salę koncertową.

Miejsce stworzyła właścicielka kawiarni W Oparach Absurdu na ul. Ząbkowskiej Elżbieta Komorowska wraz z Adamem Rejnhardem. Po krakowskich studiach rzeźby i aktorstwa przyjechała do Warszawy, by tu spróbować swoich sił. Właściciele stawiają na kulturę offową. Namiętnie urządzają też wnętrze ciekawymi przedmiotami wyszperanymi na internetowych aukcjach (zwróć uwagę na wejścia do toalet zrobione z drzwi od wind z ursynowskich bloków).

Sen Pszczoły

ul. Inżynierska 3 tel. 791 311 060,
Tue–Sun from 6.00 pm,
senpszczoly.blogspot.com

Have you ever seen a more complex name of a club than "One Second Before Awakening from a Dream Caused by the Flight of a Bee Around a Pomegranate" (Sen Spowodowany Przez Lot Pszczoły wokół Owocu Granatu na Sekundę przed Przebudzeniem)? Yes, this is the name of an edgy club in the Praga district, derived from the title of Salvador Dali's painting. They often use its abbreviated name Sen Pszczoły (Bee's Dream). The club has found its berth in a yard at ul. Inżynierska 3, a place full of vibrant cultural life for a long time now (here you can also find galleries Melon and Nizio, Café Melon, and many art studios). Before World War II the place served as a furniture store-place, hence its reasonably vast spaces so comfortably accommodating new galleries and club projects. Here you can choose between two club universes: upstairs – a number of large rooms to sit down and listen to DJ music played live, or downstairs where they have a big concert room. The place owners have decided to go for off culture and, apart from that, they buy fitouts for their interior from the Internet auctions (just have a look on toilet doors which are made of the doors to lifts in Ursynów blocks of flats).

CDQ

ul. Burakowska 11, www.cdq.pl

This is one of Warsaw's clubs that has been longest in business and has rendered the greatest services to contemporary music. The list of artists who have performed at the Centralny Dom Qultury could put more than one western club to shame. Here you can experience a reggae concert, a party with avant-garde electronic music, an Orthodox new year celebration, or a world slot machine championship. Lest our words appear empty, here are just some of the artists who have appeared here: Afrika Bambaataa, Zion Train, Adam F, Slaughter and the Dogs, TY, Consolidated, The Skatalites, Lee Scratch Perry, Stereo Total, Stereolab, Peaches, Arrested Development, Rykarda Parasol, Dillinja, Jimi Tenor, To Rococo Rot and many, many more. For two years CDQ has hosted the Mazovia Music Scene, where young bands from the Mazovia region have a chance to present their music.

The club's slightly decadent-underground decor (with a miniature fountain by the cloakroom or a picture of lions above the bar) suits each of these events.

CDQ

UL. BURAKOWSKA 11, WWW.CDQ.PL

To jeden z najdłużej działających i najbardziej zasłużonych dla współczesnej muzyki warszawskich klubów. A lista artystów, którzy wystąpili w Centralnym Domu Qultury, mogłaby zawstydzić niejeden popularny klub z Zachodu. Równie dobrze możesz trafić tu na koncert reggae, imprezę z awangardową elektroniką, prawosławny Nowy Rok czy mistrzostwa świata w grze na fliperach. Żeby nie być gołosłownym, przypominamy tylko garstkę artystów, którzy tu wystąpili: Afrika Bambaataa, Zion Train, Adam F, Slaughter and the Dogs, TY, Consolidated, The Skatalites, Lee Scratch Perry, Stereo Total, Stereolab, Peaches, Arrested Development, Rykarda Parasol, Dillinja, Jimi Tenor, To Rococo Rot i wielu, wielu innych. Od dwóch lat w CDQ odbywa się przegląd Mazowiecka Scena Muzyczna, podczas którego na zaprezentowanie swojej muzyki mają szansę młode kapele z Mazowsza.

Do każdej z tych imprez idealnie pasuje lekko dekadencko-undergroundowy wystrój klubu (m.in. z minifontanną przy szatni czy obrazem nad barem przedstawiającym zblazowane lwy).

M25

UL. MIŃSKA 25, WWW.M25.WAW.PL

Z dala od centrum znajduje się jedna z większych imprezowni Warszawy nawiązująca klimatem do berlińskich klubów. W środku dwa poziomy (górny zdominowany przez minimal i electro, dolny bardziej chilloutowy) oraz – dla bezpruderyjnych – salka z wielkim wiszącym na łańcuchach łożem i darkroom. Surowa architektura byłej kotłowni idealnie pasuje do granej tu muzyki i do proponowanych wydarzeń społeczno-kulturalnych. W M25 występowali m.in. Tiga, Gus Gus, James Ruskin, były imprezy sygnowane przez berliński klub Tresor. Na Mińskiej odbywały się też pokazy mody, spektakle teatralne czy koncerty w ramach Warszawskiej Jesieni.

M25

ul. Mińska 25, www.m25.waw.pl

Far from the city centre is one of Warsaw's best party places, whose atmosphere is reminiscent of a Berlin club. It has two levels (the upper level is dominated by minimal and electro and the lower one is more chill-out). And for those without inhibitions, there is a room with a giant bed hanging from chains and a darkroom. The austere architecture of this former boiler house is ideally suited to the music played here and to the socio-cultural events offered. Tiga, Gus Gus and James Ruskin have appeared here, and parties sponsored by the Berlin club Tresor have been held. There have also been theatre shows, fashion shows and concerts during the Warsaw Autumn festival.

KAMIENIOŁOMY

UL. OSSOLIŃSKICH 3, WWW.KAMIENIOLOMY.COM.PL

To był jeden z najbardziej kultowych lokali PRL-u. Bawili tu Marek Hłasko czy Krzysztof Komeda, a w 1968 r. The Rolling Stones polegli po ciężkiej bitwie. Na dzień przed koncertem wpadli się czegoś napić, Jagger zamówił tequilę, na co biegle znający angielski barman, który wcześniej ponoć służył u hrabiego Zamoyskiego, odparł, że tego akurat nie ma, ale ma za to coś najlepszego na świecie. Po chwili podał całą tacę piekielnie zmrożonych kieliszków z wyborową. Pierwszy spróbował perkusista Charlie Watts. Wykrztusił tylko „OK", by o czwartej nad ranem z kolegami na czworakach wracać do pokoi.

Tyle historii. Kamieniołomy powróciły na imprezową mapę Warszawy w 2009 r. i są dziś jednym z najpopularniejszych klubów stolicy. W oryginalnej okrągłej sali można usłyszeć polską czołówkę didżejską, m.in. V/A Team, ale też szacownych gości z zagranicy: Alana Braxe, Etienne'a de Crecy czy zespół White Lies (w ich didżejskim wcieleniu).

Kamieniołomy

ul. Ossolińskich 3, www.kamieniolomy.com.pl

This was a cult night spot of the People's Republic era. Marek Hłasko and Krzysztof Komeda used to come here. Here in 1968, the Rolling Stones succumbed after a heavy struggle. On the night before their concert, they came in for a drink. Mick Jagger ordered a tequila. The barman, who was fluent in English and who had reportedly once worked for Count Zamoyski, explained to him that there was no tequila, but instead he had something that was the best in the world. After a while he produced a whole tray with glasses of ice-cold Wyborowa vodka. Drummer Charlie Watts was the first to try it. He only managed to splutter "OK", and at 4 a.m. he and his colleagues crawled on all fours to their rooms.

So much for history. Kamieniołomy (in English: The Quarries) returned to the party map of Warsaw in 2009, and is now one of the city's most popular clubs. In the original round room one can listen to the best Polish DJs, including V/A Team, as well as esteemed foreign guests such as Alan Braxe, Etienne de Crecy or the group White Lies (in their DJ reincarnation).

Fontarte

MAGDALENA I ARTUR FRANKOWSCY, TWÓRCY STUDIA GRAFICZNEGO FONTARTE (WWW.FONTARTE.COM) SPECJALIZUJĄ SIĘ W TYPOGRAFII I GRAFICE UŻYTKOWEJ. MIESZKAJĄ NA STARYM MOKOTOWIE

Magdalena and Artur Frankowscy, founders of the graphic art studio FONTARTE (www.fontarte.com), specialising in typography and graphic design

◆

What we love in Warsaw is its diversity and constant evolution within its space. Some buildings, pubs, and shops vanish but they are soon replaced by new ones. The new ones are often a real nightmare and many old ones should be protected and preserved. Anyway, we seem to love these surprises. Some old places have somehow managed to survive to our time, like the Jaś i Małgosia Café on al. Jana Pawła II. The characters used in the café ads inspired us to design a special font we have christened a "A hand of Pork". Another place we are glad to visit is the Museum of Modern Art hidden at the back of the Emilia furniture store. Strong typographic impressions can also be experienced when driving on a sunny day along the aleja Krakowska packed with a myriad of shop-signs, ad boards, billboards, and other roadside announcements. This experience is very close to that of watching several B-class thriller movies one by one in a single session.

Lubimy w Warszawie jej różnorodność, nieustanne zmiany. Znikają budynki, knajpy i sklepy, pojawiają się inne. Czasem te nowe to koszmar, a tych starych nie powinno się burzyć, ale lubimy ten element zaskoczenia. Ocalało jeszcze trochę miejsc jak kawiarnia Jaś i Małgosia przy al. Jana Pawła II. Napisy na szybach baru zainspirowały nas do stworzenia warszawskiego fontu, który nazwaliśmy Golonka.

Miejsce w centrum, do którego często zaglądamy na ciekawe wystawy i spotkania, to Muzeum Sztuki Nowoczesnej schowane za pawilonem meblowym Emilia.

Warto przejść się po okolicy ul. Narbutta. Można tu poczuć inne, wyciszone, zielone miasto, ocalałą modernistyczną architekturę kontrastującą z nowszymi budynkami. Latem fajnie gra się w bule na niedalekim Polu Mokotowskim. Mamy tam ulubioną miejscówkę na piknik. Polecamy również spacer po skarpie wiślanej, zwłaszcza na odcinku alei Na Skarpie, gdzie stoi dawna willa Bohdana Pniewskiego – intrygująca, zbudowana w miejscu siedziby loży masońskiej. Uwagę zwraca tajemniczy napis na fasadzie budynku z kształtami liter nawiązującymi do kapitały rzymskiej.

Mocnych literniczych przeżyć dostarczyć też może przejazd w słoneczny dzień aleją Krakowską z plątaniną tych wszystkich szyldów, napisów i reklam. To jak przegląd całej serii filmów grozy klasy B.

FONT GOLONKA LUX NA WYSTAWIE W SIEDZIBIE FUNDACJI BĘC ZMIANA
The Hand of Pork Lux font at the exhibition in the head office of the Bęc Zmiana Foundation

PROJEKT DLA MUZEUM SZTUKI NOWOCZESNEJ
A design for the Museum of Modern Art

Take a photo of a construction site

It's not without coincidence that our festival of design, to be held by the Museum of Modern Art in the autumn, bears the title "Warszawa w budowie" (Warsaw Under Construction) (www.warszawawbudowie.pl). For this city has been a giant construction site ever since 1989. This has been even more evident over the past 2-3 years. It is mainly museums and stadiums that are being built: The Museum of the History of the Polish Jews; Copernicus Centre of Science; National Stadium; Legia Stadium. The Fryderyk Chopin Museum has only just been completed, while the Museum of Modern Art and Krzysztof Warlikowski's New Theatre are waiting for the first spade. And Varsovians and tourists have something to entertain them – photographing these exceptionally interesting construction sites. We also recommend this – especially if you walk across the Poniatowski Bridge or Świętokrzyski Bridge to the white-red basket shape of the National Stadium on the Praga side of the river. It is being built on the site of the 10th Anniversary Stadium (p. 178).

The construction of Warsaw's highest block of apartments, Złota 44, designed by Daniel Liebeskind and interrupted due to the economic crisis, is a sign of the times. The tower block was built to half its height, but then work froze and no-one knows when it will resume.

FOTOGRAFUJ PLACE BUDÓW

Nie przez przypadek nasz festiwal projektowania organizowany na jesieni przez Muzeum Sztuki Nowoczesnej nosi nazwę Warszawa w Budowie (www.warszawawbudowie.pl). Bo to miasto od 1989 r. jest jednym wielkim placem budowy. W ostatnich dwóch-trzech latach widać to jeszcze wyraźniej. Powstają tu głównie muzea i stadiony: Muzeum Historii Żydów Polskich, Centrum Nauki „Kopernik", Stadion Narodowy, Stadion Legii. Dopiero co otwarto Muzeum Fryderyka Chopina, na wbicie pierwszej łopaty na placu budowy czekają Muzeum Sztuki Nowoczesnej i Nowy Teatr Krzysztofa Warlikowskiego. A warszawiacy i turyści mają nową rozrywkę – fotografowanie tych niezwykle interesujących placów budów. Tobie też to polecamy, zwłaszcza spacer mostem Poniatowskiego albo mostem Świętokrzyskim w stronę wyłaniającego się po praskiej stronie Wisły biało-czerwonego koszyka Stadionu Narodowego powstającego w miejscu Stadionu Dziesięciolecia (s. 178).

Znakiem czasu jest też przerwana z powodu ekonomicznego kryzysu budowa najwyższego apartamentowca w Warszawie – Złota 44 – projektu Daniela Libeskinda. Konstrukcję dociągnięto do połowy, prace zamarły i nie wiadomo, kiedy zostaną wznowione.

DOWIEDZ SIĘ CZEGOŚ O POLSKIM TEATRZE

INSTYTUT TEATRALNY IM. ZBIGNIEWA RASZEWSKIEGO, AL. UJAZDOWSKIE 6, PON.-PT. W GODZ. 10-18, SOB. 10-15, WWW.INSTYTUT-TEATRALNY.PL , WWW.E-TEATR.PL; INSTYTUT CAFÉ, PON-SOB. W GODZ. 9-22

◆

Instytut Teatralny to miejsce, w którym koncentruje się życie teatralne Warszawy. Kierowany przez charyzmatycznego Macieja Nowaka nie tylko gromadzi archiwa, ale też prowadzi wortal www.e-teatr.pl uzupełniany codziennie o świeże newsy, wydaje książki i organizuje festiwal Warszawskie Spotkania Teatralne. Do nowoczesnej siedziby Instytutu Teatralnego trafisz, idąc z placu Na Rozdrożu w kierunku CSW Zamek Ujazdowski (na tyłach kawiarni Rozdroże). Skorzystasz tu z biblioteki, internetu, kupisz książkę w księgarni, obejrzysz wystawę i napijesz się kawy w przytulnej kafejce prowadzonej przez reżyserkę Monikę Pęcikiewicz i scenografkę Karolinę Benoit.

Koniecznie zajrzyj tu, gdy zmęczy cię tłok w sąsiednim parku Łazienkowskim, bo Instytut Teatralny ma też bardzo przyjemny kawiarniany ogródek.

Find out more about Polish theatre

The Zbigniew Raszewski Theatre Institute
ul. Jazdów 1, Mon-Fri 10.00 am to 6.00 pm, Saturdays 10.00 am to 3.00 pm., www.e-teatr.pl, www.instytut-teatralny.pl, **Instytut Café** Mon-Sat 9.00 am to 10.00 pm.

The Theatre Institute is a place focusing Warsaw's theatrical life. Managed by charismatic Maciej Nowak, it not only keeps the archives but also runs a vortal www.e-teatr.pl which is updated daily with latest news, publishes books, and organises the festival of Warsaw Theatre Meetings.

To get there, walk from pl. Na Rozdrożu towards the Centre for Contemporary Art Ujazdowski Castle (at the back of the Rozdroże Restaurant). As soon as you reach the place, you can use the library, buy a book, see an exhibition and have a cup of coffee in a cosy café run by theatrical director Monika Pęcikiewicz and set decorator Karolina Benoit.

You absolutely must pop in here if you are fatigued by the crowd in the neighbouring Łazienki Park. The Theatre Institute has a very pleasant outdoor café.

Kiss by the pink neon

The Kępa Potocka Park

at the junction of ul. Gwiaździsta and ul. Krasińskiego, facing the Olympic Centre. To find out more about Maurycy Gomulicki turn to page 16

Warsaw is famous for its beautiful neon displays dating back to the 1960s and 1970s. They provided an inspiration to the contemporary artist Maurycy Gomulicki who created his own neon display. It is quite exceptional, because it is not attached to any building, and has been set up in a park. You'll find it in the Kępa Potocka Park in Żoliborz – a green, peaceful district which evokes Maurycy's special feelings because he was brought up here (today he splits his time between Mexico City and Warsaw). The 17-meters high neon installation resembles a glass of sparkling orange lemonade with air bubbles flying into the sky. The circles are lit alternately and create an unsual pink light performance against the backdrop of the night sky. It is now Warsaw's favourite dating spot or a great place to meet with your friends after dark. We also recommend this place for biking, kayaking, picnicking or for tasting grilled potatoes at the "U Araba" bar (At the Arab's). - It is a contemporary monument to lightness, joy, glory of the moment and its ephemerality. You can and have to enjoy life, this fact is well worth recalling, and it is well worth provoking this experience - says Maurycy Gomulicki of his neon first lit in October 2009.

CAŁUJ SIĘ PRZY RÓŻOWYM NEONIE

PARK KĘPA POTOCKA,
U ZBIEGU UL. GWIAŹDZISTEJ I KRASIŃSKIEGO,
VIS-À-VIS CENTRUM OLIMPIJSKIEGO.
WIĘCEJ O MAURYCYM GOMULICKIM NA S. 16

◆

Warszawa słynie z pięknych reklam świetlnych z lat 60. i 70. I to nimi właśnie zainspirował się artysta Maurycy Gomulicki, tworząc swój neon. Jest wyjątkowy, bo wolno stojący, w dodatku znajduje się w parku. Szukaj go na Kępie Potockiej na Żoliborzu – w zielonej, spokojnej dzielnicy, z którą Maurycy jest szczególnie związany, bo tu się wychował. Wysoki na 17 m neon przypomina szklankę, z której ulatują ku niebu bąbelki oranżady. Kółeczka zapalają się sukcesywnie, tworząc na tle nieba niezwykły taniec różowej poświaty. Warszawiacy chętnie umawiają się „pod neonem" – na randki, na wieczorne spotkania z przyjaciółmi. I my polecamy ci to miejsce: na rower, kajaki, piknik, ziemniaczki z grilla w barze „u Araba".

O odpalonym w październiku 2009 r. neonie Maurycy Gomulicki mówi: – To współczesny pomnik lekkości, radości, urody chwili i jej ulotności. Życiem można i trzeba się cieszyć, warto o tym przypominać, prowokować takie właśnie doświadczenia.

POZNAJ WARSZAWĘ WIELOKULTUROWĄ

UL. ZĄBKOWSKA 11 I 12

◆

Zupełnie przypadkowo na ul. Ząbkowskiej na Pradze doszło do ciekawej zbitki kultur i religii. W kamienicy pod numerem 11, w której buddysta prowadzi knajpkę Łysy Pingwin, w drugim podwórzu po prawej stronie w pomieszczeniu dawnej stolarni odkryto niedawno pozostałości po żydowskim domu modlitwy z częściowo zachowaną skromną dekoracją malarską. Dom naprzeciwko, pod numerem 12, też miał przed wojną żydowskich właścicieli. Mimo to w niszy na fasadzie stała figurka Matki Bożej. Po wojnie zniknęła, ale po remoncie kamienicy ponownie umieszczono w niej Madonnę z Lourdes. Na framudze drzwi w narożniku bocznej i tylnej oficyny znajdziesz pamiątki po żydowskich mieszkańcach. To ślady po mezuzach – pojemnikach w formie rurek ze zwitkiem pergaminu z fragmentem Księgi Powtórzonego Prawa, których religijni Żydzi dotykali, wchodząc do środka. W podwórku stoi kapliczka – pamiątka z czasów okupacji. Kiedy ją stawiano, żydowskich mieszkańców już nie było. Niemcy przesiedlili ich do getta.

Get to know multicultural Warsaw

Ul. Ząbkowska 11 and 12

Quite by accident ul. Ząbkowska in the Praga district became an interesting conglomerate of cultures and religions. In the tenement house at number 11, where a Buddhist runs a joint Łysy Pingwin (Bald Penguin), in the second backyard on the right, in the space unit once occupied by a carpenter's shop the remnants of a Jewish house of prayer have recently been discovered, together with a partially preserved modest painted wall décor.
The house right opposite, at number 12, also had Jewish owners before the war. Despite this in the niche in the façade there was a figurine of the Blessed Virgin. After the war it disappeared, but after the building was restored, Our Lady of Lourdes was installed. On the door frame in the corner of the annexes you'll find signs of former Jewish inhabitants. These are traces left by the mezuzahs once affixed to the doorpost. Mezuzahs were pieces of rolled up parchment (often contained in a decorative case) inscribed with specified Hebrew verses from the Deuteronomy, touched by pious Jews touched when they were entering the house. In the backyard you'll find a small shrine – a souvenir of the German occupation. When it was built here, Jews did not live here anymore. The Germans had relocated them to the ghetto.

Krzysztof Pacholak

MULTICONTRAST.BLOGSPOT.COM
FOTOGRAF FREELANCER, ANIMATOR KULTURY, DZIAŁA W TOWARZYSTWIE INICJATYW TWÓRCZYCH „Ę"

multicontrast.blogspot.com
Photographer, culture animateur, author of socio-cultural projects, in the Association of the Creative Initiatives „ę"

◆

I have lived in Warsaw for several years now and it seems that each day I am getting more addicted to it. If you ask me about my favourite places, I could tell you about Śródmieście Południowe (southern downtown) and my dreams to live in Al. Wyzwolenia; about the district of Mirów, cobblestones on Chłodna and the pedestrian bridge of the ghetto. I would show you how Warsaw is changing. You would be amazed at the wilderness of the Vistula's river channel and the thickets of bushes on the bank in the very centre of the city. No less impressed will you be by the totally surrealist construction site of the Northern bridge, the ongoing tree clearance and bulldozers that were never seen here before. As you can see I like construction sites. I like to see the full swing that the National Stadium construction work has taken. I love these lamps on the cranes, this night landscape composed of red pixels. Are you able to count them? Have you got your camera?

Żyję w Warszawie od kilku lat i chyba z każdym dniem wkręcam się w nią coraz bardziej. Zapytany o ulubione miejsca opowiedziałbym ci o Śródmieściu Południowym i o marzeniach, by mieszkać w alei Wyzwolenia; o Mirowie, bruku na Chłodnej, kładce nad gettem. Zaprowadziłbym cię do Skaryszaka i zamówił w Misiance tartę gruszkowo-migdałową. Tuż obok, na stadionie, wmawiałbym ci, że zupa pho bije na głowę rosół twojej babci. Pokazałbym, jak Warszawa się zmienia. Gdzie jest w mniej oczywisty sposób miejska. Jak dalece odległa potrafi być rzeczywistość od tych wszystkich wyobrażeń, które towarzyszą słowu „stolica". Zdziwiłoby cię, jak dzikie może być koryto Wisły, te nieprzebrane gąszcze krzaków w samym centrum miasta. Pewnie nie mniejsze wrażenie zrobiłaby zupełnie surrealistyczna budowa mostu Północnego, wycinka drzew i ciężkie buldożery. Jak widzisz, lubię budowy. Lubię to, jak z dnia na dzień rośnie Centrum Nauki „Kopernik"; to, jakiego rozmachu nabrały prace przy Stadionie Narodowym, lubię te lampki na dźwigach, ten nocny pejzaż układany z czerwonych pikseli. Potrafisz je zliczyć? Żeby już zupełnie pogmatwać ci obraz Warszawy, wsiedlibyśmy do autobusu linii 162 i pojechali na Siekierki, na wieś, której korzenie sięgają XVII w. i która jakimś cudem zachowała fragmenty swojej tożsamości. Niskie drewniane domki, błotniste drogi, opuszczony sad. Masz aparat?!

Buy a whip and pink handcuffs

Sex-shops at pavilions on al. Jana Pawła II, between ul. Nowolipki and al. "Solidarności"

There is no red light district in Warsaw but since nature abhors vacuum sex-shops started to mushroom everywhere some time ago, many of them in scruffy and ugly makeshift sheds. But there is a street with a higher density of shops selling sex gadgets. Mind you, that street is named after Pope John Paul II (al. Jana Pawła II).

Most of the people have already got used to those shops and those who dislike them pretend not to have ever seen them. But surprise problems still occur. A friend of mine got pretty embarrassed when he took his daughter to a shop selling first holy communion things and that shop was right between two sex-shops open to customers who had their first communion long time ago. In most of the sex-shops you can not only do your "first-things-first" shopping (the shops are packed close to Valentine's day), but also watch naked ladies. You are encouraged to do so by a huge advert on top of one of the pavilions: "Erotic encounters live". Well, sex-shops in the Internet era seem doomed to extinction and, in the long run, they will probably survive only in our memory.

KUP PEJCZYK I RÓŻOWE KAJDANKI

SEX-SHOPY W PAWILONACH W AL. JANA PAWŁA II MIĘDZY UL. NOWOLIPKI A AL. „SOLIDARNOŚCI"

◆

Warszawa nie ma swojej czerwonej dzielnicy, a ponieważ natura nie znosi próżni, w pewnym momencie w naszym mieście zaczęły się otwierać sex-shopy – niektóre w tak obłędnie obskurnych budach, że przypominały zieleniak trzeciej kategorii. Jest jednak taka ulica, którą najbardziej sobie upodobały sklepy z zabawkami dla dorosłych. Pikanterii dodaje fakt, że jest to al. Jana Pawła II.

Większość warszawiaków już się z nimi oswoiła i ci, którzy nie chcą ich zauważać, nie zauważają. Zdarzają się jednak małe kłopoty. Nasz znajomy był bardzo zawstydzony, gdy musiał zaprowadzić córkę do sklepu dla dzieci przystępujących do pierwszej komunii, który mieści się tuż obok dwóch sklepów dla tych, którzy ten sakrament mają już dawno za sobą.

W większości sex-shopów można nie tylko zrobić zakupy (największy tłok panuje w okresie walentynek), ale też pooglądać sobie nagie panie. Zachęca do tego wielki napis na jednym z pawilonów: „Spotkania erotyczne na żywo". W dobie internetu sex-shopy to już chyba ginący gatunek, być może więc za kilka lat pozostanie po nich jedynie wspomnienie.

Feel a bit of cycling culture

OSiR ul. Tamka 40,
Mon-Sun 11.00 am to 2.00 am,
www.osir-cafe.blogspot.com

The place housed a Złota Kaczka (Golden Duck) bistro in the past then, a furniture shop, and then they would sell garments there. But today it is perhaps the most magic place in Warsaw filled with love for push-bikes and fun in an unusual interior (have a look inside and see the furniture, a colour-changing lamp, and a Czech-made wall made of a Thonet-style mesh).

A bike maintenance shop will open up soon near Osir. I saw my friends from Berlin who were opening cafés combined with bike repair workshops at the late 1990s, says Bartosz Stroiński who established Osir together with his friend Antoni Górski. The Warsaw City Rockers and the Kapela Czerniakowska street folk band played at the opening ceremony in December 2009. Later on, Paula and Karol and other artists performed at the tiny little stage of the café . Music played here represents the true Warsaw style and they serve quite a good beer from the Konstancin brewery that you will not find in every corner store.

POSMAKUJ ROWEROWEJ KULTURY

OSIR, UL. TAMKA 40, PON.-NIEDZ. W GODZ. 11-2,
WWW.OSIR-CAFE.BLOGSPOT.COM

◆

Kiedyś mieściło się tu bistro Złota Kaczka, potem sklep z meblami, jeszcze później handlowano ubraniami. Teraz jest tu jedno z najbardziej magicznych miejsc w Warszawie – lokal, który powstał z miłości do rowerów, dobrej zabawy i oryginalnych wnętrz. Warto tam zajrzeć choćby dla samych mebli – lampy zmieniającej kolory oraz czeskiej thonetowej, ażurowej ścianki (o wystój zadbała niezawodna firma Refre – s. 152).

Już niedługo nieopodal OSiR-u otworzy się też warsztat rowerowy. – Podpatrywałem swoich kolegów z Berlina, którzy pod koniec lat 90. zakładali kawiarnie połączone z warsztatami i sklepami rowerowymi – mówi Bartosz Stroiński, który wspólnie z przyjacielem Antonim Górskim założył OSiR. Podczas imprezy otwarciowej w grudniu 2009 r. wystąpili tam Warsaw City Rockers i Kapela Czerniakowska, później na malutkiej scenie klubokawiarni grali m.in. Paula i Karol. Warszawski sznyt można tu usłyszeć w muzyce, można też posmakować, pijąc wcale niełatwo dostępne w mieście piwo Warszawiak z browaru Konstancin.

UMÓW SIĘ POD ROTUNDĄ

RONDO DMOWSKIEGO

◆

To jeden z najoryginalniejszych budynków w Warszawie, ulokowany w samym jej sercu, na skrzyżowaniu ulicy Marszałkowskiej i Alej Jerozolimskich. Dlatego wielu miejscowych umawia się ze znajomymi właśnie „pod Rotundą". Umów się i ty, choć najbliższe otoczenie niezbyt do tego zachęca.

Rotundę zbudowano jako element Ściany Wschodniej (Domy Centrum, trzy wieżowce, pasaż Wiecha) w latach 1960--69 według projektu Zbigniewa Karpińskiego. Obecna różni się nieco od tej pierwotnej, zniszczonej tragicznym w skutkach wybuchem gazu w 1979 r. Zginęło wówczas 49 osób, ponad 100 zostało rannych, a sam budynek uległ zniszczeniu w 70 procentach. Swoją siedzibę ma tu bank PKO BP, którego dyrekcja ogłosiła niedawno, że chce Rotundę zburzyć i w jej miejsce wybudować podobny, ale nowy budynek. Wywołało to falę ostrych protestów, bo warszawiacy – zwłaszcza ci młodzi – są przekonani, że modernistyczna architektura z czasów PRL-u ma unikatową wartość, którą należy chronić. To, że nie trzeba burzyć, a wystarczy rewitalizować, pokazał bardzo udany remont okrąglaka dawnych kas PKP stacji Warszawa-Powiśle przy ul. Kruczkowskiego 3b, który grupa projektowa Centrala zmodernizowała na potrzeby działającej tam teraz z powodzeniem klubokawiarni (s. 82).

Meet your friends by the Rotunda

Rondo Dmowskiego

One of the most original buildings in Warsaw is located in its very heart, at the junction of ul. Marszałkowska and Aleje Jerozolimskie. No wonder that many Varsovians meet with their friends "by the Rotunda". Meet your friends too, though the area is not very encouraging. The Rotunda was built as part of the so-called Eastern Wall (Centrum department stores, three high-rises, the Wiecha passage) erected in 1960--1969 and designed by Zbigniew Karpiński. The today's Rotunda differs slightly from the original building which was destroyed by a fatal gas explosion in 1979. In the explosion, 49 people died, over 100 were injured and the building was damaged in 70 per cent. The place is the head office of the bank PKO BP, whose management has recently announced its plans to tear down the Rotunda and to replace it with a similar, new commercial structure. This plan has been met with strong opposition, because Varsovians, especially the young ones, are convinced that the modernist architecture of the PRL's day represents unique value which needs protection. Such structures should be revamped, not destroyed. The best example is the recent, very successful renovation of the Warszawa Powiśle round building that once contained the Polish Rail ticket office at Kruczkowskiego 3b and has been modernized by the Centrala design group and now houses one of Warsaw's hippest café-clubs *(p. 82)*.

POMEDYTUJ W KNAJPIE

ŁYSY PINGWIN, UL. ZĄBKOWSKA 11, TEL. 22 618 02 56, PON.-CZW. W GODZ. 15-24, PT.-SOB. 15-2, WWW.LYSYPINGWIN.PL; MANDALA, UL. EMILII PLATER 9/11, TEL. 22 428 44 54, NIEDZ.-CZW. W GODZ. 12-22, PT.-SOB. OD 12, WWW.MANDALAKLUB.COM

◆

Te lokale powstały z fascynacji właścicieli buddyzmem i kulturą Wschodu. Łysego Pingwina na najpiękniejszej praskiej ulicy – Ząbkowskiej – otworzył szwedzki podróżnik, buddysta. To mała knajpka dobra raczej na wieczorne piwo niż na obiad (w menu tylko drobne przekąski). W dzień przeważnie świeci pustkami, ale po zachodzie słońca zjeżdżają tu ludzie z całej Warszawy, więc śmiało można powiedzieć: lokal kultowy.

I o ile nazwa Łysy Pingwin nie zdradza buddyjskich inklinacji, o tyle Mandala nie pozostawia już wątpliwości (patrz – zdjęcie obok). Tu nie tylko wystrój podporządkowany jest nazwie, ale również kuchnia hindusko-tajska w wykonaniu dwóch kucharzy rodem z Nepalu (w menu m.in. kurczak masala, ryba pakora czy koktajle lassi na bazie indyjskiego domowego jogurtu). Klimat podobny do praskiego, raczej alternatywny. Jak napisał kiedyś nasz redakcyjny kolega Maciek Nowak, „Mandala to miejsce zdecydowanie dla ludzi młodszych i mniej wujowatych". W sporym lokalu w pofabrycznym budynku działa nie tylko restauracja, ale również klub muzyczny.

Enjoy a moment of meditation in a local hangout

Łysy Pingwin (Bald Penguin), ul. Ząbkowska 11, www.lysypingwin.pl; **Mandala** ul. Emilii Plater 9/11, www.mandalaklub.com

These places are clearly inspired by the fascination of their owners in Buddhism and cultures of the East. Łysy Pingwin (Bald Penguin) was opened on the most beautiful street of the Praga district, ul. Ząbkowska, by a Swedish traveler. It is a small joint, more suitable for an evening beer than for lunch (only some snacks are served).

During the day the place is usually empty. But after dark it draws the masses from all over Warsaw, so in a word: it is a cult place. Insofar as the name Bald Penguin does not reveal any Buddhist inclinations, the name Mandala leaves no room for speculation (photo). In Mandala not only the décor is compatible with the name, but also the Indian-Thai food, prepared by two chefs from Nepal (on the menu you'll find chicken masala, pakora fish or lassi cocktails based on home-made Indian yoghurt). This place offers the same kind of atmosphere as Praga restaurants – it is rather alternative. As our newspaper colleague, Maciek Nowak, once wrote, "Mandala is a place for the young crowd rather than for mamas and papas". Its large space located in a post-industrial building contains also a music club.

Get yourself a tattoo with the mermaid

This might not be the cheapest souvenir of Warsaw (it can cost several hundred zlotys), but at least it's permanent, for life. And, what's more, it's produced by experts who have won many prizes at tattoo festivals at home and abroad. At an exhibition bearing the excellent name "Poczuj Warszawę na własnej skórze" (Feel Warsaw on your own skin) several years ago, we saw for ourselves how our city serves as an inspiration for tattooists. There we saw tattoos with the Mermaid, Zygmunt III Waza Column, Young Insurgent's Monument, Palace of Culture, the coats-of-arms of Warsaw districts, and even the Bielany steelworks.

So, as our friend Vienio from Molesta says, there's nothing for it but to get yourself pricked. We asked our friends where to get it done, and they calmly recommended their favourite studios:

ZRÓB SOBIE TATUAŻ Z SYRENKĄ

To może nie najtańsza (bywa, że kosztuje nawet kilkaset złotych) pamiątka z Warszawy, ale za to trwała, na całe życie. I co ważne, wykonana przez mistrzów fachu wielokrotnie nagradzanych na krajowych i zagranicznych festiwalach tatuażu. O tym, jak wdzięczną inspiracją dla tatuażystów jest nasze miasto, można się było przekonać kilka lat temu, podczas wystawy o doskonałym zresztą tytule „Poczuj Warszawę na własnej skórze". Widzieliśmy tam tatuaże z syrenką, kolumną Zygmunta, pomnikiem Małego Powstańca, Pałacem Kultury i Nauki czy godłami dzielnic.

Nie pozostaje więc nic innego, niż – jak mówi nasz przyjaciel Vienio z Molesty – wydziabać się. Podpytaliśmy znajomych, którzy z czystym sumieniem polecili nam swoje ulubione studia:

STUDIO DERENIOWA UL. DERENIOWA 7, WWW.DERENIOWA.PL
YAKUZA UL. CHMIELNA 19, WWW.YAKUZA.PL
BLACK-STAR STUDIO UL. ZAMENHOFA 1, WWW.BLACKSTARSTUDIO.PL
JUNIORINK UL. MARSZAŁKOWSKA 51, WWW.JUNIORINK.PL
GULESTUS STUDIO UL. STRUMYKOWA 40D, WWW.GULESTUS.PL
AZAZEL UL. PODLEŚNA 11 W MILANÓWKU, WWW.AZAZEL.PL

WARSZAWSKIE TATUAŻE Z DUMĄ NOSZĄ M.IN. HIPHOPOWI ARTYŚCI ELDO I WILKU ORAZ TELEWIZYJNY PREZENTER KĘDZIOR (NA ZDJĘCIU POŚRODKU)
Hip hop artists Eldo and Wilku, and tv presenter Kędzior (middle photo) are sporting their Warsaw tattoos

CHICAGO

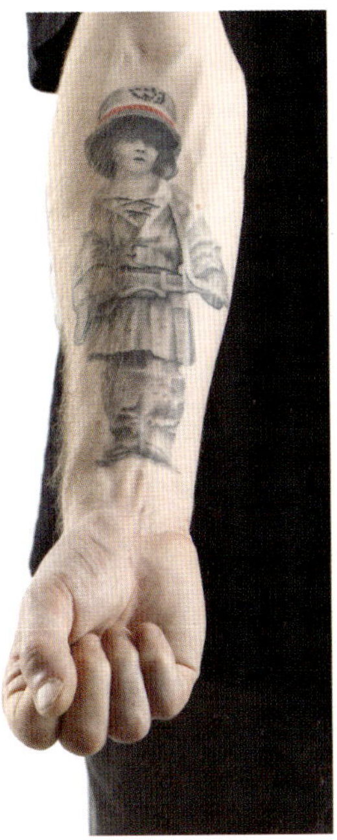

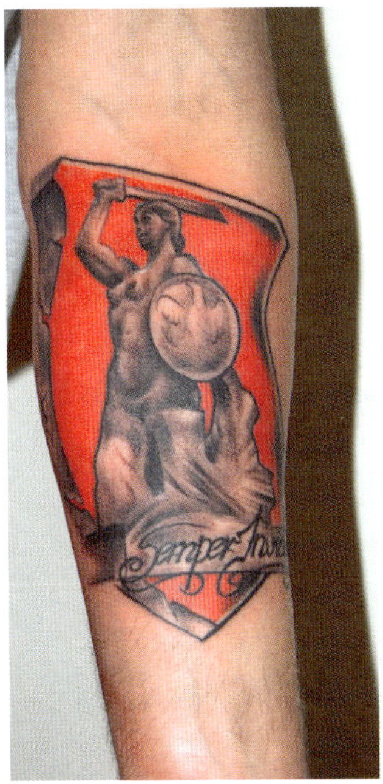

WEJDŹ DO BLOKU PRZEZ SZWAJCARSKI SER

OSIEDLE WARSZAWSKIEJ SPÓŁDZIELNI MIESZKANIOWEJ,
UL. DEOTYMY I KS. SITNIKA

◆

Na osiedlu WSM na Kole znajdziesz ciekawe architektoniczne detale, np. osłony wejść do klatek schodowych przypominające szwajcarski ser – z betonu z powycinanymi dziurkami. Dziś to całkiem ładny zakątek Warszawy, ale 50 lat temu osiedle WSM sprawiało wrażenie wybudowanego na pustyni. Zaprojektowane zostało w 1947 r. przez Helenę i Szymona Syrkusów w duchu modernizmu i funkcjonalizmu lat 30., niespotykanym w okresie dominującego socrealizmu. Długie budynki stanęły na słupach, a ich partery częściowo były niezabudowane, tak by stworzyć wrażenie otwartej przestrzeni. Przyroda miała się tu przenikać z architekturą.

Jeszcze w trakcie budowy Helena Syrkusowa przywiozła tu Pabla Picassa, gdy ten w 1948 r. gościł u nas z okazji Światowego Kongresu Intelektualistów w Obronie Pokoju. Na ścianie jednego z mieszkań niewykończonego galeriowca przy ówczesnej ul. Deotymy (dziś ks. Sitnika 4) słynny malarz narysował spontanicznie warszawską syrenkę z młotkiem w dłoni. Niestety, mieszkańcy nie wytrzymali naporu ciekawskich i ją zamalowali. Gdzie kupić na pamiątkę kubek z tą syrenką? – patrz na s. 18).

Enter a building through a Swiss cheese

A residential estate of the Warsaw Housing Co-op WSM, ul. Deotymy and ul. ks. Sitnika

Interesting architectural details can be seen at the WSM housing estate in the Koło district, such as, for example, building entrances which look like a piece of Swiss cheese. Made of concrete, they are riddled with holes just like Emmentaler cheese.

The place is quite nice today but 50 years ago the WSM blocks of flats looked like they were built in the middle of a desert. The buildings were designed by Helena and Szymon Syrkus in 1947 in a modernist and functional style of the 1930s which could never be seen elsewhere in the era dominated by the Soc-Realist style. The long buildings are rested on pillars, the ground levels having no walls so as to create an impression of an open space. The architects wanted nature to blend with architecture.

During the construction, Helena Syrkus brought Pablo Picasso there when he came to Poland for the 1948 World Congress of Intellectuals in Defence of Peace. The great artist spontaneously made a drawing of the Warsaw Mermaid holding a hammer on one of the walls (building at ul. Sitnika 4) but the residents could not bear the crowds of onlookers and painted the drawing over.

See where Polański made "The Pianist"

"The Pianist" is one of the best-known pictures by Polish-born Roman Polański in which Adrien Brody plays an excellent pianist of Jewish origin Władysław Szpilman. An international film crew came to Warsaw in March 2001. Polański personally supervised the camera work together with the set decorator Allan Starski. Warsaw's high street Krakowskie Przedmieście and the area close to the Nicolas Copernicus monument were used in the movie as the scenery in which the German army marched into the city. All shop-signs and other contemporary objects were pulled down and bullet craters on building walls and other details showing war destruction were added later by computer mastering. The shots were also taken on location in the Praga Północ district, specifically, on Mała and Stalowa Streets. The scenographers built a Ghetto wall there and a wooden bridge once linking the two parts of the Ghetto was copied over Stalowa Street. A nearby building on Zaokopowa Street, qualified for demolition long before, was used by the film-makers as the building site outside the Ghetto where Szpilman came after sneaking out from the Umschlagplatz square where German troopers squeezed the Jews into trains and transported them to death camps.

ZOBACZ, GDZIE POLAŃSKI KRĘCIŁ „PIANISTĘ"

To jeden z głośniejszych filmów naszego rodaka Romana Polańskiego, w którym Adrien Brody wciela się w rolę Władysława Szpilmana, znakomitego pianisty żydowskiego pochodzenia. W marcu 2001 r. międzynarodowa ekipa filmowa przyjechała do Warszawy. Nad zdjęciami czuwał sam Polański i scenograf Allan Starski. Krakowskie Przedmieście w okolicach pomnika Kopernika zagrało w scenie wejścia wojsk niemieckich do miasta. Z budynków zdjęto współczesne szyldy, reszta – np. ślady zniszczeń – powstała już później, przy użyciu komputera. Zdjęcia kręcono też na Pradze-Północ na ul. Małej i Stalowej. Wzdłuż ulic zbudowano mur getta, a nad Stalową – drewnianą kładkę łączącą obie jego części. W scenie przeprowadzki getta jesienią 1941 r. po kładce przeszły tłumy Żydów (648 statystów). Na sąsiedniej ul. Zaokopowej, w budynkach przeznaczonych do rozbiórki, zaaranżowano plac budowy po aryjskiej stronie getta, na który Szpilman trafia po uratowaniu się z Umschlagplatzu.

Jakub Szczęsny

ARCHITEKT, WSPÓŁZAŁOŻYCIEL GRUPY PROJEKTOWEJ „CENTRALA" (WWW.CENTRALA.NET.PL), AUTOR INSTALACJI W PRZESTRZENI PUBLICZNEJ WARSZAWY, IZRAELA I PALESTYNY

Architect, co-founder of the Centrala designers task force (www.centrala.net.pl), author of public space installations in Warsaw, Tel Aviv and Palestine

◆

The charm of the capital city on the Vistula consists in its disfunctionality. Its weaknesses, historical setbacks, sins of omission and effects of individual acts of courage are now becoming its assets.

I like the fragmentation of this city and the ambiguous status of the Vistula, I find it very attractive. Is it something like a forgotten wound or a separate territory in the heart of the urban fabric. As far as architecture goes, Warsaw, as a dynamically changing city, has a tendency to forget about its history, which is best evidenced by the consistently destroyed pearls of post-war modernism and socmodernism, such as the Supersam supermarket, Pawilon Chemii (Household Chemistry Pavilion), Moskwa and Praha cinema theatres that had to free the space for corporate office buildings often designed by students of authors of the above-mentioned buildings.

Warsaw is a city marked by experiment. I hope that the experiment will continue and may it continue with success!

Urok nadwiślańskiej stolicy tkwi w jej dysfunkcyjności. Wady, historyczne zaszłości, zaniechania i efekty odosobnionych aktów odwagi stają się tu coraz bardziej docenianymi walorami utożsamianymi z Warszawą. Lubię rozczłonkowanie tego miasta, pociąga mnie dwuznaczny status Wisły – ni to zapomnianej rany, ni to osobnego terytorium w sercu zurbanizowanej tkanki. Polecam Powiśle. Jadąc rowerem na odcinku między Mariensztatem a ul. Szwoleżerów, nie jesteśmy świadomi, że pokonujemy kolejno: Stare Miasto, Śródmieście, Jazdów, aż po Dolny Mokotów. Jeśli chodzi o samą architekturę, zwróćcie uwagę na nieskrępowaną ekspresję folies – pawilonów kolei średnicowej z lat 60. XX w. (od dworca Stadion po Ochotę) – dworce (Centralny i Wschodni z lat 70.) i większe osiedla: od WSM-ów z okresu międzywojnia, poprzez Przyczółek Grochowski projektu Hansenów, aż po wciąż kontrowersyjny zielony Ursynów budowany w latach 70., na którym miałem szczęście się wychowywać. Warszawa jako dynamicznie zmieniające się miasto ma tendencję do zapominania własnej historii, czego dowodem są konsekwentnie niszczone perły powojennego modernizmu i socmodernizmu, jak Supersam, Pawilon Chemii, kina Moskwa i Praha, ustępujące miejsca korporacyjnym budynkom projektowanym często przez uczniów autorów tych obiektów. Warszawa jest miastem eksperymentem i mam nadzieję, że eksperyment będzie kontynuowany, i to z sukcesem!

INSTALACJA ŚWIETLNA NA AGRYKOLI

Light installation beneath the flyover in Agrykola Park, 2008

BUDYNEK KAS DWORCA PKP WARSZAWA--POWIŚLE ODNOWIONY PRZEZ CENTRALĘ

Revitalized building of the former ticket office of Warszawa-Powiśle Railway Station

PROJEKT WYSPY NA WIŚLE

Island on the Vistula. A project

NAMALUJ SWÓJ PIERWSZY OBRAZ

ATELIER FOKSAL, UL. FOKSAL 11, TEL. 22 826 88 13, WWW.ATELIER.ORG.PL

◆

Jest takie miejsce w Warszawie, gdzie malować, rzeźbić, rysować, projektować strony internetowe uczą się i mali, i duzi, a nawet emeryci. To Atelier Foksal w pięknie odremontowanych zabytkowych wnętrzach Kamienicy Artystycznej przy ul. Foksal 11. Stworzyła je para artystów, malarka Teresa Starzec i grafik Andrzej Bielawski. I mają już na swoim koncie kilkanaście roczników młodych ludzi, którzy po zajęciach w Atelier ukończyli studia na Akademii Sztuk Pięknych.

Znany dziennikarz Tadeusz Sobolewski organizuje tu pokazy filmowe, na które wstęp jest bezpłatny. Niedawno powstała też galeria, w której swoje prace prezentują absolwenci Atelier. Nie krępuj się więc i jeśli tylko poczujesz wenę twórczą, wpadaj na Foksal. Bo Kamienica Artystyczna inspiruje.

Make your first painting

Atelier Foksal

ul. Foksal 11, tel. 22 826 88 13, www.atelier.org.pl

Warsaw has a place where painting, sculpture, drawing, designing Web sites is taught to young and adults, even the elderly pensioners. The place is called Atelier Foksal and it operates in a neatly renovated historical Artistic House (Kamienica Artystyczna) at ul. Foksal 11. The Atelier was organized by a couple of artists: painter Teresa Starzec and graphic artist Andrzej Bielawski. They have so far trained many young people who then completed their studies at the Academy of Fine Arts.

A popular journalist Tadeusz Sobolewski offers free film shows here and a recently opened gallery presents works by Atelier leavers. Do not hesitate, try your talents, come to the Atelier Foksal. Its Artistic House is full of inspiration.

Rest in the Gardens

Kawiarnia Ogrody

ul. Mariensztat 21a,
tel. 22 826 28 98, Mon-Fri 8.00 am – 10.00 pm, Sat 9.00 am – 10.00 pm, Sun 10.00 am – 9.00 pm,
www.kawiarniaogrody.pl

Mariensztat is a magical place, quiet and virtually deserted. Yet it is but a few steps away from the Old Town and the busy Royal Route. Go down the steps near the Zygmunt's Column, turn right, continue downwards, and you'll see for yourself.

Mariensztat was once the main street of Jurydyka, the private township founded by Eustachy and Maria Potocki in the 18th century. In Maria's honour the place was named Mariensztat , or the town of Maria. Today's Mariensztat is the first housing settlement to be built in Warsaw after the war. It was delivered together with the new Trasa W-Z (East-West Expressway) traffic artery on 22 July 1949. It was built on the site of ruins, but its current appearance bears only a little resemblance to the one before the war. The low houses recalling 18th century architecture are in fact residential blocks containing small apartments. Nevertheless, the whole area has a lot of charm. There is a lot of greenery and space, as well as architectural decorations. Looking at the neglected façades, you can amuse yourself by indentifying bas-reliefs or art compositions.

On the Mariensztat square you must take a break at the Ogrody café. Here you can eat good pastries and home-made soup, take advantage of Wi-Fi, see an exhibition and listen to a concert of chamber music.

Photo: Anna and Beniamin Kalisz, hosts of the Ogrody café on the Mariensztat square, and their café in background.

ODPOCZNIJ W OGRODACH

KAWIARNIA OGRODY, UL. MARIENSZTAT 21A,
TEL. 22 826 28 98, PON.-PT. W GODZ. 8-22, SOB. 9-22, NIEDZ. 10-21,
WWW.KAWIARNIAOGRODY.PL

◆

Mariensztat to miejsce magiczne. Ciche, niemal opustoszałe, a znajduje się kilka kroków od Starówki i tłocznego Traktu Królewskiego. Zejdź schodkami przy kościele św. Anny, skręć w prawo, idź dalej w dół, a przekonasz się sam.

Mariensztat był niegdyś główną ulicą jurydyki, czyli prywatnego miasteczka założonego w XVIII w. przez Eustachego i Marię Potockich. Dla uczczenia imienia właścicielki miasteczko nazwano Mariensztatem, czyli miastem Marii. Współczesny Mariensztat to pierwsze osiedle mieszkaniowe zbudowane po wojnie w Warszawie (oddano je do użytku wraz z nową arterią komunikacyjną – Trasą W-Z – 22 lipca 1949 r.). Powstał w miejscu ruin, ale jego obecna zabudowa w niewielkim tylko stopniu przypomina tę przedwojenną. Niskie kamieniczki nawiązujące do architektury XVIII w. w rzeczywistości są blokami o niewielkich mieszkaniach. Jednak całość ma mnóstwo uroku. Wiele tu zieleni, przestrzeni, a także dekoracji architektonicznych. Oglądając zaniedbane elewacje, możesz zabawiać się w odnajdywanie tu płaskorzeźb czy kompozycji malarskich.

Na mariensztackim rynku odpocznij koniecznie w kawiarni Ogrody. Zjesz tu dobre ciasto, domową zupę, skorzystasz z wi-fi, zobaczysz wystawę, posłuchasz kameralnego koncertu.

Na zdjęciu: Anna i Beniamin Kaliszowie, gospodarze kawiarni, na mariensztackim rynku. W tle ich Ogrody.

See cosmic houses

Ul. Ustrzycka

when driving along al. Żwirki i Wigury, turn right into ul. 1 Sierpnia at the Novotel, and then to the left into ul. Ustrzycka

ZOBACZ KOSMICZNE DOMKI

UL. USTRZYCKA. JADĄC AL. ŻWIRKI I WIGURY, SKRĘĆ W PRAWO PRZY HOTELU NOVOTEL W UL. 1 SIERPNIA, A NASTĘPNIE W LEWO W UL. USTRZYCKĄ

◆

Kopulaki to architektura przyszłości z lat 60. XX w. Zapomniana, odkrywana na nowo na fali zainteresowania modernistycznym budownictwem okresu PRL. Niziutkie domki sklejone z dwóch lub trzech kopuł, z nieproporcjonalnie dużymi oknami, wyglądają tak, jakby narysowało je dziecko obdarzone dużą wyobraźnią albo scenograf filmu science fiction. Aż trudno uwierzyć, że tak eksperymentalne osiedle domków jednorodzinnych powstało w Warszawie w okresie, gdy budowano tu głównie socrealistyczne bloki. Kopulaki projektu Andrzeja Iwanickiego zbudował w latach 1961-66 Zakątek, czyli Spółdzielcze Zrzeszenie Budowy Domów Jednorodzinnych, wśród szczerych pól na styku Rakowca i Okęcia. Zamiast 70 powstało zaledwie dziesięć, bo okazały się zbyt drogie w realizacji. A i tak tylko niektóre z nich do dziś zachowały czystość bajkowej formy, reszta obrosła dobudówkami. Mieszkańcy nazywają je ulami, okrąglakami lub grzybkami. I chwalą je sobie, mimo że aranżacja wnętrz jest trudna, a rury trzeba wyginać w kształt ścian.

A number of dome-shaped houses were designed by futuristic-minded architects in the 1960s. This trend was long forgotten until recently but it is now coming back on the wave of fascination with the modernist style in the housing construction of Communist Poland. Bungalows, each looking like a cluster of two or three domes, with big windows, resemble a child's drawing or a set decoration for a sci-fi movie. It seems hard to believe that such a highly experimental, fancy residential quarter could be built in Warsaw at a time when housing construction was totally dominated by square Soc-Realist blocks of flats. The dome-shaped bungalows were designed by Andrzej Iwanicki and built by

a Single-Family Homes Building Co-operative in 1961-1966. The place is called Zakątek (Crescent). At the time when the bungalows were built, they were surrounded by open fields between the districts of Rakowiec and Okęcie. The original plan was to build 70 such homes but only 10 were actually finished because their construction turned out too expensive. Few of them have survived in their original, fairy-tale shape, while majority have evolved through the addition of all sorts of annexes. Local people call them bee-hives, circulars, or mushrooms. But their residents are fond of them, despite the fact that rounded walls do not make interior decoration easy and embedded plumbing must be bent and customized to the shape of the walls.

You can pop in here on your way to the airport, it is just a few steps off al. Żwirki i Wigury.

WYRAŹ SIĘ

PLAC PRZY STACJI METRA CENTRUM; TRYBUNA HONOROWA, PL. DEFILAD, PRZED PAŁACEM KULTURY OD STRONY UL. MARSZAŁKOWSKIEJ

Hyde Parku z prawdziwego zdarzenia w Warszawie nie mamy. Co prawda próbowali go „zorganizować" w parku Świętokrzyskim przy Pałacu Kultury politycy, ale przyznasz, że trudno o większy absurd. Więc się nie powiodło. Ale jest takie miejsce, gdzie prezentują się codziennie muzycy, młodzi zdolni tancerze oraz wszelkiej maści aktywiści i dziwacy głoszący swoje poglądy. To placyk przy stacji metra Centrum, zwany patelnią. Jeśli chcesz coś zakomunikować warszawiakom, zrób to właśnie tutaj, bo codziennie przechodzą tędy tysiące potencjalnych widzów i słuchaczy.

Dobrym miejscem na wygłoszenie orędzia, oświadczenia czy przemówienia jest też wielka trybuna honorowa na pl. Defilad przed Pałacem Kultury (powyżej – na zdjęciu Tadeusza Rolkego). Kiedyś partyjni dygnitarze pozdrawiali stąd tłumy defilujące na pochodach pierwszomajowych. A teraz to miejsce wyraźnie się marnuje.

Express yourself

A square at the Centrum Underground Railway Station, a saluting platform at pl. Defilad, in front of the Palace of Culture and Science facing ul. Marszałkowska Street

Warsaw has no such place as Hyde Park in London. There have been some efforts made to "arrange" something of this kind in the Świętokrzyski Park by some politicians but clearly the idea was absurd. The plan failed. Nevertheless, there is a place where musicians express their feelings together with young dancers and all sorts of activists and strange people keen on telling the others what they think. This place is in front of the entrance to the Centrum Station of the underground railway. If you want to share some opinion with others, do it there. The place is always full of passers-by and you can always get across to quite an audience.

Another good place for speaking out your mind or giving a lecture is a big saluting platform in pl. Defilad in front of the Palace of Culture. In the old days Communist party tycoons had greeted parading crowds from there but it is useless and deserted today.

ZAFUNDUJ KURACJĘ STARYM MEBLOM

WWW.REFRE.PL

◆

Zauważyłeś, jak stare, zaniedbane, opuszczone budynki nabierają po remoncie zupełnie nowego ducha? Tak samo jest z meblami! Z takiego założenia wyszła Agata Hasiak, która kilka lat temu założyła swój zakład. Nazwę Refre wzięła od angielskiego „refresh" (czyli odnawiać, odświeżać). A odnawiać (choć bardziej pasuje tu słowo „zaczarowywać") postanowiła: pufy, taborety, krzesła i stoliki, fotele, berżery, stoły, szafki, toaletki (te na zdjęciu powstały w wyniku współpracy ze studiem Stilographics). W tym roku meblarnia Agaty została zakwalifikowana przez Instytut Wzornictwa Przemysłowego do konkursu Dobry Wzór 2010. Na meblach, które przeszły kurację w Refre, można sobie usiąść m.in. w Café Relaks czy OSiR-ze, a w Zoomie można je kupić.

Cure old furniture

www.refre.pl

You must have seen before how old, scruffy, and deserted buildings come back to a new life after refurbishing. So does furniture. When Agata Hasiak realized this, she started a furniture refurbishing business a few years ago. She named her business Refre (from the English word refresh) and she focused on refreshing puff sofas, stools, chairs, armchairs, bergeres, tables, cabinets, and dressing-tables (though enchanting would be a better word than refreshing). Agata's shop has been this year qualified by the Institute of Industrial Design for a competition Good Design 2010. You can sit down in armchairs treated by Refre in café Relaks or OSiR, and you can buy them at Zoom.

Kill your midnight hunger

Szpilka pl. Trzech Krzyży 18;
Przekąski Zakąski
ul. Ossolińskich 7;
Lemon ul. Sienkiewicza 6

Hunger is sneaky. It can take you by surprise at a time when you would never expect it. Why not at 4 in the morning when you are having a good time? Well, the merry city of Warsaw does not have too many catering points open late into the night or very early in the morning. But there are a few places where your life can be saved round-the-clock. The longest tradition in hunger control has Szpilka (The Pin), a two-level restaurant (tables outside in summer) which serves a wide range of breakfast, lunch, and dinner meals (we recommend hot rolls). Another such place popular with the Varsovians and visitors is Przekąski Zakąski (photo) at ul. Ossolińskich 7 (it's a pity the authorities banned eating outside the restaurant). The crowds struggling to get inside in the middle of the night look like a mediaeval castle siege but law and order are obeyed thanks to the stronghold of cold blood and good manners, Mr. Roman, the barman. Roman enjoys such a great respect and esteem that he even has his site on Facebook created by his loyal fans. Another option available for the late night munchers is Café Lemon, at ul. Sienkiewicza 6, in the very heart of the city. Here too you can have a dinner (e.g., a cheese-and-spinach linguine) all day long or a breakfast, in the middle of the night.

POKONAJ NOCNY ATAK GŁODU

SZPILKA, PL. TRZECH KRZYŻY 18,
PRZEKĄSKI ZAKĄSKI, UL. OSSOLIŃSKICH 7,
LEMON, UL. SIENKIEWICZA 6

◆

Głód jest perfidny. Potrafi zaskoczyć w najmniej oczekiwanym momencie. Na przykład o czwartej nad ranem, kiedy bawicie się w najlepsze! Niestety, jak na bardzo rozrywkowe miasto Warszawa nie grzeszy spektakularną nocną i wczesnoporanną ofertą gastronomiczną. Jest jednak kilka miejsc, które mogą cię uratować. Całodobowo. Najbardziej zasłużona w walce z głodem jest Szpilka przy pl. Trzech Krzyży, dwupoziomowy lokal (w lecie z ogródkiem) ze sporą ofertą śniadaniową, obiadową, kolacyjną (polecamy tu zwłaszcza ciepłe buły).

Potężnym powodzeniem wśród warszawiaków oraz turystów cieszą się też Przekąski Zakąski w budynku hotelu Europejskiego (na zdjęciu). Nocny szturm na bar przypomina czasem średniowieczne oblężenie zamku, ale nad porządkiem czuwa ostoja spokoju i kultury, barman pan Roman. Jak wielką cieszy się estymą, świadczy choćby to, że na Facebooku pan Roman ma swoją stronę założoną przez grupę fanów.

Stałym nocnym przystankiem głodomorów jest też, i to od kilku już lat, Café Lemon, położona w samym centrum miasta. Tu również o każdej porze dnia można zjeść kolację (np. linguine serowo-szpinakowe) i o każdej porze nocy – śniadanie.

Trust

PRZEMEK TRUŚCIŃSKI (WWW.TRUSTHEAD.COM)
GRAFIK, ILUSTRATOR
WYDAŁ KILKA ALBUMÓW KOMIKSOWYCH
WSPÓŁORGANIZATOR WYSTAWY
„ILUSTRACJA.PL"

Przemek Truściński (www.trusthead.com)
Graphic artist, illustrator.
Published several comic strips albums.
Kicked off the
"Illustration.pl" exhibition

◆

I am a guy from Łódź, but I joined the thousands who came to seek livelihood in Warsaw. I have lived here for good for more or less 10 years. I have explored the city as the addresses of companies and advertising agencies I worked for changed. At first I stayed at my buddy's flat in Praga and slept on a mattress under the table in the kitchen. It was awesome. Then I moved to Mokotów to ul. Madalińskiego. From this moment on Warsaw sucked me in, chiefly owing to OFF and Regeneracja clubs nearby. For the past two years I have lived in Sadyba and I am still getting to know it. What I fancy most near here are the exhibits of the Museum of the Polish Army which bring to my mind the film set of the "Space: 1999" tv series. A total knockout.

Jestem z Łodzi, ale dołączyłem do tysięcy osób, które za chlebem przyjechały do Warszawy. Mniej więcej od dziesięciu lat mieszkam tu na stałe. Miasto poznawałem wraz z kolejnymi adresami firm i agencji reklamowych, w których pracowałem. Na początku waletowałem u kumpla na Pradze i spałem na materacu pod stołem w kuchni. Było czadersko. Potem Mokotów – ul. Madalińskiego. Od tego momentu Warszawa stała się dla mnie miejscem do życia (głównie dzięki klubom OFF i Regeneracja). Od dwóch lat mieszkam na Sadybie i nadal uczę się tej miejscówki. W okolicy najbardziej kręci mnie Muzeum Wojska Polskiego, które wygląda jak scenografia do serialu „Kosmos 1999". Total!

RYSUNEK, KTÓRY PRZEMEK WYKONAŁ SPECJALNIE DO NASZEJ KSIĄŻKI
A drawing that Przemek has made for our book

Eat out at a deli

Delikatesy.TR
ul. Marszałkowska 8,
www.delikatesytr.blog.pl;
Delikatesy Braci Gessler
ul. Krakowskie Przedmieście 13,
www.gessler.pl

No, we don't mean you should eat food off the shelves in food shops. What we have in mind are the bars known as Delikatesy. In Warsaw we have at least two, and in very different styles. Delikatesy.TR – a cultural bar at the TR Warszawa (Grzegorz Jarzyna' theatre), is a combination of good culture (the credit for it goas to the culture animateur Mike Urbaniak) and good food unique in Warsaw. The clever but rather austere decor (white tiles, butcher's tables and hooks, mirrors, white lilies) suits book launches, DJ sets, and quiet dinners with friends. Many of the events in Delikatesy.TR spill out into the theatre itself, onto the stage and the foyer. The name of the bar is taken from two DELIKATESY neon signs from the 1970s which were salvaged from pl. Wilsona and now adorn the inside and façade of Delikatesy.TR. A further Delikatesy is to be found in the gastronomic mini-empire of the Gessler brothers, on the ground floor of the Europejski Hotel, next to the U Kucharzy and the Przekąski Zakąski bistro. Here one can buy home-made delicacies to take away (blackcurrant cakes, preserves and dairy produce). One can sit at a table in the tiny interior and have coffee with a delicious cake or sandwich (for only PLN 5). We recommend it for breakfast and tea.

POSIL SIĘ W DELIKATESACH

DELIKATESY.TR, UL. MARSZAŁKOWSKA 8,
WWW.DELIKATESYTR.BLOG.PL;
DELIKATESY BRACI GESSLER, UL. KRAKOWSKIE PRZEDMIEŚCIE 13,
WWW.GESSLER.PL

◆

Nie, nie zachęcamy cię, żebyś podjadał z półek w sklepach spożywczych. Chodzi nam o lokale zwane Delikatesami. W Warszawie mamy przynajmniej dwa, za to w bardzo różnym stylu. Delikatesy.TR, klubokawiarnia przy TR Warszawa – teatrze Grzegorza Jarzyny – to unikatowe na warszawską skalę połączenie miejsca, gdzie można posmakować dobrej kultury (to zasługa kaowca Mike'a Urbaniaka) i dobrego jedzenia. Ciekawie zaprojektowane, dość surowe wnętrze (białe kafle, rzeźnicze blaty i haki, lustra, białe lilie) sprzyja zarówno kameralnym koncertom, promocjom książek, didżejskim setom, jak i spokojnym kolacjom z przyjaciółmi. Wiele imprez Delikatesów.TR „rozlewa się" również na przestrzeń samego teatru: na główną scenę i do foyer. Nazwa lokalu wzięła się od dwóch neonów „DELIKATESY" z lat 70. uratowanych z pl. Wilsona, które teraz zdobią wnętrze i elewację Delikatesów.TR. Wpadnij tu również po to, żeby spotkać znanych warszawskich aktorów. To jedno z ich ulubionych miejsc.

Kolejne Delikatesy mieszczą się w miniimperium gastronomicznym braci Gesslerów, Adama i Piotra, na parterze hotelu Europejskiego, obok restauracji U Kucharzy, U Kucharek i bistra Przekąski Zakąski. Można tu z ulicy przez okienko kupić na wynos domowe przysmaki (jagodzianki, przetwory, wyroby garmażeryjne). Można usiąść przy stoliku w malutkim wnętrzu i napić się kawy, zagryzając pysznym ciastkiem lub kanapką (za jedyne 5 zł). Polecamy na śniadania i podwieczorki.

WSŁUCHAJ SIĘ W WINYL

MUZANT, UL. WARECKA 4/6, WWW.MUZANT.PL; SIDE ONE, UL. CHMIELNA 21, WWW.SIDEONE.PL; HEY JOE, UL. ZŁOTA 8

◆

Dyskusja nad wyższością płyty winylowej nad kompaktową toczy się od lat. Nie będziemy tu nawet próbować rozstrzygać, kto ma rację (nam po prostu podobają się oba formaty). Chętnych na winylowe zakupy odsyłamy do trzech miejsc: każde w centrum, każde w innym stylu, klimacie i każde z inną ofertą. Najdłuższy stażem jest Muzant na tyłach Nowego Światu. Odwiedzają go przede wszystkim ci, którzy szukają starej polskiej muzyki rockowej, jazzowej, ale też klasycznej. Dużym wzięciem cieszą się tu płyty Klanu, Testu czy z serii Polish Jazz. Z kolei w niewielkim sklepiku w jednym z podwórek przy ul. Chmielnej (w którym możesz sobie zrobić przy okazji tatuaż w studiu Yakuza lub kupić sportowe ciuchy w sklepie Kicks) znajdziesz większość muzycznych świeżynek. Jest tam wszystko: od disco, przez hip-hop, reggae, funk, po electro i techno. Dominują płyty zagraniczne. A jeśli szukasz przede wszystkim alternatywy czy punk rocka, to polecamy sklepik Hey Joe na tyłach dawnego kina Relax, skandalicznie zamienionego w outlet. Przy odrobinie cierpliwości można tu uzupełnić swoją płytotekę o często trudno dostępne pierwsze tłoczenia, np. doskonałą płytę „Warszawa" grupy Holy Toy.

Listen to vinyl

Muzant ul. Warecka 4/6, www.muzant.pl;
Side One ul. Chmielna 21, www.sideone.pl;
Hey Joe ul. Złota 8.

The debate on whether vinyl records are better than CDs has been going on for years. We won't even try to judge who is right (we simply like both formats). We refer fans of vinyl records to three places, each of them in the city centre and each in a different style, atmosphere and with a different range of records The shop that has existed for longest and also offers oldies is Muzant behind ul. Nowy Świat. Its clientele consists basically of those in search of old Polish rock and jazz, but also classical music. Very popular here are records by Klan and Test, as well as the Polish Jazz series. Another small shop on one of the courtyards along ul. Chmielna (quite a pleasant location, where you can also get yourself tattooed at the Yakuza studio or buy sports clothes at Kicks) stocks most of the latest music. It has everything, from disco, via hip hop, reggae and funk, all the way to electro and techno. And if you're looking for alternative music or punk rock, then we recommend a long and narrow shop called Hey Joe behind the former Relax cinema which has been scandalously converted into an outlet store.
With a little patience you can add to your record collection original titles that are difficult to obtain, such as the excellent record "Warszawa" by the group Holy Toy.

PRZEJDŹ TRAKTEM KRÓLEWSKIM

UL. BELWEDERSKA – AL. UJAZDOWSKIE – UL. NOWY ŚWIAT – UL. KRAKOWSKIE PRZEDMIEŚCIE

Jeśli spacer, to Traktem Królewskim. Po niedawnym remoncie to zdecydowanie najelegantszy kawałek naszego miasta. Możesz tu poczuć smak XVIII- i XIX-wiecznej Warszawy, choć większość ulokowanych tu zabytkowych kamienic i pałaców bardzo ucierpiała w czasie wojny i niemal w całości została odbudowana.

Zacznij przy Łazienkach (www.lazienki-krolewskie.pl). Zerknij w głąb XVIII-wiecznego królewskiego parku na pomnik Fryderyka Chopina, gdzie latem w niedziele odbywają się pianistyczne recitale. Po lewej mijasz rządowe budynki, włącznie z siedzibą premiera. Po prawej – Ogród Botaniczny UW i nieco w głębi Zamek Ujazdowski. Z góry zerknij na prowadzącą na Pragę-Południe, zbudowaną w latach 70. Trasę Łazienkowską. Alejami Ujazdowskimi, mijając po prawej park Ujazdowski, dojdziesz do pl. Trzech Krzyży (znajdź je i policz – są trzy?). Dalej kieruj się w stronę palmy. Przejdź obok dawnego Domu Partii i idź prosto na Nowy Świat, który w letnie weekendy zamykany jest dla ruchu i zamienia się w deptak. Masz jeszcze spory dystans na Starówkę, więc może przysiądź w ogródku Café Vincent (ul. Nowy Świat 64) i odpocznij chwilkę.

Po drodze możesz zobaczyć jeszcze: pomnik Kopernika, Uniwersytet Warszawski, Akademię Sztuk Pięknych, kościół Wizytek, hotel Europejski z restauracją U Kucharzy, hotel Bristol z 1901 r., Pałac Prezydencki, kościół św. Anny i wreszcie zamykający Trakt Królewski pl. Zamkowy z Zamkiem Królewskim i kolumną Zygmunta. Decyzję, czy zapuszczać się na Stare Miasto, pozostawiamy już tobie. My nie przepadamy za tym miejscem, bo zbyt tłoczno tu od turystów. Lepiej zbierz resztę sił i wdrap się na wieżę kościoła św. Anny. Z tarasu widokowego jeszcze raz ogarniesz trasę, którą przeszedłeś, i całe malownicze, wzniesione z wojennych gruzów Stare Miasto.

Take a stroll along the Royal Route

ul. Belwederska – Al. Ujazdowskie – ul. Nowy Świat – ul. Krakowskie Przedmieście

If you're out for a walk, head for the Royal Route. After the recent major alterations, it is by and large the most elegant part of our city. You may get here the feel of 18th and 19th century Warsaw, although most of the historical houses and palaces on this street suffered greatly during the war and only the post-war rebuilding brought them back into existence. Begin your walk at the Łazienki Park (www.lazienki-krolewskie.pl), have a peek inside the 18th century royal park to see the Fryderyk Chopin monument where famous Chopin recitals are held in the summer, always on Sundays at noon. Follow the Aleje Ujazdowskie, past the head office of the Polish prime minister and other government buildings on your left. You'll reach the Botanical Garden on your right and you'll see the Ujazdowski Castle slightly from afar. Get a glimpse of the Łazienkowska Route that was built in the 1970s, leading to the Praga Południe district. Walk along Aleje Ujazdowskie, past the Ujazdowski Park on your right, and you'll reach The Three Crosses Square (try to find them). Now proceed towards the palm-tree, walk past the House of the Party and continue along Nowy Świat which is closed to traffic on weekends and turns into a pedestrian zone. You'll still have quite a distance to cover to reach the Old Town, so sit down and take a break in the outdoor patio of Café Vincent. As you continue along Krakowskie Przedmieście you'll see the Copernicus monument, University of Warsaw, Academy of Fine Arts, Europejski Hotel with the U Kucharzy restaurant, Bristol Hotel dating from 1901, Presidential Palace and finally the plac Zamkowy closing off the Royal Route, with the Royal Castle and the Zygmunt III Waza Column.

ZJEDZ STROOPWAFEL

WIATRAKI, UL. WARECKA 8/30A
(WEJŚCIE OD UL. KUBUSIA PUCHATKA),
CODZIENNIE 11-23,
WWW.I-WIATRAKI.PL

◆

Jest w Warszawie przytulna kafejka, w której można spróbować holenderskich przysmaków, a w maju hucznie świętować Dzień Królowej. Założyli ją aktor Redbad Klijnstra (na zdjęciu) i jego przyjaciel Mervil Castricum. Obaj są Holendrami mieszkającymi w Warszawie. W rodzinnym Amsterdamie chodzili razem do gimnazjum. Mervil odwiedził Redbada, dziś jednego z najlepszych polskich aktorów, gdy ten studiował jeszcze w warszawskiej szkole teatralnej. Poznał tu przyszłą żonę i został. Redbad także zadomowił się w Warszawie, gra w TR Warszawa, Nowym Teatrze, reżyseruje. Początkowo kawiarnia nazywała się Lente (co po holendersku oznacza „wiosna", a po łacinie „spokojnie", „powoli"), ale odkąd drogi wspólników się rozeszły, nosi nazwę Wiatraki. Z holenderskich akcentów w menu znajdziesz m.in.: kanapkę z serem Oud Amsterdam, colę surinamską, stroopwafel i holenderskie piwa z pysznym Delirium Nocturn na czele.

Eat a stroopwafel

Wiatraki (Windmills),
ul. Warecka 8/30a (access from ul. Kubusia Puchatka),
www.i-wiatraki.pl

There is a cozy café in Warsaw where you may taste Dutch delicacies, and celebrate the Queen's Day in May in grand style. It has been opened by the actor Redbad Klijnstra (photo) and his friend Mervil Castricum. They are both Dutchmen living in Warsaw. In Amsterdam, their hometown, they went to school together. Mervil visited Redbad, one of the best Polish actors today, when Redbad studied at the Warsaw Drama School. Mervil met here his future wife and stayed. Redbad also settled down in Warsaw, he is now an actor at the TR Warszawa and at Krzysztof Warlikowski's theatre, he also directs plays. Initially the café was called Lente (which means "Spring" in Dutch, and "peacefully", "slowly" in Latin), but since the partners parted its name has been Wiatraki (Windmills). On the menu you'll find, among other things, such Dutch accents as a sandwich with Oud Amsterdam cheese, Suriname cola, stroopwafel and Dutch beers with the delicious Delirium Nocturn at the forefront.

ODKRYJ ŻYDOWSKĄ WARSZAWĘ

Discover Jewish Warsaw

◆

Synagogi, teatry, gazety, własny PEN Club, do którego należał m.in. Isaac Bashevis Singer, a nawet klub piłkarski Maccabi Warszawa. Przedwojenną Warszawę zamieszkiwało około 350 tys. Żydów (co stanowiło około 30 proc. wszystkich mieszkańców). Po wojnie zostało ich niecałe 20 tys. Wielu zmuszonych zostało do emigracji w 1968 r. Dziś po przedwojennej kulturze warszawskich Żydów zostały zaledwie tropy. Ale na szczęście coraz prężniej rozwija się młoda żydowska kultura.

Możesz więc ruszyć śladami pamięci, którymi spacerują po Warszawie wycieczki młodzieży z Izraela (tak jak podczas pamiętnej akcji artystycznej grupy Public Movement „Wiosna w Warszawie" w 2009 r., zdjęcie s. 161): zobaczyć pomnik Bohaterów Getta na ul. Zamenhofa, Umschlagplatz na rogu Stawek i Dzikiej, ulicę Próżną. Możesz prześledzić granice wojennego getta (w 2008 r. w ponad 20 punktach Śródmieścia i Woli zaznaczono przebieg linii muru). Możesz też spojrzeć w przyszłość, obserwując budowę nowoczesnego Muzeum Historii Żydów Polskich na Muranowie, projektu Finów Rainera Mahlamäkiego i Ilmariego Lahdelmy, które ma być gotowe w 2012 r.

Synagogues, theatres, newspapers, its own PEN Club to which Isaac Bashevis Singer belonged, and even a football club called Maccabi Warszawa. Pre-war Warsaw was inhabited by about 350,000 Jews, making up about 30% of the population. After the war there were only 20,000 Jews. Many were forced to emigrate in 1968. Only a few traces of Warsaw's pre-war Jewish culture remain. But fortunately, young Jewish culture is developing with increasing energy.

So you follow the memorial trail taken by excursions of young people from Israel (just like during the memorable action by the artistic group Public Movement called "Wiosna w Warszawie" – "Spring in Warsaw" in 2009); and see the Memorial to the Heroes of the Ghetto on ul. Zamenhofa, the Umschlagplatz on the corner of ul. Stawki and ul. Dzika, the Anielewicz Mound, and ul. Próżna. You can follow the border of the ghetto (in 2008, the line of the ghetto wall was marked at over twenty points in Śródmieście and in Wola – photo). You can also look to the future by inspecting work progress on the new Museum of the History of Polish Jews, designed by the Finnish architects Rainer Mahlamäki and Ilmar Lahdelma, located in Muranów and due to be completed in 2012.

Visit the graves of tzadikim

Ul. Okopowa 49/51 corner of ul. Anielewicza, Mon–Thur 10.00am–5.00 pm, Fri 9.00 am–1.00 pm and Sun 11.00 am–4.00 pm, www.kirkuty.xip.pl

The graves of rabbis and tzadikim, great industrialists and politicians, people of culture and science – in other words memories of a Warsaw that exists no more – you'll find them in two of the largest Jewish cemeteries in Warsaw – in Wola and Bródno.

The cemetery on ul. Okopowa is one of Warsaw's biggest. Some 33.5 hectares in size, it was created 200 years ago and was outside the city limits then. During World War II it was within the ghetto. The bodies of Jews who died in the ghetto were brought here and buried in a mass grave (now commemorated by a stone circle designed by Hanna Szmalenberg and Władysław Klamerus). By a miracle, the cemetery escaped destruction. Not until after the war did trees and bushes begin to grow there, whilst bands of hooligans devastated many monuments which are now being steadily restored. You'll find the most beautiful historic tombs along the main avenue and in Section XX. Here lie, among others: Ludwik Zamenhof, doctor and inventor of Esperanto; Estera Rachela Kamińska, actress and founder of the Jewish Theatre in Warsaw. An interesting feature are tombstones with human figures, rare and forbidden by tje Jewish religion.

ZOBACZ GROBY CADYKÓW

UL. OKOPOWA 49/51, RÓG ANIELEWICZA, PON.-CZW. W GODZ. 10-17, PT. 9-13, NIEDZ. 11-16, TEL. 22 383 26 22, WWW.KIRKUTY.XIP.PL

Groby rabinów i cadyków, wielkich przemysłowców i polityków, ludzi kultury i nauki, słowem – ślad po Warszawie, której już nie ma, znajdziesz na dwóch największych żydowskich nekropoliach na Woli i na Bródnie.

Cmentarz przy ul. Okopowej jest jednym z największych w Warszawie, ma powierzchnię ok. 33,5 hektara. Powstał 200 lat temu, wtedy jeszcze poza granicami Warszawy. Podczas drugiej wojny światowej znalazł się w obrębie getta. Tu zwożono zmarłych tam Żydów i grzebano w masowym grobie (dziś upamiętnia to ustawiony w tym miejscu kamienny krąg wg projektu Hanny Szmalenberg i Władysława Klamerusa). Cmentarz cudem uniknął zniszczeń. Dopiero po wojnie zarósł drzewami i krzakami, a bandy złodziei zdewastowały wiele pomników, które dziś są sukcesywnie odnawiane. Najpiękniejsze zabytkowe nagrobki znajdziesz przy głównej alei i w kwaterze XX. Spoczywają tu m.in. Ludwik Zamenhof, lekarz, twórca języka esperanto; Estera Rachela Kamińska, aktorka, założycielka warszawskiego Teatru Żydowskiego; Julian Stryjkowski, pisarz, autor m.in. „Austerii" czy „Głosów w ciemności"; Salomon Zeinwel Rapaport (Szymon Anski), pisarz, dramaturg i publicysta, znawca folkloru, autor jednego z najpopularniejszych dzieł w jidysz, czyli „Dybuka".

Ciekawostką są nieczęsto spotykane, zakazane wręcz w judaizmie nagrobki przedstawiające ludzkie postaci.

ZWIEDŹ SYNAGOGĘ

SYNAGOGA NOŻYKÓW, UL. TWARDA 6, TEL. 22 620 43 23, MOŻNA ZWIEDZAĆ PRZED POŁUDNIEM OPRÓCZ SOBÓT, WSTĘP 5 ZŁ

Przed drugą wojną światową istniało w Warszawie blisko 400 żydowskich domów modlitwy, najbardziej znane to te na Pradze i na Tłomackiem (s. 33). Synagoga Nożyków była jedną z pięciu największych. Jako jedyna ocalała i pełni wciąż swoje religijne funkcje. Zbudowana w latach 1898-1902 przez Zelmana i Rywkę Nożyków, przekazana została warszawskiej gminie starozakonnych.

Neoromański zabytek cudem przetrwał wojnę. Synagogę otwarto po renowacji w 1951 r., ale 17 lat później znów ją zamknięto. Poważny remont budynku udało się przeprowadzić w latach 1977-83. Od tamtej pory odbywają się tu nabożeństwa, a także wystawy, koncerty i imprezy przybliżające kulturę żydowską (m.in. Otwarta Twarda).

ZJEDZ KOSZERNIE W TEL-AVIVIE

TEL-AVIV CAFÉ I DELI, UL. POZNAŃSKA 11. PON.-CZW. 8.30-22, PT. 8.30-24, SOB. 10-24, NIEDZ. 10-22, WWW.TEL-AVIV.PL

Knajpka (pierwsza taka w Warszawie), gdzie koszernemu jedzeniu z certyfikatem naczelnego rabina Polski towarzyszy izraelska muzyka. Kawiarnię otworzyła Malka Kafka (na zdjęciu obok), współautorka książki „Przysmaki żydowskie". W karcie można znaleźć m.in. humus, pasztidę, czyli izraelski omlet z warzywami, czy babaganusz, czyli pastę z bakłażana serwowaną z pieczywem. Można też po prostu wpaść na – jak ogłasza się kawiarnia – „refleksyjną herbatę i podtrzymującą na duchu kawę". Prawdziwie kosmopolityczne miejsce.

Visit the Synagogue

The Nożyk Synagogue

ul. Twarda 6, tel. 22 620 43 23, open to visitors by noon, except Saturdays. Tickets: PLN 5

There had been nearly 400 synagogues in Warsaw until World War II. The most famous of them was one in the Praga District, the other – in ul. Tłomackie (p. 33). The Nożyk Synagogue was one of the biggest five synagogues, it was the only one to survive the War and it keeps performing its religious functions until today. It was founded by Zelman and Rywka Nożyk, built in the years 1898-1902 and donated to the Warsaw Jewish Community. This Neo-romanesque historical building miraculously survived the War and was re-opened after renovation in 1951 but closed again 17 years later. The building was properly renovated in the years 1977-1983 and, since that time, prayer and service have been held there as well as exhibitions, concerts, and other events promoting Jewish culture.

Listen to new Jewish music

The Singer Festival already exists, but 2010 sees the Festival of New Jewish Music, in other words a review of avant-garde experimental sounds in a modern klezmer ambience. And we have something to be proud of in this field, thanks mainly to Raphael Rogiński, musician, composer and propagator of Jewish culture. Rogiński is known for his solo performances, but also for bands like Shofar and Cukunft. In 2010 music label Lado ABC (www.ladoabc.com) released a new album by Cukunft. Apart from Polish musicians, guests of the Festival are foreign musicians of great calibre, such as the British clarinettist Merlin Shepherd,from Frank London's Klezmer Brass Allstars.

POSŁUCHAJ NOWEJ MUZYKI ŻYDOWSKIEJ

Mamy już w Warszawie Festiwal im. Singera, trzy żydowskie festiwale filmowe, a w 2010 r. wystartował Festiwal Nowej Muzyki Żydowskiej, czyli przegląd tego, co we współczesnych brzmieniach klezmerskich awangardowe, offowe, eksperymentalne. Jest się czym w tej dziedzinie pochwalić! Przede wszystkim dzięki Raphaelowi Rogińskiemu, muzykowi, kompozytorowi, popularyzatorowi kultury żydowskiej. Rogiński znany jest z występów solowych oraz z grup tj Shofar czy Cukunft (w 2010 r. nakładem jednej z naszych ulubionych wytwórni płytowych Lado ABC ukazała się nowa płyta Cukunftu). Obok polskich muzyków gośćmi Festiwalu Nowej Muzyki Żydowskiej są też artyści zagraniczni. I to wielkiego kalibru, jak choćby brytyjski klarnecista Merlin Shepherd, doskonale znany fanom muzyki klezmerskiej z projektu Frank London's Klezmer Brass Allstars.

Eat kosher at Tel-Aviv

Tel-Aviv ul. Poznańska 11, Mon–Thu 8.30 am–10.00 pm, Fri 8.30 am–midnight, Sat 10.00 am–midnight, Sun 10 am – 10 pm, www.tel-aviv.pl

This is the first café of its kind in Warsaw, where kosher food certified by the Chief Rabbi of Poland is served to the accompaniment of Israeli music. It was opened by Malka Kafka (photo), co-author of "Przysmaki żydowskie" (Jewish Delicacies). The menu includes humus; pashtida, in other words an Israeli vegetable omelette; or babaganush, an aubergine paste served with bread. Or one can simply pop in for, as the café puts it, a "reflexive tea and uplifting coffee." A real cosmopolitan place!

Rene Wawrzkiewicz

GRAFIK PROJEKTANT.
WSPÓŁTWÓRCA MAMASTUDIO (2001-08)
I STOWARZYSZENIA TWÓRCÓW GRAFIKI UŻYTKOWEJ.
OBECNIE PRACUJE DLA NOWEGO TEATRU
KRZYSZTOFA WARLIKOWSKIEGO

Graphic designer.
Co-founder of Mamastudio (2001-08)
and the Association of Applied Graphic Designers.
Now works for Krzysztof Warlikowski's
Nowy Theatre

◆

Warsaw is a pretty and rich town. You can see progress, order and prosperity round every corner. Regrettably, some traces of the unviable, ugly and bizarre things can still be seen at many places. An ear affixed to a wall behind the Post Office building listens to the "four sleeping soldiers" of the monument nearby, a mural at a derelict tenement house on ul. Widok promises "high wins" (to developers), a graffiti on ul. Towarowa discusses the intricate relations between milk, export, health and merchandise customs clearance. When you have a look at a building on rondo Wiatraczna, you will see a huge egg fastened to its wall. As you walk up to the corner of ul. Anielewicza and al. Jana Pawła II, you will see a broken, leaning neon sign which serves as an invitation for customers to enter the Jaś i Małgosia Café. Right past the plac Bankowy, there is the safest possible Coffee Bar because it is always full of police officers.

Warszawa to miasto piękne i bogate. Postęp, porządek i dobrobyt widać tu na każdym rogu. Niestety, gdzieniegdzie pozostałości nieopłacalnego, brzydkiego i dziwnego wciąż są jeszcze obecne.

Ucho przyczepione do ściany za pocztą nasłuchuje „czterech śpiących" z pomnika, mural na opuszczonej kamienicy na ul. Widok obiecuje „wysokie wygrane" (dla deweloperów), malunek na ul. Towarowej omawia związki mleka, eksportu, zdrowia oraz odprawy celnej towarów, a w ścianie budynku na rondzie Wiatraczna tkwi wielkie jajko.

Warto odwiedzić antykwariat Kosmos w Alejach Ujazdowskich, gdzie można zapoznać się z galaktyczną ilością nieaktualnej i przestarzałej polskiej prasy w każdym rodzaju, z każdego czasu. Po lekturze można wpaść do jednej z wielu kawiarni w modnym stylu lat 70. Na rogu Anielewicza i Jana Pawła II nieczynny neon, nachylając się do przechodniów, zaprasza do odwiedzin w kawiarni Jaś i Małgosia. A tuż za pl. Bankowym mamy bardzo bezpieczny Bar Kawowy, w którym przesiadują policjanci.

Ze służbowego obowiązku muszę polecić galerię Stowarzyszenia Twórców Grafiki na ul. Foksal 11 (w podwórku), która na jesieni 2010 r. znów zacznie działać prężnie i w której nie będzie żadnego pokazywania grafiki ani plakatu.

Finisaż STADIONU X-LECIA i JARMARKU EUROPA w odcinkach. Odcinek pierwszy:

BONIEK!

JEDNOOSOBOWE ODTWORZENIE MECZU

POLSKA - BELGIA 1982

Przez MASSIMO FURLANA do komentarza TOMASZA ZIMOCHA

14.10.2007

NIEDZIELA
GODZINA.: **16:15**

STADION X-LECIA

Wejście od WYBRZEŻA SZCZECIŃSKIEGO

Bilety: 15 zł
Dzieci do lat 6: GRATIS
Rezerwacje: INFO@LAURA-PALMER.PL
PROSIMY PRZYNIEŚĆ RADIOODBIORNIKI

organizatorzy: patronat honorowy: MINISTERSTWO SPORTU I TURYSTYKI partnerzy: Miasto Stołeczne Warszawa

www.bec.art.pl, www.prohelvetia.pl
www.laura-palmer.pl

See the deserted ski-jump

Ul. Czerniowiecka 1

We don't think that any ski-jumper would now go up into the air from this place. The ski-jump is falling apart, it has been partly dismantled and it even has a hole in the runway. But, admit it, a ski-jump in the middle of the city makes a picturesque view. It was built in 1957-59 and was supposed to compete with the Mała Krokwia ski-jump in Zakopane in the Tatry Mountains. Thanks to the artificial ski surface it was the only ski-jump in Poland used in the summer. The surrounding area could accomodate up to 7,000 viewers and the official ski-jump record holder was Antoni Łaciak (40.5 metres). The last jumps were seen here back in 1989.

In 2005 the deserted ski-jump, sadly overgrown with weed, became the scenery of an artistic performance by Cezary Bodzianowski (photos), a gentleman with a bloated belly, who climbed the 35-metres high tower in a characteristic poplin coat, holding a leather briefcase and carrying his skis on his shoulder.

ZOBACZ OPUSZCZONĄ SKOCZNIĘ NARCIARSKĄ

UL. CZERNIOWIECKA 1

◆

Stąd już raczej żaden skoczek narciarski nie wzbije się w powietrze. Skocznia jest zrujnowana, częściowo rozebrana, ma nawet przerwę w rozbiegu. Ale wygląda malowniczo.

Powstała w latach 1957-59 i miała być konkurencją dla Małej Krokwi w Zakopanem. Dzięki sztucznej nawierzchni była jedyną skocznią w Polsce, z której można było korzystać również latem. Zawody mogło oglądać tu nawet 7 tys. widzów, a oficjalny rekord skoczni – 40,5 m – ustanowił Antoni Łaciak. Ostatni raz skakano tu w 1989 r.

W 2005 r. opuszczona, porośnięta chwastami skocznia stała się scenerią akcji artystycznej Cezarego Bodzianowskiego (na zdjęciach) – pana z brzuszkiem, który w swoim charakterystycznym prochowcu, ze skórzaną teczką i nartami na ramieniu wspiął się na jej 35-metrową wieżę.

ZJEDZ SUSHI W PALMIARNI

IZUMI SUSHI, PALMIARNIA, UL. BIAŁY KAMIEŃ 4
ORAZ UL. MOKOTOWSKA 17 (WEJŚCIE OD PL. ZBAWICIELA),
CODZ. W GODZ.12-23, WWW.IZUMISUSHI.EU

◆

Izumi Sushi ma swoich wiernych fanów, zwłaszcza serwowane tu słynne już maki z pieczoną skórką łososia. Dlatego właśnie ta restauracja na pl. Zbawiciela zdobyła tytuł Knajpy Roku 2007 przyznawany przez naszą „Gazetę Co Jest Grane". Idąc za ciosem, Izumi otworzyło filię w niezwykle oryginalnym miejscu – starej palmiarni w sąsiedztwie Pola Mokotowskiego. Włączono ją w obręb nowego osiedla zaprojektowanego przez pracownię JEMS Architekci. Dlatego sushi zajadasz tu w otoczeniu ogromnych egzotycznych drzew i nowoczesnej architektury. Bardzo oryginalna i smaczna mieszanka.

Eat sushi in the Palm House

Izumi Sushi Palm House,
ul. Biały Kamień 4 and
pl. Zbawiciela,
www.izumisushi.eu

Izumi Sushi has its faithful fans, especially the famous maki with baked salmon skin served here. That is why this restaurant, a branch of the main restaurant on plac Zbawiciela, earned the title Knajpa Roku 2007 (Restaurant of the Year 2007) from the Warsaw newspaper entertainment supplement "Gazeta Co Jest Grane". To follow up this success, Izumi opened a branch in a very unusual venue – the old palm house near the Pole Mokotowskie park. It is part of a new housing settlement designed by the firm of architects JEMS Architekci. Which is why you can eat sushi here surrounded by huge exotic trees and modern architecture. A very original and tasty combination.

NAJLEPSZE SUSHI W WARSZAWIE
The best sushi in Warsaw

AKASHIA
AL. JANA PAWŁA II 61,
TEL. 22 636 67 67,
CODZ. W GODZ. 12-23,
WWW.AKASHIA.PL

SAKANA SUSHI BAR
UL. MOLIERA 4/6
(W SĄSIEDZTWIE TEATRU WIELKIEGO),
TEL. 22 826 59 58,
PON.-SOB. W GODZ. 12-23,
NIEDZ. 13-22,
WWW.SAKANA.PL

SUSHI ZUSHI
UL. ŻURAWIA 6/12,
TEL. 22 420 33 73,
PON.-CZW. W GODZ. 12-23,
PT.-SOB. 12-2, NIEDZ. 13-22,
WWW.SUSHIZUSHI.PL

TOMO SUSHI
UL. KRUCZA 16/22, TEL. 22 434 23 44, CODZ. W GODZ. 11-23, WWW.TOMO.PL

ZOBACZ KOŚCIÓŁ „OD CUDÓW"

KOŚCIÓŁ ŚW. AUGUSTYNA, UL. NOWOLIPKI 18,
WWW.SWAUGUSTYN.RUBIKON.PL

Jest takie znane zdjęcie: gruzowisko, jak okiem sięgnąć, rozbite w drobny mak budynki, a pośród nich stoi niemal niewzruszona ceglana wieża kościoła św. Augustyna. Cud? Nie do końca. Po prostu Niemcy ulokowali tu swoje działa, bo uznali, że to doskonały punkt obserwacyjny i strzelnicza wieża. Podczas drugiej wojny światowej ten neoromański kościół z końca XIX w. znalazł się w granicach żydowskiego getta. Został zamieniony w magazyn, później w stajnię. Stanowisko dla broni maszynowej Niemcy umieścili w wieży podczas Powstania Warszawskiego (sierpień-październik 1944 r.). Po Powstaniu podpalili dach świątyni, ale jej struktura częściowo ocalała.

Wieża kościoła zwieńczona jest krzyżem umocowanym na pozłacanej kuli, którą komunistyczne władze nakazały pomalować na czarno. Było to w 1959 r., gdy po mieście rozeszła się pogłoska o cudownym ukazaniu się na tle kuli wizerunku Matki Boskiej. Wierni coraz liczniej gromadzili się pod kościołem, do czego władze nie chciały dopuścić. W świadomości wielu warszawiaków do dziś kościół św. Augustyna funkcjonuje jako „ten od cudu".

See a miracle church

The St. Augustin's Church
ul. Nowolipki 18,
www.swaugustyn.rubikon.pl

There is one famous photograph featuring a sea of rubble, all buildings razed to the ground up to the horizon line and a lonely tower of the St. Augustin's Church tower standing straight in the middle of the field. Was it a miracle? Not exactly. The real story is that the Germans gathered their cannons here because the place was an excellent observation point and they chose the tower as a place from where they could very comfortably keep the area under fire. During World War II, this Neo-romanesque church built in the 19th century found itself inside the Jewish Ghetto. It was used as a storing place and later on, as stables. The Germans installed a machine gun atop the tower during the Warsaw Rising (August-October 1944) and, when the Rising was crushed, they burnt the church's roof but much of the walls survived.

The top of the tower has a cross standing on a gilded sphere which the Communists painted black in 1959 after the rumours which claimed that Virgin Mary had appeared there at the backdrop of the sphere and people started to flock there to see the miracle. That was something the Communists would not swallow. Today, many people in Warsaw tend to call the St. Augustin's church as the "miracle" church – the venue of the miraculous apparition of Virgin Mary.

Fly away with Pegasus

Pl. Krasińskich
in front of the Palace of the Commonwealth

This is an unusual sight in Warsaw. A colourful, a bit crazy art installation was set up between a historical baroque palace, the monument to the Warsaw Rising, and the buildings of the Supreme Court. Five, 3.5 metre high figures of Pegasus made of steel plate, each in a different colour. They are grazing on a neatly cut lawn at the Palace of the Commonwealth now housing the Special Collections of the National Library. The Pegasus could be earlier seen inside that building at an exhibition titled "Herbert – Norwid. Mediterranean Inspirations". The idea to have those figures of Pegasus was proposed by artists Beata and Paweł Konarski, owners of a design shop Pies czy Suka at ul. Chmielna 28b). The Palace houses the most valuable and oldest resource of the National Library. The thing was to give the place some more distinctive feature on the map of Warsaw and create a modern symbol of the library that can become better noticeable and associated with this place, says Mikołaj Baliszewski of the National Library, curator of the exhibition "Herbert – Norwid...". The Pegasus came out of the Palace to stay on the lawn in August 2008, shortly after the ceremonies to mark the Warsaw Rising anniversary had been held.

ODLEĆ Z PEGAZAMI

PL. KRASIŃSKICH,
PRZED PAŁACEM RZECZYPOSPOLITEJ

◆

To w Warszawie niecodzienny widok. Kolorowa, zwariowana instalacja artystyczna stanęła między zabytkowym barokowym pałacem, pomnikiem Bohaterów Powstania Warszawskiego i nowoczesnym gmachem Sądu Najwyższego (na zdjęciu). Pięć wysokich na trzy i pół metra pegazów z blachy, każdy w innym ostrym kolorze. Pasą się na równo przystrzyżonym trawniku przy Pałacu Rzeczypospolitej, w którym mieści się oddział Biblioteki Narodowej. Wcześniej mogliśmy je oglądać wewnątrz tego budynku na wystawie „Herbert – Norwid. Inspiracje śródziemnomorskie". Pegazy wymyślili artyści Beata i Paweł Konarscy – projektanci, właściciele sklepu z designem Pies czy Suka (ul. Chmielna 28b).

– W pałacu znajdują się najcenniejsze i najstarsze zbiory Biblioteki Narodowej. Chodziło o to, żeby zaznaczyć jakoś ten punkt na mapie Warszawy i stworzyć nowoczesny symbol biblioteki, która dzięki temu może stać się bardziej rozpoznawalna i kojarzona z tym miejscem – mówi Mikołaj Baliszewski z Biblioteki Narodowej, kurator wystawy „Herbert – Norwid...". Pegazy wyszły z pałacu na trawę w sierpniu 2008 r., tuż po obchodach rocznicy Powstania Warszawskiego.

Collect murals by Twożywo

www.twozywo.art.pl

This is another version of a trip we want to suggest to you, for we very much appreciate what the artists from the Twożywo group, Mariusz Libel and Krzysztof Sidorek, are doing. We appreciate their clear style and social commitment. We have been monitoring their work from the very beginning, from the middle of the 1990s. They produce stencils, press illustrations, calendars and murals, of which Warsaw has recently become literally full. Try to make an album with their photographs.

POWYŻEJ – UL. BURSCHEGO, PL. MAŁACHOWSKIEGO, LICEUM IM. REJA, 2008 R.
NIŻEJ – UL. ŻELAZNA 79, BUDYNEK SANEPIDU, 2008 R.

Ul. Burschego, pl. Małachowskiego, The Mikołaj Rej Lycée, 2008 (above), ul. Żelazna 79, The Sanitary Inspectorate, 2008 (below)

ZBIERZ MURALE TWOŻYWA

WWW.TWOZYWO.ART.PL

To kolejna wersja wycieczki po mieście, jaką chcemy ci zaproponować. Bo cenimy sobie bardzo to, co robią Mariusz Libel i Krzysztof Sidorek, artyści z grupy Twożywo – ten wyrazisty styl i społeczne zaangażowanie. Śledzimy ich prace od początku, od połowy lat 90.: szablony, ilustracje prasowe, kalendarze i murale, od których ostatnio dosłownie zaroiło się w Warszawie. Spróbuj zebrać album z ich fotografiami.

MUR SZTUKI W MUZEUM POWSTANIA WARSZAWSKIEGO

Open air gallery at the Warsaw Rising Museum, 2006

NOWY WSPANIAŁY ŚWIAT, UL. NOWY ŚWIAT 63, 2009 R.

UL. LEWICKA 10, 2009 R.

RONDO DASZYŃSKIEGO (UL. PAŃSKA 112), 2008 R.

Take a picture of the most beautiful chandeliers

The Palace of Culture and Science is a true architectural jewel box. This seems hard to believe when you look from the outside on this Soc-Realist austere pyramid. Nevertheless, architects designing the Palace's interiors reached for details representing a variety of styles, among them, styles known from old Polish mansions and palaces, and they generously applied them on the Palace. You are, therefore, highly recommended to take a stroll in its spacy lobbies and rooms and take pictures of the details you find most interesting.

SFOTOGRAFUJ NAJPIĘKNIEJSZE ŻYRANDOLE

◆

Pałac Kultury i Nauki to istna szkatułka z pięknymi drobiazgami. Trudno w to uwierzyć, patrząc na jego surową, socrealistyczną skorupę. A jednak. Architekci, myśląc o detalach, sięgnęli do rozmaitych stylów, również tych polskich pałacowych, i wyposażyli PKiN z prawdziwym rozmachem. Polecamy ci więc – powłócz się po zakamarkach pałacu i sfotografuj co piękniejsze szczegóły.

Zdjęcia swobodnie zrobisz w multipleksie Kinoteka (wejście od strony Al. Jerozolimskich). Znajdziesz tu zarówno wielkie żyrandole kryształowe (na piętrach), jak i geometryczne, podświetlane na czerwono, wypełniające sufitowe płyciny. Największe wrażenie robią ceramiczne żyrandole giganty wysokie na kilka pięter, zawieszone na klatkach schodowych teatrów Dramatycznego i Studio, wykonane przez Zakłady Fajansu Artystycznego we Włocławku (dzieło Heleny i Lecha Grześkiewiczów).

Kryształowe cacka ogromnych rozmiarów znajdziesz też w kwiaciarni na rogu Alej Jerozolimskich i ul. Kruczej. Widać je przez wielkie okna nawet z ulicy.

You can take some good shots at the Kinoteka multiplex (entrance facing Aleje Jerozolimskie). Here you will find some large crystal chandeliers (at higher floors) and others in geometrical shapes lit with red light and attached flat to the ceiling. But the most impressive ones are giant chandeliers made of pottery hanging in the stair cases of the Dramatyczny and Studio Theatres. These were made by the famous Artistic Faience Works in Włocławek (designers: Helena and Lech Grześkiewicz). Large-size crystal masterpieces are also to be seen in the flower shop at the corner of Aleje Jerozolimskie and ul. Krucza nearby.

SPRAWDŹ, KTÓRA GODZINA

PL. SŁONECZNY

◆

Trochę cię podpuszczamy, bo nawet jeśli znasz się na zegarach słonecznych, to na tym placu nie dowiesz się, która godzina. A taki był zamysł. Wskazówką zegara miał być cień drzewa rosnącego pośrodku placu Słonecznego rzucany na 12 okalających go budynków. Niestety, plan się nie powiódł, bo zamiast wysmukłej topoli posadzono rozłożysty klon. Ale warto tu przyjść, żeby docenić ten oryginalny koncept i zobaczyć jeden z najpiękniejszych zakątków Żoliborza. Plac powstał w latach 1922-25 według projektu Antoniego Aleksandra Jawornickiego i Kazimierza Tołłoczki. Domy w stylu dworkowym są dziełami Romualda Gutta i Adolfa Świerczyńskiego.

Check the time

Pl. Słoneczny

Well, we have actually lied a little bit because even if you know how to read time from a sun-dial, you cannot do it in pl. Słoneczny, although this was exactly what the architects had wanted. The original idea was that the Square with surrounding buildings would be the dial and a shadow cast on the buildings by a tree growing in the middle would show the hours. But this plan did not work out simply because somebody planted a bushy maple instead of a tall, slender poplar tree. Nevertheless, it is worth visiting the place to see this unusual idea and, at the same time, to spend some time in one of the nicest places in the Żoliborz district. The square was built in the years 1922-25 according to the design by Antoni Aleksander Jawornicki and Kazimierz Tołłoczko. The mansion-style houses were designed by Romuald Gutt and Adolf Świerczyński.

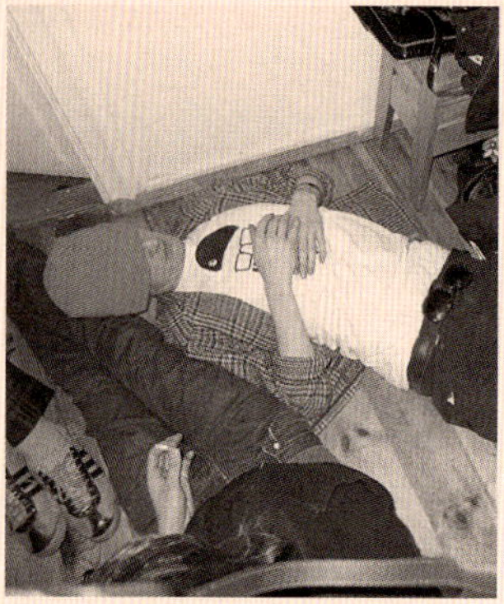

Bobrowiec

STANISŁAW BONIECKI
ARTYSTA, FOTOGRAF, TWÓRCA BLOGA
BOBROWIEC.OWNLOG.COM
Stanisław Boniecki
bobrowiec.ownlog.com
Artist, photographer, blogger

◆

It is Friday night. A crowd has gathered at the pl. Zbawiciela square. Lots of push-bikers have met here before going on a longer ride. We get our drinks and walk to the Łazienki Park. The park is closed but we have our ways and we know how to sneak in. It is definitely the darkest place in Warsaw. Fascinating, but we must keep quiet because security guards never sleep and they must be sniffing around. I get hungry so I go to the Emilka bar to have "a pitsa". A friend of mine told me about this meal and she knew it from another friend who is also a friend of mine. "Pitsa" is a Polish variety of pizza. A piece of pastry about 2 cm thick, with a lot of toppings, like ham and cheese, but it also has a vegetarian version which is served with mayonnaise and ketchup. It looks like a pie altogether about 5-6 cm high. It can fill you up nicely and the place is open round the clock. Good stuff, really. Then I go back to the pl. Zbawiciela. Plan B is closed, but still we have excellent party inside... I'll take you there if you come along one day.

Jest piątek, wieczór. W OSiR-ze trochę ludzi. Wpadam wypić kieliszek i schodzę w dół do Warszawy Powiśle. Tam impreza. Gra ruskie disco, a do wódki są ogórki albo szlugi. Zostaję chwilę i idziemy za róg. Przy Kruczkowskiego 14 stoi mur. Za murem jest zakon i ogromny ogród w środku miasta. Niesamowite uczucie, gdy już znajdziesz się po drugiej stronie. Zakazany, nikomu nieznany piękny sad i masa roślin. Wypijamy trochę pod drzewem i lecę dalej. Na pl. Zbawiciela tłumy. Dużo rowerów. Zbiera się ekipa do kolejnej eskapady. Bierzemy napoje i ruszamy grupą do Łazienek. Park jest już dawno zamknięty, ale mamy sposób, żeby dostać się do środka. To chyba najciemniejsze miejsce w mieście. Nic nie widać, wokół masa drzew. Zabawnie, ale trzeba być bardzo cicho – ochrona krąży. Możemy usiąść na trawie i rozmawiać. Ale w nocy, nawet wiosną, jest zimno. Trzeba wracać.

Wygłodniały jadę do baru Emilka na „pice". Tę nazwę usłyszałem od koleżanki, która z kolei powtórzyła mi słowa naszego wspólnego kolegi. „Pica" to taka polska pizza. Placek o grubości 2 cm, masa dodatków, szynka, ser albo wegetariańska, majonez i keczup. Wygląda jak torcik, ma w sumie z 5-6 cm wysokości. Można się najeść i czynne całą noc. Mocna rzecz. Przez centrum powrót na pl. Zbawiciela. Plan B już zamknięty i to właśnie teraz jest tam najlepsza impreza...

Jak się spotkamy, to cię zabiorę.

emilka
mini bar

ZAPAL LAMPKĘ NA POWĄZKACH

STARE POWĄZKI, UL. POWĄZKOWSKA 14

◆

To najstarszy i najpiękniejszy cmentarz w Polsce. Spoczywa tu około miliona osób, a powierzchnia dorównuje Watykanowi. Kiedy go zakładano w 1790 r., znajdował się na obrzeżach miasta, dziś to właściwie centrum. Można Stare Powązki zwiedzać z planem w ręku, szukając grobów wielkich warszawiaków czy pięknych nagrobków projektowanych przez wybitnych artystów. Można też, i ten sposób polecamy, zagubić się w labiryncie alejek i niespiesznie spacerować.

Spoczywają tu wybitni muzycy i kompozytorzy (Stanisław Moniuszko, Witold Lutosławski, Czesław Niemen, Krzysztof Komeda), poeci (Zbigniew Herbert, Kazimiera Iłłakowiczówna, Bolesław Leśmian), pisarze (Marek Hłasko i Maria Dąbrowska), malarze (Jan Lebenstein, Józef Pankiewicz), aktorzy i reżyserzy (Zdzisław Maklakiewicz, Irena Solska, Wojciech Bogusławski, Krzysztof Kieślowski) oraz naukowcy, działacze społeczni, narodowi bohaterowie.

Powązki są piękne o każdej porze roku. Warto przyjść tu 1 listopada podczas dnia Wszystkich Świętych, kiedy cmentarz, jakkolwiek dziwnie by to nie zabrzmiało, staje się jednym z najbardziej magicznych miejsc w mieście. Zapach zwiędłych liści i stearyny jest oszałamiający, a łuna z setek tysięcy zniczy widoczna jest z daleka.

Light a candle lamp at Powązki

Stare Powązki

ul. Powązkowska 14

This is Poland's oldest and most beautiful cemetery. About one million people lie here, and the cemetery covers an area equal to the Vatican. When the cemetery was established in 1790, it was outside the city, but now it's virtually in the centre. One can visit the Old Powązki Cemetery with a plan in hand, seeking the tombs of great Warsaw residents and beautiful tombstones designed by distinguished artists. Or – and this we recommend – one can lose oneself in the maze of avenues and simply walk unhurriedly.

Here rest distinguished musicians and composers (Stanisław Moniuszko, Witold Lutosławski, Czesław Niemen, Krzysztof Komeda), poets (Zbigniew Herbert, Kazimiera Iłłakowiczówna, Bolesław Leśmian), writers (Marek Hłasko and Maria Dąbrowska), painters (Jan Lebenstein, Józef Pankiewicz), actors and directors (Zdzisław Maklakiewicz, Irena Solska, Wojciech Bogusławski, Krzysztof Kieślowski) and scientists, social activists and national heroes.

Powązki is beautiful at any time of year. It is worth coming here on 1 November, All Saints' Day, when the cemetery – though this may sound odd – becomes one of the most magical spots in the city. The smell of withered leaves and burning candles is overpowering, and the glow of hundreds and thousands of candles is visible from afar.

WYPIJ ZA NOWY WSPANIAŁY ŚWIAT

UL. NOWY ŚWIAT 63, RÓG ŚWIĘTOKRZYSKIEJ, TEL. 22 505 66 96, CODZ. W GODZ. 11-3, WWW.KRYTYKAPOLITYCZNA.PL

◆

To miejsce po trosze kulturalne, naukowe, polityczne i imprezowe. Na pewno na skalę warszawską wyjątkowe. Niezwykle rzadko się bowiem zdarza, żeby władze miasta czy – jak w tym przypadku – dzielnicy Śródmieście wynajęły duży lokal w tak doskonałym punkcie na cele kulturalne po preferencyjnych stawkach. Tu tak się stało, bo do kamienicy na rogu Nowego Światu i Świętokrzyskiej są roszczenia spadkobierców i nikt nie chciał wynająć lokalu po legendarnej kawiarni Nowy Świat (w której występował m.in. kabaret Dudek) za duże pieniądze zaledwie na trzy lata.

Ogłoszony przez dzielnicę konkurs na kulturalnego najemcę wygrało Stowarzyszenie im. Stanisława Brzozowskiego, czyli środowisko lewicowej „Krytyki Politycznej". Bardzo szybko przeprowadzono remont, wnętrza urządziła architektka Ola Wasilkowska wraz z artystami z grupy Twożywo i w listopadzie 2009 r. Centrum Kultury „Nowy Wspaniały Świat" (nazwane tak za Huxleyem) rozpoczęło działalność.

Znajdziesz tu normalną kawiarnię z internetem i prasą, w porze obiadowej zjesz coś na ciepło, wieczorem możesz przyjść na wykład Uniwersytetu Krytycznego, pokaz filmu dokumentalnego, koncert, a w weekendy potańczyć przy didżejskich setach. Na wszystkie imprezy wstęp jest tu bezpłatny. Szczegółową rozpiskę wydarzeń znajdziesz na plakatach wywieszonych w witrynach Nowego Wspaniałego Świata.

Drink to the Brave New World

Nowy Wspaniały Świat

ul. Nowy Świat 63,
daily from 11.00 am

This is a cultural, scientific, political and social place, all rolled into one. And it is certainly unique in Warsaw because seldom do the city authorities – in this case those of the Śródmieście district – lease large premises in such an excellent location for cultural purposes and at a preferential rent. This has happened because several heirs are engaged in a dispute over ownership of the building at the corner of ul. Nowy Świat and ul. Świętokrzyska, and no one wanted to lease the premises formerly occupied by the legendary Nowy Świat café (where the "Dudek" cabaret perfomed, among others), at a high rent for only three years. The competition for a cultural lessee announced by the district was won by the Stanisław Brzozowski Association, a left-wing milieu of "Krytyka Polityczna". They quickly refurbished the place, the interior was redesigned by the architect Ola Wasilkowska in conjunction with the Twożywo group, and in November 2009 the "Nowy Wspaniały Świat" (Brave New World) Culture Centre, named after the book by Huxley, commenced operations. Here you'll find an ordinary café with Internet and newspapers, at lunchtime you can eat something hot, and in the evening you can attend a lecture by the Critical University, watch a documentary film, hear a concert, and on weekends dance to music played by DJs. Admission to all events is free of charge. You'll find a detailed programme on posters in the windows of the Brave New World.

See a basket where a bazaar used to be

Stadion Dziesięciolecia

rondo Waszyngtona and along al. Zieleniecka

This was a genuine Warsaw phenomenon. An enormous bazaar, the biggest in Europe, almost in the very centre of the city. We say "was", though remnants of it still function on the terraces of the Stadium. But this is only a tiny fragment of what went on here from 1989 to 2007. Several thousand traders from all over the world set up their stalls in and around the Stadium. The goods that they sold at wholesale prices – clothes, bed linen, carpets, furniture – later ended up in shops all over the country. But at the Jarmark Europa (the name of the bazaar) less legal services were also offered. Here one could buy weapons and pirate records. The only trump card of this giant market was the ethnic diversity, unusual in Poland. Here were Asians, Ukrainians, Africans and many other cultures. Here one could taste exotic cuisine, visit a Vietnamese temple and discuss the problems of immigrants. Now the bazaar is slowly winding up because on the site of the demolished Tenth Anniversary the new National Stadium is being built, where the Euro 2012 championship will be held (Poland is organising it jointly with Ukraine). So to experience the climate of Jarmark Europa, you must enter the Stadium from al. Zieleniecka and taste the pho soup in Warsaw in the Vietnamese sector (if it's still there)

ZOBACZ KOSZYK W MIEJSCU JARMARKU

STADION DZIESIĘCIOLECIA, RONDO WASZYNGTONA I WZDŁUŻ AL. ZIELENIECKIEJ

◆

To był prawdziwy warszawski fenomen. Ogromny bazar, największy w Europie, prawie w samym centrum miasta. Piszemy „był", choć wciąż jeszcze jego resztki funkcjonują na błoniach dawnego Stadionu Dziesięciolecia. Ale to zaledwie malutki skrawek tego, co od 1989 do 2007 r. się tu znajdowało. Kilka tysięcy handlarzy z całego świata szczelnie obstawiało swoimi budami koronę stadionu i jego okolice. A sprzedawane przez nich po hurtowych cenach towary: ubrania, pościel, dywany, meble, trafiały później do sklepów w całej Polsce. Na Jarmarku Europa (bo tak się ten bazar nazywa) oferowano też mniej legalne usługi – można tu było kupić broń, pirackie płyty lub złamać blokadę w telefonie komórkowym. Jedynym atutem tego targowiska była ta niezwykła jak na polskie warunki

STADION DZIESIĘCIOLECIA

Na stadionie zbudowanym w 1955 r. z gruzów miasta odbywały się zawody sportowe, koncerty, festyny, msze. Od 1989 r. niszczał i zarastał chwastami. Życiem tętniły tylko korona stadionu i jego błonia, gdzie rozwijał się Jarmark Europa.

Sports contests, concerts, festivals and church services were held in the Tenth Anniversary Stadium, built in 1955 out of the ruins of the city. From 1989 it gradually became derelict and overgrown with weeds. Only its terraces and floor were full of life, for this was the home of the Jarmark Europa.

STADION NARODOWY

W 2008 r. w miejscu wielokulturowego tygla rozpoczęła się budowa biało-czerwonego koszyka Stadionu Narodowego.

Construction work on the white-red basket-shaped National Stadium on the site of the multicultural melting pot started in 2008.

narodowościowa mieszanka: od Azjatów, przez Ukraińców po Afrykańczyków. Tu można było posmakować egzotycznej kuchni, odwiedzić wietnamską świątynię, pogadać o problemach imigrantów. Teraz bazar powoli się zwija, bo w miejscu zburzonego Stadionu Dziesięciolecia powstaje Stadion Narodowy, projektu JSK Architekci na którym rozpoczną się piłkarskie rozgrywki Euro 2012 (Polska organizuje je wspólnie z Ukrainą). Dlatego, by poczuć klimat Jarmarku Europa, musisz się udać na błonia stadionu od strony al. Zielenieckiej, na najlepszą w Warszawie zupę pho do wietnamskiego sektora targowiska, który jeszcze się tu uchował. Choć oczywiście pewności nie mamy, czy uchowa się do czasu, gdy będziesz czytać te słowa.

JARMARK EUROPA

Wietnamski sektor był jak miasto w mieście: sklepy, bary, a nawet świątynia z pagodą w sąsiedztwie bazaru. Właśnie znika bezpowrotnie. W 2006 r. Fundacja Sztuki Arteria zorganizowała tu dla warszawiaków „Podróż do Azji". Ta akcja artystyczna zapoczątkowała szereg kolejnych, zwanych „Finisażami Stadionu X-lecia" (organizowanych przez fundacje Laury Palmer i Bęc Zmiana). Żegnaliśmy się ze Stadionem.

The Vietnamese sector was like a city within a city: shops, bars, and even a temple with pagoda. It is now disappearing for ever. Here, in 2006, the Arteria Art Foundation held an artistic campaign called "Podróż do Azji" (Trip to Asia) for the people of Warsaw. This spawned a series of further such campaigns, labelled "Finisaże Stadionu X-lecia" (Finissages of the Tenth Anniversary Stadium). We bid farewell to the stadium.

PRZEJDŹ PO TORACH BIEGNĄCYCH DONIKĄD

UL. CHŁODNA OD AL. JANA PAWŁA II

◆

To jedno z magicznych miejsc Warszawy. Dlatego przejdź się koniecznie spacerkiem od Hali Mirowskiej, przez kawiarnię Zagadka, do klubokawiarni Chłodna 25.

Przed wojną ulicę Chłodną pełną sklepów i kin nazywano wolską Marszałkowską. Z tego czasu zachował się tu zabytkowy bruk i tory tramwajowe, które w czasie drugiej wojny światowej przecinały żydowskie getto, a dziś prowadzą donikąd. W 1942 r. w pobliżu skrzyżowania z ul. Żelazną, przy Chłodnej 22, Niemcy przerzucili nad ulicą drewnianą kładkę, po której Żydzi przemieszczali się nad torami tramwajowymi z jednej części getta do drugiej. Pod koniec 2009 r. artystki sztuk wizualnych Anna Baumgart i Agnieszka Kurant zaznaczyły to miejsce, wieszając nad ulicą wielki wpisany w nawias wielokropek, który symbolizował tematy tabu, o których rzadko mówi się w naszym mieście, tj. wciąż bolesne kwestie żydowskie.

Na tym krótkim odcinku ul. Chłodnej zobaczysz niezwykłą mieszankę architektoniczną – od hali targowej z początku XX w., przez PRL-owskie bloki osiedla Za Żelazną Bramą, piękny neorenesansowy kościół św. Karola Boromeusza projektu Henryka Marconiego z połowy XIX w., małe sklepiki i warsztaty, pozostałość po Kercelaku, największym przedwojennym targowisku Warszawy, aż po widoczny na horyzoncie strzelisty wieżowiec Warsaw Trade Tower, po Pałacu Kultury drugi pod względem wysokości budynek Warszawy (208 m, 43 piętra), zbudowany w 1999 r. przez koncern Daewoo.

Walk on a track going nowhere

Ul. Chłodna
from al. Jana Pawła II

This is a pretty magic place in Warsaw. You must take a walk there starting from the Hala Mirowska Market Hall up to the café-club Chłodna 25. Before World War II, ul. Chłodna was full of shops and cinemas for it was the most busy street in the Wola district. Historical cobblestones and tramway rails are still there. The tramway line ran across the Jewish Ghetto during the war time but now it leads to nowhere. The Germans built a wooden pedestrian bridge over ul. Chłodna and its tramway line in 1942 to allow Jews squeezed in the Ghetto to walk between its two parts. Towards the end of 2009 visual artists Anna Baumgart and Agnieszka Kurant marked this place by hanging a huge triple-dot mark above the street which symbolized taboo subjects that are rarely discussed in our town, i. e. the still painful Jewish issues.

This short stretch of ul. Chłodna presents a real mixture of architectural styles from the market hall dating back to the early 20th century to Communist era blocks of flats in the Za Żelazną Bramą housing estate to the beautiful Neo-Renaissance St. Charles Borromeo's Church designed by Henryk Marconi and built in the middle of the 19th century, to small stores and craftsmen's shops being the relics of Kercelak, the biggest bazaar of pre-war Warsaw, and to the Warsaw Trade Tower, the second-highest, after the Palace of Culture and Science, building in Warsaw (208 metres, 43 storeys) built by the Korean concern Daewoo in 1999.

DOBIERZ SOBIE CZAPKĘ

PRACOWNIA UBIORU MARTA RUTA,
UL. CZERWONEGO KRZYŻA 2,
WEJŚCIE OD UL. SOLEC, TEL. 501 087 002,
WWW.MARTARUTA.COM

◆

Czapka nie jest twoim ulubionym elementem garderoby? Niestety, w Warszawie zimy bywają naprawdę zimne, a nie chcemy, żeby cię tu zawiało. Poza tym jest na Powiślu takie miejsce, które wyleczy cię z czapkowstrętu. To pracownia Marty Ruty. Charyzmatyczna projektantka tylko na ciebie spojrzy i po chwili będziesz miał już na głowie czapkę lub kapelusz idealne, jakby dla ciebie specjalnie stworzone. W sklepopracowni Marty Ruty znajdziesz nakrycia głowy od czarnych po bardzo kolorowe, od eleganckich kapeluszy w przedwojennym stylu po proste kaszkiety. I na pewno, przymierzając i plotkując z właścicielką, nie będziesz się nudzić.

Pick a cap

Marta Ruta Clothing Studio
ul. Czerwonego Krzyża 2,
access from ul. Solec,
tel. 501 087 002,
www.martaruta.com

Is a cap one of your favourite accessories? Probably not. Unfortunately, the winters in Warsaw can get really cold, and we don't want you to catch a chill. Besides, there is such a place in Powiśle that will cure your cap-phobia. It is Marta Ruta's studio. The charismatic designer just needs one look at you and in an instant you will be wearing an ideal cap or a hat, as if it were made for you. In this combined shop and studio you will find hats ranging from black to very colourful, from elegant pre-war style hats to simple peaked caps. While fitting the hats, you may chat with the owner and we promise you – you won't get bored.

SPRÓBUJ SŁODKICH PRZYSMAKÓW

STAROŚWIECKI SKLEP WEDLA, UL. SZPITALNA 8,
WWW.WEDELPIJALNIE.PL;
CUKIERNIA A. BLIKLE,
M.IN. UL. NOWY ŚWIAT 35, WWW.BLIKLE.PL,
KAWIARNIA BLIKLEGO,
UL. NOWY ŚWIAT 33

◆

Polecamy ci kultowe polskie słodkości. Odwiedź koniecznie sklep fabryki Wedla ulokowany od 1894 r. w pięknej eklektycznej kamienicy zbudowanej przez producenta słodyczy Emila Wedla. Tu kupisz cukierki na wagę, malinowe pralinki w kształcie serca, ręcznie zdobione torciki wedlowskie (z kilku warstw wafli przetykanych i oblanych czekoladą) i ptasie mleczko (czekoladki ze śmietankową pianką w środku). Możesz tu też spokojnie zorganizować randkę. W kiczowatej troszkę, ale bardzo romantycznej przysklepowej kawiarence zamów koniecznie filiżankę czekolady na gorąco. Świetną czekoladę serwuje też elegancka kawiarnia Bliklego na Nowym Świecie, w której poczujesz klimat przedwojennej Warszawy. A w ulokowanej tuż obok cukierni, która mieści się tu od 1869 r., kupisz słynne firmowe pączki z różanym nadzieniem.

Make a dessert tour

The Wedel Shop ul. Szpitalna 8, www.wedelpijalnie.pl;
A. Blikle pastry shop ul. Nowy Świat 35 and other locations, www.blikle.pl,
Blikle Café ul. Nowy Świat 33

You absolutely need to try cult Polish sweat treats. Head for the Wedel factory shop located since 1894 in a beautiful eclectic tenement house built by confectionery manufacturer Emil Wedel. The Wedel shop offers candy by the weight, heart-shaped chocolates with raspberry filling, handmade Torcik Wedlowski (a round wafer with peanut filling in dark chocolade) and Ptasie Mleczko or "Bird's Milk" (chocolates with cream foam filling). This is also a safe bet for a date. The shop runs a slightly kitsch-like, but very romantic café. Be sure to order a cup of hot chocolate. Also the Blikle café in Nowy Świat is the kind of place you can stop in for excellent chocolate and feel the ambience of pre-war Warsaw. And in the adjacent pastry shop opened here back in 1869 you may buy the famous Blikle doughnuts with rose filling.

Go underground to a water cistern

The Cistern in front of the Centre for Contemporary Art Ujazdowski Castle, ul. Jazdów 2, tel. 22 628 12 71, csw.art.pl

A well-known Japanese artist Tadashi Kawamata (photo) helped us to unearth and adjust for exhibition purposes a fragment of the Castle's water-sewage system, a 19th brick-walled cistern in front of the main entrance to the building. He started to excavate and do the adjustments in 2003 and as a result, he created 116 square metres of unusual free space available to artists and their original installations and performances now. To get there, you must come up to the main entrance to the Castle on its left side and walk down the stairs. The Cistern is open only on days when some exhibition is on inside.

ZEJDŹ POD ZIEMIĘ DO CYSTERNY WODNEJ

CYSTERNA, PRZED CENTRUM SZTUKI WSPÓŁCZESNEJ
ZAMEK UJAZDOWSKI, UL. JAZDÓW 2,
TEL. 22 628 12 71,
CSW.ART.PL

◆

W podziemiach przed Zamkiem Ujazdowskim, w którym mieści się Centrum Sztuki Współczesnej, znany japoński artysta Tadashi Kawamata (na zdjęciu) odkrył dla nas na nowo fragment zamkowego systemu kanalizacji – XIX-wieczną ceglaną cysternę wodną. W 2003 r. podjął się odsłonięcia zbiornika i przystosowania go do celów wystawienniczych. Na 116 m kw. powstała niezwykła przestrzeń, która służy teraz artystom do tworzenia specyficznych instalacji i performence'ów. Zobaczysz ją tuż przed głównym wejściem do CSW, po lewej stronie. Pokonaj klaustrofobiczne lęki i zejdź po schodkach do podziemi. Cysterna jest otwarta tylko wtedy, gdy prezentowane są tam wystawy.

Jakub Jezierski

GRAFIK PROJEKTANT, ARCHITEKT. SPECJALIZUJE SIĘ W PROJEKTOWANIU PRASOWYM, TYPOGRAFII I ILUSTRACJI. Z BRATEM TYMKIEM TWORZY DUET PROJEKTOWY BROTHERS IN ARMS

Graphic designer, architect, specializes in editorial design, typography and illustration. He and his brother Tymek form a designer duo Brothers in Arms

I have to admit that I have never sailed on the water bus along the Vistula. I have never had a chance to get off the 146 bus on ul. Romantyczna (Romantic street) and discover the charms of the Vistulan beach.

I have never visited the Museum of Printing, and it will now be moving into a building of a former printing house at ul. Marszałkowska 3/5.

I have never been able to track down the Warsaw Stereoscope. Now I know that the location is allegedly at Al. Jerozolimskie 51.

I have never been hungry enough to have lunch or at least try the sandwiches made by Ms Janina Dróżdż at the Czytelnik publishers' café at ul. Wiejska 12.

But first and foremost – I don't know how it happened but though I have travelled past, rubbed my shoulders on or simply met someone hundreds over hundreds of times by this unusual hub of Warsaw that the Rotunda undoubtedly is – somehow I have never stepped inside the building.

Przyznać muszę, że jeszcze nigdy nie płynąłem tramwajem wodnym po Wiśle. Nie miałem okazji wysiąść z autobusu nr 146 przy ul. Romantycznej i odkryć uroków nadwiślańskiej plaży.

Nigdy nie odwiedziłem Muzeum Drukarstwa, a właśnie zmienia siedzibę (wprowadza się do budynku dawnej drukarni przy ulicy Marszałkowskiej 3/5).

Nigdy nie udało mi się odnaleźć właściwego adresu, pod którym mieści się Fotoplastikon. Teraz już wiem, jest podobno w Al. Jerozolimskich 51.

Nigdy nie byłem na tyle głodny, by zjeść obiad czy choć skosztować kanapki pani Janiny Dróżdż w kawiarni Czytelnika na Wiejskiej 12.

Nade wszystko – nie wiem, jak to się stało, że jeszcze nigdy nie wszedłem do Rotundy, do środka. A tyle razy przejeżdżałem, przechodziłem, ocierałem się czy wręcz umawiałem pod tym niezwykłym pępkiem Warszawy.

ILUSTRACJA NA OKŁADKĘ 179. NUMERU „ARCHITEKTURY MURATOR", 2009

Front cover illustration of "Architektura Murator" issue no. 179, 2009

Kultura w Budowie.

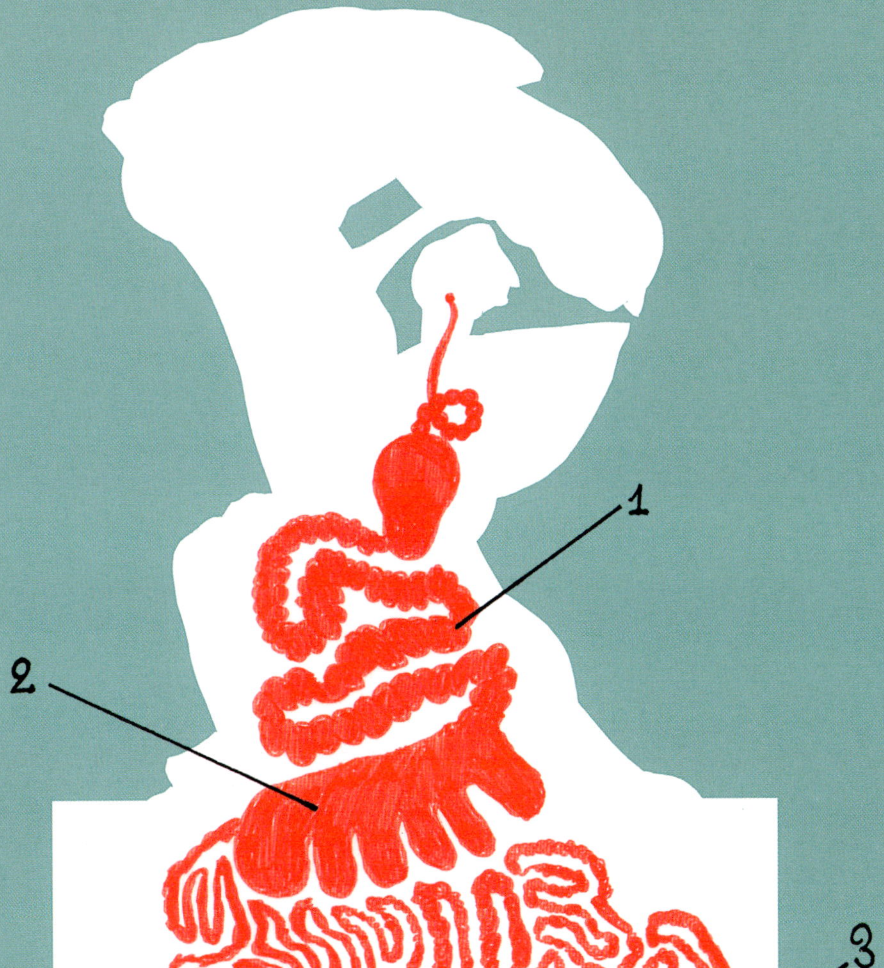

ZOBACZ SZTUKĘ W PARKU

PARK RZEŹBY W PARKU BRÓDNOWSKIM,
WWW.ARTMUSEUM.PL

◆

To prawdziwy fenomen. Z kilku względów: dlatego że na Bródno, na to cieszące się niezbyt dobrą sławą blokowisko, ciągną teraz wycieczki z całego świata; ale też dlatego, że Park Sztuki powstał tu z inicjatywy lokalnych urzędników, dumnych, że mieszka na Bródnie światowej sławy artysta Paweł Althamer. W 2000 r. Paweł przeprowadził wraz z sąsiadami ze swojego bloku przy ul. Krasnobrodzkiej akcję „Bródno 2000" polegającą na utworzeniu na elewacji z odpowiednio zapalanych i gaszonych świateł w mieszkaniach wielkiego napisu „2000". I od tego czasu wciąga sąsiadów w swoje artystyczne działania (np. w 2009 r. polecieli w złotych kosmicznych kombinezonach złotym samolotem do Brukseli, żeby uczcić 20-lecie wolnej Polski).

Powstawanie Parku Rzeźby w 2009 r. w parku Bródnowskim także koordynował Paweł Althamer. Zaprosił do współpracy kuratorów z Muzeum Sztuki Nowoczesnej, dzięki którym w parku pojawiły się instalacje Moniki Sosnowskiej (na zdjęciu), Olafura Eliassona i Rirkrita Tiravanii. Sam Althamer fragment parku zamienił w rajski ogród, w którym grupowe zdjęcie zrobili sobie mieszkańcy Bródna. W tym roku w Parku Rzeźby mają się pojawić kolejne prace.

See some art in a park

Sculpture Garden
in the Bródnowski Park,
www.artmuseum.pl

This is a real phenomenon, for several reasons. Because Bródno, an area of tower blocks with not a particularly good reputation, now draws visitors from all over the world. And also because the Art Park here was founded at the initiative of local officials, proud of the fact that the world-famous artist Paweł Althamer lives in Bródno . In 2000, Paweł and the neighbours in his block on ul. Krasnobrodzka carried out an action called "Bródno 2000" which involved creating a giant number 2000 out of the lights in the apartments, switched on or off. And since then he has drawn neighbours to his artistic exploits (in 2009, for instance, dressed in gold spacesuits they flew in a gold aircraft to Brussels to celebrate the 20th anniversary of free Poland).

Paweł Althamer also coordinated the creation of the Sculpture Park inside the Bródnowski Park in 2009. He invited the curators of the Museum of Modern Art to co-operate, thanks to whom the park has installations by Monika Sosnowska (photo), Olafur Eliasson and Rirkrit Tiravaniji. Althamer himself has transformed a part of the park into a Garden of Eden in which the residents of Bródno had a group photograph taken of themselves (it is to be displayed in a church nearby). Further art works are to appear in the Sculpture Garden this year.

Order Steven Seagal's shoes and Kamil Durczok's briefcase

Warsaw is Poland's fastest-growing city. This is a truism which everyone knows. Reality has assumed a tempo of which not even the Polish racing driver Robert Kubica would be ashamed. Everything is being mass-produced. But there are places where tradition is still alive – small manufacturing firms producing ladies' corsets, brushes and shoes. The craftsmen employed in them put not only their time and energy to their products, but also their hearts. There are establishments which time has forgotten. There are also some which cope with the 21st century wonderfully. They include the Kielman shoe shop at ul. Chmielna 6, which has been in business for 127 years (www.kielman.pl) and of which our favourite Warsaw expert Jerzy S. Majewski has written: "This is a place where one feels history, just like the Blikle café or Wedel's confectionery shop on ul. Szpitalna". Kielman has even been included in the prestigious almanac "Europe Elite 1000", listing the thousand most exclusive forms in Europe. Shoes have been ordered here by such illustrious persons as Charles de Gaulle, Jan Kiepura, Adolf Dymsza and Steven Seagal. Not all establishments can boast such a long history, but they can boast achievements. At ul. Jaracza 8, at the leather goods workshop of Mieczysław Głowacki, in business for over 50 years, you can order the same kind of briefcase as the well-known TV anchorman Kamil Durczok.

ZAMÓW BUTY SEAGALA I AKTÓWKĘ DURCZOKA

Warszawa jest najszybciej i najbardziej dynamicznie rozwijającym się polskim miastem. To truizm, wie o tym każdy. Wszystko produkuje się masowo i taśmowo. Są jednak jeszcze miejsca, które trzymają się tradycji – niewielkie zakłady produkujące gorsety, pędzle, buty. A pracujący w nich rzemieślnicy w tworzone przez siebie rzeczy oprócz czasu i energii wkładają trochę serca. Są zakłady, o których zapomniał czas. Są i takie, które doskonale radzą sobie w XXI w. Wśród nich istniejący od 127 lat sklep obuwniczy Kielmanów na Chmielnej 6 (www.kielman.pl), o którym nasz ulubiony varsavianista Jerzy S. Majewski pisze, że „tak jak cukiernia Bliklego czy słodki sklep Wedla na Szpitalnej jest miejscem, gdzie czuje się historię". Znalazł się nawet w prestiżowym almanachu „Europe Elite 1000", spisie tysiąca najbardziej ekskluzywnych firm na naszym kontynencie. Na zamówienie szyły tu sobie buty takie sławy, jak Charles de Gaulle, Jan Kiepura, Adolf Dymsza czy Steven Seagal.

Nie wszystkie miejsca mogą poszczycić się tak długą historią, ale już osiągnięciami – jak najbardziej. W Pruszkowie przy ul. Kościuszki 13 znajdziesz zakład Zegarmistrzostwo Górski, który wykonał konstrukcję zegara wieżowego Zamku Królewskiego. Z kolei na ul. Jaracza 8 w istniejącym ponad pół wieku warsztacie kaletniczym Mieczysława Głowackiego możesz sprawić sobie aktówkę – taką, jaką zamówił znany prezenter telewizyjny Kamil Durczok.

Relax

Relaks ul. Puławska 48 (entrance at ul. Dąbrowskiego), Mon-Fri 8.00 am to 9.00 pm, Sat. 10.00 am to 9.00 pm, Sun. 10.00 am to 6.00 pm

If you have a push-bike to be repaired or checked up, pop in café Relaks. They will work on it while you have a delicious pie and an excellent coffee. You may also be tempted to buy some bits and bobs for your bike, a T-shirt, a bag, or other gadgets made by a Warsaw-based company Mufa. Relaks is the youngest place on the map of Warsaw cafés (it was opened at the end of April 2010) by two friends Marek Sarba and Piotr Vanila Bujnowski, both enthusiastic cyclists and vegetarians.

This explains why the menu contains vegan pastries, such as a delicious apple pie and others with chocolate or bananas. Coffee here deserves recommending because it is served in more than a dozen styles from espresso to the very popular flat white and cappuccino. Well, chain cafés are not our favourites but we have to admit we would be more than happy if every quarter of the city had at least one such place as Relaks.

ZRELAKSUJ SIĘ

RELAKS, UL. PUŁAWSKA 48
(WEJŚCIE OD UL. DĄBROWSKIEGO),
PON.-PT. W GODZ. 8-21, SOB. 10-21, NIEDZ. 10-18

◆

Jeśli masz rower do naprawy lub przeglądu, to wpadnij do Relaksu, a przy okazji zjesz pyszne ciasto i napijesz się równie dobrej kawy. Może też skusisz się na małe zakupy rowerowe – koszulki, torby, gadżety warszawskiej firmy Mufa.

Relaks to najmłodsze na kawiarnianej mapie Warszawy miejsce (oficjalne otwarcie odbyło się pod koniec kwietnia 2010 r.) – dzieło dwójki przyjaciół, Marka Sarby i Piotra „Vanila" Bujnowskiego, zapalonych rowerzystów i wegetarian. Stąd m.in. w menu wegańskie słodkości, w tym obłędny jabłecznik i ciasto czekoladowe z bananami.

Choć nie przepadamy za sieciówkami, to naprawdę nie mielibyśmy nic przeciw temu, żeby każda dzielnica naszego miasta miała jeden taki Relaks.

NABIERZ OCHOTY

Z CENTRUM TRAMWAJAMI: 7, 25 I 9;
FILTRY, UL. NIEMCEWICZA 3, WWW.FILTRYCAFE.BLOG.PL;
KOLONIA, RÓG UL. ŁĘCZYCKIEJ I BŁ. ŁADYSŁAWA Z GIELNIOWA, WWW.KOLONIA-OCHOTA.PL; OCH-TEATR, UL. GRÓJECKA 65, WWW.OCH-TEATR.COM.PL; POCHWAŁA NIEKONSEKWENCJI, UL. GRÓJECKA 118, WWW.PN-CAFE.PL

◆

Ochota to jedna z elegantszych dzielnic Warszawy, gdzie sporo zachowało się jeszcze przedwojennej architektury. W słoneczny dzień koniecznie musisz się powłóczyć po Kolonii Lubeckiego i Kolonii Staszica z pięknymi domami z początku XX w. Jak je znaleźć? Polecamy zwiedzanie dzielnicy zacząć jak zwykle od lokalnych klubokawiarni, bo to prawdziwe centra kulturalne, w których śmiało możesz zapytać o drogę. Wysiądź więc z tramwaju na pl. Narutowicza i skieruj się ulicami Filtrową i Asnyka do kawiarenki Filtry (na zdjęciu) na bardzo dobrą kawę. Idąc dalej ul. Filtrową, zerknij koniecznie w lewo na panoramę miasta rozciągającą się za obszernym, prawie niezabudowanym terenem Filtrów Warszawskich (zaprojektowanych pod koniec XIX w. przez brytyjskiego inżyniera Williama Lindleya). W tej okolicy znajdziesz też przytulną kawiarnię Kolonia – miejsce szczególnie przyjazne rodzicom z dziećmi. A jeśli masz jeszcze ochotę, cofnij się do ul. Grójeckiej i jedź dalej, przez Och-teatr do klubokawiarni Pochwała Niekonsekwencji, gdzie zobaczysz już zupełnie inną Ochotę, w zwyczajnym, osiedlowym klimacie okolic Hali Banacha.

Get more eager in Ochota

From the city centre on trams: 7, 25 i 9;
Filtry www.filtrycafe.blog.pl;
Kolonia www.kolonia-ochota.pl;
Och-Teatr www.och-teatr.com.pl;
Pochwała Niekonsekwencji www.pn-cafe.pl

Ochota (meaning eagerness, willingness) is one of the most elegant quarters of Warsaw with many surviving pieces of pre-war architecture. You must not miss a walk on a sunny day around the Kolonia Lubeckiego and Kolonia Staszica neighbourhoods with their charming homes built in the early 20th century. How will you find the place? Our advice is to start sight-seeing the usual way from local clubs and cafés, because they are true culture centres where you can also ask the way. Get off the tram at pl. Narutowicza and follow ul. Filtrowa and ul. Asnyka Streets down to the Filtry café (photo). Further down ul. Filtrowa you will have a view of the city panorama over the grounds of the Warsaw Water Filters (designed by a British engineer William Lindley). This is the area where you should look around for a cosy café named Kolonia which is especially friendly for parents with children. If you are still eager enough, go back to ul. Grójecka and follow this street past the Och-teatr down to the café-club Pochwała Niekonsekwencji (Praising Inconsistency) where you will see a totally different face of the Ochota district with its ordinary atmosphere around the Hala Banacha market halls.

ZDECYDUJ, KTÓRY POMNIK NAJBRZYDSZY
Choose the most ugly monument

When in Warsaw, you will soon realize it is haunted by monuments. Just like the rest of Poland. Every undeveloped piece of land, a square, a round-about is likely to become a victim of keen sculptors. People get organized into "monument committees" sometimes claiming 5, sometimes 500 members, and they tend to become quite powerful. Can you imagine local authorities having the courage to openly say that they do not want a monument to a great poet or a national hero in their area? In this way, Warsaw is steadily turning into an open-air gallery of bad sculpture. The problem might be that Poland is short of sculptors talented enough to express all the monument committees want. In fact, things are worse than that. The artists cannot even make a human figure in right proportions and a figure of a horse is definitely too difficult for them.

Here are a handful of the most spectacular monumental failures.

Szybko zorientujesz się, że w Warszawie panuje pomnikomania. W całej Polsce zresztą. Każdy wolny plac, skwer, rondo jest tu potencjalnym polem do popisu dla domorosłych rzeźbiarzy. Zawiązują się komitety pomnikowe i nieważne, czy jest w nich kilka, czy kilkaset osób – mogą zdziałać wiele. Bo jaka władza sprzeciwi się wystawieniu pomnika cenionego wieszcza czy narodowego bohatera?! I tak Warszawa zamienia się powoli w plenerową galerię rzeźby nieudanej. Bo dodać musimy, że nie ma w Polsce rzeźbiarzy, którzy byliby w stanie udźwignąć wizje komitetów pomnikowych. Ba, nie potrafią nawet proporcjonalnie wyrzeźbić ludzkiej figury, o koniu nie wspominając. Oto kilka najbardziej spektakularnych pomnikowych porażek.

Poet Słowacki with a tiny head

Pl. Bankowy,
authors: Edward Wittig (sculpture), the Polish-Belgian Atelier "Projekt" (plinth), 2001

Juliusz Słowacki, Poland's great romantic poet, proudly flexes his naked body of a weight-lifter tucked in a cape that looks like made of plasticine. The monument stands at the place where a monument to Feliks Dzierżyński had been until it was demolished in 1989. Słowacki's plinth is way too big, and his head is way too small. It is hard to believe that the figure was fashioned by Edward Wittig, the same artist who made the good monument to Polish Airman (cross-roads of al. Żwirki i Wigury and ul. Wawelska).

SŁOWACKI Z MAŁĄ GŁÓWKĄ

PL. BANKOWY, AUTORZY: EDWARD WITTIG (RZEŹBA), POLSKO-BELGIJSKA PRACOWNIA „PROJEKT" (COKÓŁ), 2001 R.

Nasz narodowy romantyczny wieszcz dumnie pręży obnażony tors atlety zaplątany w olbrzymią „plastelinową" pelerynę. Stanął na miejscu rozebranego w 1989 r. pomnika Feliksa Dzierżyńskiego. Na zdecydowanie zbyt dużym cokole. No i ta nieproporcjonalnie malutka główka! Aż trudno uwierzyć, że autorem tej rzeźby jest Edward Wittig, twórca dobrego pomnika Lotnika (na skrzyżowaniu al. Żwirki i Wigury i ul. Wawelskiej).

PRASCY GRAJKOWIE

SKWER U ZBIEGU UL. FLORIAŃSKIEJ I KS. KŁOPOTOWSKIEGO, AUTOR ANDRZEJ RENES, 2006 R.

Ten pomnik drażni nie tylko nieudaną formą. Po wysłaniu SMS-a pod wskazany numer uruchamia się w nim melodyjka podwórkowej warszawskiej piosenki, która słyszana pierwszy raz jeszcze bawi, ale po raz dziesiąty – już wkurza. To nowatorskie dzieło, zwane początkowo szumnie „pomnikiem warszawiaka", a ostatnio bardziej swojsko „praską kapelą podwórkową", wymyślił ordynariusz warszawsko-praski abp Sławoj Leszek Głódź. Pięć wychudzonych postaci o małych głowach, prawie identycznych twarzach i wielkich dłoniach z powyginanymi palcami straszy, zamiast cieszyć. Za taki pomnik warszawiaka dziękujemy.

The fiddlers of Praga

A green square at the junction of ul. Floriańska and ul. ks. Kłopotowskiego; author Andrzej Renes, 2006

This monument will annoy you not only by its clumsy form. When you send a text to the special telephone number, you will hear a Warsaw city folk tune which is bearable for the first time but when you hear it the tenth time it can really get on your nerves. This "innovative" piece of art was first called "the monument of a Varsovian" but later on "the street band of Praga" prevailed. The idea of this monument was proposed by Archbishop Ordinary of Warszawa-Praga Sławoj Leszek Głódź. As a result, we have five skinny figures with too small heads, identical faces, and huge hands with crooked fingers which are scary rather than pleasant to see. The Varsovians are not amused by having such a monument.

DE GAULLE IDZIE POD PALMĘ

NOWY ŚWIAT PRZY RONDZIE DE GAULLE'A, AUTORZY: JEAN CARDOT (RZEŹBA), ANDRZEJ KICIŃSKI (COKÓŁ), 2005 R.

Idzie pod palmę czy na pączki od Bliklego? – żartują warszawiacy. Rzeźba jest repliką figury de Gaulle'a z paryskich Pól Elizejskich. Prezydent, ukazany jeszcze jako oficer francuskiej armii, podąża dziarskim krokiem w stronę ronda swojego imienia i dalej na Nowy Świat, gdzie w latach 20. nie tylko zajadał się pączkami, ale nawet mieszkał. Odlana z brązu postać uchwycona jest w dziwacznej pozie, w dodatku wygląda, jakby była ulepiona z błota.

De Gaulle walks towards a palm tree

Nowy Świat at rondo de Gaulle'a; authors: Jean Cardot (sculpture), Andrzej Kiciński (plinth), 2005

Is he walking to the palm tree, or to have a coffee and donut at Blikle's? – goes a joke you may often hear from people in Warsaw. The sculpture is a copy of de Gaulle's monument at Champs Elysées. The former French President, dressed in an army uniform, seems to be in the middle of a forced march towards the roundabout named after him and further on into ul. Nowy Świat where he not only used to try the donuts but also lived for some time in the 1920s. The bronze figure was given a strange pose and it looks as if it were cast not in bronze but in mud.

KRÓL SOBIESKI Z RODZINĄ (I BUŁAWĄ)

UL. KLIMCZOKA, RÓG PRZYCZÓŁKOWEJ, AUTORZY: EDWARD JELIŃSKI (RZEŹBA), TADEUSZ DĘBSKI (BUŁAWA), 2001 R.

Król Jan III Sobieski, żona i dwa pieski. Naiwna narracja, kiczowata, dosłowna forma wzorowana na wiejskich oleodrukach. Idylla w szczerym polu. I jakby tego było mało, w pobliżu wyrasta druga część pomnika – gigantyczna buława przypominająca trzepaczkę. Choć oficjalnie ma symbolizować hetmańską władzę.

King Sobieski with family (and a truncheon)

ul. Klimczoka, corner ul. Przyczółkowa, authors: Edward Jeliński (sculpture), Tadeusz Dębski (truncheon), 2001

King John III Sobieski, his wife and two dogs. A naive, kitsch-like form mimicking folk chromolithographs. An idyll in the middle of nowhere. To make things worse, the second part of the monument stands nearby. It is a gigantic truncheon or, rather a tool resembling an egg-beater which is God knows why supposed to stand for the insignia of hetman's power.

GALERIE FOTOGRAFICZNE
Photo galleries

YOURS GALLERY
UL. KRAKOWSKIE PRZEDMIEŚCIE 33
ASYMETRIA
UL. NOWOGRODZKA 18A/8
STARA GALERIA ZPAF, OBOK ZPAF PL. ZAMKOWY 8
REFLEKSY
UL. NARBUTTA 40 LOK. 21

KUP ZDJĘCIE U KRAWCA

CAFÉ MELON, UL. INŻYNIERSKA 1,
PON.-PT. W GODZ. 10-18, SOB.-NIEDZ. 11-18, TEL. 22 818 79 98,
WWW.STUDIOMELON.PL

◆

Krawiec – tak kiedyś nazywała się ta malutka knajpka na Pradze, przy ul. Inżynierskiej. Na dobre rozkwitła, gdy przejęli ją Iza Bil i Jędrek Wyszyński, właściciele studia fotograficznego Melon, które swoją siedzibę i galerię ma w podwórku sąsiedniej kamienicy. Kawiarenka Melon jest wizytówką firmy. Ma też służyć popularyzacji fotografii. Tu, siedząc przy kawie i domowym cieście, można obejrzeć albumy i magazyny fotograficzne. Są też zdjęcia na sprzedaż ustawione na półkach jak książki, łatwo dostępne, również cenowo (150-200 zł), autorstwa świetnych fotografów współpracujących z Melonem, m.in. Cezarego Hładkiego, Barta Pogody i Mikołaja Długosza.

Sprawdź też, co dzieje się w galerii Melon, bo tu często wernisaże połączone są z koncertami i podwórkowymi imprezami (o widoku z okien na ul. Inżynierskiej 3 czytaj też na s. 40).

Buy a photo from the Tailor

Café Melon ul. Inżynierska 1, Mon.-Fri. 10 am-18 am, Sat.-Sun. 11 am-18 am, tel. 22 818 79 98, www.studiomelon.pl

The Tailor (Krawiec) – this was the name of a small bar in ul. Inżynierska in Praga long time ago. The place changed its owner and it is now run by Iza Bil and Jędrek Wyszyński – a couple who have a photo studio Melon and a gallery just across the street. Café Melon is the signature outlet of the business and one of its main functions is to promote photography. You can sit down here for a coffee and a home-made pie and look through photo albums and magazines. Or you can buy some pictures that you may pick from the shelves at quite reasonable prices (PLN 150-200) if you consider that they were shot by such talented photographers working for Melon as Cezary Hładki, Bartek Pogoda and Mikołaj Długosz. Then, you may check what is up inside the gallery Melon where a varnishing day is often accompanied by a concert or other outdoor cultural event (for a description of the view of Warsaw from the house at ul. Inżynierska 3 – see p. 40).

Pan Jarema

JAREMA DROGOWSKI (WWW.PANJAREMA.COM)
ABSOLWENT GRAFIKI NA WARSZAWSKIEJ ASP.
MALUJE, RYSUJE, TWORZY GRAFIKI,
PLAKATY, STREET ART

Jarema Drogowski (www.panjarema.com)
Visual artist. He paints and draws
and produces graphic designs,
posters and street art

Never ever go to the Chopin salon on Krakowskie Przedmieście, and never eat a kebab on ul. Targowa right next to the Wileński Railway Station. Better go to ul. Kredytowa, where you can eat a really wonderful beef-mutton kebab. I always sit on the wall in front of the window and eat, observing people from a frog's perspective. And if I fancy a pizza I go to Non Solo on ul. Grójecka, where I always order a Primavera with rucola instead of lettuce and sliced baked tomato. Continue towards plac Narutowicza, cross to the other side, and bury yourself in the small streets full of magnificent pre-war architecture. Here you'll find a tiny street named after Zygmunt Gloger where, low down in a basement, there is an utterly charming café with art gallery. I feel best in my studio in Old Ochota, where, with a view of a giant chestnut tree and the roofs of Warsaw, I love delving into new projects. When I've finished drawing and have printed out my stickers I go off with them into town, looking for new interesting places.

Nigdy, przenigdy nie idź do saloniku Chopina na Krakowskim Przedmieściu (na ASP) ani nie jedz kebaba przy Dworcu Wileńskim. Jak już jesteś w tamtej okolicy, to idź lepiej Targową na południe lewą stroną ulicy. Tuż przed Ząbkowską jest brama. Tam w podwórku, chyba w lokalu nr. 70, znajduje się przeurocza zecernia, gdzie za pomocą starych pras i czcionek drukarskich dokonuje się cudów. Podczas stanu wojennego drukowano tam ulotki i materiały dla „Solidarności". A dziś można zamówić dowolne cacko na papierze czerpanym. No tak, ale ty byłeś głodny... No to musisz wrócić do saloniku Chopina, do którego nadal nie wolno ci wchodzić. I stamtąd masz blisko na ulicę Kredytową, gdzie zjesz wspaniały kebab wołowo-barani. Ja tam zawsze sobie siadam na murku i konsumuję, obserwując ludzi z żabiej perspektywy. A jak mam ochotę na pizzę, to chodzę do Non Solo na Grójeckiej, gdzie zawsze zamawiam primaverę z rukolą zamiast sałaty i z pieczonym pomidorem. A jak już jesteś przy Non Solo, to ruszaj dalej w kierunku placu Narutowicza, przejdź na drugą stronę i zatop się w małych uliczkach obrośniętych przepiękną przedwojenną zabudową. Ja najlepiej czuję się w swojej pracowni na Starej Ochocie, gdzie z widokiem na dachy Warszawy z przyjemnością wtapiam się w nowe projekty. Gdy skończę rysować i mam wydrukowane wlepy, idę z nimi w miasto, szukając kolejnych ciekawych miejsc.

INSTALACJA PANA JAREMY
NA WYSTAWIE W GALERII [V]IURO
Installation by Pan Jarema
at the exhibition in the [v]iuro gallery

ZOSTAŃ MIEJSKIM SPORTOWCEM

Become a local athlete

◆

PRZESKOCZ BLOK

WWW.LEPARKOUR.TOPLISTA.PL

O parkourze powstają filmy, nawet gwiazdy popu (np. Madonna) zachwycają się nim i pokazują w swoich teledyskach. To pokonywanie przez wspinanie się, wdrapywanie się, przeskakiwanie wszystkich miejskich przeszkód, jakie stają ci na drodze – niezależnie od tego, czy jest to płot, teren budowy, czy budynek. Parkour to nie tyle sport, co sztuka przemieszczania się. I to sztuka w dosłownym tego słowa znaczeniu, bo wyczyny parkourowców przywodzą na myśl ekstremalny taniec.

Jump over the block

www.leparkour.toplista.pl

Films have been made about this, and even pop stars like Madonna show it in their videos. We're talking about freestyling, in other words overcoming every obstacle in one's way by climbing over it or crawling beneath it, whether it is a fence, or a construction site, or a building. Freestyling is not so much a sport as an art of moving around. And this is literally an art, because the exploits of freestylers are reminiscent of extreme dancing.

Ice skate in the open-air

In really cold weather, a municipal ice rink is not necessary, because one acquires a real taste of skating only out among nature. Ideal places for skating are the ponds in the Skaryszewski Park (as well as the largest one, the Kamionkowskie Pond, when the temperature is really low), and the canal along ul. Stanisława Augusta, regularly frequented by the residents of Grochów and Saska Kępa.

Concentrate and walk!

www.slackline.fora.pl

Slacking is walking on a nylon tape stretched between trees several dozen centimeters above the ground. It is a young discipline (its beginnings date from the 1980s) and it may suck you in, just visit the web sites where you may find practical information on slacking, and the dates and venues of slacking events.

POWSPINAJ SIĘ NA WĘDKĘ

W PIONIE, UL. NOWOWIEJSKA 37B, WWW.WPIONIE.PL;
HULAKULA, UL. DOBRA 56/66 WWW.HULAKULA.COM.PL;
ON SIGHT, UL. OBOZOWA 60, WWW.OBOZOWA.WAW.PL

Wbrew pozorom nie zachęcamy was tu do łowienia ryb, tylko do wspinaczki (dla początkujących – „na wędkę", czyli z asekuracją). Bo tych, którzy wolą poruszać się w górę niż przed siebie, jest w Warszawie coraz więcej. A do wyboru mają kilka niezłych profesjonalnych ścianek wspinaczkowych.

SKONCENTRUJ SIĘ I IDŹ!

WWW.SLACKLINE.FORA.PL

Slacking to chodzenie po nylonowej taśmie, najczęściej rozpiętej między drzewami kilkadziesiąt centymetrów nad ziemią. To dyscyplina młoda (jej początki sięgają lat 80. ubiegłego wieku) i wciągająca, o czym świadczą choćby strony WWW, na których można znaleźć praktyczne informacje o slacku oraz daty i miejsca spotkań „slakowiczów".

RZUĆ JAK NAJBLIŻEJ ŚWINKI

WWW.PETANQUE.PL

Do Polski ta gra trafiła w latach 70., a dziś już działa Polska Federacja Petanque, organizowane są mistrzostwa i turnieje. I choć daleko nam do Francji, gdzie ponad 8 mln osób gra w bule (również tak nazywana jest ta dyscyplina), to w Warszawie w słoneczny dzień fanów tego sportu spotkasz w każdym właściwie parku. To dyscyplina niesłychanie towarzyska, odprężająca i niedroga (zestawy do gry można kupić w każdym większym sklepie sportowym). W skrócie w petanque chodzi o to, by rzucając niewielkimi metalowymi kulami, umieścić je jak najbliżej celu, czyli małej drewnianej kulki zwanej potocznie świnką.

SZUSUJ NA ŁYŻWACH W PLENERZE

PARK SKARYSZEWSKI

W prawdziwe mrozy do szczęścia nie trzeba wielkomiejskiego lodowiska, bo prawdziwy smak ma jazda na łyżwach w terenie. Idealnie do tego nadają się stawy w parku Skaryszewskim (przy dużych mrozach także największe Jeziorko Kamionkowskie) i kanałek wzdłuż ul. Stanisława Augusta, regularnie uczęszczane przez mieszkańców Grochowa i Saskiej Kępy.

Go climbing on a fishing line

W Pionie ul. Nowowiejska 37b, www.wpionie.pl;
Hulakula ul. Dobra 56/66, www.hulakula.com.pl;
On Sight ul. Obozowa 60, ww.obozowa.waw.pl

Despite appearances, we don't encourage you to catch fish, but to go climbing - for beginners, attached to a fishing line ("wędka" in Polish), in other words a safety line. For there are more and more people in Warsaw who prefer to move upwards rather than forwards. Now they have several good professional climbing walls to choose from.

Throw as close to the pig as possible

www.petanque.pl

This game reached Poland in the 1970s, and today the Polish Petanque Federation organises championships and competitions. And though we are far behnd France, where over 8 million people play boules (another name for this sport), fans of this sport can be found in every Warsaw park on a sunny day. This is a very social sport, relaxing and cheap (petanque sets can be bought in every major sports shop). In a nutshell, the object is to throw small metal balls as close as possible to a small wooden ball, commonly called a pig.

ULEGNIJ PROPAGANDZIE

SKLEP ARTYKUŁY PROPAGANDOWE,
UL. OKOPOWA 25, RÓG ŻYTNIEJ
(NA CZAS REMONTU PRZENIESIONY NA UL. GÓRCZEWSKĄ 24),
TEL. 22 632 10 59,
WWW.OKOPOWAFLAGI.PL

◆

Polscy patrioci mogą się wyżyć w sklepie z artykułami propagandowymi, który w tym samym miejscu działa nieprzerwanie od 1978 r. I choć PRL i czasy propagandy dawno już minęły, to gdy zbliżają się święta państwowe, wciąż ustawiają się tu kolejki. Po flagi, bandery, proporczyki, drzewce, niebieskie baloniki z gwiazdkami Unii Europejskiej, polskie godła i sportowe koszulki. Dlatego Artykuły Propagandowe spokojnie moglibyśmy dopisać do listy miejsc, w których można kupić pamiątkę, tyle że bardziej polską niż stricte warszawską.

Z podobnych sklepów z bardziej zaangażowanymi souvenirami polecamy też ten w Muzeum Powstania Warszawskiego (ul. Grzybowska 79). Tu znajdziesz wiele oryginalnych przedmiotów produkowanych przez samo muzeum: manierki, chlebaki, opaski na rękę, misie i ręcznie szyte lalki, podkładki pod mysz komputerową z reprodukcjami powstańczych zdjęć czy magnesy na lodówkę z muralami z Muru Sztuki (s. 21).

Absorb some propaganda

The Propaganda Stuff shop
ul. Okopowa 25, corner ul. Żytnia (now, temporary, in ul. Górczewska 24), www.okopowaflagi.pl

Polish patriots like to visit a shop that has been selling propaganda stuff all the time since 1978. Although the Communist Poland and its propaganda are over, you still will see people queuing in front of the shop shortly before major national holidays. They want to buy flags, badges, blue balloons with yellow EU stars, Polish emblems and T-shirts. We can well add this shop to the list of places where people buy souvenirs but these souvenirs are more about Poland than about Warsaw. Souvenirs which are more patriotic than these can be found in the shop at the Warsaw Rising Museum (ul. Grzybowska 79). This shop also sells a variety of original objects manufactured by the Museum itself, such as, soldier's flasks, haversacks, arm bands, teddy bears and hand-made dolls, mouse-pads with photographs of Rising scenes, and fridge magnets with murals from the Wall of Art (p. 21).

ZOBĄCZ SŁYNNE ŻYLETKI

METROPOLITAN, PL. PIŁSUDSKIEGO 1,
WWW.METROPOLITAN.WAW.PL
BUDYNEK AGORY, UL. CZERSKA 8/10,
WWW.AGORA.PL, WWW.JEMS.PL

Niewiele dobrych nowoczesnych budynków powstaje w Warszawie. I przypadek zrządził, że dwa z nich mają bardzo podobne elewacje, pokryte żyletkami, czyli rodzajem wielkich żaluzji. Biurowiec Metropolitan autorstwa słynnego architekta Normana Fostera, który stanął w 2003 r. na pl. Piłsudskiego, ma żyletki z granitu. Z kolei siedziba firmy Agora przy ul. Czerskiej, w której mieści się m.in. redakcja „Gazety Wyborczej" – z drewna cedru kanadyjskiego. Ten ostatni budynek, z 2002 r., według projektu architektów z firmy JEMS, został zbudowany nieco solidniej. Żyletki Fostera już po roku zaczęły pękać i wiele z nich trzeba było wymienić. Warszawiacy bardzo lubią przesiadywać na nowoczesnym otwartym dziedzińcu biurowca Metropolitan, obserwując podświetlaną fontannę.

U nas też jest miło. Na Czerską możesz wpaść na kawę do kawiarenki, w której przeczytasz dzisiejszą „Gazetę", kupisz wydawane przez nas książki i płyty oraz skorzystasz z darmowego hot spotu.

See the famous razor blades

The Metropolitan Building
pl. Piłsudskiego 1,
www.metropolitan.waw.pl;
the building of Agora company
and „Gazeta Wyborcza" daily,
ul. Czerska 8/10,
www.agora.pl, www.jems.pl

Not many good, high-tech buildings are built in Warsaw these days. Incidentally, two new buildings have very similar outer walls covered with what people call "razor blades" or a kind of large-size vertical blinds. The Metropolitan office building designed by famous Norman Foster was built in pl. Piłsudskiego in 2003 and its razor blades are made of granite. Another example, the Agora SA building in ul. Czerska, which houses our Gazeta Wyborcza daily, has razor blades made of Canadian cedar wood. The building was designed by JEMS architects and built in 2002 and the workmanship was better here than on the previous building. Foster's blades started to crack after about a year and many had to be replaced. Nevertheless, people love to come to Metropolitan, sit down in the yard, and watch a pretty illuminated fountain.

Of course, our place is nice too. You can pop in ul. Czerska building for a coffee at which you can read the latest issue of "Gazeta Wyborcza" daily, buy books or discs published by our company and, perhaps, use a free Internet access.

WSŁUCHAJ SIĘ W WARSZAWĘ

Listen to Warsaw tunes

O muzyce, tej warszawskiej i inspirowanej naszym miastem, można by spokojnie napisać książkę. Warszawa miała swoich wielkich bardów, jak choćby Mieczysława Fogga. Miała też nieformalne hymny, w tym przepiękną piosenkę Czesława Niemena „Sen o Warszawie", która nawet po tysięcznym przesłuchaniu wywołuje ciarki! Śpiewali o niej rodowici mieszkańcy stolicy, śpiewali też ci, którzy się w niej zakochali, jak Jerzy Połomski. Właściwie nie ma gatunku czy stylu muzycznego, w którym nie natrafilibyśmy na warszawskie akcenty. Znaleźć je można w tekstach stołecznych hiphopowców: Molesty, Hemp Gru, Sokoła i Pono, Warszafskiego Deszczu i Starego Miasta; punkowego Dezertera i w twórczości artystów ponadgatunkowych – Marii Peszek czy Fisza i Emadego.

Kilka lat temu z inicjatywy nieodżałowanego pisma „City Magazine" ukazała się ultraciekawa, dziś już chyba niedostępna płyta „Warszawa – ścieżka dźwiękowa". Grupa artystów z różnych stron stołecznej sceny muzycznej nagrała kompozycje zainspirowane konkretnymi miejscami w naszym mieście. Pustki odnalazły natchnienie w Ujazdowie, Baaba – w osiedlu Przyjaźń, Jacek Sienkiewicz w zabytkowym budynku Pod Orłami, a Karol Suka – w Pałacu Kultury i Nauki.

Są też muzycy, którzy Warszawę włączyli do nazwy swojego zespołu.

One could easily write a book about music, the music of Warsaw and music inspired by our city. Warsaw has had its great bards, such as Mieczysław Fogg. It has also had informal anthems, including the absolutely beautiful Czesław Niemen's "Sen o Warszawie" (A Dream of Warsaw), which causes goosepimples even when heard for the thousandth time! Warsaw has been sung about by those born in the city and by those who fell in love with it, for example Jerzy Połomski. In fact, there is no musical style or genre where we won't find Varsovian accents or undertones. They can be found in the texts of the Warsaw hiphop artists Molesta, Hemp Gru, Sokół and Pono, Warszafski Deszcz i Stare Miasto; in the texts of the punk Dezerter, and in the work of supragenre artists like Maria Peszek or Fisz Emade. Several years ago, an ultra-interesting record called "Warszawa – ścieżka dźwiękowa" (Warsaw soundtrack) appeared, inspired by the much-lamented "City Magazine", and probably no longer available. A group of artists from various parts of the Warsaw music scene got together and recorded a song inspired by specific places. Pustki (Hollows) found inspiration in Ujazdów, Baaba sang about the Przyjaźń (Friendship) housing estate , Jacek Sienkiewicz hailed the historic Pod Orłami (At the Eagles) building, and Karol Suka sang about the Palace of Culture and Science. There are also musicians who have included the city in the name of their band.

Share the apocalypse with Warsaw City Rockers
www.warsawcityrockers.com

If you've never heard the Warsaw City Rockers, it's high time you did! When this DJ group plays, rock and roll becomes mixed with beer, blood, sweat and tears. After all, punk rock is not for everyone. And although the times have gone when their equipment was set on fire and people bashed themselves with golf clubs just for fun, the apocalyptic spirit of their events remains. Karol and Łukasz are eternal students, Andy is graduating from the Academy of Fine Arts, and Kozi is studying graphic design in Copenhagen. Their first events were attended mainly by punks, when hits by the Ramones, Misfits, Rancid and Cock Sparrer blared from the loudspeakers, not to mention music by lesser known bands such as the gay band Hunx and His Punx, or the blues-rock Gun Club. Today they still play punk rock classics, but also garage music from the 1960s and modern rock and indie rock sounds.

PRZEŻYJ APOKALIPSĘ Z WARSAW CITY ROCKERS

WWW.WARSAWCITYROCKERS.COM

Jeśli nigdy nie trafiliście na imprezę z Warsaw City Rockers, to najwyższy czas! Gdy gra ten kolektyw, to rock and roll miesza się z piwem, potem, łzami i krwią. Ale w końcu punk rock to nie bułka z masłem. I choć minęły już czasy, gdy podczas ich imprez płonął sprzęt, a ludzie dla hecy okładali się kijami golfowymi, to duch apokaliptycznej zabawy pozostał. Karol i Łukasz to wieczni studenci, Andy kończy ASP, Kozi studiuje grafikę w Kopenhadze. Na ich pierwsze imprezy przychodzili przede wszystkim punkowcy, a z głośników leciały hity The Ramones, Misfits, Rancid, Cock Sparrer, ale też piosenki zespołów mniej znanych, np. gejowskiej kapeli Hunx and His Punx czy bluesowo-rockowego The Gun Club. Dziś wciąż prezentują klasyki punk rocka, ale też garażową muzykę lat 60. oraz współczesne rockowe i indierockowe brzmienia.

PRZEKONAJ SIĘ, ŻE WARSZAWA TO WIEŚ

WWW.KZWW.PL

Skoro jest zdrowa żywność, to i muzyka może być zdrowa. A na dodatek eksportowa. Bo Kapela ze Wsi Warszawa, w oryginalny sposób interpretując tradycyjną, korzenną muzykę ludową, tańce, ballady, wiejskie pieśni, podbiła świat. Zespół ma na swoim koncie zarówno występy w USA, Pakistanie czy Tajwanie, jak i w małych polskich wioskach. KZWW regularnie zdobywa prestiżowe wyróżnienia, m.in. w 2004 r. zwyciężyła w konkursie Radio 3 Awards For World Music organizowanym przez BBC, a całkiem niedawno popularny amerykański magazyn internetowy „Popmatters" uznał ostatnią płytę kapeli „Infinity" za najlepszy album 2009 r.

Feel the reggae vibes

Although there are only a few Jamaicans living in our country, one can boldly say that Poland is a second Jamaica and Warsaw is a second Kingston. The history of Polish reggae goes back to the end of the 1970s and has already earned a serious study. The reggae bands and sound systems in Warsaw are innumerable: Izrael, Daab, Zjednoczenie Sound System, Tisztelet Sound System, Ba-Lan, Single Dread Sound System, Joint Venture Sound System, Cinq G, Marika, VavaMuffin – these are just a few of them. You must hear VavaMuffin live (myspace.com/vavamuffinband), because they pulse with energy and have excellent songs, including Warsaw hits. It's also worth hearing "Telehon" – a solo record by one of VavaMuffin's vocalists, Pablopavo, who loves Grochów and supports Legia.

Discover that Warsaw is a village

www.kzww.pl

If there is health food, there may be health music too. And what is more, health music that is exported. For the Kapela ze Wsi Warszawa (English: Warsaw Village Band) has conquered the world with their original interpretations of traditional folk music, ballads and country songs. They have performed in the United States, Pakistan and Taiwan, not to mention tiny Polish villages. The band regularly reaps prestigious awards such as the 2004 Radio 3 Awards For World Music from the BBC, and quite recently the popular American internet magazine "Popmatters" described the band's latest album "Infinity" as the best album of 2009.

POCZUJ WIBRACJE REGGAE

Mimo że w naszym kraju mieszka zaledwie kilku Jamajczyków, to śmiało można powiedzieć, że Polska to druga Jamajka, a Warszawa to drugie Kingston. Historia polskiego reggae sięga końca lat 70. i już teraz zasługuje na poważną monografię. Zespołów i sound systemów w stolicy jest bez liku. Izrael, Daab, Zjednoczenie Sound System, VavaMuffin, Tiszelet Sound System, Ba-Lan, Single Dread Sound System, Joint Venture Sound System, Cinq G, Marika – to tylko niektóre z nich. Na żywo musisz koniecznie zobaczyć VavaMuffin (myspace.com/vavamuffinband), bo to pulsacja, energia, doskonałe teksty i warszawskie szlagiery. Warto też sięgnąć po „Telehon" – solową płytę jednego z wokalistów VavaMuffin, miłośnika Grochowa, kibica Legii, czyli Pablopavo.

ODETCHNIJ NA DZIAŁKACH

AL. WASZYNGTONA, RÓG UL. KINOWEJ;
UL. PROMYKA; UL. NADRZECZNA 6A

◆

To kolejny warszawski fenomen, że w środku miasta można natknąć się na całe połacie ogródków działkowych (w sumie ok. 175 hektarów) z malowniczymi domkami, drzewami owocowymi, warzywami i kwiatami. Tu swoje malutkie kawałki ziemi mają głównie starsi ludzie, którzy dzięki pieleniu grządek nie tylko zachowują aktywność, ale też zyskują tańsze produkty żywnościowe. Powłócz się po ogródkach działkowych, póki jeszcze istnieją, bo ostatnio coraz częściej są wydzierane właścicielom pod budowę dróg czy osiedli. Obserwuj, jak zmieniają się wraz z porami roku, rób zdjęcia, odpoczywaj.

Na ogół bramy są zamknięte, ale przy odrobinie sprytu na pewno dostaniesz się do środka.

Relax in Allotment Gardens

al. Waszyngtona,
corner of ul.Kinowa;
ul. Promyka;
ul. Nadrzeczna 6a

This is another Warsaw phenomenon – a whole area of garden plots (about 175 hectares all together) in the centre of the city, with picturesque houses, fruit trees, vegetables and flowers. These small plots of land belong mainly to senior citizens, who in this way not only remain active, but also benefit from cheaper food produce. It might be polluted by exhaust from the city's traffic, but the fruit and vegetables sold in most shops can hardly be called ecological either. Wander among these plots while they still exist, because they are being taken away from their owners with increasing frequency to make way for roads or housing estates. Observe how they change with the seasons, take photographs and relax.

The gates are usually locked, but with a bit of nimbleness you're bound to get inside.

DDR STUDIO
UL. KOSZYKOWA 33

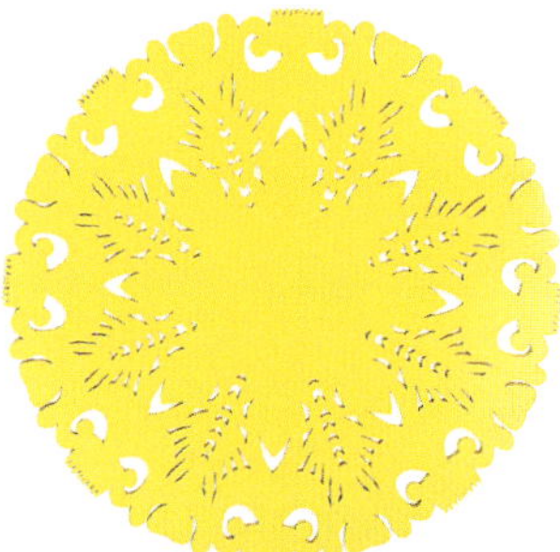

POZNAJ POLSKICH PROJEKTANTÓW

Design to nasza wielka pasja, więc z przyjemnością polecamy ci miejsca, gdzie nie tylko możesz kupić coś niebanalnego, ale również dowiedzieć się więcej o polskich projektantach. Młodych designerów promuje fundacja Bęc Zmiana (ul. Mokotowska 65, www.bec.art.pl), szeroko pojęte wzornictwo – Instytut Wzornictwa Przemysłowego (ul. Świętojerska 5/7, www.iwp.com.pl); grafików-projektantów zrzesza Stowarzyszenie Twórców Grafiki Użytkowej (stgu.pl). Zamiast typowego festiwalu designu mamy u nas dedykowaną projektowaniu imprezę Warszawa w Budowie, którą organizuje Muzeum Sztuki Nowoczesnej (www.warszawawbudowie.pl).

Na zakupy idź do prowadzonego przez Łukasza Drgasa Magazynu Praga w Koneserze (www.magazynpraga.pl), sklepów Zoom (www.zoomzoom.pl) oraz Pies czy Suka (Beaty i Pawła Konarskich), gdzie znajdziesz sporo dzieł polskich projektantów. Cenisz sobie szczególnie design w stylu retro, z lat 50., 60., 70. XX w.? Zajrzyj koniecznie do DDR Studio.

Jeśli podobnie jak my bywasz śmietnikowym nurkiem, czyli uwielbiasz stylowe starocie, wybierz się w weekend na targi na Kole i Olimpii; zerknij też, co emeryci sprzedają w sobotę prosto z chodnika w sąsiedztwie Hali Mirowskiej. A gdy już upolujesz jakiś mebel czy lampę i będziesz potrzebować pomocy przy ich renowacji, zwróć się koniecznie o pomoc do mistrzów tego fachu, artystów z firmy Refre (www.refre.pl, s. 152).

MAGAZYN PRAGA – UL. ZĄBKOWSKA 27/32 – TU ZNAJDZIESZ M.IN. KUBKI QUBUS STUDIO I STOLIKI TWOŻYWA. POWYŻEJ – DYWAN PROJEKTU MOHO DESIGN

Here you'll find mugs by Qubus Studio and tables by Twożywo, among other things. Carpet by Moho Design (above)

Get to know Polish designers

Design is our great passion, so we're pleased to recommend places where you'll not only buy something original, but will also find out something about Polish designers. Young designers are promoted by the Bęc Zmiana foundation (ul. Mokotowska 65, www.bec.art.pl), broadly-conceived industrial design by the Institute of Industrial Design (ul. Świętojerska 5/7, www.iwp.com.pl); and graphic designers are represented by the Association of Applied Graphic Designers (stgu.pl). Instead of a typical festival of design, we have an event called "Warszawa w budowie" (Warsaw Under Construction) dedicated to design and organised by the Museum of Modern Art (www.warszawawbudowie.pl). For shopping, go to the Magazyn Praga at the former Koneser Vodka Factory (ul. Ząbkowska 27/31) and to the following shops: Pies czy Suka and ZOOM (www.zoomzoom.pl), where you'll find a lot of work by Polish designers. Do you fancy retro design from the 1950s-1970s? Then check out the DDR Studio. If like us you enjoy rummaging through trash, in other words you like old stylish objects, visit the fairs at Koło and Olimpia on a weekend. You can also see what pensioners are selling straight from the pavement near the Hala Mirowska market hall. And when you've found some piece of furniture or lamp and need to have it restored, ask the artists at Refre (www.refre.pl, p. 152).

PIES CZY SUKA
UL. CHMIELNA 28B

ZOOM – UL. NOWOGRODZKA 84/86.
TU MOŻNA KUPIĆ M.IN. CERATY NA STÓŁ Z SATELITARNĄ MAPĄ WARSZAWY AUTORSTWA MIKOŁAJA DŁUGOSZA
Here you can buy oil tablecloths with satellite map of Warsaw, designed by Mikołaj Długosz

Ivo Nikić

WWW.IVONIKIC.COM
MALARZ, FOTOGRAF,
TWÓRCA OBIEKTÓW, INSTALACJI.
WSPÓŁZAŁOŻYCIEL LATAJĄCEJ GALERII SZU SZU

www.ivonikic.com
Painter, photographer,
creator of objectsand installation artist.
Co-founder of the
szu szu Flying Gallery

◆

If a visitor has some extra time, I would recommend what I have recently discovered myself, namely whitewater kayaking trips on the Liwiec and Bug rivers. Just go to the place called Kamieńczyk near Wyszków (a 45-minute ride from Warsaw) and try one of the local kayak rental shops. Rates for a double kayak range from PLN 30 to 50 a day.

Bug is the last unregulated river in Europe, wildly flowing along its natural channel.

Whitewater kayaking is an option for visitors who are slightly weary of the city. It is particularly enjoyable in the summer. If you are not an expert kayaker, you'd better stick to an easy route. Kayak rental shops also offer pick-up services at the end of the day. This attraction may not be directly associated with Warsaw, but it does show its assets. You don't have to be very good at paddling, just glide down the river and contemplate nature. Highly recommended!

Jeśli przyjezdny by miał trochę czasu, poleciłbym coś, co sam niedawno odkryłem.

To spływy kajakowe na rzekach Liwiec i Bug. Wystarczy pojechać do miejscowości Kamieńczyk koło Wyszkowa (45 min od Warszawy) i tam wybrać którąś z wypożyczalni kajaków. Koszt wynajmu jednego kajaka dwuosobowego to 30-50 zł dziennie.

Bug jest ostatnią w Europie nieuregulowaną, dziko płynącą swoim naturalnym korytem rzeką.

Spływ to opcja dla tych trochę zmęczonych miastem, fajna szczególnie w okresie letnim. Można dopasować sobie długość trasy do swoich możliwości i umówić się na odbiór z wypożyczalnią kajaków.

Nie jest to propozycja bezpośrednio związana z Warszawą, ale pokazuje jej walory.

Nie trzeba być wprawionym w wiosłowaniu, wystarczy puścić się z nurtem rzeki i spokojnie kontemplować przyrodę. Polecam!

INSTALACJA ULICZNA W WARSZAWIE W RAMACH KAMPANII WWF „DAJ ŚMIECIOM DRUGĄ SZANSĘ", 2009 R.

Street installation during the WWF campaign "Give garbage a second chance", 2009

KLOSZ Z WIKLINY

Wicker basket

Buy a comic book

Komikslandia, shopping arcade at the Centrum underground station, www.komikslandia.pl; **Centrum Komiksu** (Centre for the Comic Book), al. Niepodległości 148, www.centrumkomiksu.pl

Today's thirty year-olds grew up with the adventures of Kajko and Kokosz, Thorgal, Tytus, Romek and A'Tomek, and Kapitan Żbik (Captain Żbik). If they are looking for comic books, whether the latest ones or historic ones, they go to Komikslandia which, apart from Polish, European, American and Japanese comic books, also sells computer games and gadgets. It's also worth checking out the Centrum Komiksu at al. Niepodległości, run by genuine fans of animated literature, who had organized the Warsaw Comics Rendezvous, the second most important event of its kind in Poland after the International Festival of Comics in Łódz. In 2010 it was replaced by the Comics Warsaw Festival (www.komiksowawarszawa.pl). If you're looking for traces of Warsaw in comic strips, you'll find them in "Esencja" (Essence – above) by Krzysztof Gawronkiewicz and Grzegorz Janusz, for which they won first prize at the first European Comics Contest in France in 2003. You'll taste Warsaw's history in the anthologies "Powstanie '44" (Rising 44), in which young animators tackle the difficult subject of the Warsaw Rising. We also particularly recommend the "Komiksowy przewodnik po Warszawie" (Animated Guide to Warsaw), with over thirty animated histories connected with, among other things, Rotunda and the Central Station.

KUP KOMIKS

KOMIKSLANDIA, PASAŻ HANDLOWY NA STACJI METRA CENTRUM, WWW.KOMIKSLANDIA.PL; CENTRUM KOMIKSU, AL. NIEPODLEGŁOŚCI 148, WWW.CENTRUMKOMIKSU.PL

◆

Dzisiejsi 30-latkowie wychowali się na przygodach Kajka i Kokosza, Thorgala, Tytusa, Romka i A'Tomka, kapitana Żbika. Jeśli szukają komiksów, tych najnowszych i tych archiwalnych, wybierają się do Komikslandii, w której oprócz wydawnictw polskich, europejskich, amerykańskich i japońskich można też kupić gry komputerowe i gadżety. Warto zajrzeć do Centrum Komiksu przy al. Niepodległości prowadzonego przez prawdziwych fanów literatury rysowanej, którzy przez kilka lat organizowali Warszawskie Spotkania Komiksowe, drugą co do rangi tego typu imprezę w Polsce (po Międzynarodowym Festiwalu Komiksu w Łodzi). W 2010 r. zastąpił je festiwal Komiksowa Warszawa (www.komiksowawarszawa.pl).

Jeśli szukasz tropów Warszawy w komiksach, znajdziesz je choćby w „Esencji" Krzysztofa Gawronkiewicza i Grzegorza Janusza (fragmencik – obok), za którą zdobyli główną nagrodę podczas pierwszego Europejskiego Konkursu Komiksu we Francji w 2003 r. Warszawskiej historii posmakujesz w antologiach „Powstanie '44", w których młodzi artyści zmagają się z wcale niełatwym tematem Powstania Warszawskiego.

Szczególnie też polecamy ci „Komiksowy przewodnik po Warszawie", czyli ponad 30 rysunkowych historii związanych m.in. ze Starym Miastem, Rotundą, Dworcem Centralnym.

PLANSZA Z „KOMIKSOWEGO PRZEWODNIKA PO WARSZAWIE", AUTORZY: TOMASZ PASTUSZKA I EWA JUSZCZUK

Plate about the Warsaw Rising Museum from the book „Animated Guide to Warsaw" authored by Tomasz Pastuszka and Ewa Juszczuk

scen.: Tomasz Pastuszka, rys.: Ewa Juszczuk

PRZEJEDŹ SIĘ NA BIAŁYM KONIKU

PAŃSTWOWE MUZEUM ETNOGRAFICZNE, UL. KREDYTOWA 1,
WWW.ETHNOMUSEUM.WEBSITE.PL;
BILY KONICEK, PON.-NIEDZ. W GODZ. 9-22

◆

Wystarczy, że pokonasz ciężkie, duże drzwi, które, jak sięgamy pamięcią, są tam od zawsze. Wewnątrz znajdziesz się w nieco innym świecie, w Państwowym Muzeum Etnograficznym – najstarszym tego typu muzeum w Polsce, które w 2008 r. obchodziło jubileusz 120 lat istnienia. Jeszcze do niedawna pokrywała je pajęczyna nudy i lekkiej stagnacji, a odwiedzający częściej ziewali, niż rozdziawiali buzie ze zdziwienia (muzeum trafiło nawet do kultowego już filmu Stanisława Barei „Brunet wieczorową porą").

To się jednak zmienia. Nie tylko zbiory są ciekawiej eksponowane, ale muzeum otrzymało też sporą dotację na modernizację i powoli się remontuje. A ma co wystawiać, bo zbiory PME są imponujące. Składa się na nie prawie 55 tys. obiektów, w tym bogata kolekcja tkanin polskich, np.: łowickie nospy, wielkopolskie pstruchy, opoczyńskie koziołki i kuloski, kurpiowskie buronki czy spiskie kanafasy i rąbki. Są też eksponaty współczesne, np. zbiór dewocjonaliów z Polski i Europy.

Gdy już zwiedzisz muzeum, koniecznie zatrzymaj się na chwilę na parterze, w Bilym Konicku. To nowocześnie urządzona kluboksięgarnia, której nazwa wzięła się od białego konika w logo muzeum. Jej wnętrze utrzymane jest w modnym stylu inspirowanym ludowymi motywami. Serwowane są tu przede wszystkim kawa, herbata i słodycze (polecamy pyszne kruche ciastka!), ale można zjeść też kanapkę, tartę lub zupę. Kupisz tu też album i nowoczesny etnogadżet.

Ride a white horse

Ethnographic Museum
ul. Kredytowa 1,
www.ethnomuseum.website.pl;
Bily Konicek
Mon-Sun 9.00 am-10.00 pm

All it takes is to push open the huge heavy doors that have been there for as long as we can remember. Inside is a different world - inside the State Ethnographic Museum, the oldest such museum in Poland, which celebrated its 120th anniversary in 2008. Until recently, the museum was filled with an atmosphere of boredom and light stagnation, and when visitors opened their mouths, they did so in order to yawn rather than gape in wonder at the exhibits. However, this is changing. Not only are the displays becoming more interesting, but the museum has also received a major grant for modernisation and is slowly being refurbished. And the museum certainly has enough to show; its collections are impressive. It comprises almost 55,000 objects, including a rich collection of Polish textiles, such as clothing and furnishings from Łowicz, Wielkopolska (the region of Greater Poland), Opoczno, Kurpie and Spisz. When you've visited the museum, stop off at the Bily Konicek on the ground floor. This is a club-cum-bookshop named after the white horse that forms the museum's logo. The interior is furnished in a fashionable style inspired by folk art. They mainly serve coffee, tea, and sweets and confectionery (we recommend the delicious crumbly cookies!), but one can also have a sandwich, tart or soup. You can also buy books and ethnic bric-a-brac.

ZOBACZ SZTUKĘ W FABRYCE WÓDEK

WARSZAWSKA WYTWÓRNIA WÓDEK „KONESER",
UL. ZĄBKOWSKA 27/31
MAGAZYN PRAGA,
GALERIA KLIMY BOCHEŃSKIEJ

◆

Dziś wódki już się tu nie produkuje, bo deweloper wykupił ten teren pod budowę osiedla mieszkaniowego. Ale Koneser zawsze będzie się kojarzył z przemysłem spirytusowym. Zakład zaczęto budować w 1897 r., a w 1928 r. władza ulokowała tu Polski Monopol Spirytusowy, który opracował tak popularne w Polsce i za granicą marki wódek, jak Wyborowa, Luksusowa czy Żubrówka. Dziś na Ząbkowskiej zostały zabytkowe przemysłowe budynki, których deweloper nie może ruszyć, może je jedynie obudować. Upodobali je sobie artyści i od lat już wykorzystują na koncerty, wystawy, spektakle teatralne. A władze miasta zapewniają, że kultura w Koneserze nie jest zagrożona. Na stałe działa tu promująca sztukę współczesną Galeria Klimy Bocheńskiej i sklep z designem Magazyn Praga. Nie obawiaj się szlabanów, śmiało wejdź na teren fabryki głównym wejściem przez portiernię.

Zwiedzanie Pragi-Północ warto zacząć właśnie od spaceru Ząbkowską od ul. Targowej do Konesera.

Enjoy art in a vodka distillery

Koneser

ul. Ząbkowska 27/31,
Magazyn Praga and
Klima Bocheńska Gallery

Vodka is no longer made here because a developer has bought the place for a new housing estate. Yet, the name Koneser will always connote with the spirits-making industry. The distillery was built in 1897 and the state authorities localised the Polish Spirits Monopoly there in 1928. The Monopoly developed such world-famous vodka brands as: Wyborowa, Luksusowa and Żubrówka. Some of the post-industrial buildings on ul. Ząbkowska have survived to our time as heritage buildings. The developer must not touch them and all he can do is to surround them with new structures. The place has soon earned the love of artists who have staged concerts, exhibitions, and theatrical spectacles in the premises for years now. The Town Hall keeps saying that cultural life at Koneser is not threatened at all and that they will promote it as an art centre. A contemporary art gallery of Klima Bocheńska and a design shop Magazyn Praga have found their permanent berth there too. Do not fear the barriers blocking the entrance. Just walk into the factory premises using the main entrance where the guard sits. It is good to start Praga sightseeing with a stroll along ul. Ząbkowska up to the Koneser distillery.

POKIBICUJ

Be a soccer fan

Roma kontra Lazio, Arsenal kontra Chelsea czy Crvena Zvezda kontra Partizan. Te mecze elektryzują kibiców piłki nożnej nie tylko w Europie, ale i na świecie. Na dzień, kiedy takie emocje będą wywoływały derby stolicy, pewnie musimy jeszcze trochę poczekać, ale kto wie, może autorzy tego przewodnika dożyją tej chwili. Tymczasem, nie zważając na głosy malkontentów i histeryków, że stadiony to wylęgarnia chamstwa i przemocy, proponujemy solidnie pokibicować. A pokibicować można...

At the duel of Roma vs. Lazio, Arsenal vs. Chelsea or Crvena Zvezda vs. Partizan. Such matches mesmerize soccer fans in Europe and worldwide. We will apparently have to live long until matches of Warsaw teams become so important but authors of this guidebook hope to witness it one day anyway. Meanwhile, let us ignore the moaning bunch who says that soccer stadiums are the hot-beds of aggression and violence, and let us live a real soccer fan's life for a short while. You can do that at...

POLONII

UL. KONWIKTORSKA 6, WWW.KSPPOLONIA.PL

To zdecydowanie bardziej kameralny niż Legia klub, zarówno pod względem liczby kibiców, jak i osiągnięć piłkarskich. Założona w 1911 r. Polonia tylko dwukrotnie zdobywała mistrzostwo Polski, dwukrotnie też sięgała po Puchar Polski. Z Polonii pochodzi pierwszy czarnoskóry piłkarz narodowej reprezentacji Emmanuel Olisadebe, który choć miał naprawdę spory talent, to, niestety, go zmarnował.

Polonia

ul. Konwiktorska 6, www.ksppolonia.pl

This club is more "private" than Legia in terms of the fan crowd size and football achievements. Established in 1911, Polonia was the champion of Poland only twice, and twice the winner of Poland's Cup. The first Polish black player Emmanuel Olisadebe played for Polonia but he later squandered his great talent.

Legia

ul. Łazienkowska 3, www.legia.com, www.legia.net

True, the recent years were dominated by Legia's perennial rival Wisła Kraków, but Legia Warszawa continues to be Poland's best-recognized soccer club in the world and our love for it is incurable. When Legia play one of their matches and its fans are not contesting the club management's policy at the moment, the show becomes unforgettable, the players are more likely to do the most brilliant stunts and the apocalyptic roar of the fans can raise your hair. Legia holds an uncountable number of club titles. Since the time when it was born in 1916, it took Poland's championship 9 times, 13 times Poland's Cup and the best Polish midfielder of all time Kazimierz Deyna played for Legia. More recently, the club has become an exporter of top class goalies, among them, Artur Boruc and Łukasz Fabiański. Legia have their stadium on ul. Łazienkowska. Opened in 1930, it was one of the most advanced sports facilities in Europe but we can see only its historic roofed seating area today surrounded by brand new fan sectors.

LEGII

UL. ŁAZIENKOWSKA 3, WWW.LEGIA.COM, WWW.LEGIA.NET

Choć ostatnie lata należały do naszego arcyrywala Wisły Kraków, Legia to wciąż najbardziej rozpoznawalna na świecie marka w polskiej piłce nożnej, a miłość do niej jest nieuleczalna. Kiedy Legia gra któryś ze swoich szlagierowych meczów, a kibice akurat nie są w sporze z zarządem klubu, to trudno o lepsze widowisko. Piłkarzom zdarza się przebłysk geniuszu, a apokaliptyczny doping przyprawia o ciarki. Legia to jeden z najbardziej utytułowanych klubów w Polsce. Od momentu powstania w 1916 r. dziewięciokrotnie zdobywała mistrzostwo Polski, 13 razy Puchar Polski. Z klubem związany był najlepszy piłkarz w historii polskiego futbolu Kazimierz Deyna. A ostatnio Legia jest eksporterem klasowych bramkarzy: Artura Boruca, Łukasza Fabiańskiego i pewnie, niestety, niedługo reprezentanta Słowacji Jana Muchy. Swój stadion ma przy Łazienkowskiej. Gdy go otwierano w 1930 r., był jednym z najnowocześniejszych obiektów sportowych w Europie. Teraz pozostała po nim tylko jedna część zabytkowa, tzw. trybuna kryta, otoczona przez bardzo nowoczesne, świeżo wybudowane trybuny nowego stadionu.

Buy an art book

Muzeum Pro qm Museum of Modern Art, ul. Pańska 23;
Jak wam się podoba, ul. Emilii Plater 4;
Spis Treści Centre for Modern Art at the Zamek Ujazdowski, ul. Jazdów 2;
Zachęta gallery pl. Małachowskiego 3;
Yours Gallery ul. Krakowskie Przedmieście 33

If like us you are crazy about coffee-table books on art, architecture and design, there are a few addresses in Warsaw that you must know. We recommend in particular Warsaw's best art bookshop – Muzeum pro qm at the temporary home of the Museum of Modern Art on ul. Pańska (photo). With a modern design and a range of books that alters in line with the exhibitions currently on show inside the museum, the shop was created in cooperation with the well-known Berlin bookshop Pro qm. By all means visit also the atmospheric bookshop "Jak wam się podoba", piled up to the ceiling with what we like the most. You will also find exhibition catalogues and art books in the Spis Treści (Contents) shop inside the Centre for Contemporary Art and at the Zachęta gallery. And there is a considerable choice of books on photography at the Yours Gallery on Krakowskie Przedmieście and in the Café Melon on ul. Inżynierska.

KUP ALBUM

MUZEUM PRO QM,
MUZEUM SZTUKI NOWOCZESNEJ, UL. PAŃSKA 3;
JAK WAM SIĘ PODOBA, UL. EMILII PLATER 4;
SPIS TREŚCI, CSW ZAMEK UJAZDOWSKI, UL. JAZDÓW 2;
GALERIA ZACHĘTA, PL. MAŁACHOWSKIEGO 3;
YOURS GALLERY, UL. KRAKOWSKIE PRZEDMIEŚCIE 33

◆

Jeśli tak jak my jesteś maniakalnym miłośnikiem albumów o sztuce, architekturze i designie, to musisz znać kilka adresów. Polecamy ci szczególnie najlepszą artystyczną księgarnię w Warszawie – Muzeum Pro qm w tymczasowej siedzibie Muzeum Sztuki Nowoczesnej przy ul. Pańskiej (na zdjęciu). To nowocześnie zaprojektowane miejsce z asortymentem zmieniającym się wraz z aktualnymi wystawami w muzeum powstało we współpracy z renomowaną berlińską księgarnią Pro qm.

Koniecznie odwiedź też klimatyczny sklep z książkami „Jak wam się podoba" po sufit zastawiony tym, co lubimy najbardziej.

Katalogi wystaw i albumy o sztuce znajdziesz też w księgarni Spis Treści w Centrum Sztuki Współczesnej i w galerii Zachęta. A całkiem spory wybór książek o fotografii – w galerii Yours na Krakowskim Przedmieściu i w Café Melon na Inżynierskiej.

Feel as if you were in Paris

Café Vincent ul. Nowy Świat 64, Mon-Sun 6.30 am to 11.00 pm

If there were a competition held for the most tempting smell in Warsaw, Café Vincent would certainly make it to one of the top standings. More importantly, the fascinating smell corresponds with the marvellous taste of the meals. The place is full of customers from early morning. Some take their meals away, others buy baguettes, sometimes in "industrial" quantities. Those who choose to sit down for a snack are soon puzzled with the wide choice in the menu: they are made to hesitate between innocent-looking brioche and tempting croissant with raspberries and chocolate. Or, perhaps, it is better to have a fresh sandwich first, or a quiche with salmon, or a tart, and leave the sweet things for a dessert? The choice may be difficult but it is so nice to have this choice and, whatever you eventually order, you win, especially if you take a coffee at the end. The only weak point of Vincent is its small size. And it gets highly compact inside in winter or on bad weather days. On warm summer days, they put tables and chairs outside, just like in Paris, with all chairs facing the street.

For other recommended cafés, see p. 110.

POCZUJ SIĘ JAK W PARYŻU

CAFÉ VINCENT, UL. NOWY ŚWIAT 64,
PON.-NIEDZ. W GODZ. 6.30-23

◆

Gdyby zorganizowano konkurs na najbardziej kuszący zapach w Warszawie, kawiarnia Vincent byłaby w ścisłej czołówce. Dlatego właśnie od samego rana aż do wieczora kłębią się w niej klienci. Niektórzy biorą jedzenie na wynos, niektóre wypieki, jak np. pyszne bagietki, często kupowane są w hurtowych wręcz ilościach. Ci, którzy decydują się zostać, zwykle zastygają lekko zahipnotyzowani. Widać, że intensywnie zastanawiają się, co wybrać: niewinnie wyglądające briosze czy nęcące croissanty z malinami lub czekoladą. A może zostawić je na deser i zacząć raczej od świeżej kanapki, quiche'a z łososiem lub tarty? Wybór jest tyleż trudny, co przyjemny, a jakikolwiek by był, kończy się zwycięstwem. Zwłaszcza jeśli zamówi się też kawę.

Jedynym minusem Vincenta jest jego rozmiar. Zimą czy w niepogodę to naprawdę kompaktowe miejsce. Za to latem na ulicy wystawiany jest ogródek, taki w paryskim stylu, ze wszystkimi krzesełkami zwróconymi w stronę ulicy.

O innych polecanych przez nas kawiarnianych ogródkach czytaj na s. 110.

ZOBACZ DOBRY SPEKTAKL

TR WARSZAWA, UL. MARSZAŁKOWSKA 8, WWW.TRWARSZAWA.PL; NOWY TEATR, WWW.NOWYTEATR.ORG; POLONIA, UL. MARSZAŁKOWSKA 56, PRZY PL. KONSTYTUCJI, WWW.TEATRPOLONIA.PL; OCH-TEATR, UL. GRÓJECKA 65

◆

Zarezerwuj sobie jeden wieczór w Warszawie na wizytę w teatrze. Jest ich u nas mnóstwo, ale żeby zminimalizować ryzyko zawodu, polecamy ci te najlepsze.

TR Warszawa przy ul. Marszałkowskiej (dawny Teatr Rozmaitości) to scena stworzona przez naszych najzdolniejszych reżyserów teatralnych młodszego pokolenia: Grzegorza Jarzynę i Krzysztofa Warlikowskiego, którzy do współpracy zaprosili świetnych aktorów, m.in. Andrzeja Chyrę, Magdalenę Cielecką, Maję Ostaszewską, Danutę Stenkę czy Stanisławę Celińską. I choć dziś częściej ich spektakle można oglądać na europejskich scenach niż na rodzimej warszawskiej, to jednak kilka razy w miesiącu któryś z ich głośnych tytułów wraca na afisz TR. Polecamy w ciemno (na s. 217 zdjęcie ze spektaklu „Giovanni" w reż. Grzegorza Jarzyny).

Drogi Jarzyny i Warlikowskiego niedawno się rozeszły. Jarzyna został na Marszałkowskiej, a Warlikowski chce zbudować swój własny teatr na sporym terenie bazy Miejskiego Przedsiębiorstwa Oczyszczania przy ul. Madalińskiego.

See a good performance

TR Warszawa ul. Marszałkowska 8, www.trwarszawa.pl; **Nowy Teatr** www.nowyteatr.org; **Polonia** ul. Marszałkowska 56, at pl. Konstytucji, www.teatrpolonia.pl; **Och-teatr** ul. Grójecka 65, www.och-teatr.com.pl

Set aside one evening in Warsaw to go to the theatre. We have plenty of them, but to reduce the risk of disappointment we will recommend the best ones.

TR Warszawa on ul. Marszałkowska (formerly the Rozmaitości Theatre) was founded by our most talented younger-generation theatre directors: Grzegorz Jarzyna and Krzysztof Warlikowski, who invited excellent actors to collaborate with them, including Andrzej Chyra, Magdalena Cielecka, Maja Ostaszewska, Danuta Stenka and Stanisława Celińska. And although these days their productions are to be seen more often on European stages than in Warsaw, several times a month one of their controversial titles still appears on the TR poster. We recommend any one. The paths of Jarzyna and Warlikowski have parted recently. Jarzyna remains on Marszałkowska, while Warlikowski wants to build his own theatre on the extensive grounds of the Municipal Waste Management Enterprise on ul. Madalińskiego. Despite the absence of its own stage, Krzysztof Warlikowski's Nowy Teatr is already functioning

Nowy Teatr Krzysztofa Warlikowskiego mimo braku sceny już prężnie działa w różnych lokalizacjach na terenie miasta. Organizuje wystawy, akcje performatywne, tworzy nowe spektakle (na s. 216 zdjęcie ze spektaklu Warlikowskiego „Krum").

Bardziej mieszczańskim w dobrym tego słowa znaczeniu teatrem jest Polonia – prywatna scena stworzona przez wybitną aktorkę Krystynę Jandę (znaną m.in. z ról w „Przesłuchaniu" Bugajskiego czy „Człowieku z marmuru" Wajdy). Janda założyła swój teatr w budynku dawnego kina Polonia przy ul. Marszałkowskiej i można śmiało powiedzieć, że włożony w to wysiłek i ryzyko finansowe się opłaciły. Dziś funkcjonują tu dwie sceny, a bilety sprzedają się świetnie. I co najważniejsze, w Polonii produkuje się mnóstwo nowych spektakli – od trudniejszych kobiecych monodramów („Ucho, gardło, nóż") po rozrywkowe hity („Boska!"). O sukcesie Polonii świadczy też to, że w 2010 r. teatr uruchomił swoją kolejną siedzibę – Och-teatr w dawnym kinie Ochota. Tą sceną opiekuje się córka Krystyny Jandy, aktorka Maria Seweryn (więcej na s. 235).

GRZEGORZ JARZYNA

energetically in various locations in the city. It organises exhibitions and performing arts campaigns, and produces new shows. A more bourgeois theatre in the positive sense of the term is the Polonia – a private stage set up by the distinguished actress Krystyna Janda, known for her roles in Bugajski's "Przesłuchanie" (Interrogation) and Wajda's "Człowiek z marmuru" (Man of Marble), among others. Janda created her theatre inside the former Polonia cinema on ul. Marszałkowska, and one can safely say that the effort and financial risk of this venture have paid off. It now has two stages, and ticket sales are excellent. And most important of all, the Polonia produces a multitude of new titles – from more difficult female monodramas ("Ucho, gardło, nóż" – Ear, throat, knife) to entertainment hits (Boska! – Glorious!). The success of the Polonia is also illustrated by the fact that in 2010, the theatre launched another branch, the Och-teatr, in the former Ochota cinema. It is managed by Krystyna Janda's daughter, actress Maria Seweryn (more on p. 235). Photos from performances: "Krum" (p. 216) and "Giovanni" (p. 217)

KRYSTYNA JANDA

POŚCIGAJ SIĘ ALBO PRZYNAJMNIEJ POKIBICUJ

Go motor racing or at least show your support

◆

Wyścigi motoryzacyjne, mimo że nie są naszym narodowym sportem, cieszą się w stolicy sporą popularnością. Warszawiacy chętnie sami się ścigają, a jeszcze chętniej oglądają wyścigi w telewizji lub – kiedy jest taka okazja – na żywo.

Even though it is not our national sport, motor racing is enjoying increasing popularity in Warsaw. Varsovians like taking part in motor racing, but they like watching it even more on television or live, when they have the opportunity.

ŚCIGAJ SIĘ NA GOKARTACH

TOR IMOLA, UL. PUŁAWSKA 33, PIASECZNO, WWW.IMOLA.PL

Od gokartów zaczynał już jako sześciolatek Robert Kubica, jeden z naszych największych bohaterów sportowych ostatnich lat, pierwszy i jedyny w historii Polak startujący w Formule 1. Dziś jego wyścigi śledzą tysiące fanów przyklejonych do telewizorów, ale też dziesiątki tych, którzy za kierowcą podróżują po świecie. Każdy, kto chciałby pójść w jego ślady, może spróbować jazdy w podwarszawskim Piasecznie na torze Imola.

To nie jest tania zabawa: 8 min rajdu kosztuje 35 zł, a w weekend za 10 min zapłacisz 40 zł. Jeśli cenisz sobie komfort samotnej jazdy, to twój portfel schudnie o 350 zł (w ciągu tygodnia), a o 380 zł w weekend. Tor ma ponad 300 m długości, w tym najdłuższą w Polsce prostą w hali – 65 m. Gokartem można tu pruć nawet 70 km na godz. A jeśli chcesz pościgać się ze znajomymi, to o tym, kto jest szybszy, powiadomi cię profesjonalny system pomiaru czasu. Taki sam, jaki używany jest podczas wyścigów Formuły 1.

Go go-karting
Imola racetrack
ul. Puławska 33, Piaseczno,
www.imola.pl

Robert Kubica, one of our greatest sports heroes in recent years and the first and only Pole to race in Formula 1, started from go-karts at the age of six. Anyone who would like to follow in his footsteps can have a go at racing on the Imola racetrack in Piaseczno outside Warsaw. This not a cheap pastime. An 8-minute ride costs PLN 35, and on weekends a 10-minute ride will cost you PLN 40. If you value the comfort of driving alone, your wallet will become thinner by PLN 350 (on weekdays), and PLN 380 (on weekends). The track is over 300 m long, with the longest straight stretch in Poland, 65 m. You can even reach 70 km per hour on your go-kart. And if you want to race against friends, a professional time-measurement system will tell you who is the fastest. The same type of system is used in Formula 1 races.

See how the experts do it

www.barborka.pl

This is one of the greatest motor festivals in Poland. Each year it gathers thousands of spectators, including people from the front pages of newspapers, from politicians to screen celebrities. On the first weekend in December the biggest Polish aces take the wheel – Krzysztof Hołowczyc or Leszek Kuzaj – and sometimes world stars like Tommi Mäkinen or Sebastian Loeb. The rally consists of several stretches within the city, including in Bemowo and the Citadel, but the race along the short but winding ul. Karowa causes the greatest excitement. And although the Barbórka (St. Barbara's Day) race is not included in the Polish Championship, winning it can bring fame, prestige and the respect of spectators.

ZOBACZ, JAK ROBIĄ TO ZAWODOWCY

WWW.BARBORKA.PL

Rajd Barbórka to jedno z największych świąt motoryzacyjnych w Polsce. Co roku gromadzi tysiące widzów, a wśród nich ludzi z pierwszych stron gazet, od polityków po celebrytów. 4 grudnia za kierownicami siadają największe polskie asy – Krzysztof Hołowczyc czy Leszek Kuzaj – a czasem i światowe gwiazdy, np. Tommi Mäkinen czy Sebastian Loeb. Rajd składa się z kilku miejskich odcinków, m.in. na Bemowie, Cytadeli. Jednak największe emocje budzi wyścig po niedługiej, ale uroczej i krętej ul. Karowej. I choć Barbórka nie jest zaliczana do klasyfikacji generalnej mistrzostw Polski, to wygrać w niej można sławę, prestiż i szacunek kibiców.

Monika Kmita

SPOTSOFMYMIND.BLOGSPOT.COM
FOTOGRAFKA, ABSOLWENTKA FILOZOFII.
MIESZKA NA WOLI

spotsofmymind.blogspot.com
Photographer, philosophy graduate.
She lives in Wola

◆

My favourite way of travelling round Warsaw is to simply wander its neigbourhoods with no specific purpose in mind. I am searching for energy epicentres, I am passing the side streets, murals, small cafés buzzing with activity and good vibes. My best evening bets: a concert at Chłodna 25 or Powiększenie or a picture show at Warszawa Powiśle or OSiR. As I ramble along, my nature of a gourmand makes me discover the new culinary crescents and the tastes they offer. My best dining bets include: Santorini, the Thai restaurant Sunanta (the shrimp soup!), the sushi bar on ul. Żurawia, "the Hindu" (a spot called Namaste India) on ul. Nowogrodzka. A stroll through the "Skaryszak" park is a fixed point of my tour of Warsaw. We might also get a glimpse of the deserted swimming pools on the Wał Miedzeszyński embankment. Speaking of the Vistula, we might consider a water bus cruise. I hope that this year the highlight of our river cruise will be Marcin Masecki's piano playing.

Moim sposobem na podróżowanie po mieście jest włóczęga, maszerowanie bez z góry określonego celu w poszukiwaniu epicentrów energii. Boczne uliczki, murale, małe, lecz gwarne dźwiękiem rozmów lub muzyki kawiarnie. Jeśli koncert, to na Chłodnej 25 lub w Powiększeniu, jeśli niedziela, to filmowy wieczór w Warszawie Powiśle lub w OSiR-ze.

Moja miejska włóczęga łasucha to odkrywanie nowych kulinarnych zakątków i smaków, jakie oferują. Najbardziej lubię: Santorini, grecką tawernę na „zatrasiu" (pasie ziemi niczyjej między Saską Kępą a Gocławiem), tajską restaurację Sunanta (zupa krewetkowa!), bar sushi na ul. Żurawiej, „hindusa" (lokal Namaste India) na ul. Nowogrodzkiej. Obowiązkowym punktem wyprawy po mojej Warszawie jest piknik w Skaryszaku. Odwiedzilibyśmy też opuszczone baseny przy Wale Miedzeszyńskim na wysokości Kępy. Pewnie poprosiłabym przyjaciół, żeby zabrali mnie wraz z moimi gośćmi na którąś z tych szalonych nocnych wypraw, podczas których odwiedzalibyśmy warszawskie dachy lub spacerowalibyśmy z lewego na prawy brzeg Wisły pod mostem. A skoro już mowa o Wiśle, do rozważenia byłaby także wyprawa tramwajem wodnym. Mam nadzieję, że w tym roku podczas przejażdżki czas umilał będzie nam swoją grą na pianinie Marcin Masecki.

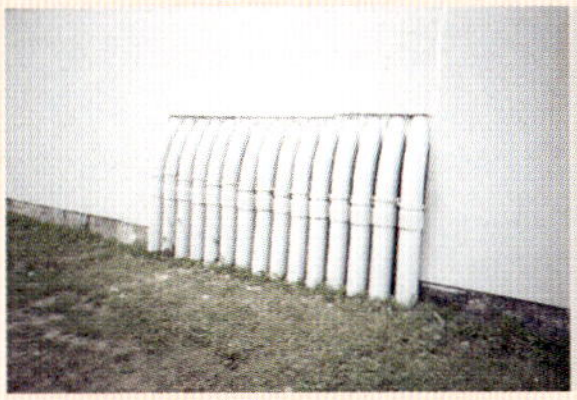

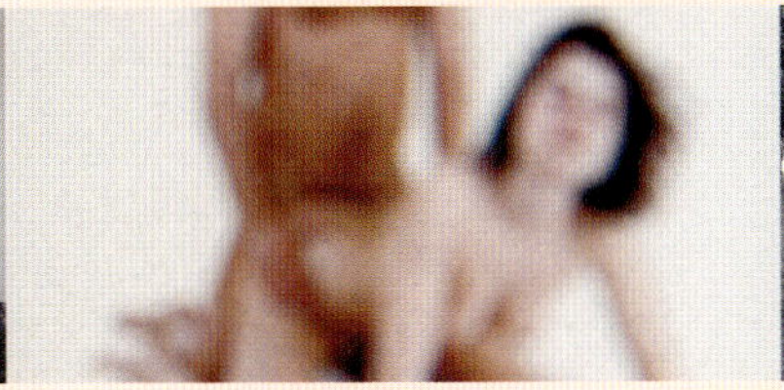

JEDŹ DO AFRYKI!

Go to Africa!

POWIEDZ GŁOŚNO: AFRIK LA JOGE, UARSOVI LA DËK!

WWW.KONTYNENT-WARSZAWA.PL, WWW.AFRYKA.ORG

To hasło: „Jestem z Afryki, jestem z Warszawy!", ukuł prawdziwy warszawiak pochodzący z Senegalu, muzyk i aktywista, ambasador Afryki w Polsce Mamadou Diouf, od lat organizujący koncerty, imprezy, festiwale (na zdjęciu powyżej).

Mimo całkiem licznej diaspory kultura Afryki nie jest, niestety, szczególnie silnie obecna w Warszawie. Jednak przy odrobinie wysiłku można natrafić na jej fascynujące tropy – muzyczne, kulinarne, literackie, malarskie (doskonałymi kompasami przy poszukiwaniach są wymienione wyżej strony internetowe). Największym plenerowym wydarzeniem kulturalnym jest obchodzony 25 maja Dzień Afryki. W 2009 r. odbył

Say "Afrik la joge, uarsovi la dëk!"

www.kontynent-warszawa.pl
www.afryka.org

This sentence, meaning "I am from Africa, I am from Warsaw", comes from a real Varsovian from Senegal, a musician and activist and Africa's ambassador to Poland, who has organized concerts, events and festivals here for years – Mamadou Diouf (photo).

Despite quite a considerable worldwide community, the culture of Africa does not have a particularly strong presence in Warsaw, unfortunately. Nevertheless, with a little effort, one can find fascinating manifestations of African music, cuisine, literature and art. The above websites are an excellent source of information. The biggest cultural open-air event is Africa Day, celebrated on 25 May. In 2009 it was held in the Wiecha passage in the city centre. Lower-ranking events are held in clubs. The Powiększenie (Blow-up) club organises the "Afrykasy" event; at Harenda (ul. Krakowskie Przedmieście 4/6) one can listen to Sam – a lawyer by profession and a DJ in his spare time; and at Harlem (ul. Kolejowa 8) DJ Tuniziano appears. Those who prefer concerts should go to a concert by the trio Djolof-Man, formed by three Senegalese

się w pasażu Wiecha, w centrum miasta. Na imprezy mniejszego kalibru można trafić w klubach. W Powiększeniu odbywają się Afrykasy, w Harendzie usłyszeć można Sama – prawnika z wykształcenia, didżeja z zamiłowania; w Harlemie z kolei występuje didżej Tuniziano. Ci, którzy wolą koncerty, koniecznie powinni wybrać się na występ tria Djolof-Man, w którego skład wchodzi trzech senegalskich muzyków: Pako Sarr, Mamadou oraz Mohamed M'bow. Natomiast światowe gwiazdy muzyki afrykańskiej, jak np. Rokię Traoré czy Mamani Keitę, można usłyszeć w ramach organizowanego przez Instytut Francuski Francophonic Festival. A ponieważ przy muzyce lepiej tańczyć, niż siedzieć, to chętni mogą znaleźć u nas kilka kursów, np. prowadzoną w Dorożkarni przez pochodzącego z Togo Benoita Le Grosa naukę afrykańskiego tańca współczesnego, klasycznego, nowoczesnego.

W Warszawie mieszka też i maluje pochodząca z Etiopii Tobia Taddele Gebre Hiwot. Doczekaliśmy się również pierwszej książki o Warszawie napisanej przez Afrykańczyka. Autorem powieści „Stadion. Diabelskie igrzyska" opowiadającej o handlarzach pracujących na jednym z największych bazarów w Europie jest pochodzący z Nigerii Ify Nwamana (na zdjęciu po prawej). Jest też oczywiście w Warszawie kuchnia afrykańska, której naprawdę radzimy spróbować.

musicians: Pako Sarr, Mamadou and Mohamed M'bow. However, world stars of African music such as Rokia Traore or Mamani Keita can be heard at the Francophonic Festival held by the French Institute. And because it is better to dance to the music than just sit and listen to it, there are several dance courses to be found in Warsaw. One of them is provided at the Dorożkarnia (Horsecab house) by Benoit le Gros, who comes from Togo. He teaches contemporary, classical and modern African dance.

Warsaw is also the home of the painter Tobia Taddele Gebre Hiwot, from Ethiopia. We now have the first book about Warsaw written by an African. Called "Stadion. Diabelskie Igrzyska" (Stadium, Diabolical Games), it tells of those who work in one of Europe's biggest bazaars. The author is Ify Nwamana, from Nigeria (photo above).

Of course, Warsaw also has African cuisine, which we heartily recommend.

POSMAKUJ SENEGALU

BAOBAB, UL. FRANCUSKA 31, TEL. 22 617 40 57, CODZ. W GODZ. 10-24

Kawałek Afryki w Warszawie. Knajpka Baobab na ul. Francuskiej początkowo była bojkotowana przez wielu sympatyków mieszczącej się tu wcześniej uroczej spelunki Sax. To tu miejscowi zapijali się w oparach papierosowego dymu, a poetka Agnieszka Osiecka, siedząc przy „swoim" stoliku przy oknie, zapisywała na serwetkach teksty piosenek. Baobab jednak szybko zaskarbił sobie sympatię i przyciągnął nowych bywalców. Tu też można zapalić, ale zamiast alkoholu jest pyszne jedzenie. No i niezwykle gościnny gospodarz Senegalczyk Aziz Seck. Nawet jeśli twoja cierpliwość zostanie tu wystawiona na próbę, to warto zaczekać, aż na stół wjadą: pierożki z kruchego ciasta wypełnione farszem rybnym, potrawka z jagnięciny w sosie z orzeszków arachidowych czy napój z hibiskusa i wanilii. Polecamy na kameralne spotkania w porze lunchu i wieczorne randki.

POSMAKUJ NIGERII

HOME AFRICA BAR, UL. GÓRCZEWSKA 67. CODZ. OD GODZ. 13 DO OSTATNIEGO GOŚCIA

W otoczeniu wiszących na ścianach tradycyjnych afrykańskich masek w tym niewielkim lokaliku można zjeść afrykańskie potrawy przygotowywane przez pochodzącego z Nigerii Juliusa. Jak twierdzą jedzący mięso, największymi przysmakami są koźlina oraz koźla głowizna w formie zupy.

Try the taste of Senegal

Baobab ul. Francuska 31, tel. 22 617 40 57, daily 10-24

A little bit of Africa in Warsaw, the Baobab bar on ul. Francuska was originally boycotted by fans of the charming Sax bar which occupied these premises earlier. It was here that the locals got drunk in clouds of cigarette smoke, while the poet Agnieszka Osiecka, sitting at "her" table by the window, wrote the texts of songs on serviettes. Nevertheless, Baobab quickly built up a following and has since attracted new regulars. One can smoke here too, but instead of alcohol there is delicious food. And there is the exceptionally hospitable proprietor, Aziz Seck from Senegal. So even if your patience is put to the test, it's worth waiting until the food finally comes to your table: dumplings of crusty pastry with fish filling, lamb in peanut sauce, or hibiscus-vanilla cocktail. We recommend Baobab for intimate lunches and evenings.

Try the taste of Nigeria

Home Africa Bar

ul. Górczewska 67,
daily from 1.00 pm – last guest

In this small bar, with traditional African masks hanging from the walls, you can eat African dishes prepared by Julius who comes from Nigeria. Carnivores claim that the best delicacy is goat meat and soup made from the head of a goat.

DAJ ODPÓR CARSKIM WOJSKOM

Właściwie już nikogo nie dziwi widok młodzieńców podróżujących metrem ze stylizowanymi na średniowieczne mieczami na plecach. Tak jak nikogo nie dziwi to, że co roku pod Grunwaldem kilka tysięcy uzbrojonych po zęby rycerzy obtłukuje się mieczami, toporami i jeden Bóg wie, czym jeszcze, na oczach kilkudziesięciu tysięcy ludzi.

Ale i w Warszawie w miarę regularnie można natrafić na inscenizacje bitew. 25 lutego kilkaset osób na polach Kamionka przy parku Skaryszewskim bierze udział w inscenizacji jednej z najkrwawszych potyczek powstania listopadowego – bitwy pod Olszynką Grochowską (1831 r.). Z równie sporym rozmachem, aczkolwiek nieregularnie, odbywa się rekonstrukcja bitwy pod Raszynem (1809 r.), gdzie wojska polskie i saskie biły się z Austriakami. Przywoływane są też oczywiście wydarzenia drugiej wojny światowej, w końcu żadne inne miasto w Europie nie może pochwalić się taką historią wojennego bohaterstwa jak Warszawa. Przy okazji obchodzonej co roku rocznicy Powstania Warszawskiego zaciekłe walki toczą się na ulicach Czerniakowa, Woli, Śródmieścia. Odgrywane są sceny zamachu na „kata Warszawy" Franza Kutscherę czy akcja pod Arsenałem.

Fight the Tsarist troops

No-one is really surprised any more by the sight of young people travelling on the underground with mock mediaeval swords on their backs. Likewise, no-one is surprised that each year, on the anniversary of the Battle of Grunwald, thousands of knights armed to the teeth with swords, axes and God knows what else jostle against each other in front of a crowd of several thousand people.

But in Warsaw too one can come across battle re-enactments quite regularly. On 25 February, several hundred people re-enact one of the bloodiest battles of the November Rising, the Battle of Olszynka Grochowska (1831), on the Kamionka fields inside the Skaryszewski Park. Just as energetic, though not held regularly, are re-enactments of the Battle of Raszyn (1809) where Polish and Saxon forces fought the Austrians. Naturally there are also re-enactments of World War II events. After all, no other European city can boast of such heroic wartime deeds as Warsaw. By the way, fierce re-enactments of the fighting during the Warsaw Rising take place each year on the streets of Czerniaków, Wola and Śródmieście. The assassination of "the Warsaw executioner" Franz Kutschera and the Arsenal operation are also recreated.

ZAŁÓŻ KOTA WARSZAWĘ

Są tacy, którzy kolekcjonują koszulki z serii „Moi rodzice pojechali do Las Vegas i jedyne, co przywieźli, to ten marny T-shirt". My jednak proponujemy, by z naszego miasta wywieźć oryginalny T-shirt z jak najbardziej warszawskim motywem. Może być oczywisty, jak np. syrenka czy Pałac Kultury i Nauki, może być mniej oczywisty, jak np. różowy jelonek. Dostępne są koszulki okolicznościowe związane np. z Powstaniem Warszawskim, ale też upamiętniające wydarzenia mniej znane - kilka lat temu ukazała się limitowana edycja czarnych T-shirtów poświęcona zamknięciu zajezdni autobusowej na ul. Inflanckiej (z napisem: „Zjazd do zajezdni Inflancka").

Nawet jeśli zdecydujesz się na koszulkę ze znanym motywem, to i tak masz w czym przebierać. Na stronie www.babaryba.pl możesz kupić T-shirt z syrenką autorstwa Pabla Picassa, z kolei popularny grafik i ilustrator Swanski (www.turbokolor.com) narysował syrenkę jak po trzeciej wojnie światowej. W bardzo rock'n'rollowym sklepie Luka Bandita na ul. Brackiej 22 (www.lukatme.com) znajdziesz koszulkę z motywem syrenki przypominającym tatuaż.

Polecamy też T-shirty z napisem „Warszawa", bo to słowo nie tylko pięknie brzmi, ale jest też graficznie interesujące. Zwłaszcza kiedy wezmą się za nie młodzi artyści, jak ci z Krasne Studio czy Katarzyna Wyrozębska (justiniloveu.com), która zaprojektowała uroczego, oldschoolowego „Kota Warszawę" (na zdjęciu).

Coraz lepiej też wygląda rynek koszulek piłkarskich (choć oczywiście daleko nam jeszcze pod tym względem do Wielkiej Brytanii, Włoch czy Hiszpanii). Całkiem spory wybór koszulek oferuje Legia (ul. Łazienkowska 3, www.legia.com), skromniejszy – Polonia (www.sklep.ksppolonia.pl).

Put a Warsaw cat on

"My parents went to Las Vegas and all they brought back was this miserable T-shirt". There are people who collect T-shirts of this type. But we suggest taking with you a T-shirt with an original Warsaw pattern. It can be something obvious, such as the Mermaid or the Palace of Culture, or it can be something less obvious, such as a pink deer (read on p...). Even if you decide on a shirt with a well-known pattern, you have a lot to choose from. On the website www.babaryba.pl you can order a shirt with a mermaid by Pablo Picasso, or one with a mermaid by the popular graphic artist and illustrator Swanski, looking like it has survived World War III (www.turbokolor.com), while in Luke Bandit's very rock-and-roll shop at ul. Bracka 22 (www.lukatme.com) you'll find a shirt with a mermaid that looks like a tattoo.We also recommend T-shirts with the inscription Warszawa, because it not only has a beautiful sound, but is also graphically interesting, especially when in the hands of young artists such as Krasne Studio or Katarzyna Wyrozębska (www.iloveu.ownlog.com), who has designed the charming old-school "Warsaw Cat" (photo).

ZAGRAJ W PIŁKARZYKI

ŚWIETLICA SZTUKI „RASTER", UL. HOŻA 42/8, WWW.RASTER.ART.PL

◆

Może nie jest to typowy sposób obcowania ze sztuką współczesną. Ale taki właśnie wymyślili właściciele galerii Raster i sprawdza się to znakomicie. Ta jedna z najlepszych prywatnych galerii w swojej siedzibie, w mieszkaniu starej kamienicy przy ul. Hożej urządziła Świetlicę Sztuki. Łukasz Gorczyca i Michał Kaczyński wstawili tu kanapy, stoliki, półki z książkami, no i rzeczone piłkarzyki. Można zagrać znienacka, można też wziąć udział w turniejach, które odbywają się tu dość regularnie. No i oczywiście obejrzeć dobre wystawy. Z Rastrem związani są i pokazują tu swoje prace głównie artyści urodzeni w latach 70., o podobnym z właścicielami galerii pokoleniowym doświadczeniu, m.in. Rafał Bujnowski, Wilhelm Sasnal, Zbigniew Rogalski, Aneta Grzeszykowska i Jan Smaga. Ale „rastrowcy" często bywają też na międzynarodowych artystycznych imprezach, przywożąc nam z nich na Hożą prace artystów zagranicznych. Słowem – mają nosa do sztuki wartościowej.

Play table-football

Świetlica Sztuki Raster

ul. Hoża 42/8, www.raster.art.pl

Maybe it's not the typical way of interacting with modern art, but it was invented by the owners of the Raster gallery and it works just fine. As one of the best Polish private galleries they opened Świetlica Sztuki in their headquarters in a flat in an old apartment building on ul. Hoża. Łukasz Gorczyca and Michał Kaczyński furnished it with sofas, tables, shelves loaded with books and the above-mentioned soccer game. You can play here impromptu, or take part in a tournament, which take place quite regularly. And of course, there are some good exhibitions. Raster groups together mainly artists born in the 1970s, who have similar life experience like the gallery owners. The list includes Rafał Bujnowski, Wilhelm Sasnal, Zbigniew Rogalski, Aneta Grzeszykowska, Jan Smaga, Agata Bogacka, Marcin Maciejowski and Oskar Dawicki. The Raster owners are also present at international artist events, and they exhibit the works of foreign artists as well. In a nutshell, they have a good nose for valuable art.

SKOSZTUJ ZŁOTEGO KOKOSA

COCO DE ORO, UL. POTOCKA 14
(WEJŚCIE OD UL. MARII KAZIMIERY),
WWW.COCODEORO.PL

◆

Ten klub-restaurację otworzyli na Żoliborzu Sylwia Podolska i Janek Czernikiewicz, którzy wcześniej prowadzili jedno z naszych ulubionych miejsc – Pruderię w Forcie Mokotów przy ul. Racławickiej 99. Teraz zmienili dzielnicę, zmienili też klimat i profil nowo powstałego miejsca. Ulokowali się w podziemiach starego pawilonu handlowego, ale nie spodziewajcie się mroku. W przestrzennej sali znajduje się zasadnicza część Coco de Oro przeznaczona przede wszystkim do jedzenia, picia, odpoczynku. Ale też zabawy z dziećmi – w klubie jest specjalny kącik dla najmłodszych, co niedziela organizowane są dla nich zajęcia.

Za jedzenie odpowiada dwóch kucharzy ze Sri Lanki. W karcie są m.in. chłodnik z soczewicą, szaszłyki na ostro czy susijm, czyli smażone kuleczki w cukrowym syropie podawane z płatkami migdałów oraz orzechami nerkowca. W Coco jest też spory wybór win europejskich i południowoamerykańskich.

W drugiej klubowej sali regularnie odbywają się koncerty (od rocka po folk) i imprezy. Do stałych punktów programu należą m.in. jam bębniarski Poprzeszkadzaj Trochę czy cykliczne Sublime Frequencies poświęcone ambitnej elektronice i kosmicznemu jazzowi.

Taste a golden coconut

Coco de Oro ul. Potocka 14 (entrance from ul. Marii Kazimiery), www.cocodeoro.pl

This club-restaurant was opened by Sylwia Podolska and Janek Czernikiewicz, who previously ran one of our favourite spots, Pruderia in the Mokotów Fort. Now they have moved districts, and also changed their climate and profile. They are now in the basement of an old retail shed. But don't expect a dark hole. The spacious premises accommodate a major part of Coco de Oro, offering food, drink and relaxation. But it also has a kids' corner, where events are held for them on Sundays. Food is the responsibility of two chefs from Sri Lanka. The menu includes cold lentil soup, spicy shashliks and "susijm", fried pastry balls in a sugar syrup, served with almond flakes and cashew nuts. Coco also has a large selection of European and South African wines.

In a second room, Coco de Oro regularly holds concerts (from rock to folk) and parties. Regular events include a drum jam entitled "Poprzeszkadzaj trochę" (Interfere a Little) and "Sublime Frequencies", devoted to ambitious electronic music and cosmic jazz.

Take a tour of Muranów

The districts of Wola and Śródmieście, between al. „Solidarności", the railroads behind the Arkadia shopping centre, ul. Okopowa, ul. Bonifraterska and ul. Miodowa

It is definitely worth taking a closer look at the Muranów district because it is special and has unusual past. It was built after World War II in the area where the Jewish Ghetto used to be before which explains the uneven terrain between the buildings and many small footpaths and passages. Children love the place for its character of a tiny little Polish town. The flats were designed to a Communist standard and are very small, the people living there are mostly workers, so it is not a rich neighbourhood. This, however, tends to change rather quickly these days because it is not very far from downtown Warsaw and the price of land is going up in Muranów which becomes increasingly attractive for local yuppies who prefer to live there than in the suburbs so as to avoid spending hours in traffic jams.

When walking the streets of Muranów you may come across the Monument to the Heroes of the Ghetto, as well as the Umschlagplatz, a church that survived alone in the ocean of rubble, the Muranów Movie Theatre and a chain of sex shops.

POKLUCZ PO MURANOWIE

WOLA I ŚRÓDMIEŚCIE, MIĘDZY AL. „SOLIDARNOŚCI" A TORAMI KOLEJOWYMI ZA CENTRUM HANDLOWYM ARKADIA ORAZ UL. OKOPOWĄ A BONIFRATERSKĄ I MIODOWĄ

◆

Zapuść się koniecznie w te okolice, bo Muranów to wielce oryginalne osiedle zbudowane po drugiej wojnie światowej na gruzach żydowskiego getta. Stąd tak wiele tu pagórków, wzniesień i nierówności, schodków, sekretnych przejść i labiryntów ścieżek. Raj dla dzieciaków. I małomiasteczkowy klimat. Mieszkania jak to za komuny budowano – malutkie, więc okolica raczej biedna, robotnicza. Ale ostatnio zmienia się bardzo, bo jak każde osiedle ulokowane w pobliżu centrum staje się coraz atrakcyjniejsza dla młodych, dobrze zarabiających, chcących sobie oszczędzić przedzierania się przez korki w drodze do pracy. Możesz się tu natknąć m.in. na pomnik Bohaterów Getta, plac budowy Muzeum Historii Żydów Polskich, kościół, który ocalał w morzu ruin, Umschlagplatz, kino Muranów, butik projektantki Joanny Klimas i liczne sex-shopy.

SPENETRUJ KLUBOWE ZAGŁĘBIA

Explore the club scene

◆

ul. Mazowiecka
On Saturday nights, ul. Mazowiecka becomes as jammed as ul. Marszałkowska during the rush hour. Colourful crowds pour in and out of several clubs on this street. They include Tygmont, run by the exceptional photographer and jazz lover Marek Karewicz (www.tygmont.com.pl), the see-and-be-seen Papparazzi (www.paparazzi.com.pl), the Enklawa (Enclave) discotheque (www.enklawa.com), Zoo with its house music (www.klubzoo.pl) and Mono Bar, the most eclectic one of all, with the most interesting music on the entire street (www.monobar.pl) where, apart from house, one can also hear electro and new disco. Quite close to ul. Mazowiecka are also: Obiekt Znaleziony in the basement of the Zachęta gallery, and Kamieniołomy in the Hotel Europejski.

UL. MAZOWIECKA

W sobotnią noc Mazowiecka korkuje się tak samo jak Marszałkowska w godzinach szczytu. Kolorowy tłum wylewa się z i wlewa do kilku znajdujących się na Mazowieckiej klubów. Jest tu prowadzony przez niezwykłego fotografa i miłośnika jazzu Marka Karewicza Tygmont (www.tygmont.com.pl), lanserski Papparazzi (www.paparazzi.com.pl), dyskotekowa Enklawa (www.enklawa.com), house'owe Zoo (www.klubzoo.pl) oraz najbardziej eklektyczny i repertuarowo najciekawszy na całej ulicy Mono Bar (www.monobar.pl), w którym obok house'u można usłyszeć też electro czy nowe disco. Nieopodal Mazowieckiej znajdują się też Obiekt Znaleziony w podziemiach Zachęty oraz Kamieniołomy w hotelu Europejskim.

UL. RACŁAWICKA 99A

Pod względem położenia to chyba najbardziej urocze zagłębie klubowe w Warszawie. W pamiętającym jeszcze cara forcie wzniesionym w latach 80. XIX w. działają m.in.: New Deep (www.newdeep.pl), gdzie usłyszysz wszystko, od hip-hopu po disco polo; koncertowo-imprezowa Klinika (www.klinika.art.pl) oraz Balsam (www.balsam.net.pl), gdzie brzmią funk, reggae, hip-hop w najlepszym polskim i zagranicznym wykonaniu (występowali tu m.in. José James, J-Star, The Dynamics).

The back of Nowy Świat

This nocturnal area is for drinking rather than partying. The old retail units now accommodate bars, with a new one opening every now and then, and each one with a different ambience. We particularly recommend the twin-level Pewex, with its original wallpaper and increasingly frequent events. The bars behind Nowy Świat are a good place to start the evening, though some people stay here until broad daylight.

ul. Racławicka 99a

In terms of its location, this is perhaps the most charming club area in Warsaw. An old fort dating from the 1880s and remembering the Tsarist era is now home to New Deep (www.newdeep.pl), where you can hear everything from hip hop to disco polo; Klinika for concerts and parties (www.klinika.art.pl) and Balsam (www.balsam.net.pl), which plays funk, reggae and hip-hop by the best Polish and foreign performers (José James, J-Star and the Dynamics are some of those who have appeared here).

NA TYŁACH NOWEGO ŚWIATU

To zagłębie nie tyle imprezowe, co barowe. W dawnych pawilonach handlowych co rusz powstają nowe niewielkie knajpki, każda utrzymana w innym klimacie. My szczególnie polecamy dwupoziomowy Pewex z genialnymi tapetami rodem z „Oldboya" i coraz częstszymi imprezami. Knajpy na tyłach Nowego Światu są dobrym miejscem na początek wieczoru, choć niektórzy pozostają w nich do bladego rana.

UL. 11 LISTOPADA 22

Obowiązkowy przystanek dla tych, którzy lubią undergroundowe, alternatywne, taneczne brzmienia (od electro po Bollywood), a nie przepadają za lanserskimi lokalami, w których tłucze się rozcieńczony house. Hydrozagadka (www.hydrozagadka.waw.pl), Saturator (www.saturator.art.pl), Skład Butelek (www.skladbutelek.pl), Zwiąż Mnie (www.zwiazmnie.com) utrzymane są – choć może to zabrzmieć dziwnie – w artystowsko-dekadencko-berlińsko-peerelowskim klimacie. Naszym ulubionym klubem na tym podwórku jest Saturator. To mekka niezależnego electro, electro-punka (występowali tu m.in. Cobra Killer, Dat Politics, Skinny Patrini) oraz miejsce, w którym odbywa się jeden z najbardziej niegrzecznych festiwali w stolicy, czyli Queer Fest.

ul. 11 Listopada 22

An obligatory stop for those who like underground, alternative dance rhythms (from electro to Bollywood), and do not fancy joints where diluted house music blares out. Though this may sound odd, Hydrozagadka (Hydro-riddle) (www.hydrozagadka.waw.pl), Saturator (www.saturator.art.pl), Skład Butelek (Bottle depot)(www.skladbutelek.pl) and Zwiąż Mnie (Bind me) (www.zwiazmnie.com) are maintained in an artistic-decadent-Berlin-Polish People's Republic climate. Our favourite place is Saturator, a mecca for indie electro and electro-punk (Cobra Killer, Dat Politics and Skinny Patrini have played here), and the site of one of the naughtiest festivals in the capital, QueerFest.

ul. Górczewska 67

Compared to other clubbing streets in the capital, this spot is rather meagre. Nevertheless at ul. Górczewska 67 are two clubs: Dobra Karma (www.dobrakarma.pl) and PRL (www.radioluxembourg.pl). The first one (a rare case where the name of the club, meaning "Good Karma", really suits its atmosphere) is a paradise for fans of reggae in all its different forms. Thanks to its unpretentious decor and warm atmosphere, Dobra Karma, which has been in business for a few years, has regular customers. On the other hand, PRL has a rather austere ambience, but this is ideally suited to the music repertoire, consisting mainly of indie guitar music ranging from hard core, via punk rock, all the way to psychobilly.

UL. GÓRCZEWSKA 67

W porównaniu z innymi ulicami w tym wypadku możemy mówić nie o zagłębiu, ale zagłębiątku. Na Górczewskiej 67 znajdują się dwa kluby – Dobra Karma (www.dobrakarma.pl) i PRL (www.radioluxembourg.pl). Ten pierwszy (rzadki przypadek, by nazwa klubu tak idealnie pasowała do jego klimatu) to prawdziwa ostoja dla fanów reggae w jego różnych odmianach. Bezpretensjonalny wystrój i pozytywna atmosfera sprawiły, że działający od kilku lat klub ma już swoich bywalców. PRL natomiast to miejsce z dość surowym wystrojem, ale pasującym idealnie do repertuaru opartego przede wszystkim na niezależnej muzyce gitarowej, od hard core'u, przez punk rock po psychobilly. Ale nie zdziw się, gdy trafisz tu też na elektronikę, jazz czy hip-hop.

ODWIEDŹ GALERIE W MIESZKANIACH

ŚWIETLICA SZTUKI „RASTER", UL. HOŻA 42/8, WWW.RASTER.ART.PL; LOKAL_30, UL. FOKSAL 17B/30, WWW.LOKAL30.PL; CZARNA GALERIA, UL. MARSZAŁKOWSKA 4/3, WWW.CZARNAGALERIA.ART.PL; ASYMETRIA, UL. NOWOGRODZKA 18A/8, WWW.ASYMETRIA.EU

◆

To ostatnio dość powszechna tendencja, zresztą w całej Europie. Właściciele galerii, żeby pokazywać sztukę, wolą wynająć po niższej cenie mieszkanko niż zwykły lokal komercyjny. Poza tym w takich mieszkaniach-galeriach panuje niezwykły klimat, bardziej domowy. Wystarczy tylko pokonać barierę domofonu i już można obcować ze sztuką. Wielu zagranicznych kolekcjonerów podkreśla, że najlepsze warszawskie galerie znajdują się właśnie „za domofonem".

Wspominaliśmy już o Świetlicy Sztuki „Raster" (s. 227), która w 2003 r. ulokowała się w obszernym mieszkaniu starej kamienicy przy ul. Hożej. Podobny klimat mają też galerie Lokal_30 na ul. Foksal (tu wystawiają m.in. Anna Baumgart, Zuzanna Janin i Piotr Kopik) i Czarna na ul. Marszałkowskiej (z którą związani są: Jadwiga Sawicka, Olaf Brzeski, Agnieszka Kalinowska).

W pięknym przedwojennym mieszkaniu mieści się również fotograficzna galeria Asymetria. Prowadzą ją Karolina i Rafał Lewandowscy, którzy oprócz organizowania wystaw zajmują się ratowaniem i digitalizowaniem polskiej fotografii artystycznej.

Chcesz odwiedzić te galerie? Najpierw upewnij się na stronach internetowych, czy coś się tam aktualnie dzieje.

Visit galleries in ordinary flats

Raster ul. Hoża 42/8, www.raster.art.pl;
Lokal_30 ul. Foksal 17b/30, www.lokal30.pl;
Czarna Galeria ul. Marszałkowska 4/3, www.czarnagaleria.art.pl;
Asymetria ul. Nowogrodzka 18a/8, www.asymetria.eu

This is a recent trend on the contemporary-art scene. Art gallery owners in Poland and, in fact across Europe, prefer to rent a private apartment than to rent commercial space at cosmic rates. Besides, such galleries-apartments offer unusual, homey ambience. You just need to overcome the barrier of an entryphone and your communication with art may begin. Many foreign art collectors underline that the best Warsaw galleries can be found "behind the entryphone".

We have already mentioned the Raster Gallery (p. 227), based since 2003 in a spacious apartment in an old tenement house on ul. Hoża. The other galleries are equally atmospheric: Lokal_30 on ul. Foksal (showing the work of such artists as Anna Baumgart, Zuzanna Janin and Piotr Kopik) and Czarna on ul. Marszałkowska (representing Jadwiga Sawicka, Olaf Brzeski, Agnieszka Kalinowska). A beautiful pre-war apartment houses also the gallery of photography Galeria Asymetria. The place is run by Karolina and Rafał Lewandowski who arrange exhibitions, but are also involved in a challenging project of saving and digitalizing Polish artistic photography. Do you like to visit these galleries? First go to their webpages to see what's happening.

Go on a trip to the Park of Culture

Park Kultury
ul. Maślaków 1, bus no. 519 from the city centre, www.parkpowsin.pl;
Botanical Garden
www.ogrod-powsin.pl

On warm summer days, this provides the people of Warsaw with a taste of vacations. A thirty-minute bus journey from the city centre, and you're in a different world. In Powsin in the 1950s, an area of forest was converted into a Park of Culture. Here there is a pool, concert bowl, basketball court, chess tables, bike paths, tennis courts, bars, sports equipment rental, and even summer huts where one can stay the night. And of course there are the typical waste baskets in the shape of toadstools.

This place possesses a charming old style, for not much has changed since the days of the People's Republic. The Park of Culture is slightly reminiscent of workers' holiday centres during that period. But Varsovians love it. They take blankets and picnic hampers and come to Powsin. Even in winter, because in one of the huts one can rent Nordic skis and set off into the wood.

In the neighbourhood there is also a botanical garden, another reason to come to Powsin.

JEDŹ NA WYCIECZKĘ DO PARKU KULTURY

UL. MAŚLAKÓW 1, Z CENTRUM DOJAZD AUTOBUSEM 519, WWW.PARKPOWSIN.PL; OGRÓD BOTANICZNY PAN, WWW.OGROD-POWSIN.PL

◆

W ciepłe letnie dni to dla warszawiaków namiastka wakacji. Pół godziny jazdy autobusem z centrum miasta i jesteś w innym świecie. W Powsinie w latach 50. XX w. kawał lasu zamieniono w park Kultury. Są tu: basen, muszla koncertowa, boiska do siatkówki, stoły do gry w szachy, ścieżki rowerowe, korty tenisowe, knajpki, wypożyczalnie sprzętu sportowego, a nawet domki letniskowe, w których można przenocować. No i charakterystyczne kosze na śmieci w kształcie muchomorków. To miejsce w uroczym, starym stylu, bo niewiele się tu od czasów PRL-u zmieniło. Park Kultury przypomina trochę ośrodki wczasów pracowniczych z tego okresu. Ale warszawiacy to kochają. Biorą koce, koszyki piknikowe i jadą do Powsina. Zaglądają tu nawet zimą, bo w jednym z domków można wypożyczyć narty biegowe i ruszyć na nich w las.

W sąsiedztwie znajduje się również ogród botaniczny – kolejny powód, żeby wpaść do Powsina.

Och! Enchant yourself!

Och-teatr ul. Grójecka 65, tel. 22 823 31 10, www.och-teatr.com.pl, trams 7 and 9 go there from the city centre

The name Och-teatr does not come from the delight and praise of audiences (Och! in Polish means roughly the same as Oh!), but from the name of the district of Ochota and the former Ochota cinema which used to occupy this building. Nevertheless, one can still be delighted here, for this theatre is the younger sister of the Polonia theatre, run by Krystyna Janda. Or rather by her daughter, for Krystyna has entrusted management of the Och-teatr to her daughter Maria Seweryn, also an actress. There are plans for more experimental off-productions by young directors. The theatre also holds concerts, which are encouraged by the interesting shape of the auditorium, where the stage is in the middle. Next to the café-club Warszawa Powiśle (p. 82), a shining example of what can be done with the hitherto unappreciated modernist architecture of the People's Republic if one has a just a little good will. The Ochota cinema building arose in the late 1940s/early 1950s, and also has a beautiful neon sign which is now being restored. The interior following renovation looks very smart, like the lobby of a good American hotel in the 1940s. So pop in at least for a coffee, and see how the qualities of this unique architecture have been salvaged.

ZACHWYĆ SIĘ!

OCH-TEATR, UL. GRÓJECKA 65, TEL. 22 823 31 10, WWW.OCH-TEATR.COM.PL, Z CENTRUM DOJAZD M.IN. TRAMWAJAMI 7 I 9

◆

Nazwa Och-teatr wzięła się nie z zachwytów i egzaltacji, ale od nazwy dzielnicy i budynku dawnego kina Ochota, w którym ulokowała się ta scena. Ale zachwycić się można. To młodsza siostra Polonii, teatru Krystyny Jandy. Choć raczej należałoby powiedzieć „córka", bo pani Krystyna pieczę nad Och-teatrem powierzyła właśnie swojej córce – aktorce Marii Seweryn. W programie ma być więcej propozycji offowych, eksperymentalnych, robionych przez młodych twórców. Goszczą tu też koncerty, czemu sprzyja ciekawy układ widowni ze sceną pośrodku.

To obok klubokawiarni Warszawa Powiśle (s. 82) najlepszy przykład na to, jak przy odrobinie dobrej woli można zrobić cacuszko z niedocenianej dotąd modernistycznej architektury okresu PRL-u. Budynek kina Ochota powstał na przełomie lat 40. i 50. XX w., ma też piękny neon poddawany właśnie renowacji. Wnętrze po remoncie wygląda bardzo elegancko, jak lobby dobrego amerykańskiego hotelu z lat 40. Zajrzyj tu więc chociażby na kawę i zobacz, jak wydobyto walory tej unikatowej architektury.

ZOSTAŃ SOMMELIEREM

MIELŻYŃSKI WINE AND SPIRITS,
UL. BURAKOWSKA 5/7, WWW.MIELZYNSKI.PL;
ENOTEKA, UL. DŁUGA 23/25, WWW.ENOTEKAPOLSKA.PL;
KORKOCIĄG, UL. EMILII PLATER 9/11, WWW.KORKOCIĄG.PL;
WINARIUM, UL. WIERZBOWA 3

◆

Chyba jeszcze nigdy w powojennej historii Warszawy wino nie cieszyło się taką popularnością jak dziś. Można to tłumaczyć na wiele różnych sposobów. Niektórzy twierdzą, że to skutek europeizacji naszych gustów (w końcu nigdzie na świecie nie produkuje się i nie pije tyle wina ile w Europie). Inni twierdzą, że to znak odbudowywania się przetrzebionej w latach komunizmu klasy średniej. Tempo otwierania się nowych winiarni przypomina nieco tempo powstawania kilka lat temu sushi barów. Najbardziej uroczo położony jest Mielżyński Wine and Spirits. Z widokiem na starą fabrykę koronek, z niezłą kuchnią i potężnym wyborem dobrych win europejskich, ale także tych z Nowego Świata. Klimatem nie ustępuje mu Enoteka. W minimalistycznie, ale ze smakiem urządzonym wnętrzu kamienicy na Starówce można znaleźć przede wszystkim wina włoskie i włoską kuchnię. Odmienny w klimacie (zamiast minimalu jest art déco) jest Korkociąg, gdzie spróbujesz, jak smakują wina węgierskie.

Be a sommelier

Mielżyński Wine and Spirits
ul. Burakowska 5/7,
www.mielzynski.pl;
Enoteka
ul. Długa 23/25,
www.enotekapolska.pl;
Korkociąg
ul. Emilii Plater 9/11,
www.korkociag.pl;
Winarium
ul. Wierzbowa 3

Never in Warsaw's post-war history has wine been as popular as it is today. This can be explained in various ways. Some say it might be because we are acquiring European tastes (after all, nowhere is wine produced and drunk in such quantities as in Europe), while others claim it is because of the re-emergence of a middle class which practically disappeared under communism. The speed with which new wine bars are appearing is reminiscent of the speed with which sushi bars emerged a few years ago. The wine bar with the most charming location is Mielżyński Wine and Spirits. Looking out onto an old lace factory, with good cuisine and a huge choice of European and American wines, Mielżyński is regularly besieged by guests. Another wine bar with a good atmosphere is Enoteka. With a minimalist, but tastefully designed decor in an old building in the Old Town, Enoteka mainly has Italian wines and cuisine. The prices are reasonable, from PLN 30 up. A place with a different decor (art deco instead of minimalist) is Korkociąg (Cork -Screw), where you'll find mainly Hungarian wines.

ZOBACZ NAJMNIEJSZĄ GALERIĘ

MAŁA CZARNA, UL. MARSZAŁKOWSKA 4

◆

Piszemy „zobacz", bo ta galeria jest tak mała, że nie da się jej zwiedzać. Trzeba na nią patrzeć z ulicy. Mała Czarna jest absolutną rekordzistką, jeśli chodzi o minirozmiary. To galeria w szklanej gablotce w bramie kamienicy przy ul. Marszałkowskiej 4, w której dwa piętra wyżej ma swoją siedzibę Czarna Galeria prowadzona przez Agnieszkę Czarnecką. Czasem trudno się zorientować, czy to galeria sztuki, czy reklama jakiegoś warsztatu albo sklepowego asortymentu. I to jest w tego typu wystawach najciekawsze.

PRACA ANNY OKRASKO W MAŁEJ CZARNEJ

The work designed by Anna Okrasko at Mała Czarna

See the smallest gallery

Mała Czarna

ul. Marszałkowska 4

We say "see" because this gallery is so small that it cannot be visited. It has to be viewed from the street. Mała Czarna beats all records in terms of size. It is located inside a glass display cabinet at the entrance to ul. Marszałkowska 4, a building in which the Czarna Galeria is located two floors up. Sometimes it is difficult to decide whether this is an art gallery, or an advertisement for a workshop or for some shop merchandise. And that is the most interesting thing about displays of this kind. ("Mała czarna" has at least two meanings in Polish: the little black dress or a cup of black coffee).

INSTALACJA TRUTHA

Installation by Truth

Sing in Lodi Dodi

Utopia ul. Jasna 1,
www.utopia.waw.pl;
Lodi Dodi ul. Wilcza 23,
www.lodidodi.pl;
www.innastrona.pl

In the case of Poland, Warsaw is the most homo-friendly city in the country. In the case of Warsaw, in fact only the city centre deserves that description. Authors of the book "HomoWarszawa" share a similar opinion. It is a one of a kind guidebook in which one of the authors, Wojtek Szot said "we planned a book of walks, we got an encyclopedia". Though still not conveniently clustered as in London or Paris, Warsaw's gay bars range from unpretentious to sophisticated spots and have a variety of attractions to offer. There is a European-style Utopia on ul. Jasna, one of Warsaw's glammest nightclubs. We also have a more alternative, laid-back place called Lodi Dodi on ul. Wilcza. In this small bar you'd sooner hear Polish popular music tunes by such artists as Maria Koterbska, Alibabki and Jerzy Połomski than funky club hits. Gay Warsaw is growing all the time. It is partying, but also fighting for gay rights. If you're looking for the latest information about social issues, culture and parties be sure to visit www.innastrona.pl.

ZAŚPIEWAJ W LODI DODI

UTOPIA, UL. JASNA 1,
WWW.UTOPIA.WAW.PL;
LODI DODI, UL. WILCZA 23,
WWW.LODIDODI.PL;
WWW.INNASTRONA.PL

Na tle Polski Warszawa jest najbardziej homofriendly miastem w kraju. Na tle Warszawy na takie określenie zasługuje właściwie już tylko Śródmieście. Tak tłumaczy nam nasz znajomy, gdy pytamy go o gejowską mapę kulturalno-rozrywkową stolicy. Podobną opinię mają autorzy książki „HomoWarszawa". To jedyny w swoim rodzaju przewodnik, o którym jeden z autorów, Wojtek Szot powiedział: „Chcieliśmy, żeby to był spacerownik, wyszła encyklopedia". „HomoWarszawa" to prawdziwe kompendium wiedzy – znajdziesz tam nie tylko aktualne informacje, np. o klubach, ale też obszerną część historyczną pokazującą homoseksualną Warszawę od lat 30. do dziś, cytaty z literatury i wypowiedzi znanych gejów i lesbijek o ich warszawskich ścieżkach.

Mimo że wciąż bez swojej dzielnicy (np. na wzór Londynu czy Paryża) gejowska Warszawa ma różne oblicza, różne odcienie i różne rozrywki do zaoferowania. Z jednej strony jest europejska Utopia na ul. Jasnej (www.utopia.waw.pl), czyli jeden z najpopularniejszych klubów w Warszawie. Z drugiej – bardziej offowe, niezobowiązujące Lodi Dodi na ul. Wilczej 23 (www.lodidodi.pl). W tym niedużym lokalu prędzej niż na klubowe hity natrafisz na szlagiery polskiej muzyki rozrywkowej, na piosenki Marii Koterbskiej, Alibabek, Jerzego Połomskiego. Ale w zasadzie wszystkie wymienione przez nas w tej książce miejsca można uznać za przyjazne gejowskiej i lesbijskiej społeczności.

Homo Warszawa imprezuje, ale też walczy o swoje prawa. Jeśli więc szukasz najaktualniejszych i pełnych informacji – tych społecznych, kulturalnych, imprezowych – to koniecznie zajrzyj na portal www.innastrona.pl.

SKORZYSTAJ Z KULTURY ZA DARMO

WARSZAWAGRATIS.INFO

◆

Żeby zobaczyć ciekawą wystawę lub posłuchać muzyki na żywo, wcale nie trzeba wydawać pieniędzy. Oto kilka naszych sposobów. Zachęta Narodowa Galeria Sztuki (pl. Małachowskiego 3, www.zachęta.art.pl) ma wolny wstęp w czwartki w godz. 12-20, podobnie Centrum Sztuki Współczesnej Zamek Ujazdowski (ul. Jazdów 2, www.csw.art.pl), tyle że w godz. 12--19. W tymczasowej siedzibie Muzeum Sztuki Nowoczesnej przy ul. Pańskiej 3 (www.artmuseum.pl) wystawy zawsze obejrzysz za darmo. Najlepsze prywatne galerie na co dzień dostępne są bez biletów wstępu, ale wcześniej musisz sprawdzić na ich stronach internetowych, czy aktualnie proponują jakieś wystawy. Jeśli interesujesz się fotografią, odwiedź Yours Gallery (ul. Krakowskie Przedmieście 33, www.gallery.yours.pl) – wstęp wolny przez cały tydzień w godz. 11-19, a jeśli plakatem i grafiką – Muzeum Plakatu w Wilanowie (ul. Potockiego 10/16, www.postermuseum.pl) – tu za darmo wejdziesz w poniedziałki w godz. 12-16. Kameralne koncerty z darmowym wstępem organizują często klubokawiarnie Nowy Wspaniały Świat (na zdjęciu), Warszawa Powiśle i Chłodna 25, a pokazy filmowe – OSiR i galeria Zachęta.

Enjoy culture for free

warszawagratis.info

You may see an interesting exhibition or listen to live music and you won't have to spend a penny. We'll tell you how to do it. Zachęta Narodowa Galeria Sztuki (Zachęta National Gallery of Art) (pl. Małachowskiego 3, www.zachęta.art.pl) offers free admission on Thursdays from noon to 8.00 pm, the same applies to the Centrum Sztuki Współczesnej Zamek Ujazdowski (Centre for Contemporary Art Ujazdowski Castle) (ul. Jazdów 2, www.csw.art.pl), but this one is open on Thursdays from 12 am to 7 pm. The newly formed Muzeum Sztuki Nowoczesnej (Museum of Modern Art) in its temporary building at ul. Pańska 3 offers free admission all week (www.artmuseum.pl). Another free (or almost free) thing to do is to visit the best private galleries, but check their webpages first to find out if they offer any exhibitions. If you're interested in photography, visit Yours Gallery (ul. Krakowskie Przedmieście 33, www.gallery.yours.pl) – free admission all weekdays from 11 am to 7 pm, and if posters and graphic art are your hobby – head for the Muzeum Plakatu in Wilanów (Poster Museum) (ul. Potockiego 10/16, www.postermuseum.pl) – here Mondays are free from noon until 4.00 pm. Chamber concerts with free admission are often staged by the Nowy Wspaniały Świat (photo, ul. Nowy Świat 63, p. 177), Warszawa Powiśle and the Chłodna 25 café-clubs (www.chlodna25.blog.pl).

Eat dumplings at the Różycki Bazaar

Różycki Bazaar ul. Targowa 54

This is not the same bazaar as it was only a dozen or so years ago. But its legend survives in local tales, and one can still taste certain original food flavours here. It is still frequented by pigeons from nearby breeders, women serve warm dumplings with pork crackling straight from jars and thermos flasks, and men sell watches, gold chains and signet rings, weighed down by these products. One also hears the vanishing Praga dialect and local Warsaw legends.

The bazaar was founded at the start of the 20th century, but its golden age was the 1970s and 1980s, when one could buy here all the things that were unavailable in the state shops. Its demise began when the enormous bazaar in the nearby 10th Anniversary Stadium commenced trading. Now the city fathers want to incorporate the bazaar in the Museum of Praga, being developed in a neighbouring building. The plan is to revitalise it and change it into a sort of Praga open-air museum where one can buy souvenirs of Praga and Jewish caps, and listen to bands playing traditional music. But we prefer the genuine bazaar, so to revitalisation we say yes, but to an open-air museum the answer is no!

ZJEDZ PYZY NA RÓŻYCU

BAZAR RÓŻYCKIEGO, UL. TARGOWA 54

◆

To już nie ten sam bazar co jeszcze kilkanaście lat temu. Ale legenda Różyca przetrwała w lokalnych opowieściach i pewne smaczki jeszcze na samym bazarze można znaleźć. Wciąż krążą nad nim gołębie z okolicznych hodowli, przekupki serwują ciepłe pyzy ze skwarkami prosto ze słojów lub termosów, a panowie sprzedają zegarki, złote łańcuchy i sygnety, szczelnie nimi obwieszeni. Tu też słyszy się ginącą praską gwarę i warszawskie miejskie legendy.

Bazar powstał na początku XX w., ale swoje najlepsze czasy przeżywał w latach 70. i 80., kiedy można tu było kupić wszystko to, czego brakowało w państwowych sklepach. Zaczął podupadać, gdy w sąsiedztwie rozwinął działalność ogromny bazar wokół Stadionu Dziesięciolecia. Teraz władze miasta mają pomysł, by Różyca włączyć w obręb powstającego w sąsiedniej kamienicy Muzeum Pragi – zrewitalizować go i zamienić w coś w rodzaju praskiego skansenu, gdzie można by kupić pamiątki, żydowskie jarmułki, posłuchać kapel podwórkowych. My wolimy bazar autentyczny, więc rewitalizacji mówimy: tak, skansenowi: nie!

Have a coffee on Ghost Street

Café Próżna ul. Próżna 12, tel. 22 620 32 57, daily 10.00 am--11.00 pm, www.cafeprozna.pl

We admire the courage of those who decided to open a café in this murky location. Come here after dark. When you notice the coloured lights on the completely dark ul. Próżna, you'll know you've found the Café Próżna. Here you can have coffé and eat cakes, salads and toasted bread. You can use the Internet and look at photograph albums of Warsaw. And you can talk about the phenomenon of ul. Próżna. For this is an exceptional street, called by Varsovians the street of death. It is a sad symbol of all that remains of Jewish Warsaw. Before the war it teemed with life and had beautiful buildings full of precious decorations. But during the war it found itself within the confines of the ghetto, and has remained untouched since then. Ruins in the very centre of the city. Historic ruins, so they cannot be demolished. In any case, it would be a pity to do so. But there is not much to save here, because the deserted houses are literally falling apart. Once a year, ul. Próżna comes to life during the Singer's Warsaw Jewish festival. But only for a few days, and then it dies again.

Why is this? Because neither the city, which owns one side of the street, nor any private investors want to touch it for the time being. Perhaps the costs of restoration are so high that they are waiting for the houses to collapse by themselves? A pity.

NAPIJ SIĘ KAWY NA ULICY WIDMO

CAFÉ PRÓŻNA, UL. PRÓŻNA 12, TEL. 22 620 32 57, CODZ. W GODZ. 10-23, WWW.CAFEPROZNA.PL

◆

Podziwiamy odwagę właścicieli, że zdecydowali się na otwarcie lokalu w tak mrocznym miejscu. Wybierz się w te rejony po zmroku. Gdy na zupełnie ciemnej ul. Próżnej zobaczysz kolorowe lampki, to znak, że natknąłeś się na Café Próżna. Napijesz się tu kawy, zjesz ciasta, sałatki i grzanki. Skorzystasz z internetu i obejrzysz w albumach zdjęcia starej Warszawy. I porozmawiasz o fenomenie Próżnej.

Bo to ulica wyjątkowa, zwana przez warszawiaków ulicą śmierci. Smutny symbol tego, co zostało po żydowskiej Warszawie. Przed wojną tętniąca życiem, z pięknymi, pełnymi cennych detali kamienicami, w czasie wojny znalazła się w granicach getta i od tego czasu pozostała nietknięta. Ruina w samym centrum miasta. Zabytkowa ruina, więc wyburzyć jej nie można. Poza tym szkoda by było. Ale nie bardzo jest tu już co ratować, bo opuszczone kamienice zwyczajnie się sypią. Próżna ożywa raz do roku podczas żydowskiego festiwalu Warszawa Singera. Ale ożywa sztucznie, bo tylko na kilka dni. A potem znowu zamiera.

Dlaczego tak się dzieje? Bo ani miasto, do którego należy jedna pierzeja ulicy, ani prywatni inwestorzy na razie Próżnej nie ruszają. Może koszty przebudowy są tak wysokie, że czekają, aż kamienice same się zawalą? Szkoda.

ODKRYJ WARSZAWĘ CHOPINA

MUZEUM FRYDERYKA CHOPINA, UL. OKÓLNIK 1,
BILETY 22 ZŁ, WWW.CHOPIN.MUSEUM;
KORDEGARDA CHOPIN 2010, UL. KRAKOWSKIE PRZEDMIEŚCIE 15/17,
WWW.CHOPIN2010.PL; POMNIK CHOPINA, AUTOBUSY: 180, 195,
116 – PRZYSTANEK ŁAZIENKI KRÓLEWSKIE

◆

To najmłodsze i najnowocześniejsze muzeum w Warszawie. Mieści się w pięknym pałacu Gnińskich – Ostrogskich zaprojektowanym przez najwybitniejszego warszawskiego architekta XVII w. Tylmana z Gameren (stanął przy Tamce po 1681 r.). Muzeum w rekordowym tempie i pocie czoła szykowane było na rok 2010, który ogłoszono Rokiem Chopinowskim (z okazji 200. rocznicy urodzin kompozytora). Ma przypominać o tym, że Fryderyk Chopin pierwszą połowę życia spędził właśnie w Warszawie. To muzeum multimedialne. Ze specjalnie zakodowanym na karcie biletem możesz wybrać sobie trasę zwiedzania, poziom narracji (podstawowy, zaawansowany, dla dzieci, niedowidzących) i język (do wyboru masz ich aż osiem).

Ekspozycja jest dziełem projektantów z mediolańskiej pracowni Migliore+Servetto. Tworzą ją nie tylko komputery, ekrany dotykowe czy muzyka sącząca się z głośników, ale też autentyczne pamiątki po Chopinie, m.in. pełne skreśleń zapisy nutowe, złoty zegarek podarowany kilkuletniemu Fryderykowi przez słynną włoską śpiewaczkę Angelicę Catalani, która zachwyciła się jego grą, czy fortepian pochodzący z ostatniego mieszkania kompozytora przy placu Vendôme 12. Jednak największe wrażenie wywiera spowita w głębokiej czerni sala śmierci z kopią maski pośmiertnej Chopina, zabalsamowanymi włosami przywiezionymi do Warszawy przez Ludwikę Jędrzejewiczową i portretami kompozytora na łożu śmierci. W piwnicach muzeum mieści się sala koncertowa, jest też część dla dzieci przypominająca kabinę statku kosmicznego. Uwaga! W muzeum może jednorazowo zmieścić się tylko około stu zwiedzających, dlatego warto wcześniej zarezerwować bilety przez internet.

A jeśli czujesz jeszcze niedosyt wiedzy o Chopinie i jego muzyce, zajrzyj do Kordegardy, gdzie zorganizowano centrum Roku Chopinowskiego, oraz do Łazienek Królewskich, gdzie w parkowej scenerii pod pomnikiem kompozytora można w niedzielę słuchać chopinowskich recitali.

Discover Chopin's Warsaw

Fryderyk Chopin Museum
ul. Okólnik 1,
tickets – PLN 22,
www.chopin.museum;
Kordegarda Chopin 2010
Krakowskie Przedmieście 15/17,
www.chopin2010.pl;
Chopin monument buses 180, 195, 116 – Łazienki Królewskie stop

This is Warsaw's latest and most modern museum. It is located in the beautiful Gniński – Ostrogski Palace, designed by Warsaw's most distinguished architect of the 17th century, Tylman van Gameren, and was completed after 1681. The museum was created at record speed and enormous effort in time for 2010, which has been declared Chopin Year (the 200th anniversary of his birth). It is meant to serve as a reminder that Warsaw is where Fryderyk Chopin spent the first half of his life. This is a multimedia museum. With a specially coded ticket, the visitor can choose his own itinerary, choose the level of narration (basic, advanced and for children) and select a language (as many as eight to choose from). The display is the work of designers from the Milan-based design firm Migliore+Servetto. It comprises not just computers, touch screens and background music, but also genuine mementoes of Chopin, for example music scores full of deletions or a piano from his last address at Place Vendome 12 in Paris. In the museum basement is a concert hall, and there is also a children's room which looks like a spaceship cabin. Note! The museum can only accommodate about one hundred visitors at a time, so it is a good idea to book in advance via the Internet.

And if you feel thirsty for more knowledge about Chopin and his music, visit the Kordegarda Chopin 2010, containing the Chopin Year visitor centre, and the Łazienki Park, where in summer one can listen to recitals of Chopin's music beneath the composer's monument.

POMNIK FRYDERYKA CHOPINA W ŁAZIENKACH

Fryderyk Chopin monument in Łazienki

MUZEUM FRYDERYKA CHOPINA

Fryderyk Chopin's Museum

PLAKAT AUTORSTWA PIOTRA MICHEREWICZA (WWW.AMS.COM.PL)

Poster by Piotr Micherewicz

WEŹ TO WYŁĄCZ

FESTIWAL WEŹ TO WYŁĄCZ,
WWW.WEZTOWYLACZ.COM

◆

Wiesz, co to jest kultura absurdalistyczna albo sztuka regresywna? Nie? To sprawdź festiwal Weź to Wyłącz, na którym występują luminarze polskiego i zagranicznego absurdu. Tak (anty)reklamują swoją imprezę organizatorzy:

„Przychodźcie gromadnie, bo inaczej będziecie musieli oglądać telewizję albo pójść do kina na polski film! Zobaczcie, jak za wasze pieniądze bawią się organizatorzy! Tego nie da się zapomnieć, chyba że da, ale prawdopodobnie raczej nie, chociaż, jeżeli znajdą się ludzie negatywnie nastawieni, to jest taka możliwość, lecz przy pozytywnym nastawieniu można wnosić z dużą dozą prawdopodobieństwa, że będą to wieczory, które zapamięta się na długo!".

To prawda, bo jako żywo przed oczami wciąż mamy śpiewającego na festiwalu o „Nagim Szopenie" Człowieka Widmo, koncert perfekcyjnie i z zimną krwią mordujących popowe i rockowe szlagiery Kwadratowych czy wywołującą bijatyki na scenie grupę Drew Bud.

Weź to Wyłącz jest nie tylko najbardziej absurdalną imprezą, która odbywa się w Warszawie, ale też najczęściej wędrującą, nieregularną. Potrafi nie odbywać się przez rok, by potem wrócić w dwóch mocnych odsłonach naraz. Dlatego warto śledzić stronę festiwalu.

Turn it off

Weź to Wyłącz
(Turn it Off Festival),
www.weztowylacz.com

Do you know what the absurdist culture or regressive art is? No? Then check out the Weź to Wyłącz (Turn It Off) festival where the biggest stars of the Polish and international absurd scene are performing. Here is their advert and invitation:

"Come over all of you folks, otherwise you will have to watch the tv or go to the cinema to see a Polish movie! Come and see how the organizers are having fun for your money! You will never forget it, unless you do but probably you will not, unless some negatively thinking people are around and help you forget though, if you think positive, you are very likely to remember the evening here forever!".

This must be true because we still can see (when we close our eyes) the Spectre Man singing about "The naked Chopin", a concert of the Kwadratowi coverband who thoroughly, and in cold blood, crucify the pop and rock hits, and we can still remember the Drew Bud band whose performance stirred up brawls on the stage. The Turn it Off Festival is not just the most absurd event in Warsaw but also the one which is the most regular, always on the move. It may not be held for a year and then, suddenly, give you two powerful spectacles one-by-one. It is worth visiting the Festival's web site and be informed.

Be a marathon man

www.maratonwarszawski.com

Many people in Warsaw have been overwhelmed by a frenzy of amateur running. The streets of the city are closed several times a year to allow a street marathon race (and to irritate the other city dwellers). The amateur running tradition in Warsaw goes back to the late 1970s. The biggest problem organizers of the first Peace Marathon (as it was named) had to solve was not of a technical nature. They had to persuade the communist authorities that several thousand people would gather at one place for a sports event, not a political demonstration. They succeeded and 2.5 thousand amateur runners could take part in the competition. Last year, in September, the race attracted over 4 thousand runners from about 40 coun-

tries. Over 3 thousand of them reached the finish line which confirms that 42 kilometres is a long distance to run indeed. The winner was Teshome Gelane Etanya of Ethiopia who clocked 2.12:03, just 13 seconds longer than the record time.
There are also other running races apart from the Warsaw Marathon. There is the Carrefour Semi-Marathon of Warsaw, with about 5 thousand entrants; the Warsaw Run with its 10 thousand runners, the Chomiczówka Race held in frosty January, and quite a new one: Run across the Zoo, quite a rare sports discipline indeed. And there are some more running races held to mark different occasions, such as, the race commemorating the Warsaw Rising.

ZOSTAŃ MARATOŃCZYKIEM

WWW.MARATONWARSZAWSKI.COM

◆

Wielu warszawiaków ogarnął szał amatorskiego biegania. Kilka razy w roku zamykane są ulice miasta (co – trzeba uczciwie przyznać – wielu mieszkańców wprawia w stan lekkiej irytacji). Tradycja amatorskiego biegania po Warszawie sięga końca lat 70. XX w. Największą trudnością w zorganizowaniu pierwszego Maratonu Pokoju (bo tak nazywał się wtedy bieg) były nie sprawy techniczne, ale przekonanie komunistycznych władz, że kilka tysięcy osób w jednym miejscu spotka się w celach sportowych, a nie politycznych. Udało się, a w imprezie wzięło udział 2,5 tys. biegaczy amatorów. W zeszłym roku we wrześniowym maratonie wystartowało ponad 4 tys. biegaczy z około 40 krajów. Wygrał Etiopczyk Teshome Gelane Etanya z czasem 2.12:03 – zaledwie o 13 sekund gorszym od ustanowionego w zeszłym roku rekordu. Poza Maratonem Warszawskim odbywają się u nas m.in. biegi: Carrefour Półmaraton Warszawski, gdzie startuje około 5 tys. zawodników; „Biegnij, Warszawo" z udziałem 10 tys. osób; Bieg Chomiczówki, który odbywa się w mroźnym styczniu czy organizowany od niedawna bieg przez zoo (jedna z nielicznych tego typu imprez na świecie). Co jakiś czas organizowane są też biegi okolicznościowe: Konstytucji, Niepodległości, Powstania Warszawskiego.

Do some extreme sightseeing

www.wte.bloog.pl

There is ordinary, safe sightseeing. But there is also the Warsaw Extreme Tourism for those who want to explore old tunnels, places underneath bridge spans, post-industrial structures, cellars, forgotten places of difficult access which makes them both magic and enigmatic. Ordinary tourists think sightseeing is done by walking or riding a vehicle. But the WET tourists would rather crawl, climb, scratch, jump, run, hang, and the like.

Like every big city, Warsaw has lots of secrets unknown even to those who were born and spent all their lives here. WET offers everyone an opportunity to discover those attractions. Warning! This is probably contagious and, long before you notice it, you may contract a new addiction to exploring deserted, remote, and hardly accessible places instead of good old historical buildings whenever you visit a new town.

ZWIEDZAJ EKSTREMALNIE

WWW.WTE.BLOOG.PL

◆

Jest zwykłe bezpieczne zwiedzanie miasta. Jest i Warszawska Turystyka Ekstremalna, czyli penetrowanie starych tuneli, przęseł pod mostami, opuszczonych fabryk, piwnic, miejsc zapomnianych, niedostępnych, ale przez to magicznych. Dla zwykłych turystów zwiedzanie to spacer, przejażdżka. Dla WTE to czołganie się, wdrapywanie, przeskakiwanie, czasem bieg, wspinanie się, zwisanie, podciąganie się…

Jak każda metropolia, tak i Warszawa kryje w sobie mnóstwo sekretów często nieznanych nawet rodowitym mieszkańcom. Z WTE jest szansa na to, żeby je odkryć. Ale uwaga, to może być zaraźliwe. Zanim się zorientujesz, będziesz jeździć po miastach już nie w poszukiwaniu zabytków, ale miejsc dzikich, opuszczonych, jak najmniej dostępnych.

OMIŃ ŁAZIENKI

OGRÓD BOTANICZNY UNIWERSYTETU WARSZAWSKIEGO,
AL. UJAZDOWSKIE 4, WWW.OGROD.UW.EDU.PL

W samym centrum miasta znajduje się oaza spokoju (choć o mały włos nie zbudowano tu Świątyni Opatrzności, bo po Sejmie Czteroletnim wmurowano tu już kamień węgielny). Zagłębić się w niej można jedynie między kwietniem a listopadem, ale naprawdę warto przejść niespiesznie alejkami, przyglądając się niecodziennym roślinom. Ponieważ większość ludzi wybiera na spacer sąsiednie Łazienki, zdarza się, że można zwiedzać ogród w ciszy, spokoju, a przy odrobinie szczęścia i samotnie.

Niektóre z roślin zostały tu zasadzone jeszcze przez twórcę ogrodu Michała Szuberta w 1818 r., np. miłorząb dwuklapowy czy dąb szypułkowy. Ogród ma też piękną szklarnię, w której można podziwiać rośliny tropikalne – imbir, kawę, awokado i bardziej egzotyczną stangerię dziwną, która pojawiła się na Ziemi około 300 milionów lat temu.

W ogrodzie botanicznym odbywają się też wystawy i festiwale naukowe, od dni storczyków czy święta niezapominajek po wystawę roślin mięsożernych.

Bypass Łazienki

The University of Warsaw's Botanical Garden

Al. Ujazdowskie 4,
www.ogrod.uw.edu.pl

There is an enclave of peace and quietness in the heart of the city, although pure chance had saved this place from the plans to build the Temple of Providence in what is now the Botanical Garden as a corner stone was even embedded there after the Four Years' Sejm (1788-1792). You can absorb that quietness only from April to November but it is so nice to walk slowly around flower beds admiring the beautiful plants. Most visitors would rather flock to the Łazienki Park next-door and, if you are lucky, you may well be the only visitor in the whole Botanical Garden. Some vegetation was planted there by its founder Michał Szubert in 1818, among them Ginkgo biloba, and Pedunculate oak. There is also a magnificent greenhouse full of tropical plants, ginger, coffee, avocado, and a bit more exotic Stangeria eriopus which showed up on Earth for the first time some 300 million years ago.

The Botanical Garden is also a venue of exhibitions and science festivals such as, the Orchid Days, the Forget-me-not Day, and an exhibition of carnivorous plants.

ZAPLANUJ JEDZENIE

MENU NA CAŁY TYDZIEŃ UŁOŻYŁ DLA CIEBIE
MACIEJ NOWAK, KULINARNY RECENZENT „GAZETY CO JEST GRANE"

	PONIEDZIAŁEK	WTOREK	ŚRODA
Śniadanie	**NOWY WSPANIAŁY ŚWIAT** UL. NOWY ŚWIAT 63 śniadanie studenckie w stylu azjatyckim. Plotki z całego weekendu gratis	**CAFÉ MIEJSCE** UL. POLNA 40 klasyczne polskie śniadanie z jajecznicą i parówkami. Obficie i kameralnie	**BAMBINO** UL. KRUCZA 21 śniadanie w barze mlecznym – tanio, smacznie i w dobrym towarzystwie tradycyjnej warszawskiej inteligencji
Obiad	**TOAN PHO** UL. CHMIELNA 5/7 autentyczna wietnamska zupa pho. Pożywna, smaczna, przebój tego sezonu	**SŁODKI SŁONY** UL. MOKOTOWSKA 45 ukochany lokal Magdy Gessler, ciekawe, kreatywne dania plus orgia deserów	**MAŁE CO NIECO** UL. WARECKA 8 barek garmażeryjny z klasycznymi polskimi daniami nie dla wegetarian
Kolacja	**SUNANTA** UL. KRUCZA 16/22 świetna tajska kuchnia w wykonaniu szefowej z Tajlandii	**POEZJA** UL. KSIĄŻĘCA 6 w menu tej restauracji inspiracje włoskie łączą się harmonijnie z polskimi smakami. Lirycznie i pastelowo	**MELA VERDE** UL. CHMIELNA 8 najlepsza włoska restauracja w centrum. Świetna pizza, legendarna costata wołowa. Zawsze trzeba pytać o danie dnia, którego nie ma w karcie
Nocna przekąska	**AUTOBUS** UL. EMILII PLATER odwieczna miejscówka warszawskich nocnych ptaków. Tłusto i ciekawie	**META** UL. FOKSAL 21 nocna mordownia w stylu PRL. Lorneta, meduza, bigosik itp.	**SZPILKA** PL. TRZECH KRZYŻY 18 od ponad dziesięciu lat ściek dla wszystkich niedopitych. Dobre pasty do pieczywa, solidne przekąski

CZWARTEK	PIĄTEK	SOBOTA	NIEDZIELA
RADIO CAFÉ UL. NOWOGRODZKA 56 śniadanie w klubie Radia Wolna Europa. Klimat nieco brytyjski, biznesowy, ale sympatyczny	**RETURN CLUB** UL. MYŚLIWIECKA 4A słoneczne śniadanie w stylu tenisowym pośród zawodników klubu Legia	**MIĘDZY NAMI** UL. BRACKA 20 śniadanie w najbardziej lanserskim miejscu warszawki, dobry start do sobotnich rozrywek	**JEFF'S** AL. ŻWIRKI I WIGURY 32 obfite śniadanie w stylu amerykańskim na werandzie z widokiem na spacerowiczów i biegających po Polu Mokotowskim
DZIKI RYŻ UL. PUŁAWSKA 24B lunch w stylu dalekowschodnim dostosowanym do polskich gustów	**ANTRAKT** PL. PIŁSUDSKIEGO 9 klimatyczna kawiarnia okupowana przez aktorów Teatru Narodowego. Smaczne, proste dania lunchowe	**PIĄTA ĆWIARTKA** ZAMEK KRÓLEWSKI połączenie wizyty w jednym z najpiękniejszych wnętrz Warszawy z obiadkiem, którego bohaterami są podroby	**RESTAURACJA ZGODA** UL. ZGODA 4 klasyczny niedzielny obiad z rosołem i schabowym
SUSHI ZUSHI UL. ŻURAWIA 6/12 najciekawszy dziś sushi bar Warszawy. Sympatyczni młodzi itamae, świeże ryby, kreatywne kompozycje	**R20** UL. ROZBRAT 20 najlepsza paryska brasserie w Warszawie. Oryginalna, autorska kuchnia, elegancko i tłoczno	**IZUMI SUSHI** UL. BIAŁY KAMIEŃ 4 najpiękniejsza restauracja Warszawy zorganizowana w starej oranżerii. Świetna kuchnia południowo-wschodniej Azji	**MELTEMI** UL. DRAWSKA 1 po niedzielnym spacerze w malowniczym parku Szczęśliwickim pyszna grecka kolacja
BISTRO À LA MINUTE UL. OSSOLIŃSKICH całodobowa restauracja z tradycyjnymi potrawami z patelni. Wyśmienita jakość, ceny umiarkowanie wysokie	**PRZEKĄSKI ZAKĄSKI** UL. KRAKOWSKIE PRZEDMIEŚCIE 12 punkt przesiadkowy warszawskich gorących nocy. Tłumnie, tanio i przekąskowo	**KEBAB** MARSZAŁKOWSKA 138 uchodzący za najlepszy w mieście, obowiązkowa przekąska warszawskich clubbersów	**LEMON** UL. SIENKIEWICZA 6 całodobowy klub, który ratuje zgłodniałych sympatyczną kuchnią, z której najbardziej lubiane są kluseczki cztery sery

Plan your dining schedule

MENU FOR THE WHOLE WEEK HAS BEEN PLANNED FOR YOU
BY MACIEJ NOWAK, CULINARY CRITIC OF "GAZETA CO JEST GRANE"

	MONDAY	TUESDAY	WEDNESDAY
Breakfast	**Nowy Wspaniały Świat** ul. Nowy Świat 63 *student breakfast in Asian style. Post-weekend gossip for free*	**Café Miejsce** ul. Polna 40 *typical Polish breakfast scrambled eggs and Wiener sausages*	**Bambino** ul. Krucza 21 *breakfast in a milk bar – inexpensive, tasty and in good company of traditional Varsovian intelligentsia*
Lunch	**Toan Pho** ul. Chmielna 5/7 *authentic Vietnamese soup Pho. Very filling, tasty, hit of the season*	**Słodki Słony** ul. Mokotowska 45 *designed by Magda Gessler, and decidedly-her favourite spot, interesting, creative courses + riot of desserts*	**Małe co Nieco** ul. Warecka 8 *deli offering traditional Polish courses, not vegetarian-friendly*
Dinner	**Sunanta** ul. Krucza 16/22 *great Thai cuisine by a Thai chef*	**Poezja** ul. Książęca 6 *in this restaurant Italian inspirations mingle harmoniously with the Polish tastes. Lyrical décor in soft pastels*	**Mela Verde** ul. Chmielna 8 *the best Italian restaurant downtown. Great pizza, famous beef costata. Always ask for the course of the day, which is not on the menu*
Late-night bite	**Autobus** ul. Emilii Plater *centuries-old hangout for Varsovian nocturnal birds. Fat fare, interesting vibes*	**Meta** ul. Foksal 21 *night drinking-den in PRL (communist) style. Binoculars (two vodka shots), jellyfish (fish in jelly), bigos*	**Szpilka** pl. Trzech Krzyży 18 *for over ten years a dump for all those not drunk enough. Good patés, generous snacks*

THURSDAY	FRIDAY	SATURDAY	SUNDAY
Radio Café ul. Nowogrodzka 56 *breakfast in the Radio Free Europe Club. A little bit British, and businessy, but pretty nice*	**Return Club** ul. Myśliwiecka 4a *sunny breakfast in tennis style in the company of Legia Club players*	**Między Nami** ul. Bracka 20 *breakfast in the best see-and-be-seen spot in Warsaw, great place to start your Saturday night*	**Jeff's** al. Żwirki i Wigury 32 *lavish breakfast in American style on the veranda with a view of people strolling and jogging in the Pole Mokotowskie Park*
Dziki Ryż ul. Puławska 24b *lunch in Far Eastern style adapted to Polish tastes*	**Antrakt** pl. Piłsudskiego 9 *charmful café besieged by the National Theatre actors. Tasteful and simple lunch courses*	**Piąta Ćwiartka** Zamek Królewski *visit in one of the most beautiful interiors of Warsaw combined with a lunch where pluck is the main event*	**Restauracja Zgoda** ul. Zgoda 4 *traditional Sunday lunch: chicken broth and pork chop*
Sushi–Zushi ul. Żurawia 6/12 *the most interesting sushi bar in Warsaw today. Nice young itamae, fresh fish, creative compositions*	**R20** ul. Rozbrat 20 *the best Parisian-style brasserie in Warsaw. Unique gourmet cuisine, elegant and always packed*	**Izumi Sushi** ul. Biały Kamień 4 *the most beautiful restaurant in Warsaw located in the old orangery. Delicious south-eastern Asian cuisine*	**Meltemi** ul. Drawska 1 *delicious Greek dinner after a Sunday stroll in the picturesque Szczęśliwicki Park*
Bistro à la Minute ul. Ossolińskich *twenty-four hour restaurant: traditional courses fresh from the pan. Excellent quality, moderately high prices*	**Przekąski Zakąski** ul. Krakowskie Przedmieście 12 *transfer point during Varsovian hot nights. Packed, inexpensive and filled with snacks*	**Kebab** ul. Marszałkowska 138 *it is known as the best place for a snack especially for the club--hoppers*	**Lemon** ul. Sienkiewicza 6 *twenty-four hour club, great for a late-night bite. Pretty nice menu. Try their four-cheese gnocchi*

ZAPEŁNIJ KULTURALNY KALENDARZ

Fill your cultural calendar

Warszawa festiwalami stoi. Przede wszystkim muzycznymi. To tu właśnie odbywa się najstarszy w Europie festiwal jazzowy, tylko tu można podczas jednej imprezy usłyszeć wszystkie opery Mozarta albo wziąć udział w Nocy Walpurgii organizowanej przez kontrkulturową młodzież.

JAZZ JAMBOREE

WWW.JAZZ-JAMBOREE.PL

Po raz pierwszy odbył się w 1958 r. Nazwę festiwalu wymyślił miłośnik jazzu, dziennikarz i pisarz Leopold Tyrmand. Od 1965 r. impreza gości w Sali Kongresowej, zawsze jesienią. Trudno zliczyć wszystkie gwiazdy, które tu wystąpiły, a byli wśród nich: Miles Davis, Duke Ellington, Wynton Marsalis, Herbie Hancock, Keith Jarrett i Dizzy Gillespie.

Warsaw is full of festivals. Especially musical ones. Here is Europe's oldest jazz festival, and only here can you listen to all of Mozart's operas during a single festival or take part in a Walpurgis Night organized by counterculture youth.

Jazz Jamboree

www.jazz-jamboree.pl

The first Jazz Jamboree was in 1958. The name was thought up by jazz lover, journalist and writer Leopold Tyrmand. Since 1965 it has been held in the Congress Hall of the Palace of Culture, always in the autumn. It is difficult to count the stars who have played here, who include Miles Davis, Duke Ellington, Wynton Marsalis, Herbie Hancock, Keith Jarrett and Dizzy Gillespie.

JVC Jazz Festival Warsaw

www.adamiakjazz.pl

Held in the autumn, this festival competes with the Jazz Jamboree, but has a similar profile. Cassandra Wilson, Chick Corea and Terence Blanchard are some of the names who have taken part.

Warsaw Summer Jazz Days

www.adamiakjazz.pl

This festival was intended as a supplement and counterpoint to the Jazz Jamboree, and immediately scored a success. WSJD concerts begin in June and are held at various locations throughout the city, including on open-air sites, the Congress Hall and the Torwar hall. The stars who have appeared so far include John Zorn, Pharoah Sanders, Joshua Redman, Bill Laswell, Branford Maralis, Wayne Shorter and Living Colour. In 2002, a free concert by Living Color on the Castle Square was attended by some 15,000 fans.

Jazz in the Old Town

www.jazznastarowce.pl

An open-air festival with free admission, held on the Old Town Market Place on each Saturday in summer since 1994. Each concert draws several thousand fans. Dino Saluzzi, Tomasz Stańko, Bill Evans, Richard Galliano, Lars Danielsson, Lee Konitz and others have played here.

JVC JAZZ FESTIVAL WARSAW

WWW.ADAMIAKJAZZ.PL

Jesienny festiwal jazzowy, konkurencyjny dla Jazz Jamboree, ale ma podobny profil. Wystąpili na nim m.in. Cassandra Wilson, Chick Corea i Terence Blanchard.

WARSAW SUMMER JAZZ DAYS

WWW.ADAMIAKJAZZ.PL

Powstał jako uzupełnienie, kontrapunkt dla Jazz Jamboree. I od razu odniósł sukces. Koncerty WSJD zaczynają się w czerwcu i odbywają się w wielu miejscach Warszawy, od plenerów po Salę Kongresową i Torwar. Dotychczas na festiwalu wystąpili m.in.: John Zorn, Pharoah Sanders, Joshua Redman, Bill Laswell, Branford Maralis, Wayne Shorter czy Living Colour – na darmowy koncert tej grupy na pl. Zamkowym w 2002 r. przyszło około 15 tys. fanów.

JAZZ NA STARÓWCE

WWW.JAZZNASTAROWCE.PL

Plenerowy festiwal, na który wstęp jest wolny. Odbywa się od 1994 r. w każdą sobotę lata na Rynku Starego Miasta. Koncerty przyciągają po kilka tysięcy fanów. Wystąpili tu m.in.: Dino Saluzzi, Tomasz Stańko, Bill Evans, Richard Galliano, Lars Danielsson czy Lee Konitz.

Guitar City

www.guitarcity.net

Held since 1996, this is a more modest event, usually staged in small music clubs. But it is highly rated by fans of guitar jazz. It has an interesting formula, composed of three parts – concerts, a contest and workshops. It has hosted such jazz masters as Hiram Bullock and Mike Stern.

Francophonic Festival

www.francophonic.pl

This event is devoted mainly to music (but also cinema) from France and other Francophone countries. Guests at the FF have included Yann Tiersen, who wrote the music to the film "Amelia"; the band Nouvelle Vague, playing pop versions of punk and new wave hits from the 1980s; and the singer Mamani Keita from Mali.

GUITAR CITY

WWW.GUITARCITY.NET

Skromniejszy (gości zwykle w niedużych klubach muzycznych), ale ceniony wśród fanów jazzu gitarowego festiwal odbywa się od 1996 r. Ma ciekawą formułę, składa się z trzech części: koncertowej, konkursowej i warsztatowej. Grali tu tacy mistrzowie jazzu jak Hiram Bullock czy Mike Stern.

FRANCOPHONIC FESTIVAL

WWW.FRANCOPHONIC.PL

Impreza poświęcona przede wszystkim muzyce (ale też kinu) z Francji i krajów frankofońskich. Na FF gościli już m.in. Yann Tiersen, twórca muzyki do „Amelii", zespół Nouvelle Vague grający popowe wersje punkowych i nowofalowych hitów z lat 80. czy pochodząca z Mali wokalistka Mamani Keita.

NOWA TRADYCJA

WWW.POLSKIERADIO.PL/RCKL

Festiwal Muzyki Folkowej Polskiego Radia „Nowa Tradycja” to jeden z dwóch najważniejszych w Polsce festiwali poświęconych muzyce folkowej – tej korzennej i tej połączonej z rockiem, jazzem, elektroniką. Ma charakter konkursowy, a wielu uczestników minionych edycji Nowej Tradycji to dziś gwiazdy światowego formatu, np. The Cracow Klezmer Band czy Kapela ze Wsi Warszawa.

New Tradition

www.polskieradio.pl/rckl

Polish Radio's "Nowa Tradycja" Folk Music Festival is one of the two most important festivals in Poland devoted to folk music – pure, and blended with rock, jazz and electro. It takes the form of a competition. Some of the acts who have taken part in the past are now world stars, e.g. The Cracow Klezmer Band and Kapela ze Wsi Warszawa (Warsaw Village Band).

FREE FORM FESTIWAL

WWW.FREEFORMFESTIVAL.PL

Odbywa się każdej jesieni od ponad pięciu lat. Składa się z koncertów, setów didżejskich, pokazów audiowizualnych, filmów krótko- i długometrażowych, wystaw. Na FFF występowali dotychczas m.in. Jimi Tenor, Coldcut, Hooverphonic, Chicks on Speed. Pierwsze cztery edycje odbywały się w Fabryce Trzciny, ostatnia miała miejsce w Koneserze.

Free Form Festival

www.freeformfestival.pl

Held each autumn for over five years. It comprises concerts, DJ sets, audiovisual shows, short and full-length films and exhibitions. Jimi Tenor, Cold cut, Hooverphonic and Chicks on Speed are some of those who have appeared so far. The first four FFs were held in the Fabryka Trzciny, and the last one was held at Koneser.

NOC WALPURGII

WWW.EMANCYPUNX.COM

Co dwa lata w nocy z 30 kwietnia na 1 maja w Centralnym Domu Qultury odbywa się jeden z najciekawszych festiwali feministyczno-kontrkulturowych w Polsce. Obok koncertów zespołów punkowych i hardcore'owych, występów drag queens i drag kings są tu też spotkania z aktywistami oraz pokazy filmów.

Walpurgis Night

www.emancypunx.com

One of the most interesting feminist-counterculture festivals in Poland, this one is held at the Centralny Dom Qultury every two years, on the night of 30 April - 1 May. Apart from concerts by punk and hard core bands, there are appearances by drag queens and drag kings, as well as meetings with artists and film shows.

OPEN HARD CORE FEST

WWW.REFUSERECORDS.PRV.PL

Plenerowa, całodzienna, darmowa impreza poświęcona muzyce hard core i propagująca ideę straight edge. Występują na niej zespoły z całego świata. Są też kramiki z płytami, zinami, koszulkami, wegetariańskim jedzeniem oraz stanowiska przedstawicieli organizacji społecznych, ekologicznych, wolnościowych.

Open Hard Core Fest

www.refuserecords.prv.pl

This open-air all-day free event, devoted to hard core music and propagating straight edge philosophy, has hosted bands from all over the world. There are also stalls selling records, magazines, T-shirts and vegetarian food. Various social, environmental and freedom organisations also have their stands here.

WIELKANOCNY FESTIWAL LUDWIGA VAN BEETHOVENA

WWW.BEETHOVEN.ORG.PL

Występują tu gwiazdorskie orkiestry i wybitni soliści z całego świata. Formuła festiwalu nie ogranicza się tylko do muzyki klasycznej, ale mieści też koncerty z muzyką etno czy jazzem. A plakaty reklamujące imprezę projektują najgorętsi twórcy polskiej sztuki współczesnej (m.in. Wilhelm Sasnal, patrz s. 254 i Twożywo).

Beethoven Easter Festival

www.beethoven.org.pl

First-rate orchestras and distinguished soloists from all over the world perform at this festival. But it is not limited to classical music. It also includes ethno and jazz. The advertising posters are designed by Poland's hottest contemporary artists, including Wilhelm Sasnal and Twożywo.

Mozart Festival

www.operakameralna.pl

The only festival in Europe at which all of Mozart's stage works (25 titles!) are performed, as well as other works by the music genius. It lasts from the end of June to the end of July.

FESTIWAL MOZARTOWSKI

WWW.OPERAKAMERALNA.PL

Jedyny festiwal w Europie, podczas którego prezentowany jest cały dorobek sceniczny Mozarta (26 tytułów!) oraz inne wybrane dzieła genialnego kompozytora. Trwa od końca czerwca do końca lipca.

Warsaw Autum

www.warszawska-jesien.art.pl

Poland's biggest contemporary music festival, held since 1956. One can hear works by classic musicians (e.g. Steve Reich) and young Polish composers (e.g. Aleksandra Gryka).

WARSZAWSKA JESIEŃ

WWW.WARSZAWSKA-JESIEN.ART.PL

Największy w Polsce festiwal poświęcony muzyce współczesnej. Odbywa się od 1956 r. Usłyszeć na nim można zarówno dzieła klasyków (np. Steve'a Reicha), jak i młodych polskich kompozytorów (np. Aleksandry Gryki).

KWARTESENCJA
WWW.KWARTESENCJA.PL

Royal String Quartet to jeden z najbardziej cenionych kwartetów smyczkowych na świecie. Od 2004 r. ma swój festiwal w Fabryce Trzciny, na który zaprasza specjalnych gości ze świata klasyki, jazzu, folku.

Kwartesencja
www.kwartesencja.pl

The Royal String Quartet is one of the most respected string quartets in the world. Since 2004 they have held their own festival at the Fabryka Trzciny, to which they invite special guests from the world of classical music, jazz and folk.

MIĘDZYNARODOWY KONKURS PIANISTYCZNY IM. FRYDERYKA CHOPINA
WWW.KONKURS.CHOPIN.PL

Jeden z najstarszych i najbardziej prestiżowych konkursów pianistycznych na świecie. Pierwsza edycja odbyła się w 1927 r. To tu sławę zdobywali tacy geniusze jak Witold Małcużyński, Martha Argerich, Krystian Zimerman czy Rafał Blechacz.

International Fryderyk Chopin Piano Competition
www.konkurs.chopin.pl
One of the world's oldest and most prestigious piano competitions, held for the first time in 1927. Such geniuses as Witold Małcużyński, Martha Argerich, Krystian Zimerman and Rafał Blechacz have gained fame here.

International Warsaw Film Festival
www.wff.pl

A fixed part and strong point of the autumn cultural season in Warsaw. The festival has been held since 1985 and is devoted to world cinema, both commercial and niche.

WARSZAWSKI MIĘDZYNARODOWY FESTIWAL FILMOWY
WWW.WFF.PL

Stały i mocny punkt kulturalnej jesieni w Warszawie. Festiwal istnieje od 1985 r. i poświęcony jest kinematografii z całego świata, zarówno tej komercyjnej, jak i niszowej.

PLANETE DOC REVIEW
WWW.DOCREVIEW.PL

Jedyny w Europie festiwal długometrażowych filmów dokumentalnych. Odbywa się w maju w Kinotece. Jego pomysłodawcą i szefem jest Artur Liebhart.

Planete Doc Review
www.docreview.pl

The only festival in Europe devoted to full-length documentary films. It is held at the Kinoteka cinema in May. The father of the festival's concept and its director is Artur Liebhart.

FESTIWAL FILMY ŚWIATA „ALE KINO"!
WWW.FILMYSWIATA.PL

Prezentacja niekomercyjnych filmów z pięciu kontynentów. Często jedyna okazja, żeby zobaczyć ambitne kino z Azji, Afryki czy Ameryki Południowej. W kalendarzu trzeba zaznaczyć listopad.

FILMOWA STOLICA LATA

WWW.FILMOWASTOLICA.PL

Darmowe projekcje po zmierzchu pod gołym niebem w parkach: Praskim, Skaryszewskim, Sowińskiego, Ogrodzie Saskim i na Polu Mokotowskim. Można tu zobaczyć filmy z różnych części świata – od kina bałkańskiego po Bollywood, klasykę i kinowe hity.

KINO.LATO

KINO.LAB, WWW.CSW.ART.PL

W Centrum Sztuki Współczesnej, na dziedzińcu Zamku Ujazdowskiego, latem odbywają się pokazy filmów alternatywnych, awangardowych i sztuki wideo.

ŚWIĘTO NIEMEGO KINA

WWW.SNK.ORG.PL

Projekcjom arcydzieł światowego kina z początku XX wieku towarzyszy muzyka grana na żywo przez polskich i zagranicznych artystów współczesnych. Obserwujemy więc przygody czarno-białych niemych bohaterów, słuchając jazzu, elektroniki, alternatywy.

WARSZAWSKIE SPOTKANIA TEATRALNE

WWW.28WST.PL

Ten festiwal z tradycjami powrócił wiosną 2008 r., po ośmiu latach przerwy. Organizuje go Instytut Teatralny im. Zbigniewa Raszewskiego. Na kilku teatralnych scenach Warszawy można obejrzeć najgłośniejsze spektakle z całego kraju.

Silent Film Festival

www.snk.org.pl

Screenings of cinematographic masterpieces of the early 20th century are accompanied by contemporary live music. So we can watch the silent adventures of film heroes in black and white while listening to jazz, electro and alternative music.

Warsaw Theatre Meetings

www.28wst.pl

After an absence of eight years, this traditional festival made a comeback in spring 2008. It is organized by the Zbigniew Raszewski Theatre Institute. On the stages of several Warsaw theatres one can watch the hottest plays from all over Poland.

Summer Film Capital

www.filmowastolica.pl

Free film screenings after dusk at the Praski Park, Skaryszewski Park, Ogród Saski and Pole Mokotowskie. One can see films from all parts of the world: from Balkan cinema, via Bollywood, to classics and cinema hits.

Kino.Lato

www.csw.art.pl/kino_lab

Alternative and avant-garde films and video art are shown at the Centre for Contemporary Art in the courtyard of the Ujazdowski Castle.

"Ale Kino" World Film Festival

www.filmyswiata.pl

Shows non-commercial films from all five continents. This is often the only opportunity to witness ambitious cinematography from Asia, Africa or South America. November should be set aside in one's calendar.

WARSZAWA W BUDOWIE

WWW.WARSZAWAWBUDOWIE.PL

Zamiast tradycyjnego festiwalu designu mamy w Warszawie festiwal projektowania. Bo to miasto rzeczywiście nieustannie jest w budowie. Organizuje go jesienią Muzeum Sztuki Nowoczesnej (patrz zdjęcie obok)

Warsaw under Construction

www.warszawawbudowie.pl

Instead of a traditional design festival, in Warsaw we have a construction festival, because the city is permanently under construction. It is being held by the Museum of Modern Art in the autumn, as part of our bid for European Culture Capital 2016 (photo).

NOC MUZEÓW

WWW.NOC-MUZEOW.PL

W jeden z majowych weekendów Europejczycy zwiedzają muzea i galerie przez całą noc za darmo. Warszawa też uczestniczy w Nocy Muzeów. I nie ma takiej pogody, która powstrzymałaby tłumy przed ruszeniem na miasto. Oprócz samych wystaw i towarzyszących im koncertów obleganą atrakcją są zabytkowe autobusy, tzw. ogórki, które wożą warszawiaków od muzeum do muzeum.

Museum Night

www.noc-muzeow.pl

During one weekend in May, Europeans visit museums and galleries all night for free. Warsaw also has its Museum Night, and no weather stops the crowds from venturing into the city. Apart from the museum displays and accompanying concerts, a great hit are the old buses, called "ogórki" (cucumbers) because of their shape, which take visitors from one museum to another.

PRZETWORY

WWW.FLUPY.NET

Niezwykła recyklingowa impreza. Z rzeczy pozornie zbędnych, a nawet śmieci, artyści przez kilka dni tworzą piękne, niekiedy designerskie przedmioty i dzieła sztuki. Przetworom towarzyszy kiermasz odzieży, zabawek, wydawnictw.

Preserves

www.flupy.net

An unusual recycling event. For a few days, out of apparently useless objects and even trash, artists create beautiful works of art and sometimes designer items. It is accompanied by a jumble sale of clothes, toys and books.

SKRZYŻOWANIE KULTUR

WWW.ESTRADA.COM.PL

Mottem tego wrześniowego festiwalu jest cytat z książki Ryszarda Kapuścińskiego „Podróże z Herodotem": „Inne światy i inne kultury to są zwierciadła, w których przeglądamy się my i nasza kultura". Co roku więc na tej imprezie pojawiają się artyści z całego świata, od Huculskiego Zespołu Pieśni i Tańca, przez Teatr Marionetek z Baku po kubańskich hiphopowców z Orishas.

Cultural Crossroads Festival

www.estrada.com.pl

The motto of this September festival is a quotation from Ryszard Kapuściński's book "Podróże z Herodotem" (Travels with Herodotus): "Other worlds and other cultures are a mirror in which we see ourselves and our own cultures". So every year artists from all over the world appear at this festival, ranging from the Hucul Song and Dance Ensemble, via the Puppet Theatre from Baku, all the way to Cuban hip-hop dancers from Orishas.

Transcaucasia
www.transkaukazja.pl

The only international Caucasian festival held outside the Caucasus and devoted to the contemporary culture of Armenia, Azerbaijan and Georgia. Transkaukazja is held every two years. The programme includes film shows, video art screenings and performances by drama companies and dance ensembles. This is an excellent and exceptional occasion to hear Georgian jazz or Azeri rock.

TRANSKAUKAZJA

WWW.TRANSKAUKAZJA.PL

Jedyny międzynarodowy festiwal kaukaski realizowany poza Kaukazem, poświęcony współczesnej kulturze Armenii, Azerbejdżanu, Gruzji. Transkaukazja odbywa się co dwa lata, a w programie są m.in. pokazy filmowe, projekcje sztuki wideo, występy teatrów i grup tanecznych. Festiwal jest też doskonałą i wyjątkową okazją do tego, by posłuchać gruzińskiego jazzu czy azerskiego rocka.

Singer's Warsaw Festival of Jewish Culture
www.shalom.org.pl

Thanks to this event, the otherwise sad and neglected ul. Próżna comes to life for a few days, and for a while one can feel the atmosphere of a pre-war Jewish district. There are concerts at the Nożyk Synagogue, Jewish dancing lessons and kosher cuisine.

FESTIWAL KULTURY ŻYDOWSKIEJ „WARSZAWA SINGERA"

WWW.SHALOM.ORG.PL

Dzięki tej imprezie na kilka dni ożywa smutna, zaniedbana na co dzień ul. Próżna, można przez chwilę poczuć klimat przedwojennej żydowskiej dzielnicy. W ramach festiwalu odbywają się koncerty w synagodze Nożyków, wystawy, nauka żydowskich tańców, degustacja koszernych potraw.

Open Twarda
www.otwartatwarda.pl

Here you'll taste the contemporary Jewish culture. The festival is held by the Jewish Community of Warsaw. The programme includes a visit to the Nożyk Synagogue, Jewish cemetery tours, kosher cooking, urban games, workshops, concerts and exhibitions.

OTWARTA TWARDA

WWW.OTWARTATWARDA.PL

Tu skosztujesz bardziej współczesnej kultury żydowskiej. Festiwal organizowany jest przez warszawską Gminę Wyznaniową Żydowską. W programie: zwiedzanie synagogi Nożyków, cmentarzy żydowskich, koszerne gotowanie, gry miejskie, warsztaty, koncerty, wystawy.

MIĘDZYNARODOWY FESTIWAL „SZTUKA ULICY”

WWW.SZTUKAULICY.PL

Największa plenerowa impreza teatralna w stolicy odbywa się w parkach i na miejskich placach. Swoje spektakle pokazywali tu m.in. Komuna Otwock, Akademia Ruchu i Teatr Biuro Podróży oraz wiele offowych teatrów z Europy.

MIĘDZYNARODOWE TARGI KSIĄŻKI

WWW.ARSPOLONA.COM.PL

Od ponad pół wieku w Pałacu Kultury i Nauki odbywają się Międzynarodowe Targi Książki, największe tego typu wydarzenie w Europie Środkowej. Setki wydawnictw, polskich i zagranicznych, naukowych, literackich, prezentują swoje książki, organizują spotkania z autorami.

WARSZAWA JEST KOBIETĄ

WARSZAWAJESTKOBIETA.BLOX.PL

Grudniowy minifestiwal dedykowany warszawiankom, organizowany przez Katarzynę Kazimierowską i Kingę Sochacką z Fundacji Działań Kulturalnych i Społecznych. Jest hołdem dla aktywnych kobiet w różnym wieku, również tych już nieco zapomnianych. I próbą zbadania, jaka jest warszawianka pierwszej dekady XXI wieku. W programie: debaty, warsztaty, koncerty, wystawy, spektakle.

HOŻARTY

WWW.HOZARTY.COM

To minifestiwal ulicy Hożej organizowany co roku pod koniec kwietnia przez artystkę i animatorkę kultury Katarzynę Wyrozębską. Bardziej offowo, bez wielkiego budżetu, na zasadzie pospolitego ruszenia artystów. Są wystawy w galeriach: Raster, Grafiki i Plakatu, Leto; impreza muzyczna przed kawiarnią Cykloza, malowanie murali, kiermasze designu i mody w księgarni Odeon, pchli targ, strefa eko, prezentacje prac artystów w sklepowych witrynach.

International Street Art Festival

www.sztukulicy.pl

The biggest open-air theatrical event in Warsaw, held in parks and squares. The Komuna Otwock, Akademia Ruchu, Teatr Biuro Podróży and many off-theatres from Europe have staged performances here .

International Book Fair

www.arspolona.com.pl

The biggest event of this kind of Eastern Europe, the International Book Fair has been held at the Palace of Culture and Science for over half a century. Hundreds of Polish and foreign academic and literary publishers display their books and hold meetings with authors.

Warsaw is a Woman

warszawajestkobieta.blox.pl

This mini-festival held in December is dedicated to the women of Warsaw and is organised by Katarzyna Kazimierowska and Kinga Sochacka from the Cultural and Social Activities Foundation.

Hożarty

www.hozarty.com

This a mini-festival of Hoża street staged each year towards the end of April by artist and culture animateur Katarzyna Wyrozębska. A fixed, low-budget event on the alternative art scene and a true levy in mass of Warsaw artists. The festival's highlights include exhibitions in the Raster, Graphic Art and Poster, and Leto galleries as well as a musical event in front of the Cykloza café, painting of murals, design and fashion fairs in the Odeon bookshop, a flea market, an eco zone, and art presentations in the shop windows.

PRAKTYCZNE INFORMACJE I JESZCZE RAZ MIEJSCA, KTÓRE POLECAMY

Practical information and, again, places recommended by us

◆

CIUCHY I INNE NIEZBĘDNE ZAKUPY
Clothes and other essential shopping

ANIA KUCZYŃSKA BUTIK UL. MOKOTOWSKA 61, ANIAKUCZYNSKA.COM
Ania Kuczyńska the designer's boutique – ul. Mokotowska 61, aniakuczynska.com

CENTRA HANDLOWE:
ZŁOTE TARASY UL. ZŁOTA 59, PON.–SOB. 9-22, NIEDZ. 9-21, TEL. 22 222 22 00, WWW.ZLOTETARASY.PL
ARKADIA AL. JANA PAWŁA II 82 (RONDO RADOSŁAWA), PON.–SOB. 10-22, NIEDZ. 10-21, TEL. 22 331 34 00, WWW.ARKADIA.COM.PL
GALERIA MOKOTÓW UL. WOŁOSKA 12, PON.–SOB. 10-22, NIEDZ. 9-21, TEL. 22 541 41 41, WWW.GALERIAMOKOTOW.PL
Shopping malls: Złote Tarasy, ul. Złota 59, City Centre, Mon–Sat 9.00 am – 10.00 pm, Sun 9.00 am – 9.00 pm, tel. 22 222 22 00, www.zlotetarasy.pl
Arkadia al. Jana Pawła II 82 (rondo Radosława), Mon–Sat 10.00 am – 10.00 pm, Sun 10.00 am – 9.00 pm, tel. 22 331 34 00
Galeria Mokotów ul. Wołoska 12, Mon–Sat 10.00 am – 10.00 pm, Sun 9.00 am 9.00 pm, tel. 22 541 41 41, www.galeriamokotow.pl

CHRUM.COM UL. BOKSERSKA 17
Chrum.com ul. Bokserska 17

CZAPKI I KAPELUSZE MARTA RUTA, UL. CZERWONEGO KRZYŻA 2, WEJŚCIE OD ULICY SOLEC, TEL. 501 087 002, WWW.MARTARUTA.COM
Caps and hats Marta Ruta's shop, ul. Czerwonego Krzyża 2, entrance from ul. Solec, tel. 501 087 002, www.martaruta.com

IMAGINE UL. MICKIEWICZA 52, UL. NOWOLIPIE 23, IMAGINE-RIA.BLOGSPOT.COM
Imagine, ul. Mickiewicza 52, ul. Nowolipie 23, imagine-ria.blogspot.com

JOANNA KLIMAS BUTIK UL. NOWOLIPKI 2, WWW.JOANNAKLIMAS.COM
Joanna Klimas the designer's boutique, ul. Nowolipki 2, www.joannaklimas.com

JUSTIN ILOVEU WWW.ILOVEU.OWNLOG.COM
Justin Iloveu www.iloveu.ownlog.com

LILA RÓŻ UBRANIA Z DRUGIEJ RĘKI,UL. TAMKA 37
Lila Róż second-hand clothes, ul. Tamka 37

LUKA BANDITA UL. BRACKA 22, WWW.LUKATME.COM
Luka Bandita ul. Bracka 22, www.lukatme.com

MYSIKRÓLIK UL. OKÓLNIK 11A, WWW.MYSIKROLIK.COM
Mysikrólik ul. Okólnik 11a, www.mysikrolik.com

RS1 UL. KOSZYKOWA 1, TEL. 604 605 605, WWW.RS-STORE.PL
RS1 ul. Koszykowa 1, tel. 604 605 605, www.rs-store.pl

TISZERT UL. CHMIELNA 21, TEL. 22 827 97 22, WWW.TISZERT.COM
Tiszert ul. Chmielna 21, tel. 22 827 97 22, www.tiszert.com

TURBOKOLOR
WWW.TURBOKOLOR.COM
Turbokolor
www.turbokolor.com
WARSZAWSKA NIKE
UL. MOKOTOWSKA 24;
TEL. 22 622 09 02,
WARSZAWSKANIKE.PL
Warsawska Nike
ul. Mokotowska 24,
tel. 22 622 09 02,
warszawskanike.pl
WZORCOWNIA
ODZIEŻ UŻYWANA,
UL. CHMIELNA 27/31,
TEL. 22 827 01 82
Wzorcownia second-hand clothes, ul. Chmielna 27/31, tel. 22 827 01 82
VIRGO ODZIEŻ UŻYWANA,
UL. ORDYNACKA 10/12
Virgo second-hand clothes, ul. Ordynacka 10/12

DESIGN

BĘC ZMIANA
UL. MOKOTOWSKA 65,
PON.-PT. 11-19,
WWW.BEC.ART.PL
Bęc Zmiana ul. Mokotowska 65, Mon–Fri 11.00 am – 7.00 pm, www.bec.art.pl
DDR STUDIO
OD UL. KOSZYKOWEJ 33,
PON.–PT. 12-20, SOB. 12-18
DDR Studio in the backyard, entrance from ul. Koszykowa 33, Mon–Fri noon – 8.00 pm, Sat noon – 6.00 pm
IWP UL. ŚWIĘTOJERSKA 5/7, TEL. 22 860 00 66, WT.-NIEDZ. 10-19, WWW.IWP.COM.PL
Institute of Industrial Design ul. Świętojerska 5/7, tel. 22 860 00 66, Tue–Sun 10.00 am – 7.00 pm

MAGAZYN PRAGA
FABRYKA WÓDEK KONESER,
UL. ZĄBKOWSKA 27/31,
WT.–PT. W GODZ. 11-19,
SOB.–NIEDZ. 12-16,
WWW.MAGAZYNPRAGA.PL
Magazyn Praga Koneser Vodka Distillery, ul. Ząbkowska 27/31, Tue–Fri 11 am – 7.00 pm, Sat–Sun noon – 4.00 pm, www.magazynpraga.pl
PIES CZY SUKA
UL. CHMIELNA 28B,
PON–PT 13-19, SOB. 12-17,
WWW.PIESCZYSUKA.COM
Pies czy Suka ul. Chmielna 28b, Mon–Fri 1.00 pm – 7.00 pm, Sat noon – 5.00 pm, www.piesczysuka.com
RED ONION
UL. BURAKOWSKA 5/7,
TEL. 22 817 13 39,
PON.–SOB. 11-20, NIEDZ. 11-18,
WWW.REDONION.PL
Red Onion ul. Burakowska 5/7, tel. 22 817 13 39, Mon–Sat 11.00 am – 8.00 pm, Sun 11.00 am – 6.00 pm, www.redonion.pl
REFRE WWW.REFRE.PL
STOWARZYSZENIE TWÓRCÓW GRAFIKI UŻYTKOWEJ STGU.PL
WARSZAWA W BUDOWIE
FESTIWAL PROJEKTOWANIA,
WWW.WARSZAWAWBUDOWIE.PL
Warsaw Under Construction festival of design, www.warszawawbudowie.pl
ZOOM
UL. NOWOGRODZKA 84/86,
TEL. 22 816 20 65,
PON.–PT. 12-19, SOB. 10-14,
WWW.ZOOMZOOM.PL
ZOOM ul. Nowogrodzka 84/86, tel. 22 816 20 65; Mon–Fri noon – 7.00 pm, Sat 10.00 am – 2.00 pm, www.zoomzoom.pl

DLA DZIECI
For children

5 UL. KOROTYŃSKIEGO 26, TEL. 22 668 66 33, PON.–PT. 11-19, SOB. 10-14, WWW.KSIEGARNIA5.EU
5 ul. Korotyńskiego 26, tel. 22 668 66 33, Mon – Fri 11.00 am – 7.00 pm, Sat. 10.00 am – 2.00 pm, www.ksiegarnia5.eu
ATELIER FOKSAL
UL. FOKSAL 11, TEL. 22 826 88 13,
WWW.ATELIER.ORG.PL
Atelier Foksal ul. Foksal 11, tel. 22 826 88 13, www.atelier.org.pl
BADET UL. LENTZA 35A,
TEL. 22 499 37 17, CODZ. 10-19,
WWW.BADET.PL
Badet ul. Lentza 35a, tel. 22 499 37 17, daily 10.00 am – 7.00 pm, www.badet.pl
BAJBUK UL. ZWYCIĘZCÓW 19, TEL. 502 713 908, PON.–PT. 12-20, SOB. 11-16, WWW.BAJBUK.PL
Bajbuk ul. Zwycięzców 19, tel. 502 713 908, Mon–Fri noon – 8.00 pm, Sat. 11.00 am – 4.00 pm, www.bajbuk.pl
BAJKOWANIE ANIMATORNIA,
UL. MOKOTOWSKA 55/50,
TEL. 22 396 55 16,
WWW.ANIMATORNIA.E.ORG.PL
Bajkowanie Animatornia club, ul. Mokotowska 55/50, tel. 22 396 55 16, www.animatornia.org.pl
CINEMA PARK BEMOWO
UL. POWSTAŃCÓW ŚLĄSKICH 126A, WWW.CINEMAPARK.PL
Cinema Park Bemowo ul. Powstańców Śląskich 126a, www.cinemapark.pl/warszawa
CZUŁY BARBARZYŃCA
UL. DOBRA 31, TEL. 22 826 32 94, PON.–PT. 10-22, SOB. 10-23, NIEDZ. 12-22, WWW.CZULY.PL

Czuły Barbarzyńca ul. Dobra 31, tel. 22 826 32 94, Mon–Fri 10.00 am – 10.00 pm, Sat 10.00 am – 11.00 pm, Sun. noon – 10.00 pm, www.czuly.pl

KALIMBA I KOFIFI
UL. MIEROSŁAWSKIEGO 19, NAPRZECIWKO WEJŚCIA NA PLAC ZABAW W PARKU ŻEROMSKIEGO, METRO PL. WILSONA, TEL. 22 839 75 60, CODZ. 10-20, WWW.KALIMBA.PL

Kalimba ul. Mierosławskiego 19, opposite the entrance to the playground in the Żeromski Park, underground station – pl. Wilsona, tel. 22 839 75 60, daily 10.00 am – 8.00 pm, www. kalimba.pl

KINO IMAX SADYBA BEST MALL, UL. POWSIŃSKA 31, TEL. 22 550 33 33, WWW.KINOIMAX.PL

IMAX Cinema Sadyba Best Mall shopping mall, ul. Powsińska 31, tel. 22 550 33 33, www.kinoimax.pl

KOLONIA U ZBIEGU ŁADYSŁAWA I ŁĘCZYCKIEJ, PRZY PARKU POWSTAŃCÓW WIELKOPOLSKICH, TEL. 601 91 35 63, CODZ. 10-20, WWW.KOLONIA-OCHOTA.PL

Kolonia at the junction of ul. Ładysława and ul. Łęczycka, near the Powstańców Wielkopolskich Park, tel. 601 91 35 63, daily 10.00 am – 8.00 pm, www.kolonia-ochota.pl

KULTOWE DOBRANOCKI
UL. OGRODOWA 1A RÓG AL. JANA PAWŁA II, WEJŚCIE OD PODWÓRKA, PON.–PT. 10-19, SOB. 10-15, WWW.KULTOWEDOBRANOCKI.PL

Kultowe Dobranocki
ul. Ogrodowa 1A corner al. Jana Pawła II, entrance from the backyard, Mon–Fri 10.00 am – 7.00 pm, Sat. 10.00 am – 3.00 pm, www.kultowedobranocki.pl

MIĘDZY WIERSZAMI
UL. KROCHMALNA 57 LOK. 5, TEL. 693 97 70 27, PON.–PT. 9-16, SOB.–NIEDZ. 10-15, WWW.MIEDZYWIERSZAMI.COM

Między wierszami
ul. Krochmalna 57 apt. 5, tel. 693 97 70 27, Mon–Fri 9.00 am – 6.00 pm, Sa–Sun 10.00 am – 3.00 pm

MUZEUM FRYDERYKA CHOPINA UL. OKÓLNIK 1, TEL. 22 826 59 35, WT.–NIEDZ. 12-20, BILETY: 22 I 13 ZŁ., WE WT. – WSTĘP WOLNY, WWW.CHOPIN.NIFC.PL

Fryderyk Chopin Museum
ul. Okólnik 1, tel. 22 826 59 35, Tue–Sun noon – 8.00 pm, tickets: PLN 22 and 13, free admission on Tuesdays, www.chopin,nifc.pl

MUZEUM POWSTANIA WARSZAWSKIEGO
UL. GRZYBOWSKA 79, TEL. 22 539 79 05, PON., ŚR., PT. 8-18, CZW. 8-20, SOB.–NIEDZ. 10-18, BILETY: 7, 5, 3 ZŁ, W NIEDZ. WSTĘP WOLNY, WWW.1944.PL

Warsaw Rising Museum
ul. Grzybowska 79, tel. 22 539 79 05, Mon, Wed, Fri 8.00 am – 6.00 pm, Thur – 8.00 am – 8.00 pm, Sat–Sun 10.00 am – 6.00 pm, tickets: PLN 7, PLN 5, and PLN 3 (group tickets), free admission on Sundays, www.1944.pl

NUMERY LITERY
UL. WILCZA 26, TEL. 22 622 05 60, PON.–PT.: 9-19, SOB. 12-20, WWW.NUMERYLITERY.PL

Numery Litery ul. Wilcza 26, tel. 22 622 05 60, Mon–Fri 9.00 am – 7.00 pm, Sat noon – 8.00 pm, www.numerylitery.pl

PARK LINOWY W POWSINIE, WWW.VENI-VICI.COM.PL

Jungle Gym Park in Powsin
www.veni-vici.com.pl

TEATR LALKA PAŁAC KULTURY I NAUKI, PL. DEFILAD 1, TEL. 22 620 49 50, WWW.TEATRLALKA.WAW.PL

Lalka Theatre Palace of Culture and Science, pl. Defilad 1, tel. 22 620 49 50, wwwteatrlalka.waw.pl

FOTOGRAFIA
Photography

ASYMETRIA
UL. NOWOGRODZKA 18A M. 8, TEL. 22 628 14 64, PON.–ŚR., PT. 10-15, CZW. 12-19, WWW.ASYMETRIA.EU

Asymetria ul. Nowogrodzka 18a apt. 8, tel. 22 628 14 64, Mon–Wed, Fri 10.00 am – 3.00 pm, Thu noon – 7.00 pm, www.asymetria.eu

MELON UL. INŻYNIERSKA 3, PON.–PT. 9-19, SOB.–NIEDZ. 11-19, TEL. 22 818 79 98, WWW.STUDIOMELON.PL

Café Melon and Melon Gallery
ul. Inżynierska 1 and 3, Mon – Fri 9.00 am – 7.00 pm, Sat–Sun 11.00 am – 7.00 pm, tel. 22 818 79 98, www.studiomelon.pl

OBOK ZPAF - PL. ZAMKOWY 8, TEL. 22 357 35 56, WT.–NIEDZ. 12-18, WWW.GO.ZPAF.PL

Obok ZPAF pl. Zamkowy 8, tel. 22 357 35 56, Tue–Sun noon – 6.00 pm, www.go.zpaf.pl

REFLEKSY UL. NARBUTTA 40 LOK. 21, TEL. 608 40 67 15, ŚR.–PT. 15-19, SOB.–NIEDZ. 12-17, WWW.GALERIAREFLEKSY.PL

Refleksy ul. Narbutta 40 apt. 21, tel. 608 40 67 15, Wed–Fri 3.00 pm – 7.00 pm, Sat–Sun noon – 5.00 pm, www.galeriarefleksy.pl

STARA GALERIA ZPAF
PL. ZAMKOWY 8, CODZ. 11-18, WWW.ZPAF.PL

Stara Galeria ZPAF
pl. Zamkowy 8, daily 11 am – 6.00 pm, www.zpaf.pl

YOURS GALLERY
UL. KRAKOWSKIE PRZEDMIEŚCIE 33, TEL. 22 890 95 00, WT., ŚR., PT. –NIEDZ. 12-19, CZW. 12-20, WWW.YOURSGALLERY.PL

Yours Gallery ul. Krakowskie Przedmieście 33, tel. 22 890 95 00, Tue, Wed, Fri–Sun noon – 7.00 pm, Thu noon – 8.00 pm, www.yoursgallery.pl

GALERIE I MUZEA SZTUKI WSPÓŁCZESNEJ
Modern art galleries and museums

2.0 AKADEMIA SZTUK PIĘKNYCH, UL. KRAKOWSKIE PRZEDMIEŚCIE 5 (STRYCH GMACHU GŁÓWNEGO), GALERIADWAZERO.BLOGSPOT.COM

2.0 Academy of Fine Arts, ul. Krakowskie Przedmieście 5 (attic of the main building), galeriadwazero.blogspot.com

APPENDIX2 UL. BIAŁOSTOCKA 9, TEL. 22 670 12 02, WT.–PT. 11-18, SOB. 11-15, WWW.APPENDIX2.COM

Appendix2 ul. Białostocka 9, tel. 22 670 12 02, Tue–Fri 11.00 am – 6.00 pm, Sat 11.00 am – 3.00 pm, www.appendix2.com

APTEKA SZTUKI AL. WYZWOLENIA 3/5, TEL. 22 622 04 21, PON.–PT. 13-18, SOB.–NIEDZ. 11-18, WWW.APTEKASZTUKI.EU

Apteka Sztuki al Wyzwolenia 3/5, tel. 22 622 04 21, Mon–Fri 1.00 pm – 6.00 pm, Sat–Sun 11.00 am – 6.00 pm, www.aptekasztuki.eu

ATAK UL. KRAKOWSKIE PRZEDMIEŚCIE 16/18, TEL. 22 826 50 55, PON.-PT. 11-18, SOB. 11-16, WWW.ATAK.ART.PL

aTAK ul. Krakowskie Przedmieście 16/18, tel. 22 826 50 55, Mon–Fri 11.00 am – 6.00 pm, Sat 11.00 am – 4.00 pm, www.atak.art.pl

CENTRUM SZTUKI WSPÓŁCZESNEJ ZAMEK UJAZDOWSKI UL. JAZDÓW 2, TEL. 22 628 12 71, WT.–NIEDZ. 12-19, PT. 12-21, BILETY: 12 I 6 ZŁ, W CZWARTKI WSTĘP WOLNY, CSW.ART.PL

Zamek Ujazdowski Centre for Contemporary Art ul. Jazdów 2, tel. 22 628 12 71, Tue–Sun noon – 7.00 pm, Fri noon – 9.00 pm, tickets: PLN 12 and PLN 6, free admission on Thursdays, csw.art.pl

CZARNA UL. MARSZAŁKOWSKA 4 M. 3, TEL. 601 461 990, WT–PT. 12-18, SOB. 12-16, WWW.CZARNAGALERIA.ART.PL

Czarna ul. Marszałkowska 4 apt. 3, tel. 601 461 990, noon – 6.00 pm, Sat noon – 4.00 pm, www.czarnagaleria.art.pl

FOKSAL UL. FOKSAL 1/4, TEL. 22 827 62 43, PON.–ŚR., PT. 12-17, CZW. 12-19

Foksal ul. Foksal 1/4, tel. 22 827 62 43, Mon–Wed, Fri noon – 5.00 pm, Thu noon – 7.00 pm, www.galeriafoksal.pl

FUNDACJA ATELIER
UL. FOKSAL 11, TEL. 22 826 95 89, PON.-SOB. 10-18, WWW.ATELIER.ORG.PL

Atelier Foundation
ul. Foksal 11, tel. 22 826 95 89, Mon–Sat 10.00 am – 6.00 pm, www.atelier.org.pl

FUNDACJA GALERII FOKSAL
UL. GÓRSKIEGO 1A, III P., TEL. 22 826 50 81, WWW.FGF.COM.PL

Foksal Gallery Foundation
ul. Górskiego 1a, 3rd floor, tel. 22 826 50 81, www.fgf.com.pl

FUNDACJA PROFILE UL. HOŻA 41/22, TEL. 22 628 31 66, WT.–SOB. 12-19, WWW.FUNDACJAPROFILE.PL

Profile Foundation
ul. Hoża 41/22, tel. 22 628 31 66, Tue–Sat noon – 7.00 pm, www.fundacjaprofile.pl

KLIMY BOCHEŃSKIEJ
UL. ZĄBKOWSKA 27/31, DAWNA FABRYKA WÓDEK KONESER, TEL. 601 511 713, WWW.BOCHENSKAGALLERY.PL

Klima Bocheńska Gallery
ul. Ząbkowska 27/31, former Koneser Vodka Distillery, tel. 601 511 713, www.bochenskagallery.pl

LATAJĄCA GALERIA
UL. BURAKOWSKA 9, TEL. 22 637 36 10, ŚR.–SOB. 11-17, WWW.LATAJACAGALERIA.COM

Latająca Galeria
ul. Burakowska 9, tel. 22 637 36 10, Wed–Sat 11.00 am – 5.00 pm, www.latajacagaleria.com

LE GUERN UL. WIDOK 8, TEL. 22 690 69 69, WT.–SOB. 12-19, WWW.GALLERY.LEGUERN.PL

Le Guern ul. Widok 8, tel. 22 690 69 69, Tue–Sat noon – 7.00 pm, www.gallery.leguern.pl

LETO UL. HOŻA 9C, TEL. 22 499 59 16, PON.–PT. 12-18, SOB. 11-15, WWW.LETO.PL

Leto ul. Hoża 9c, tel. 22 499 59 16, Mon–Fri noon – 6.00 pm, Sat. 11.00 am – 3.00 pm, www.leto.pl

LOKAL_30 UL. FOKSAL 17B/30, ŚR.–PT. 16-19, WWW.LOKAL30.PL

Lokal_30 ul. Foksal 17b/30, Wed–Fri 4.00 pm – 7.00 pm, www.lokal30.pl

M2 UL. OLEANDRÓW 6, WT.,PT. 14-19, CZW. 14-21, SOB. 12-16, WWW.M2.ART.PL

m2 ul. Oleandrów 6, Tue, Fri 2.00 pm – 7.00 pm, Thu 2.00 pm – 9.00 pm, Sat noon – 4.00 pm, www.m2.art.pl

MUZEUM SZTUKI NOWOCZESNEJ UL. PAŃSKA 3, TEL. 22 596 40 10, WT.-NIEDZ. 12-20, WWW.ARTMUSEUM.PL

Museum of Modern Art ul. Pańska 3, tel. 22 596 40 10, Tue–Sun noon – 8.00 pm, www.artmuseum.pl

PROJEKT KORDEGARDA ODDZIAŁ GALERII ZACHĘTA, UL. GAŁCZYŃSKIEGO 3, WT.-NIEDZ. 12-20

Projekt Kordegarda branch of Zachęta Gallery, ul. Gałczyńskiego 3, Thu–Sun noon – 8.00 pm, www.zacheta.art.pl

RASTER UL. HOŻA 42/8, WWW.RASTER.ART.PL

Raster ul. Hoża 42/8, www.raster.art.pl

SALON AKADEMII AKADEMIA SZTUK PIĘKNYCH, UL. KRAKOWSKIE PRZEDMIEŚCIE 5, TEL. 22 320 02 03, PON.–PT. 12-18, WWW.ASP.WAW.PL

Salon Akademii Academy of Fine Arts, ul. Krakowskie Przedmieście 5, tel. 22 320 02 03, Mon–Fri noon – 6.00 pm, www.asp.waw.pl

[V]IURO GALERIA STREETARTOWA, UL. 11 LISTOPADA 22/LOK. 21A, CZW., PT. 18-22, SOB. 12-20, WWW.VIURO.BZZZ.NET

[v]iuro streetart gallery, ul. 11 Listopada 22 apt. 21 a, Thu, Fri 6.00 pm – 10.00 pm, Sat noon – 8.00 pm, www.viuro.bzzz.net

ZACHĘTA NARODOWA GALERIA SZTUKI PL. MAŁACHOWSKIEGO 3, TEL. 22 827 58 54, WT.–NIEDZ. 12-20, BILETY: 10 I 7 ZŁ., W CZW. WSTĘP WOLNY, WWW.ZACHETA.ART.PL

Zachęta National Gallery of Art pl. Małachowskiego 3, tel. 22 827 58 54, Tue–Sun noon – 8.00 pm, tickets: PLN 10 and PLN 7, free admission on Thursdays, www.zacheta.art.pl

INFORMACJE KULTURALNE
Cultural information

WWW.ZROBTOWWARSZAWIE.PL

GAZETA CO JEST GRANE CO PIĄTEK W KIOSKACH Z „GAZETĄ WYBORCZĄ", CJG.GAZETA.PL

Gazeta Co Jest Grane supplement every Friday at kiosks with Gazeta Wyborcza, cjg.gazeta.pl

AKTIVIST BEZPŁATNY MIESIĘCZNIK ZNAJDZIESZ W KULTURALNYCH MIEJSCACH ORAZ NA WWW.AKTIVIST.PL

Aktivist you'll find this free monthly magazine in the best places and at www.aktivist.pl

NOTES.NA.6.TYGODNI BEZPŁATNY, WYDAWANY PRZEZ FUNDACJĘ NOWEJ KULTURY BĘC ZMIANA – ZNAJDZIESZ W KULTURALNYCH MIEJSCACH ORAZ WWW.BEC.ART.PL

Notes.for.6.weeks you'll find this free magazine published by the Bęc Zmiana New Culture Foundation in the best places and at www.bec.art.pl

KULTURALNA WARSZAWA www.kulturalnawarszawa.pl

TELEFONICZNY INFORMATOR KULTURALNY TEL. 22 629 84 89

Telephone Cultural Information tel. 22 629 84 89

WWW.OBIEG.PL

WWW.INFOPRAGA.COM.PL

INFORMACJE TURYSTYCZNE
Tourist information

WWW.WARSAWTOUR.PL

TELEFONICZNA INFORMACJA DLA TURYSTÓW, TEL. 22 194 31, 22 474 11 42

telephone information of tourists: tel. 22 194 31, 22 474 11 42

PUNKTY INFORMACJI TURYSTYCZNEJ:

DWORZEC CENTRALNY PKP, CODZ. 8-21 (W OKRESIE MAJ-WRZESIEŃ, W POZOSTAŁE MIESIĄCE W GODZ. 8-19)

LOTNISKO OKĘCIE TERMINAL 2 - CODZ. 8-21 (W OKRESIE MAJ-WRZESIEŃ, W POZOSTAŁE MIESIĄCE W GODZ. 8-19)

RYNEK STAREGO MIASTA 19/21/21A, CODZ. 9-21 (W OKRESIE MAJ-WRZESIEŃ, W POZOSTAŁE MIESIĄCE W GODZ. 9-19)

KORDEGARDA CHOPIN 2010 UL. KRAKOWSKIE PRZEDMIEŚCIE 15/17, WT.–NIEDZ. 11-21 (W OKRESIE MAJ-WRZESIEŃ, W POZOSTAŁE MIESIĄCE W GODZ. 11-19)

Tourist information points:
PKP Central Railway Station main hall, daily 8.00 am – 9.00 pm (from May to September, 8.00 am – 7.00 pm from October to April)
Okęcie Airport Terminal 2, daily 8.00 am – 9.00 pm (from May to September), 8.00 am – 7.00 pm (from Oktober to April)
Rynek Starego Miasta 19/21/21a daily 9.00 am – 9.00 pm (from May to September, 9.00 am – 7.00 pm from October to April)
Kordegarda Chopin 2010 ul. Krakowskie Przedmieście 15/17, Tue–Sun 11.00 am – 9.00 pm (from May to September, 11.00 am - 7.00 pm from October to April)
WWW.INFOPRAGA.COM
www.infopraga.com.pl
WWW.WARSAWTRIP.COM
www.warsawtrip.com
city tours (also for foreigners)
WWW.ADVENTUREWARSAW.PL
www.adventurewarsaw.pl
city tours (also for foreigners);
WWW.WTE.BLOOG.PL
WARSZAWSKA TURYSTYKA EKSTREMALNA
www.wte.bloog.pl
Warsaw Extreme Tourism

JEDZENIE
Eating out

AKASHIA AL. JANA PAWŁA II 61, TEL. 22 636 67 67, CODZ. W GODZ. 12-23, WWW.AKASHIA.PL
Akashia al. Jana Pawła II 61, tel. 22 636 67 67, daily noon – 11.00 pm, www.akashia.pl ;
ANTRAKT PL. PIŁSUDSKIEGO 9, TEL. 22 827 64 11, PON.–PT. 12-24, SOB.–NIEDZ. 12-2
Antrakt pl. Piłsudskiego 9, tel. 22 827 64 11, Mon–Fri noon – midnight, Sat-Sun noon – 2.00 am
BAOBAB UL. FRANCUSKA 31, TEL. 22 617 40 57, CODZ. 10-23
Baobab ul. Francuska 31, tel. 22 617 40 57, daily 10.00 am – 11.00 pm
BARY MLECZNE:
JADŁODAJNIA
UL. STALOWA 20/22
PRASOWY
UL. MARSZAŁKOW-SKA 10/16, PON.-PT. 8-19, SOB.-NIEDZ. 10-17
BAMBINO UL. KRUCZA 21, WWW.BARBAMBINO.PL
Milk bars:
Jadłodajnia ul. Stalowa 20/22
Prasowy ul. Marszałkowska 10/16, Mon–Fri 8.00 am – 7.00 pm, Sat-Sun 10.00 am – 5.00 pm
Bambino ul. Krucza 21, www.barbambino.pl
BLISS UL. BOCZNA 3, TEL. 22 826 32 10, CODZ. 12-23, WWW.BLISS-GARDEN.PL
Bliss ul. Boczna 3, tel. 22 826 32 10, daily noon – 11.00 pm, www.blissgarden.pl
BORPRINCE UL. ZGODA 1/3, CODZ. OD 12 DO OSTATNIEGO GOŚCIA, WWW.BORPRINCE.PL
Borprince ul. Zgoda 1/3, daily noon until last guest, www.borprince.pl
CAFÉ KULTURALNA PAŁAC KULTURY I NAUKI, PL. DEFILAD 1, TEATR DRAMATYCZNY, TEL. 22 656 62 81, CODZ. OD GODZ. 12 DO OSTATNIEGO GOŚCIA, WWW.KULTURALNA.PL
Café Kulturalna Palace of Culture and Science, pl. Defilad 1, Dramatyczny Theatre, tel. 22 656 62 81, daily from noon until last guest, www.kulturalna.pl
CAFÉ MIEJSCE UL. POLNA 40 LOK. 1, TEL. 22 825 95 59, PON.--SOB. 8-22, NIEDZ. 10-20, WWW.WOFICYNIE.PL
Café Miejsce ul. Polna 40 apt. 1, tel. 22 825 95 59, Mon–Sat 8.00 am – 10.00 pm, Sun 10.00 am – 8.00 pm, www.woficynie.pl
CO TU PAWILONY NA TYŁACH NOWEGO ŚWIATU, PON.–PT. 10-21, SOB.-NIEDZ. 11-19
Co Tu pavilions at the rear of Nowy Świat, Mon–Fri 10.00 am – 9.00 pm, Sat-Sun 11.00 am – 7.00 pm
DELIKATESY.TR
UL. MARSZAŁKOWSKA 8, PON.–CZW. 8-24, PT. 8-2, SOB. 9-2, NIEDZ. 10-12, WWW.DELIKATESYTR.BLOG.PL
Delikatesy.TR
ul. Marszał-kowska 8, Mon–Thu 8.00 am – midnight, Fri 8.00 am – 2.00 am, Sat. 9.00 am - 2.00 am, Sun 10.00 am - midnight, www.delikatesytr.blog.pl
DZIKI RYŻ UL. PUŁAWSKA 24B I PL. INWALIDÓW 10 (WEJŚCIE OD UL. CZARNIECKIEGO), TEL. 22 848 00 60, CODZ. 12-22, WWW.DZIKIRYZ.PL
Dziki Ryż ul. Puławska 24b and pl. Inwalidów 10 (entrance from ul. Czarnieckiego), tel. 22 848 00 60, daily noon – 10.00 pm, www.dzikiryz.pl
ESENCJA SMAKU
UL. ODOLAŃSKA 10, TEL. 22 845 09 44, CODZ. 11-22, WWW.ESENCJASMAKU.PL
Esencja Smaku ul. Odolańska 10, tel. 22 845 09 44, daily 11.00 am – 10.00 pm, www.esencjasmaku.pl

GIANCARLO RISTORANTE ITALIANO UL. RZYMOWSKIEGO 34, TEL. 22 549 65 01, PON.–PT. 12-23, NIEDZ. 12-20, WWW.GIANCARLO.PL

Giancarlo Ristorante Italiano ul. Rzymowskiego 34, tel. 22 549 65 01; Mon–Fri noon – 11.00 pm, Sun noon – 8.00 pm, www.giancarlo.pl

IL CAMINETTO UL. ZWYCIĘZCÓW 46, TEL. 22 672 55 96, CODZ. 12-23, WWW.ILCAMINETTO.PL

Il Caminetto ul. Zwycięzców 46, tel. 22 672 55 96, daily noon – 11.00 pm, www.ilcaminetto.pl

IZUMI SUSHI, PALMIARNIA UL. BIAŁY KAMIEŃ 4 ORAZ UL. MOKOTOWSKA 17 (WEJŚCIE OD PL. ZBAWICIELA), NIEDZ.-CZW. 12-23, PT. I SOB. 12-4, WWW.IZUMISUSHI.EU

Izumi Sushi, Palm House ul. Biały Kamień 4 and pl. Zbawiciela, Sun-Thu noon – 11.00 pm, Fri, Sat. noon – 4.00 am, www.izumisushi.eu

JEFF'S UL. ŻWIRKI I WIGURY 32, TEL. 22 825 16 50, NIEDZ. – CZW. 10-24, PT.-SOB. 10-1, WWW.JEFFS.PL

Jeff's ul. Żwirki i Wigury 32, tel. 22 825 16 50, Sun–Thu 10.00 am – midnight, Fri–Sat 10.00 am – 1.00 am, www.jeffs.pl

KOM UL. ZIELNA 37, TEL. 22 338 63 53, PON.–SOB. OD GODZ. 12 DO OSTATNIEGO GOŚCIA, NIEDZ. 12-17, RESTAURACJAKOM.PL

KOM ul. Zielna 37, tel. 22 338 63 53, Mon–Sat noon until last guest, Sun noon – 5.00 pm, www.restauracjakom.pl

KROKIECIK UL. ZGODA 1, TEL. 22 827 30 37, PON.–SOB. 8-21, NIEDZ. 10-19, WWW.KROKIECIK.COM

Krokiecik ul. Zgoda 1, tel. 22 827 30 37, Mon–Sat 8.00 am – 9.00 pm, Sun. 10.00 am – 7.00 pm, www.krokiecik.com

LIKUS CONCEPT STORE TEL. 22 492 74 09, UL. KRAKOWSKIE PRZEDMIEŚCIE 16/18, PON.–SOB. 12-23, WWW.LIKUSCONCEPTSTORE.PL

Likus Concept Store tel. 22 492 74 09, ul. Krakowskie Przedmieście 16/18, Mon–Sat noon – 11.00 pm, www.likusconceptstore.pl

LOTOS - UL. BELWEDERSKA 2, TEL. 22 841 13 01, CODZ. 10-22, WWW.RESTAURACJALOTOS.PL

Lotos ul. Belwederska 2, tel. 22 841 13 01, daily 10.00 am – 10.00 pm, www.restauracjalotos.pl

MAGIEL CAFÉ UL. STĘPIŃSKA 5, TEL. 514 033 756, PON.- PT. 9-22, SOB. 10-22, NIEDZ. 10-21

Magiel Café ul. Stępińska 5, tel. 514 033 756, Mon–Fri 9.00 am – 10.00 pm, Sat 10.00 am – 10.00 pm, Sun 10.00 am -9.00 pm

MAHARAJA INDIAN UL. MARSZAŁKOWSKA 34, TEL. 22 621 13 92, CODZ. 12-23, WWW.MAHARAJA.PL

Maharaja Indian ul. Marszałkowska 34, tel. 22 621 13 92, daily noon – 11.00 pm, www.maharaja.pl

MAŁE CO NIECO UL. WARECKA 8 (WEJŚCIE OD UL. ŚWIĘTOKRZYSKIEJ), TEL. 22 826 91 05, PON.-PT. 7-20, SOB. 9-17

Małe co nieco ul. Warecka 8 (entrance from ul. Świętokrzyska), tel. 22 826 91 05, Mon–Fri 7.00 am – 8.00 pm, Sat 9.00 am – 5.00 pm

MANDALA UL. EMILII PLATER 9/11, TEL. 22 428 44 54, NIEDZ.–CZW. 12-22, PT.–SOB. OD 12 DO OSTATNIEGO GOŚCIA, WWW.MANDALAKLUB.COM

Mandala ul. Emilii Plater 9/11, tel. 22 428 44 54, Sun–Thu noon – 10.00 pm, Fri–Sat noon until last guest, www.mandalaklub.com

MELA VERDE UL. CHMIELNA 8, TEL. 22 826 63 46, CODZ. OD GODZ. 12 DO PÓŁNOCY, WWW.MELAVERDE.PL

Mela Verde ul. Chmielna 8, tel. 22 826 63 46, daily from noon to midnight, www.melaverde.pl

MELTEMI UL. DRAWSKA RÓG SZCZĘŚLIWICKIEJ, TEL. 22 823 98 68, CODZ. 12-23, WWW.KREGLICCY.PL

Meltemi ul. Drawska corner ul. Szczęśliwicka, tel. 22 823 98 68, daily noon – 11.00 pm, www.kregliccy.pl

MIĘDZY NAMI UL. BRACKA 20, TEL. 22 828 54 17, PON.–CZW. W GODZ. 10-23, PT.–SOB. 10-24, NIEDZ. 16-23, WWW.MIEDZYNAMICAFE.COM

Między Nami ul. Bracka 20, tel. 22 828 54 17, Mon–Thu 10.00 am – 11.00 pm, Fri–Sat 10.00 am – midnight, Sun 4.00 pm – 11.00 pm, www.miedzynamicafe.com

NALEŚNIKARNIA KUKURYKU UL. KOPERNIKA 25, TEL. 725 362 979, PON.–PT. W GODZ. 8-20, SOB.–NIEDZ. 12-20, WWW.NALESNIKARNIA.BLOGSPOT.COM

Naleśnikarnia Kukuryku ul. Kopernika 25, tel. 725 362 979, Mon–Fri 8.00 am – 8.00 pm, Sat–Sun noon – 8.00 pm, www.nalesnikarnia.blogspot.com

NAMASTE INDIA|
UL. NOWOGRODZKA 15, UL. NOWOGRODZKA 27 I UL. PIWNA 12/14, TEL. 22 357 09 39, PON.-SOB. 11-22, NIEDZ. 12-22
Namaste India ul. Nowogrodzka 15, ul. Nowogrodzka 27 and ul. Piwna 12/14, tel. 22 357 09 39, Mon-Sat 11.00 am – 10.00 pm, Sun noon – 10 pm

NOWY WSPANIAŁY ŚWIAT
UL. NOWY ŚWIAT 63, CODZ. OD GODZ. 11, WWW.KRYTYKAPOLITYCZNA.PL
Nowy Wspaniały Świat
ul. Nowy Świat 63, open daily from 11.00 am, www.krytykapolityczna.pl

POEZJA UL. KSIĄŻĘCA 6, TEL. 22 622 67 62, PON.–PT. 12-23, SOB.– NIEDZ. 14-22, WWW.POEZJA.WAW.PL
Poezja ul. Książęca 6, tel. 22 622 67 62, Mon–Fri noon – 11.00 pm, Sat–Sun 2.00 pm – 10.00 pm, www.poezja.waw.pl

PORTUCALE UL. MERLINIEGO 5, TEL. 22 898 09 25, CODZ. 10-23,WWW.PORTUCALE.PL
Portucale ul. Merliniego 5, tel. 22 898 09 25, daily 10.00 am – 11.00 pm, www.portucale.pl

PRZEGRYŹ UL. MOKOTOWSKA 52, TEL. 22 621 71 77, PON.-PT. 9-22, SOB.-NIEDZ. OD GODZ. 11
Przegryź ul. Mokotowska 52, tel. 22 621 71 77, Mon–Fri 9.00 am – 10.00 pm, Sat-Sun from 11.00 am

PRZEKĄSKI ZAKĄSKI UL. KRAKOWSKIE PRZEDMIEŚCIE, RÓG OSSOLIŃSKICH, CZYNNE PRZEZ CAŁĄ DOBĘ, WWW.GESSLER.PL
Przekąski Zakąski
ul. Krakowskie Przedmieście, corner ul. Ossolińskich, open 24h, www.gessler.pl

PUB POD PSTRĄGIEM
PARK SKARYSZEWSKI, WWW.PODPSTRAGIEM.EU
Pub Pod Pstrągiem
Skaryszewski Park, www.podpstragiem.eu

R20 UL. ROZBRAT 20, TEL. 22 628 02 95, PON.–CZW. 7.30-22, SOB. OD GODZ. 9 DO OSTATNIEGO GOŚCIA, NIEDZ. 9-22
R20 ul. Rozbrat 20, tel. 22 628 02 95, Mon–Thu 7.30 am – 10.00 pm, Sat 9.00 am until last guest, Sun 9.00 am – 10.00 pm

RESTAURACJA ZGODA
UL. ZGODA 4, TEL. 22 827 99 34, PON.–SOB. 9-23, NIEDZ. 12-23, WWW.RESTAURACJAZGODA.PL
Restauracja Zgoda ul. Zgoda 4, tel. 22 827 99 34, Mon–Sat 9.00 am – 11.00 pm, Sun noon – 11.00 pm, www.restauracjazgoda.pl

QCHNIA ARTYSTYCZNA
ZAMEK UJAZDOWSKI, UL. JAZDÓW 2, TEL. 22 625 76 27, CODZ. 12-24, WWW.QCHNIA.PL
Qchnia Artystyczna Zamek Ujazdowski, ul. Jazdów 2, tel. 22 625 76 27, daily noon – midnight, www.qchnia.pl

REGENERACJA UL. PUŁAWSKA 61, TEL. 22 646 38 08, CODZ. OD 11 DO OSTATNIEGO GOŚCIA, WWW.REGENERACJA.WAW.PL
Regeneracja ul. Puławska 61, tel. 22 646 38 08, daily 11.00 am until last guest, www.regeneracja.waw.pl

SAKANA SUSHI BAR
UL. MOLIERA 4/6 (W SĄSIEDZTWIE TEATRU WIELKIEGO), TEL. 22 826 59 58, PON.–SOB. W GODZ. 12-23, NIEDZ. 13-22, WWW.SAKANA.PL
Sakana Sushi Bar ul. Moliera 4/6 (near the Grand Theatre), tel. 22 826 59 58, Mon–Sat noon – 11.00 pm, Sun 1.00 pm -10.00 pm, www.sakana.pl

SAN LORENZO
AL. JANA PAWŁA II 36, TEL. 22 652 16 16, CODZ. OD GODZ. 12 DO OSTATNIEGO GOŚCIA, WWW.SANLORENZO.PL
San Lorenzo
al. Jana Pawła II 36, tel. 22 652 16 16, daily from noon until last guest, www.sanlorenzo.pl

SANTORINI UL. EGIPSKA 7, TEL. 22 672 05 25, CODZ. 12-23, WWW.KREGLICCY.PL
Santorini ul. Egipska 7, tel. 22 672 05 25, daily noon – 11.00 pm, www.kregliccy.pl

SKLEP Z KANAPKAMI
UL. KRAKOWSKIE PRZEDMIEŚCIE 11, TEL. 601 623 534, CODZ. 8-24
Sklep z kanapkami (sandwich bar)
ul. Krakowskie Przedmieście 11, tel. 601 623 534, daily 8.00 am - midnight;

SŁODKI SŁONY
UL. MOKOTOWSKA 45, TEL. 22 622 49 34, CODZ. 10-24, WWW.SLODKISLONY.PL
Słodki Słony ul. Mokotowska 45, tel. 22 622 49 34, daily 10.00 am - midnight www.slodkislony.pl

SUNANTA UL. KRUCZA 16/22, TEL. 22 434 22 16, PON.–PT. 12-23, SOB. 13-23, NIEDZ. 13-21, WWW.SUNANTA.PL
Sunanta ul. Krucza 16/22, tel. 22 434 22 16, Mon–Fri noon – 11.00 pm, Sat 1.00 pm – 11.00 pm, Sun 1.00 pm – 9.00 pm, www.sunanta.pl

SUSHI ZUSHI UL. ŻURAWIA 6/12, TEL. 22 420 33 73, PON.–CZW. 12-23, PT.–SOB. 12-3, NIEDZ. 13-22, WWW.SUSHIZUSHI.PL

Sushi Zushi ul. Żurawia 6/12, tel. 22 420 33 73, Mon–Thu noon – 11.00 pm, Fri - Sat noon – 3.00 am, Sun 1.00 pm – 10.00 pm, www.sushizushi.pl

SZPILKA PL. TRZECH KRZYŻY 18, TEL. 22 628 91 32, CZYNNE CAŁĄ DOBĘ

Szpilka pl. Trzech Krzyży 18, tel. 22 628 91 32, open 24h

TANDOOR PALACE
UL. MARSZAŁKOWSKA 21/25, TEL. 22 825 23 75, CODZ. 12-22.30, WWW.TANDOOR.COM.PL

Tandoor Palace
ul. Marszałkowska 21/25, tel. 22 825 23 75, open noon – 22.30, www.tandoor.com.pl

TBILISI UL. PUŁAWSKA 24, TEL. 22 848 30 04, PON.–PT. 12-20, SOB. 12-18

Tbilisi ul. Puławska 24, tel. 22 848 30 04, Mon–Fri noon – 8.00 pm, Sat noon – 6.00 pm

TEL-AVIV UL. POZNAŃSKA 11, PON.–CZW. 8-22, PT. 8.30-24, SOB. 10-24, NIEDZ. 10-22, WWW.TEL-AVIV.PL

Tel-Aviv ul. Poznańska 11, Mon–Thu 8.00 am – 10.00 pm, Fri 8.30–midnight, Sat 10.00 am – modnight, Sun 10.00 am – 10.00 pm, www.tel-aviv.pl

TOAN PHO UL. CHMIELNA 5/7, TEL. 888 147 307, PON.–PT. 9.30-23, SOB.-NIEDZ. 10-22

Toan Pho ul. Chmielna 5/7, tel. 888 147 307, Mon–Fri 9.30 am – 11.00 pm, Sat - Sun 10.00 am – 10.00 pm

TOMO SUSHI
UL. KRUCZA 16/22, TEL. 22 434 23 44, CODZ. 12-23, WWW.TOMO.PL

Tomo Sushi ul. Krucza 16/22, tel. 22 434 23 44, daily noon – 11.00 pm, www.tomo.pl

U KUCHARZY
UL. OSSOLIŃSKICH 12, BUDYNEK HOTELU EUROPEJSKIEGO, CODZ. OD 12 DO OSTATNIEGO GOŚCIA, TEL. 22 826 79 36, WWW.GESSLER.PL

U Kucharzy ul. Ossolińskich 12, Europejski Hotel building, daily from noon until last guest, tel. 22 826 79 36, www.gessler.pl

WIATRAKI UL. WARECKA 8/30A (WEJŚCIE OD UL. KUBUSIA PUCHATKA), CODZ. 11-23

Wiatraki ul. Warecka 8/30a (entrance from ul. Kubusia Puchatka), daily 11.00 am – 11.00 pm

ŻYWICIEL PL. INWALIDÓW 10, TEL. 22 322 82 28, CODZ. 9-23, WWW.ZYWICIEL.PL

Żywiciel pl. Inwalidów 10, tel. 22 322 82 28, daily 9.00 am – 11.00 pm, www.zywiciel.pl

KAFEJKI I KLUBOKAWIARNIE
Cafés

BILY KONICEK
PAŃSTWOWE MUZEUM ETNOGRAFICZNE, UL. KREDYTOWA 1, CODZ. 9-22

Bily Konicek State Ethnographic Museum, ul. Kredytowa 1, daily 9.00 am – 10.00 pm;

BLIKLE UL. NOWY ŚWIAT 33, CODZ. 9-23, WWW.BLIKLE.PL

Blikle ul. Nowy Świat 33, daily 9.00 am – 11.00 pm, www.blikle.pl

CAFÉ KULTURALNA
PAŁAC KULTURY I NAUKI, PL. DEFILAD 1, TEATR DRAMATYCZNY, TEL. 22 656 62 81, CODZ. OD GODZ. 12 DO OSTATNIEGO GOŚCIA, WWW.KULTURALNA.PL

Café Kulturalna
Palace of Culture and Science, pl. Defilad 1, Dramatyczny Theatre, tel. 22 656 62 81, daily from noon until last guest, www.kulturalna.pl

CAFÉ PRÓŻNA
UL. PRÓŻNA 12, TEL. 22 398 19 42, NIEDZ.–CZW. 10-23, PT.–SOB. 10-24, WWW.CAFEPROZNA.PL

Café Próżna ul. Próżna 12, tel. 22 398 19 42, Sun–Thu 10.00 am – 11.00 pm, Fri–Sat 10.00 am – midnight, www.cafeprozna.pl

CHŁODNA 25
UL. CHŁODNA 25, TEL. 22 620 24 13, PON.–PT. OD GODZ. 8, SOB.–NIEDZ. OD GODZ. 10 DO OSTATNIEGO GOŚCIA, WWW.CHLODNA25.BLOG.PL

Chłodna 25 ul. Chłodna 25, Mon–Fri 8.00 am until last guest, Sat–Sun 10.00 am until last guest, tel. 22 620 24 13, www.chlodna25.blog.pl

COCO DE ORO UL. POTOCKA 14, WWW.COCODEORO.PL

Coco de Oro ul. Potocka 14 (entrance from ul. Marii Kazimiery), www.cocodeoro.pl

CZUŁY BARBARZYŃCA
UL. DOBRA 31, TEL. 22 826 32 94, PON.–PT. 10-22, SOB. 10-23, NIEDZ. 12-22, WWW.CZULY.PL

Czuły Barbarzyńca ul. Dobra 31, tel. 22 826 32 94, Mon–Fri 10.00 am – 10.00 pm, Sat 10.00 am – 11 pm, Sun noon – 10.00 pm, www.czuly.pl

DELIKATESY BRACI GESSLER
UL. KRAKOWSKIE PRZEDMIEŚCIE 13, CODZ. 8-23, WWW.GESSLER.PL

Delikatesy Braci Gessler
ul. Krakowskie Przedmieście 13, daily 8.00 am – 11.00 pm, www.gessler.pl

DELIKATESY.TR
UL. MARSZAŁKOWSKA 8,
PON.–CZW. 8-24, PT. 8-2,-
SOB. 9-2, NIEDZ. 10-24,
WWW.DELIKATESYTR.BLOG.PL
Delikatesy.TR
ul. Marszałkowska 8,
Mon–Thu 8.00 am – midnight,
Fri – 8.00 am – 2.00 am,
Sat. 9.00 am – 2 am,
Sun. 10.00 am - midnight,
www.delikatesytr.blog.pl
FILTRY CAFÉ
UL. NIEMCEWICZA 3,
TEL. 798 409 356, PON.–PT. 8-21,
SOB. 10-21, NIEDZ. 10-18,
WWW.FILTRYCAFE.PL
Filtry Café
ul. Niemcewicza 3,
tel. 798 409 356,
Mon – Fri 8.00 am – 9.00 pm,
Sat 10.00 am – 9.00 pm,
Sun 10.00 am – 6.00 pm,
www.filtrycafe.pl;
INSTYTUT CAFE
INSTYTUT TEATRALNY IM. ZBIGNIEWA RASZEWSKIEGO,
UL. JAZDÓW 1,
TEL. 508 187 678, CODZ. 9-22
Instytut Cafe
Zbigniew Raszewski
Theatre Institute,
ul. Jazdów 1,
tel. 508 187 678,
daily 9.00 am – 10.00 pm
KAFKA
UL. OBOŹNA 3,
TEL. 22 826 08 22, PON.–PT.
9-22, SOB.-NIEDZ. 10-22, WWW.
KAWIARNIA-KAFKA.COM.PL
Kafka ul. Oboźna 3,
tel. 22 826 08 22,
Mon–Fri 9.00 am – 10.00 pm,
Sat–Sun 10.00 am – 10.00 pm,
www.kawiarnia-kafka.com.pl
KARMA PL. ZBAWICIELA,
TEL. 22 875 87 09, PON.–PT.
7.30-22, SOB. 9-22, NIEDZ. 10-22,
COFFEEKARMA.EU
Karma ul. Mokotowska 17,
entrance from pl. Zbawiciela, tel.
22 875 87 09, Mon–Fri 7.30 am –
10.00 pm, Sat 9.00 am – 10.00 pm,
Sun 10.00 am -10.00 pm,
coffeekarma.eu
KĘPA CAFÉ
UL. FINLANDZKA 12A,
PON.–SOB. 10-22, NIEDZ. 11-20,
KEPACAFE.BLOG.PL
Kępa Café ul. Finlandzka 12a,
Mon.–Sat. 10.00 am – 10.00 pm,
Sun. 11.00 am – 8 pm,
kepacafe.blog.pl
KOLONIA RÓG ŁĘCZYCKIEJ
I ŁADYSŁAWA Z GIELNIOWA,
CODZ. 10-20,
WWW.KOLONIA-OCHOTA.PL
Kolonia corner of ul. Łęczycka
and ul. Ładysława z Gielniowa,
daily 10.00 am – 8.00 pm,
www.kolonia-ochota.pl;
LEGALNA
UL. TERESPOLSKA 4, LOKAL 506,
TEL. 22 331 09 88, PON.–PT.
8-22, SOB. 10-22, NIEDZ. 12-20,
WWW.LEGALNA.WAW.PL
Legalna ul. Terespolska 4, apt.
506, tel. 22 331 09 88, Mon–Fri
8.00 am – 10.00 pm, Sat 10.00 am
– 10.00 pm, Sun noon – 8.00 pm
LOKALNA UL. KWIATOWA 1/3/5
(WEJŚCIE OD RÓŻANEJ),
TEL. 22 646 69 85, PON.–PT.
8.30-22, SOB. 9-22, NIEDZ. 11-21
Lokalna ul. Kwiatowa 1/3/5
(entrance from ul. Różana),
tel. 22 646 69 85,
Mon–Fri 8.30 am – 10.00 pm,
Sat 9.00 am – 10.00 pm,
Sun 11.00 am – 9.00 pm
ŁYSY PINGWIN
UL. ZĄBKOWSKA 11, TEL. 22 618
02 56, NIEDZ.–CZW. 15-24, PT.–
SOB. 15-2, WWW.LYSYPINGWIN.PL
Łysy Pingwin ul. Ząbkowska 11,
tel. 22 618 02 56, Sun–Thu 3.00
pm – midnight, Fri–Sat 3.00 pm
– 2.00 am, www.lysypingwin.pl
MALINOVA LODZIARNIA,
AL. NIEPODLEGŁOŚCI 130,
CODZ. 11-21
Malinova ice cream shop,
al. Niepodległości 130,
daily 11.00 am – 9.00 pm
NOWY WSPANIAŁY ŚWIAT
UL. NOWY ŚWIAT 63,
CODZ. OD GODZ. 11,
WWW.KRYTYKAPOLITYCZNA.PL
Nowy Wspaniały Świat
ul. Nowy Świat 63,
daily from 11.00 am,
www.krytykapolityczna.pl
PASTACAFÉ UL. KAMIONKOWSKA 48A, TEL. 22 870 03 73, PON.
–PT. 10-20, SOB.–NIEDZ. 11-20,
WWW.PASTACAFE.PL
Pastacafé ul. Kamionkowska
48a, tel. 22 870 03 73,
Mon–Fri 10.00 am – 8.00 pm,
Sat–Sun 11.00 am – 8.00 pm,
www.pastacafe.pl
OBIEKT ZNALEZIONY
PL. MAŁACHOWSKIEGO 3,
TEL. 22 828 05 84,
CODZ. OD GODZ. 12,
WW.OBIEKTZNALEZIONY.PL
Obiekt Znaleziony
pl. Małachowskiego 3, tel. 22 828
05 84, daily from noon until last
guest, ww.obiektznaleziony.pl
OGRODY UL. MARIENSZTAT 21A,
TEL. 22 826 08 98, PON.–PT. 8-22,
SOB. 9-22, NIEDZ. 10-21,
WWW.KAWIARNIAOGRODY.PL
Ogrody ul. Mariensztat 21a
(market place), tel. 22 826 08 98,
Mon.–Fri. 8.00 am – 10 pm., Sat.
9.00 am – 10 pm, Sun. 10 am – 9
pm, www.kawiarniaogrody.pl
PEWEX UL. NOWY ŚWIAT 22/28,
PAWILON NR 26

Pewex ul. Nowy Świat 22/28, shop no. 26

PLAN B AL. WYZWOLENIA 18, WEJŚCIE OD PL. ZBAWICIELA, PON.–SOB. OD GODZ. 11, NIEDZ. OD GODZ. 16 DO OSTATNIEGO GOŚCIA, WWW.PLANBE.PL

Plan B al. Wyzwolenia 18, entrance from pl. Zbawiciela, Mon–Sat open from 11.00 am, Sun open from 4.00 pm until last guest, www.planbe.pl

POCHWAŁA NIEKONSEKWENCJI UL. GRÓJECKA 118, TEL. 608 402 806, CODZ. 10-1, WWW.PN-CAFE.PL

Pochwała Niekonsekwencji ul. Grójecka 118, tel. 608 402 806, daily 10.00 am – 1.00 am, www.pn-cafe.pl

POWIĘKSZENIE UL. NOWY ŚWIAT 27, CODZ. 11-2, WWW.KLUBPOWIEKSZENIE.PL

Powiększenie ul. Nowy Świat 27, daily 11.00 am – 2.00 am, www. klubpowiekszenie.pl

REGENERACJA UL. PUŁAWSKA 61, TEL. 22 646 38 08, CODZ. OD 11 DO OSTATNIEGO GOŚCIA, WWW.REGENERACJA.WAW.PL

Regeneracja ul. Puławska 61, tel. 22 646 38 08, open daily from 11.00 am until last guest, www.regeneracja.waw.pl

RELAKS UL. PUŁAWSKA 48 RÓG UL.DĄBROWSKIEGO, PON.–CZW. 8-21, PT.–SOB. 10-21, NIEDZ. 10-18

Relaks ul. Puławska 48 corner ul. Dąbrowskiego, Mon–Thu 8.00 am – 9.00 pm, Fri –Sat 10.00 am – 9.00 pm, Sun 10.00 am – 6.00 pm

SZCZOTKI PĘDZLE UL. TAMKA 45 B, TEL. 22 827 92 30, CODZ. 10-22, WWW.SZCZOTKIPEDZLE.PL

Szczotki Pędzle ul. Tamka 45 b, tel. 22 827 92 30, daily 10.00 am – 10.00 pm, www.szczotkipedzle.pl

TARABUK UL. BROWARNA 6, TEL. 22 827 08 14, PON.–PT. 10-22, SOB.–NIEDZ. 11-22, WWW. TARABUK.PL

Tarabuk ul. Browarna 6, tel. 22 827 08 14, Mon–Fri 10.00 am – 10.00 pm, Sat–Sun 11.00 am -10.00 pm,www.tarabuk.pl

TEL-AVIV UL. POZNAŃSKA 11, PON.–CZW. 8-22, PT. 8.30-24, SOB. 10-24, NIEDZ. 10-22, WWW.TEL-AVIV.PL

Tel-Aviv ul. Poznańska 11, Mon–Thu 8.00 am – 10.00 pm, Fri 8.30–midnight, Sat 10.00 am – modnight, Sun 10.00 am – 10.00 pm, www.tel-aviv.pl

WARSZAWA POWIŚLE UL. KRUCZKOWSKIEGO 3B, TEL. 602 773 997, CODZ. OD GODZ. 10 DO OSTATNIEGO GOŚCIA, POWISLE.BLOG.PL

Warszawa Powiśle ul. Kruczkowskiego 3b, tel. 602 773 997, open daily from 10.00 am until last guest, powisle.blog.pl

WEDEL UL. SZPITALNA 8, TEL. 22 827 29 16, PON.–PT. 8-22, SOB. 10-22, NIEDZ. 11-21, WWW.WEDELPIJALNIE.PL

Wedel ul. Szpitalna 8, tel. 22 827 29 16, Mon–Fri 8.00 am – 10.00 pm, Sat 10.00 am – 10 pm, Sun 11.00 am – 9.00 pm, www.wedelpijalnie.pl

VINCENT UL. NOWY ŚWIAT 64, TEL. 22 828 01 15, CODZ. 6.30-23

Vincent ul. Nowy Świat 64, tel. 22 828 01 15, daily 6.30 am – 11.00 pm

ZAGADKA UL. ELEKTORALNA 24, PON.–PT. 7.30-21, SOB.–NIEDZ. 10-18

Zagadka ul. Elektoralna 24, Mon – Fri 7.30 am – 9.00 pm, Sat – Sun 10.00 am – 6.00 pm

ZAKLĘTE REWIRY UL. NARBUTTA 50A, TEL. 22 425 20 12, CODZ. OD 14 DO OSTATNIEGO GOŚCIA

Zaklęte Rewiry ul. Narbutta 50a, tel. 22 425 20 12, open daily from 2.00 pm until last guest.

KINA
Cinemas

FEMINA AL. „SOLIDARNOŚCI" 115, TEL. 22 654 45 45, WWW.KINOPLEX.PL

Femina al. „Solidarności" 115, tel. 22 654 45 45, www.kinoplex.pl

IMAX UL. POWSIŃSKA 31, TEL. 22 550 33 33, WWW.KINOIMAX.PL

IMAX ul. Powsińska 31, tel. 22 550 33 33, www.kinoimax.pl

KINO.LAB CENTRUM SZTUKI WSPÓŁCZESNEJ ZAMEK UJAZDOWSKI, UL. JAZDÓW 2, TEL. 22 628 12 71 W. 135, KINOLAB.ART.PL

Kino.LAB Zamek Ujazdowski Centre for Contemporary Art, ul. Jazdów 2, tel. 22 628 12 71 ext. 135, kinolab.art.pl

KINOTEKA PAŁAC KULTURY I NAUKI, PL. DEFILAD 1, WEJŚCIE OD AL. JEROZOLIMSKICH, TEL. 22 551 70 70, WWW.KINOTEKA.PL

Kinoteka Palace of Culture and Science, pl. Defilad 1, entrance from Al. Jerozolimskie, tel. 22 551 70 70, www.kinoteka.pl

KULTURA UL. KRAKOWSKIE PRZEDMIEŚCIE 21/23, TEL. 22 826 33 35, WWW.KINOKULTURA.PL

Kultura ul. Krakowskie Przedmieście 21/23, tel. 22 826 33 35, www.kinokultura.pl

LUNA UL. MARSZAŁKOWSKA 28, TEL. 22 621 78 28, WWW.KINOLUNA.PL

Luna ul. Marszałkowska 28, tel. 22 621 78 28, www.kinoluna.pl
MULTIKINO URSYNÓW AL. KEN 60, METRO IMIELIN, TEL. 22 201 17 24, WWW.MULTIKINO.PL
Multikino Ursynów al. KEN 60, underground station Imielin, tel. 22 201 17 24, www.multikino.pl
MURANÓW UL. GEN. ANDERSA 1, TEL. 22 635 25 29, WWW.MURANOW.GUTEKFILM.COM.PL
Muranów ul. Gen. Andersa 1, tel. 22 635 25 29, www.muranow.gutekfilm.com.pl

KLUBY
Clubs

1500 M2 DO WYNAJĘCIA UL. SOLEC 18, WWW.1500M2.PL
1500 m2 do wynajęcia ul. Solec 18, www.1500m2.pl
BALSAM UL. RACŁAWICKA 99A, WWW.BALSAM.NET.PL
Balsam ul. Racławicka 99a, www.balsam.net.pl
CDQ UL. BURAKOWSKA 12, WWW.CDQ.PL
CDQ ul. Burakowska 12, www.cdq.pl
CHŁODNA 25 UL. CHŁODNA 25, WWW.CHLODNA25.BLOG.PL
Chłodna 25 ul. Chłodna 25, www.chlodna25.blog.pl
COCO DE ORO UL. POTOCKA 14, (WEJŚCIE OD MARII KAZIMIERY), WWW.COCODEORO.PL
Coco de Oro ul. Potocka 14 (entrance from ul. Marii Kazimiery), www.cocodeoro.pl
DOBRA KARMA UL. GÓRCZEWSKA 67, WWW.DOBRAKARMA.PL
Dobra Karma ul. Górczewska 67, www.dobrakarma.pl
ENKLAWA UL. MAZOWIECKA 12, WWW.ENKLAWA.COM
Enklawa ul. Mazowiecka 12, www.enklawa.com
HYDROZAGADKA UL. 11 LISTOPADA 22, WWW.HYDROZAGADKA.WAW.PL
Hydrozagadka ul. 11 Listopada 22, www.hydrozagadka.waw.pl
FABRYKA TRZCINY UL. OTWOCKA 14, WWW.FABRYKATRZCINY.PL
Fabryka Trzciny ul. Otwocka 14, www.fabrykatrzciny.pl
KAMIENIOŁOMY UL. OSSOLIŃSKICH 3, WWW.KAMIENIOLOMY.COM.PL
Kamieniołomy ul. Ossolińskich 3, www.kamieniolomy.com.pl
KLINIKA UL. RACŁAWICKA 99A, WWW.KLINIKA.ART.PL
Klinika ul. Racławicka 99a, www.klinika.art.pl
LEMON UL. SIENKIEWICZA 6, WWW.LEMONCLUB.PL
Lemon ul. Sienkiewicza 6, www.lemonclub.pl
OBIEKT ZNALEZIONY GALERIA ZACHĘTA, PL. MAŁACHOWSKIEGO 3, WWW.OBIEKTZNALEZIONY.PL
Obiekt Znaleziony Zachęta gallery, pl. Małachowskiego 3, www.obiektznaleziony.pl
PAPARAZZI UL. MAZOWIECKA 12, WWW.PAPARAZZI.COM.PL
Paparazzi ul. Mazowiecka 12, www.paparazzi.com.pl
PEWEX UL. NOWY ŚWIAT 22/28, PAWILON NR 26
Pewex ul. Nowy Świat 22/28, shop no. 26
PLAN B AL. WYZWOLENIA 18, WEJŚCIE OD PL. ZBAWICIELA, WWW.PLANBE.PL
Plan B al. Wyzwolenia 18, entrance from pl. Zbawiciela, www.planbe.pl
POWIĘKSZENIE UL. NOWY ŚWIAT 27, WWW.KLUBPOWIEKSZENIE.BLOGSPOT.COM
Powiększenie ul. Nowy Świat 27, www.klubpowiekszenie.blogspot.com
PRL UL. GÓRCZEWSKA 67, WWW.RADIOLUXEMBOURG.PL
PRL ul. Górczewska 67, www.radioluxembourg.pl
M25 UL. MIŃSKA 25, WWW.M25.WAW.PL
M25 ul. Mińska 25, www.m25.waw.pl
MONOBAR UL. MAZOWIECKA 11 A, WWW.MONOBAR.PL
Monobar ul. Mazowiecka 11a, www.monobar.pl
NEW DEEP UL. RACŁAWICKA 99A,WWW.NEWDEEP.PL
New Deep ul. Racławicka 99a, www.newdeep.pl
NOWY WSPANIAŁY ŚWIAT UL. NOWY ŚWIAT 63, CODZ. OD GODZ. 11, WWW.KRYTYKAPOLITYCZNA.PL
Nowy Wspaniały Świat ul. Nowy Świat 63, open daily from 11.00 am, www.krytykapolityczna.pl
REGENERACJA UL. PUŁAWSKA 61, TEL. 22 646 38 08, CODZ. OD 11 DO OSTATNIEGO GOŚCIA, WWW.REGENERACJA.WAW.PL
Regeneracja ul. Puławska 61, tel. 22 646 38 08, open daily from 11.00 am until last guest, www.regeneracja.waw.pl
SATURATOR UL. 11 LISTOPADA 22, WWW.SATURATOR.ART.PL
Saturator ul. 11 Listopada 22, www.saturator.art.pl
SEN PSZCZOŁY UL. INŻYNIERSKA 3, TEL. 791 311 060, WT.–NIEDZ. OD GODZ. 18, SENPSZCZOLY.BLOGSPOT.COM

Sen Pszczoły ul. Inżynierska 3, tel. 791 311 060, Tue–Sun open from 6.00 pm, senpszczoly.blogspot.com

SKŁAD BUTELEK UL. 11 LISTOPADA 22, WWW.SKLADBUTELEK.PL

Skład Butelek ul. 11 Listopada 22, www.skladbutelek.pl

TYGMONT UL. MAZOWIECKA 6/8. WWW.TYGMONT.COM.PL

Tygmont ul. Mazowiecka 6/8. www.tygmont.com.pl

UTOPIA UL. JASNA 1, WWW.UTOPIA.WAW.PL

Utopia ul. Jasna 1, www.utopia.waw.pl

WARSZAWA POWIŚLE UL. KRUCZKOWSKIEGO 3B, POWISLE.BLOG.PL

Warszawa Powiśle ul. Kruczkowskiego 3b, powisle.blog.pl

ZOO UL. MAZOWIECKA 13, KLUBZOO.PL

ZOO ul. Mazowiecka 13, klubzoo.pl

ZWIĄŻ MNIE UL. 11 LISTOPADA 22

Zwiąż Mnie ul. 11 Listopada 22

KSIĘGARNIE
Bookshops

BOOKHOUSECAFÉ UL. ŚWIĘTOKRZYSKA 14, PON.–PT. 7.30-23, SOB. 8–23, NIEDZ. 8.30-22

Bookhousecafé ul. Świętokrzyska 14, Mon–Fri 7.30 am – 11.00 pm, Sat 8.00 am – 11.00 pm, Sun 8.30 am – 10.00 pm

CZUŁY BARBARZYŃCA UL. DOBRA 31, TEL. 22 826 32 94, PON.–PT. 10-22, SOB. 10-23, NIEDZ. 12-22, WWW.CZULY.PL

Czuły Barbarzyńca ul. Dobra 31, tel. 22 826 32 94, Mon–Fri 10.00 am – 10.00 pm, Sat 10.00 am – 11 pm, Sun noon – 10.00 pm, www.czuly.pl

EMPIK UL. MARSZAŁKOWSKA 116/122, TEL. 22 551 44 46, PON.–PT. 9-22 (PRASA OD GODZ. 7), SOB. 9-22, NIEDZ. 11-20 I UL. NOWY ŚWIAT 15/17, TEL. 22 696 58 22 (W NIEDZIELĘ DO GODZ. 19), WWW.EMPIK.COM

Empik ul. Marszałkowska 116/122, tel. 22 551 44 46, Mon–Fri 9.00 am – 10.00 pm (newspapers from 7.00 am), Sat 9.00 am – 10.00 pm, Sun 11.00 am – 8.00 pm and ul. Nowy Świat 15/17, tel. 22 696 58 22 (on Sundays until 7.00 pm), www.empik.com

JAK WAM SIĘ PODOBA UL. EMILII PLATER 4, RÓG KOSZYKOWEJ, TEL. 22 625 28 30

Jak wam się podoba ul. Emilii Plater 4, róg Koszykowej, tel. 22 625 28 30

KOMIKSY: KOMIKSLANDIA PASAŻ HANDLOWY NA STACJI METRO CENTRUM, WWW.KOMIKSLANDIA.PL

CENTRUM KOMIKSU AL. NIEPODLEGŁOŚCI 148, WWW.CENTRUMKOMIKSU.PL

KOMIKS SHOP UL. ZGODA 5, PON.–PT. 10-19, SOB. 10-15

Comic books: Komikslandia The shopping arcade at underground station Centrum, www.komikslandia.pl

Centre for the Comic Book al. Niepodległości 148, www.centrumkomiksu.pl

LIBER KSIĘGARNIA UNIWERSYTECKA – UL. KRAKOWSKIE PRZEDMIEŚCIE 24, TEL. 22 826 30 91, WWW.LIBER.PL

Liber ul. Krakowskie Przedmieście 24, tel. 22 826 30 91, www.liber.pl

MUZEUM PRO QM MUZEUM SZTUKI NOWOCZESNEJ, UL. PAŃSKA 3, TEL. 22 596 40 10, WT.–NIEDZ. 12-20, MUZEUMPROQM.ARTMUSEUM.PL

Muzeum Pro qm Museum of Modern Art, ul. Pańska 3, tel. 22 596 40 10, Tue–Sun noon – 8.00 pm, muzeumproqm.artmuseum.pl

NUMERY LITERY UL. WILCZA 26, TEL. 22 622 05 60, PON.–PT.: 9-19, SOB. 12-20, WWW.NUMERYLITERY.PL

Numery Litery ul. Wilcza 26, tel. 22 622 05 60, Mon–Fri 9.00 am – 7.00 pm, Sat noon – 8.00 pm, www.numerylitery.pl

SPIS TREŚCI CSW ZAMEK UJAZDOWSKI, UL. JAZDÓW 2, TEL. 22 628 12 71 W. 201, WT.–CZW., SOB.-NIEDZ.12-19, PT. 11-21

Spis Treści Zamek Ujazdowski Centre for Contemporary Art, ul. Jazdów 2, tel. 22 628 12 71 ext. 201, Tue–Thu, Sat–Sun noon – 7.00 pm, Fri 11.00 am – 9.00 pm

TRAFFIC CLUB UL. BRACKA 25, PON.–SOB. 10-22, NIEDZ. 10-20, TEL. 22 692 14 50, WWW.TRAFFIC-CLUB.PL

Traffic Club ul. Bracka 25, Mon–Sat 10.00 am – 10.00 pm, Sun 10.00 am – 8.00 pm, tel. 22 692 14 50, www.traffic-club.pl

ZACHĘTA KSIĘGARNIA ARTYSTYCZNA, PL. MAŁACHOWSKIEGO 3

Zachęta art bookshop, pl. Małachowskiego 3

MUZEA
Museums

DOM SPOTKAŃ Z HISTORIĄ UL. KAROWA 20, TEL. 22 826 51 95, WT.–PT. 10-18, SOB.–NIEDZ. 11-17, WWW.DSH.WAW.PL
History Meeting House ul. Karowa 20, tel. 22 826 51 95, Tue–Fri 10.00 am – 6.00 pm, Sat– Sun 11.00 am – 5.00 pm, www.dsh.waw.pl

FOTOPLASTIKON WARSZAWSKI AL. JEROZOLIMSKIE 51, TEL. 22 629 60 78, WT.–NIEDZ. W GODZ. 10-18, BILETY 2 I 4 ZŁ, W NIEDZIELĘ WSTĘP WOLNY, WWW.FOTOPLASTIKONWARSZAWSKI.PL
Warsaw Stereoscope Al. Jerozolimskie 51, tel. 22 629 60 78, Tue–Sun 10.00 am – 6.00 pm, tickets PLN 2 and PLN 4, free admission on Sundays, www.fotoplastikonwarszawski.pl

FRYDERYKA CHOPINA UL. OKÓLNIK 1, TEL. 22 826 59 35, WT.–NIEDZ. 12-20, BILETY 22 ZŁ I 13 ZŁ, WE WT. WSTĘP WOLNY, WWW.CHOPIN.MUSEUM
Fryderyk Chopin Museum, ul. Okólnik 1, tel. 22 826 59 35, Tue–Sun noon – 8.00 pm, tickets PLN 22 and PLN 13, free admission on Tuesdays, www.chopin.museum

KOLEJNICTWA UL. TOWAROWA 1, DAWNY BUDYNEK DWORCA WARSZAWA GŁÓWNA, TEL. 22 620 04 80, PON. 10-14 (WSTĘP WOLNY), WT–NIEDZ. 10-17, BILETY 10 I 6 ZŁ, WWW.MUZEUMKOLEJNICTWA.WAW.PL
The Railways Museum ul. Towarowa 1, old building of Warszawa Główna railway station, tel. 22 620 04 80, Mon 10.00 am – 2.00 pm (free admission), Tue–Sun 10.00 am – 5.00 pm, tickets PLN 10 and PLN 6, www.muzeumkolejnictwa.waw.pl

ŁAZIENKI KRÓLEWSKIE UL. AGRYKOLA 1, TEL. 22 506 01 01, W CZW. WSTĘP WOLNY DO WSZYSTKICH OBIEKTÓW, WWW.LAZIENKI-KROLEWSKIE.PL
Łazienki Park ul. Agrykola 1, tel. 22 506 01 01, free admission to all buildings on Thursdays, www.lazienki-krolewskie.pl

MUZEUM SZTUKI NOWOCZESNEJ TEL. 22 596 40 10, UL. PAŃSKA 3, WSTEP WOLNY, WWW.ARTMUSEUM.WAW.PL
Museum of Modern Art tel. 22 596 40 10, ul. Pańska 3, free admission, www.artmuseum.waw.pl

NARODOWE AL. JEROZOLIMSKIE 3, TEL. 22 621 10 31, WT. 10-17, ŚR. –CZW. 10-16, PT. 12-21, SOB.–NIEDZ. 12-18, BILETY NA EKSPOZYCJE STAŁE: 12 I 7 ZŁ, NA CZASOWE 17 I 10 ZŁ, W SOB. WSTĘP WOLNY, WWW.MNW.ART.PL
National Museum Al. Jerozolimskie 3, tel. 22 621 10 31, Tue 10.00 am – 5.00 pm, Wed – Thu 10.00 am – 4.00 pm, Fri noon – 9.00 pm, Sat – Sun noon – 6.00 pm, tickets to permanent exhibitions: PLN 12 and PLN 7, tickets to temporary exhibitions: PLN 17 and PLN 10, free admission on Saturdays, www.mnw.art.pl

PLAKATU - WILANÓW, UL. S.K. POTOCKIEGO 10/16, TEL. 22 842 48 48, PON. 12-16, WT.-NIEDZ. 10-16, BILETY: 10 I 6 ZŁ, W PON. WSTĘP WOLNY, WWW.POSTERMUSEUM.PL
Poster Museum – Wilanów, ul. S.K. Potockiego 10/16, tel. 22 842 48 48, Mon noon – 4.00 pm, Tue - Sun 10.00 am – 4.00 pm, tickets: PLN 10 and PLN 6, free admission on Mondays, www.postermuseum.pl

MUZEUM POWSTANIA WARSZAWSKIEGO UL. GRZYBOWSKA 79, TEL. 22 539 79 05, PON., ŚR., PT. 8-18, CZW. 8-20, SOB.–NIEDZ. 10-18, BILETY: 7, 5, 3 ZŁ, W NIEDZ. WSTĘP WOLNY, WWW.1944.PL
Warsaw Rising Museum ul. Grzybowska 79, tel. 22 539 79 05, Mon, Wed, Fri 8.00 am – 6.00 pm, Thur – 8.00 am – 8.00 pm, Sat–Sun 10.00 am – 6.00 pm, tickets: PLN 7, PLN 5, and PLN 3 (group tickets), free admission on Sundays, www.1944.pl

TECHNIKI PAŁAC KULTURY I NAUKI, PL. DEFILAD 1, WEJŚCIEOD STRONY UL. MARSZAŁKOWSKIEJ, TEL. 22 656 67 47, WT.-PT. 9-17, SOB.-NIEDZ. 10-17, BILETY 10 I 5 ZŁ, WWW.MUZEUM-TECHNIKI.WAW.PL
Museum of Technology Palace of Culture and Science, pl. Defilad 1, entrance from ul. Marszałkowska, tel. 22 656 67 47, Tue–Fri 9.00 am – 5.00 pm, Sat – Sun 10.00 am – 5.00 pm, tickets PLN 10 and PLN 5, www.muzeum-techniki.waw.pl

WILANÓW UL. POTOCKIEGO 10/16, TEL. 22 842 07 95, PAŁAC – PON., ŚR.–SOB. 9.30-17, NIEDZ. 10.30-17, BILETY: 20 I 15 ZŁ, W NIEDZ. WSTĘP WOLNY; PARK – CODZ. OD 9 DO ZMIERZCHU, BILETY: 5 I 3 ZŁ, WWW.WILANOW-PALAC.ART.PL
Wilanów ul. S.K. Potockiego 10/16, tel. 22 842 07 95. Palace

– Mon, Wed–Sat 9.30 am – 5.00 pm, Sun 10.30 am – 5.00 pm, tickets: PLN 20 and PLN 15, free admission on Sundays.
Park – daily from 9.00 am until dusk, tickets PLN 5 and PLN 3, www.wilanow-palac.art.pl

ZAMEK KRÓLEWSKI
PL. ZAMKOWY 4, TEL. 22 355 51 70, PON.–SOB. 10-18, NIEDZ. 11-18, BILETY: 22 I 14 ZŁ, WWW.ZAMEK-KROLEWSKI.COM.PL

Royal Castle pl. Zamkowy 4, tel. 22 355 51 70, Mon–Sat 10.00 am – 6.00 pm, Sun 11.00 am – 6.00 pm, tickets: PLN 22 and PLN 14, www.zamek-krolewski.com.pl

MUZYKA POWAŻNA
Classical music

FILHARMONIA NARODOWA
UL. JASNA 5, TEL. 22 551 71 11, WWW.FILHARMONIA.PL

Warsaw Philharmonic
ul. Jasna 5, tel. 22 551 71 11, www.filharmonia.pl

TEATR WIELKI OPERA NARODOWA
PL. TEATRALNY 1, TEL. 22 692 02 08, WWW.TEATRWIELKI.PL

Teatr Wielki Opera Narodowa
pl. Teatralny 1, tel. 22 692 02 08, www.teatrwielki.pl

NOCLEGI
Accommodation

APARTAMENTY
WWW.RENTFLAT.PL
TEL. 22 465 91 35
WWW.WARSAWAPARTMENTS.BIZ TEL. 22 6313879

www.rentflat.pl
tel. 22 465 91 35
www.warsawapartments.biz
tel. 22 6313879

APARTAMENT MELON
UL. FORIAŃSKA 8/15, TEL. 501 075 214, 250 ZŁ

Apartament Melon
ul. Foriańska 8/15, tel. 501 075 214. Price: PLN 250

CASTLE INN UL. ŚWIĘTOJAŃSKA 2, TEL. 22 425 01 00, OD 230 ZŁ ZA POKÓJ 2-OSOBOWY, WWW.CASTLEINN.PL

Castle Inn ul. Świętojańska 2, tel. 22 425 01 00, from PLN 230 for double room, www.castleinn.pl

HELVETIA UL. KOPERNIKA 36/40 (WEJŚCIE OD SEWERYNÓW), TUŻ PRZY UNIWERSYTECIE I UL. KRAKOWSKIE PRZEDMIEŚCIE, TEL. 22 826 71 08, WWW.HOSTEL-HELVETIA.PL

Helvetia - ul. Kopernika 36/40 (entrance from ul. Sewerynów), right by the University and ul. Krakowskie Przedmieście, tel. 22 826 71 08, www.hostel-helvetia.pl

IBIS AL. „SOLIDARNOŚCI" 165, TEL. 22 520 30 00; UL. MURANOWSKA 2 (BLISKO STAREGO MIASTA), TEL. 22 310 10 00; UL. OSTROBRAMSKA 36, TEL. 22 515 78 00, WWW.IBISHOTEL.COM

Ibis al. „Solidarności" 165, tel. 22 520 30 00; ul. Muranowska 2 (close to Old Town), tel. 22 310 10 00; ul. Ostrobramska 36, tel. 22 515 78 00, www.ibishotel.com;

NATHAN'S VILLA UL. PIĘKNA 24/26, TEL. 22 622 29 46, WWW.NATHANSVILLA.COM

Nathan's villa ul. Piękna 24/26, tel. 22 622 29 46, www.nathansvilla.com

OKI DOKI PL. DĄBROWSKIEGO 3, TEL. 22 828 01 22, WWW.OKIDOKI.PL

Oki Doki pl. Dąbrowskiego 3, tel. 22 828 01 22, www.okidoki.pl

TAMKA UL. TAMKA 30, TEL. 22 826 30 95, WWW.TAMKAHOSTEL.PL

Tamka ul. Tamka 30, tel. 22 826 30 95, www.tamkahostel.pl

WILSON UL. FELIŃSKIEGO 37, TEL. 22 839 40, 81, WWW.WILSONHOSTEL.PL

Wilson ul. Felińskiego 37, tel. 22 839 40, 81, www.wilsonhostel.pl

ROWERY – WYPOŻYCZALNIE
Bike rental

HOSTEL OKI DOKI PL. DĄBROWSKIEGO 3, WWW.OKIDOKI.PL

Hostel Oki Doki pl. Dąbrowskiego 3, www.okidoki.pl;

LOCAL RENT A CAR, UL. MARSZAŁKOWSKA 140, WWW.LRC.COM.PL

Local rent a car ul Marszałkowska 140, www.lrc.com.pl

WYGODNY ROWER UL. STAWKI 19, WWW.WYGODNYROWER.PL

Wygodny Rower ul. Stawki 19, www.wygodnyrower.pl

SPORT, REKREACJA
Staying active

BASENY: WODNY PARK WARSZAWIANKA
UL. MERLINIEGO 4, WWW.WODNYPARK.COM.PL;

PŁYWALNIA PRAWY BRZEG
UL. JAGIELLOŃSKA 7, WWW.DOSIR.WAW.PL

Swimming pools: Warszawianka Water Park
ul. Merliniego 4, www.wodnypark.com.pl

Prawy Brzeg Swimming Pool
ul. Jagiellońska 7
CAPOEIRA:
WWW.BERIBAZU.PL
FUNDACAO INTERNACIONAL CAPOEIRA ARTES DAS GERAIS POLSKA – WWW.CAPOEIRA.PL
UNIAO INTERNACIONAL DE CAPOEIRA REGIONAL WARSZAWA
WWW.CAPOEIRA.WARSZAWA.PL
capoeira:
www.beribazu.pl
Fundacao Internacional Capoeira Artes Das Gerais Polska
www.capoeira.pl
Uniao Internacional de Capoeira Regional Warszawa
www.capoeira.warszawa.pl
FITNESS: GYMNASION W TEJ SIECI RÓWNIEŻ KLUBY TYLKO DLA KOBIET, M.IN. BIUROWIEC FOCUS, AL. ARMII LUDOWEJ 26, WWW.GYMNASION.PL
HOLMES PLACE ENERGY
CENTRUM HANDLOWE ARKADIA, AL. JANA PAWŁA II 82, WWW.HOLMESPLACE.PL
PURE PLATINIUM CENTRUM HANDLOWE ZŁOTE TARASY, UL. ZŁOTA 59, WWW.PUREPOLAND.COM
Fitness:
Gymnasion also fitness clubs only for women, among others in the Focus office building, al. Armii Ludowej 26, www.gymnasion.pl
Holmes Place Energy Arkadia shopping mall, al. Jana Pawła II 82, www.holmesplace.pl/arkadia
Pure Platinium Złote Tarasy shopping mall, ul. Złota 59, www.purepoland.com
GOKARTY:
IMOLA & MORE… (TU TEŻ PAINTBALL), UL. PUŁAWSKA 33, PIASECZNO, WWW.IMOLA.PL
RACING CENTER WARSAW
UL. MODULARNA 3A, WWWRCW.WAW.PL
go-karts:
Imola & more… (also paintball), ul. Puławska 33, Piaseczno
www.imola.pl
Racing Center Warsaw
ul. Modularna 3a, www.rcw.waw.pl
GOLF:
FIRST WARSAW GOLF & COUNTRY CLUB, RAJSZEW 30 KM. OD WARSZAWY, UL. GOLFOWA 44, WWW.WARSAWGOLF.PL
TURBOGOLF.PL
golf:
First Warsaw Golf & Country Club, Rajszew 30 kms from Warsaw, ul. Golfowa 44
turbogolf.pl
JOGA:
AKADEMIA JOGI I HARMONIJNEGO ROZWOJU UL. FOKSAL 10, WWW.JOGAFOKSAL.PL
PRACOWNIA JOGI
UL. ŚNIADECKICH 17, WWW.YOGAMUDRA.PL
Yoga:
Academy of Yoga and Harmonic Development ul. Foksal 10, www.jogafoksal.pl
Yoga Studio ul. Śniadeckich 17, www.yogamudra.pl
KAJAKI, ŁÓDKI, ROWERY WODNE:
PUB POD PSTRĄGIEM PARK SKARYSZEWSKI, PODPSTRAGIEM.EU
FUNDACJA AVE
UL. CERAMICZNA 29, WWW.FUNDACJAAVE.PL
Kayaks, boats and pedal boats: rental at Pod Pstrągiem Pub
Skaryszewski Park, podpstragiem.eu
AVE Foundation
ul. Ceramiczna 29, www.fundacjaave.pl
KRĘGLE:
HULAKULA
W PODZIEMIACH BIBLIOTEKI UNIWERSYTECKIEJ, UL. DOBRA 56/66, WWW.HULAKULA.COM.PL
KRĘGIELNIA SASKA
UL. ANGORSKA 2, WWW.KREGIELNIA-SASKA.PL
Bowling:
Hulakula
in the basement of the University Library, ul. Dobra 56/66, www.hulakula.com.pl,
Saska Bowling Club
ul. Angorska 2, www.kregielnia-saska.pl
LODOWISKO TORWAR
OD WRZEŚNIA DO MAJA, UL. ŁAZIENKOWSKA 6 A, WWW.TORWAR.PL
Torwar skating rink
from September until May, ul. Łazienkowska 6 a, www.torwar.pl
NARTY:
GÓRKA SZCZĘŚLIWICKA PARK SZCZĘŚLIWICKI, UL. DRAWSKA 22, WWW.WOSIR.WAW.PL;
WYPOŻYCZALNIA NART BIEGOWYCH – PARK KULTURY W POWSINIE, UL. MAŚLAKÓW 1, WWW.PARKPOWSIN.PL
skiing: Szczęśliwicka Hill
Szczęśliwicki Park, ul. Drawska 22, www.wosir.waw.pl
cross-country ski rental
Park of Culture in Powsin, ul. Maślaków 1, www.parkpowsin.pl;
PAINTBALL:
PSI - PAINTBALL SPORT INTEGRACJA TU TEŻ QUADY, LEGIONOWO, UL. STRÓŻAŃSKA 53, WWW.PSI.WAW.PL
PSI - Paintball Sport Integracja
also quad rental Legionowo, ul. Stróżańska 53, www.psi.waw.pl

SKATE PARKI:
JUTRZENKA
UL. ROZBRAT 5, WWW.SKATEPARKJUTRZENKA.PL
KAMUFLAGE
AL. JEROZOLIMSKIE 179, WWW.KAMUFLAGE.PL
Skate parks:
Jutrzenka ul. Rozbrat 5, www.skateparkjutrzenka.pl
Kamuflage Al. Jerozolimskie 179, www.kamuflage.pl
SQUASH:
CENTRUM HANDLOWE BLUE CITY AL. JEROZOLIMSKIE 179, WWW.SQUASHCITY.PL
WOSIR UL. SOLEC 71, WWW.WOSIR.WAW.PL
HALA SPORTOWA „KOŁO"
UL. OBOZOWA 60
squash:
Blue City Shopping Mall Al. Jerozolimskie 179, www.squashcity.pl
WOSiR the regional sports and recreation centre, ul. Solec 71, www.wosir.waw.pl
Koło sports hall ul. Obozowa 60, www.osir-wola.pl
ŚCIANKI WSPINACZKOWE:
HALA SPORTOWA „KOŁO"
UL. OBOZOWA 60
OSIR UL. NOWOWIEJSKA 37 B
2 WIEŻE UL. MARYWILSKA 42E, WWW.2WIEZE.PL
W PIONIE
UL. NOWOWIEJSKA 37B, WWW.WPIONIE.PL
HULAKULA
UL. DOBRA 56/66, WWW.HULAKULA.COM.PL
ON SIGHT UL. OBOZOWA 60, WWW.OBOZOWA.WAW.PL
Climbing walls:
Koło sports hall ul. Obozowa 60
OSiR the sports and recreation centre, ul. Nowowiejska 37 b
2 Wieże ul. Marywilska 42e, www.2wieze.pl
W Pionie ul. Nowowiejska 37b www.wpionie.pl
Hulakula ul. Dobra 56/66, www.hulakula.com.pl
On Sight ul. Obozowa 60, ww.obozowa.waw.pl
TENIS ZIEMNY
LEGIA KLUB TENISOWY
UL. MYŚLIWIECKA 4A, WWW.TENISLEGIA.COM.PL
AZS TENIS CLUB
UL. ZIELENIECKA 2 PARK SKARYSZEWSKI, WWW.TENISWARSZAWA.PL
ground tennis:
Legia Tennis Club ul. Myśliwiecka 4a, www.tenislegia.com.pl
Academic Sports Union AZS Tennis Club
ul. Zieleniecka 2, Skaryszewski Park, www.teniswarszawa.pl

TATUAŻE
Tattoos

AZAZEL UL. PODLEŚNA 11 W MILANÓWKU, WWW.AZAZEL.PL
Azazel ul. Podleśna 11 in Milanówek, www.azazel.pl
BLACK-STAR STUDIO
UL. ZAMENHOFA 1, WWW.BLACKSTARSTUDIO.PL
Black-Star Studio
ul. Zamenhofa 1, www.blackstarstudio.pl
GULESTUS STUDIO
UL. STRUMYKOWA 40D, WWW.GULESTUS.PL
Gulestus Studio ul. Strumykowa 40d, www.gulestus.pl
JUNIORINK
UL. MARSZAŁ-KOWSKA 51, WWW.JUNIORINK.PL
STUDIO DERENIOWA UL. DERENIOWA 7, WWW.DERENIOWA.PL
Studio Dereniowa
ul. Dereniowa 7, www.dereniowa.pl
YAKUZA UL. CHMIELNA 19, WWW.YAKUZA.PL
Yakuza ul. Chmielna 19, www.yakuza.pl

TEATRY
Theatres

ATENEUM UL. JARACZA 2, TEL. 22 625 73 30, WWW.TEATRATENEUM.PL
Ateneum ul. Jaracza 2, tel. 22 625 73 30, www.teatrateneum.pl
DRAMATYCZNY
PAŁAC KULTURY I NAUKI, PL. DEFILAD 1, OD STRONY UL. MARSZAŁKOWSKIEJ, TEL. 22 656 68 44, WWW.TEATRDRAMATYCZNY.PL
Dramatyczny Palace of Culture and Science, pl. Defilad 1, from the side of ul. Marszałkowska, tel. 22 656 68 44
LABORATORIUM DRAMATU
UL. OLESIŃSKA 21, TEL. 663 741 903, WWW.TAT.PL
Laboratorium Dramatu
ul. Olesińska 21, tel. 663 741 903, www.tat.pl
LALKA PAŁAC KULTURY I NAUKI, PL. DEFILAD 1, TEL. 22 620 49 50, WWW.TEATRLALKA.WAW.PL
Lalka Palace of Culture and Science, pl. Defilad 1, tel. 22 620 49 50, www.teatrlalka.waw.pl
NARODOWY PL. TEATRALNY 3, TEL. 22 692 06 10, WWW.NARODOWY.PL
National Theatre
pl. Teatralny 3, tel. 22 692 06 10, www.narodowy.pl

NA WOLI UL. KASPRZAKA 22, TEL. 22 632 24 78, WWW.TEATRNAWOLI.PL
Na Woli ul. Kasprzaka 22, tel. 22 632 24 78, www.teatrnawoli.pl

NOWY TEATR UL. MADA-LIŃSKIEGO 10/16, TEL. 22 379 33 33, WWW.NOWYTEATR.ORG
Nowy Teatr ul. Madalińskiego 10/16, tel. 22 379 33 33, www.nowyteatr.org

OCH-TEATR UL. GRÓJECKA 65, TEL. 22 823 31 10, WWW.OCH-TEATR.COM.PL
Och-teatr ul. Grójecka 65, tel. 22 823 31 10, www.och-teatr.com.pl ;

POLONIA UL. MARSZAŁKOWSKA 56, PRZY PL. KONSTYTUCJI, TEL. 22 622 21 32, WWW.TEATRPOLONIA.PL
Polonia ul. Marszałkowska 56, at pl. Konstytucji, tel. 22 622 21 32, www.teatrpolonia.pl

POLSKI UL. KARASIA 2, TEL. 22 826 79 92, WWW.TEATR-POLSKI.ART.PL
Polski ul. Karasia 2, tel. 22 826 79 92, www.teatr-polski.art.pl

STUDIO PAŁAC KULTURY I NAUKI, PL. DEFILAD 1, TEL. 22 656 69 41, WWW.TEATRSTUDIO.PL
Studio Palace of Culture and Science, pl. Defilad 1, tel. 22 656 69 41, www.teatrstudio.pl

TR WARSZAWA UL. MARSZAŁKOWSKA 8, TEL. 22 480 80 08, WWW.TRWARSZAWA.PL
TR Warszawa ul. Marszałkowska 8, tel. 22 480 80 08, www.trwarszawa.pl

INDEKS

Index

◆

S

WARSZAWA

PRAGA PŁN.
ŻOLIBORZ
WOLA
MURANÓW
ŚRÓDMIEŚCIE
POWIŚLE
SASKA KĘPA
OCHOTA
PRAGA PŁD.
MOKOTÓW
URSYNÓW
WILANÓW

LEGENDA
Legend

1. FUNDACJA BĘC ZMIANA
UL. MOKOTOWSKA 65 (S. 26)
2. MUZEUM SZTUKI NOWOCZESNEJ
UL. PAŃSKA 3 (S. 117)
3. CSW UL. JAZDÓW 2 (S. 52)
4. BILY KONICEK
UL. KREDYTOWA 1 (S. 210)
5. DELIKATESY.TR
UL. MARSZAŁKOWSKA 8 (S. 156)
6. INSTYTUT TEATRALNY IM. ZBIGNIEWA RASZEWSKIEGO
UL. JAZDÓW 1 (S. 133)
7. TEATR POLONIA
UL. MARSZAŁKOWSKA 56 (S. 216)
8. FOTOPLASTIKON
AL. JEROZOLIMSKIE 51 (S. 97)
9. 5-10-15
UL. MOKOTOWSKA 73 (S. 105)
10. POWIĘKSZENIE
UL. NOWY ŚWIAT 27 (S. 64)
11. ZAGŁĘBIE KLUBOWE NA TYŁACH NOWEGO ŚWIATU
UL. NOWY ŚWIAT 22/28 (S. 231)
12. CAFÈ VINCENT
UL. NOWY ŚWIAT 64 (S. 215)
13. NOWY WSPANIAŁY ŚWIAT
UL. NOWY ŚWIAT 63 (S. 177)
14. ATELIER FOKSAL
UL. FOKSAL 11 (S. 148)
15. WIATRAKI UL. WARECKA 8/30A, WEJŚCIE OD UL. KUBUSIA PUCHATKA (S. 159)
16. LORELEI UL. WIDOK 8 (S. 103)

MOKOTÓW ŚRÓDMIEŚCIE

17. CENTRUM NAUKI „KOPERNIK”
NAD WISŁĄ U ZBIEGU UL. WYBRZEŻE KOŚCIUSZKOWSKIE I ZAJĘCZEJ (S. 104)

18. WARSZAWA POWIŚLE
UL. KRUCZKOWSKIEGO 3 (S. 82)

19. 1500 M2 DO WYNAJĘCIA
UL. SOLEC 18 (S. 126)

20. OSIR UL. TAMKA 40 (S. 139)

21. STADION LEGII
UL. ŁAZIENKOWSKA 3 (S. 213)

22. ZAKLĘTE REWIRY
UL. NARBUTTA 50A (S. 65)

23. RELAKS
UL. PUŁAWSKA 48 (S. 188)

24. OCH-TEATR
UL. GRÓJECKA 65 (S. 235)

25. IZUMI SUSHI
UL. BIAŁY KAMIEŃ 4 (S. 167)

26. OKI DOKI HOSTEL
PL. DĄBROWSKIEGO 3 (S. 49)

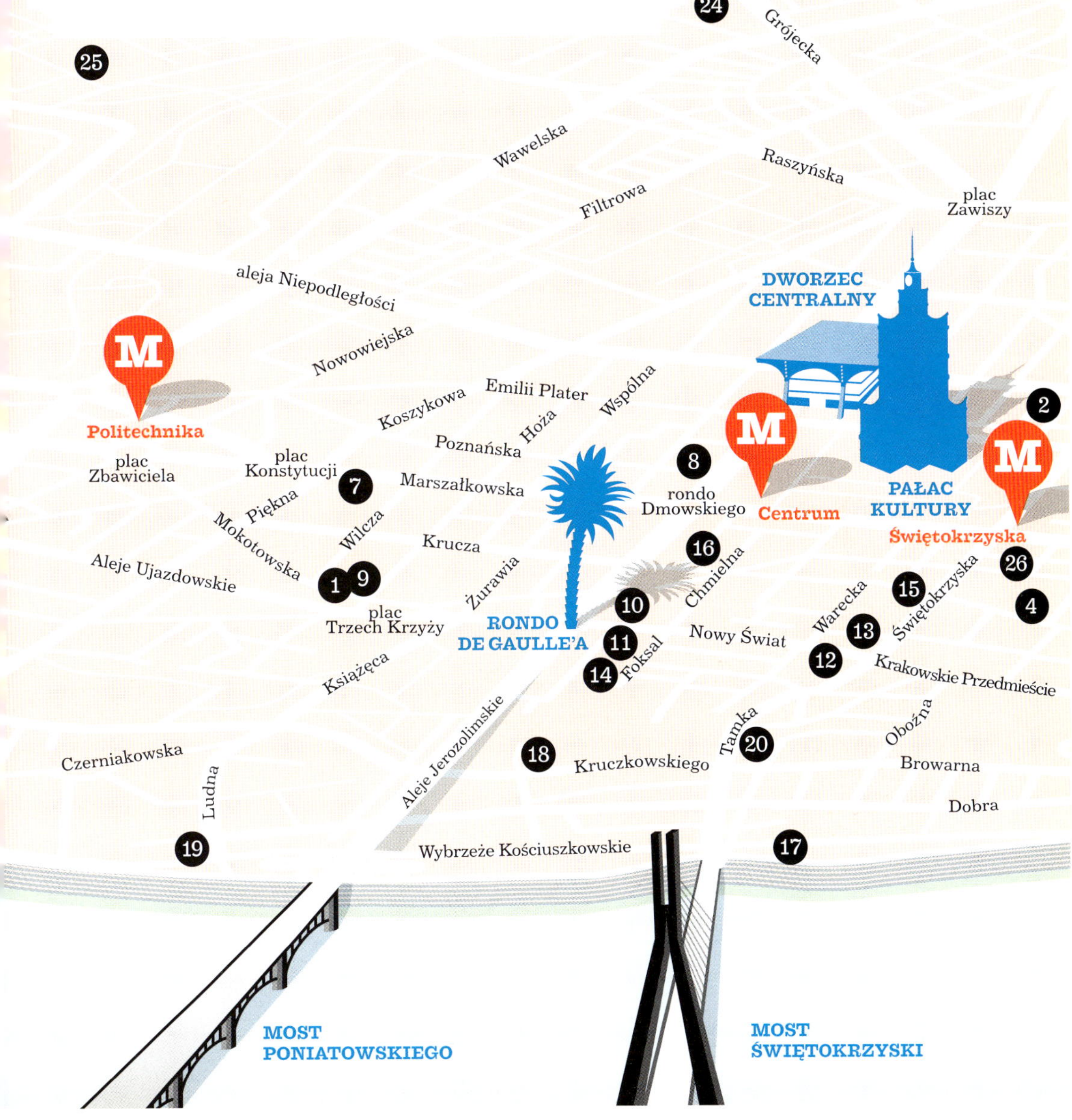

LEGENDA
Legend

1. ZACHĘTA
PL. MAŁACHOWSKIEGO 3 (S. 44)
2. MUZEUM KOLEJNICTWA
UL. TOWAROWA 1 (S. 32)
3. CHŁODNA 25
UL. CHŁODNA 25 (S. 54)
4. BAZAR NA KOLE
UL. OBOZOWA 99A (S. 70)
5. RÓŻOWY NEON
NA KĘPIE POTOCKIEJ (S. 134)
6. VEGA
AL. JANA PAWŁA II 36C (S. 123)
7. CDQ
UL. BURAKOWSKA 12 (S. 128)
8. MIELŻYŃSKI
WINE AND SPIRITS
UL. BURAKOWSKA 5/7 (S. 236)
9. KAMIENIOŁOMY
UL. OSSOLIŃSKICH 3 (S. 129)
10. KAWIARNIA OGRODY
UL. MARIENSZTAT 21A (S. 149)
11. SYNAGOGA NOŻYKÓW
UL. TWARDA 6 (S. 162)
13. POWĄZKI
UL. POWĄZKOWSKA 14 (S. 176)

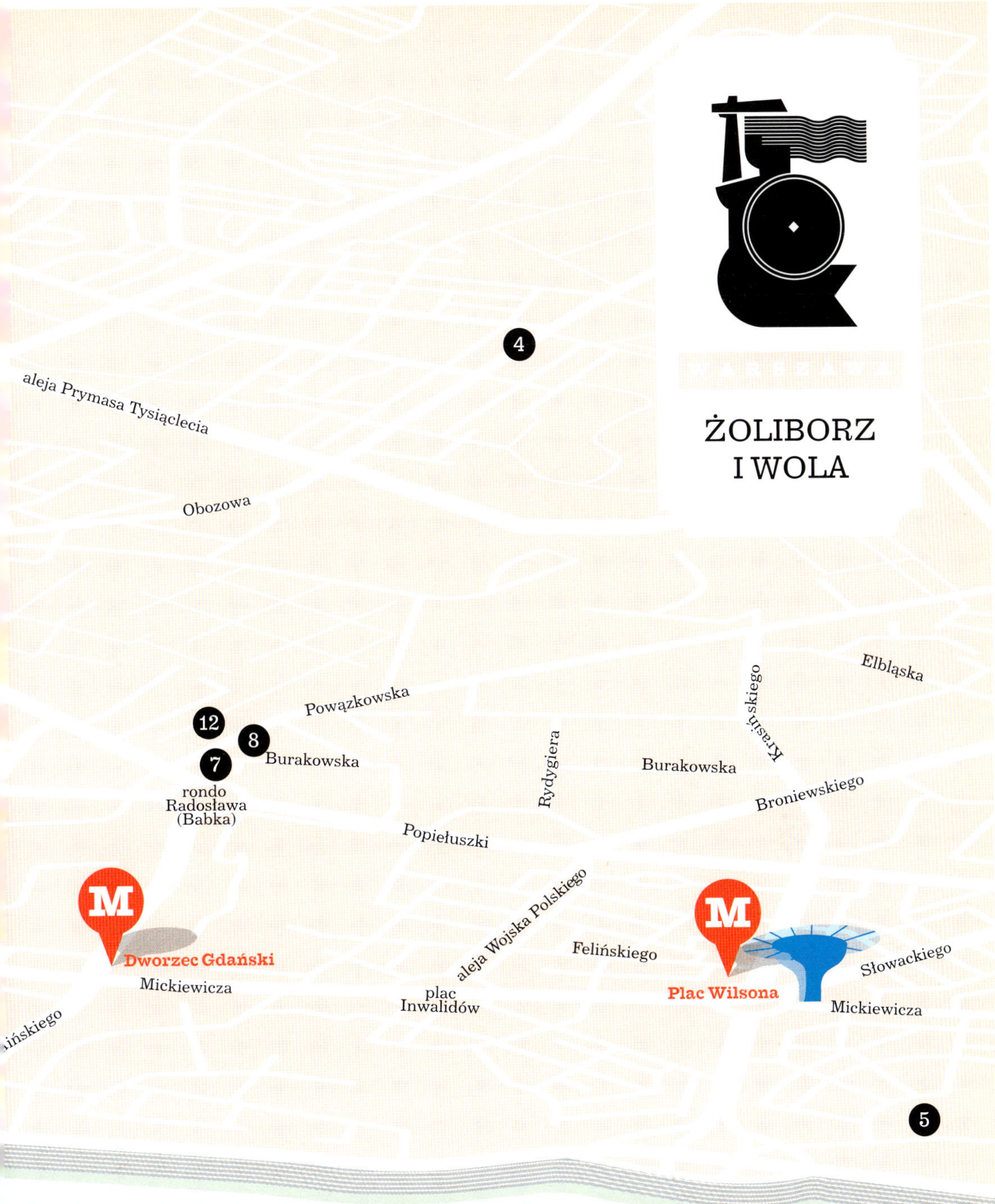
ŻOLIBORZ
I WOLA
aleja Prymasa Tysiąclecia
Obozowa
Powązkowska
Burakowska
rondo
Radosława
(Babka)
Rydygiera
Burakowska
Krasińskiego
Elbląska
Broniewskiego
Popiełuszki
aleja Wojska Polskiego
Felińskiego
Słowackiego
M
Dworzec Gdański
M
Plac Wilsona
Mickiewicza
plac
Inwalidów
Mickiewicza
ińskiego
4
12
8
7
5

ST
ŃSKI

PRAGA
Kondratowicza
Radzymińska
Księcia Ziemowita
Naczelnikowska
św. Wincentego
Plantowa
Odrowąża
Szwedzka
Radzymińska
3
Czynszowa
Stalowa
4
aleja „Solidarności"
Starzyńskiego
Namysłowska
11 Listopada
7
10
Białostocka
Ząbkowska
Brzesk
Inżynierska
5
Targow
Jagiellońska
ZOO
1
Ratuszowa
Okrzei
Wy
MOST GDAŃSKI
MOST ŚLĄSKO-DĄBROWSK

LEGENDA
Legend

1. ZOO
AL. „SOLIDARNOŚCI" (S. 29)
2. CAFÉ MISIANKA
PARK SKARYSZEWSKI, WEJŚCIE OD AL. WASZYNGTONA (S. 56)
3. FABRYKA TRZCINY
UL. OTWOCKA 14 (S. 109)
4. PAN GUMA
RÓG UL. STALOWEJ I CZYNSZOWEJ (S. 124)
5. SEN PSZCZOŁY
UL. INŻYNIERSKA 3 (S. 127)
6. KĘPA CAFÉ
UL. FINLANDZKA 12A (S. 14)
7. ZAGŁĘBIE KLUBOWE
UL. 11 LISTOPADA 22 (S. 231)
8. BAOBAB
UL. FRANCUSKA 31 (S. 224)
9. M25
UL. MIŃSKA 25 (S. 128)
10. [V]IURO
UL. 11 LISTOPADA 22 (S. 94)

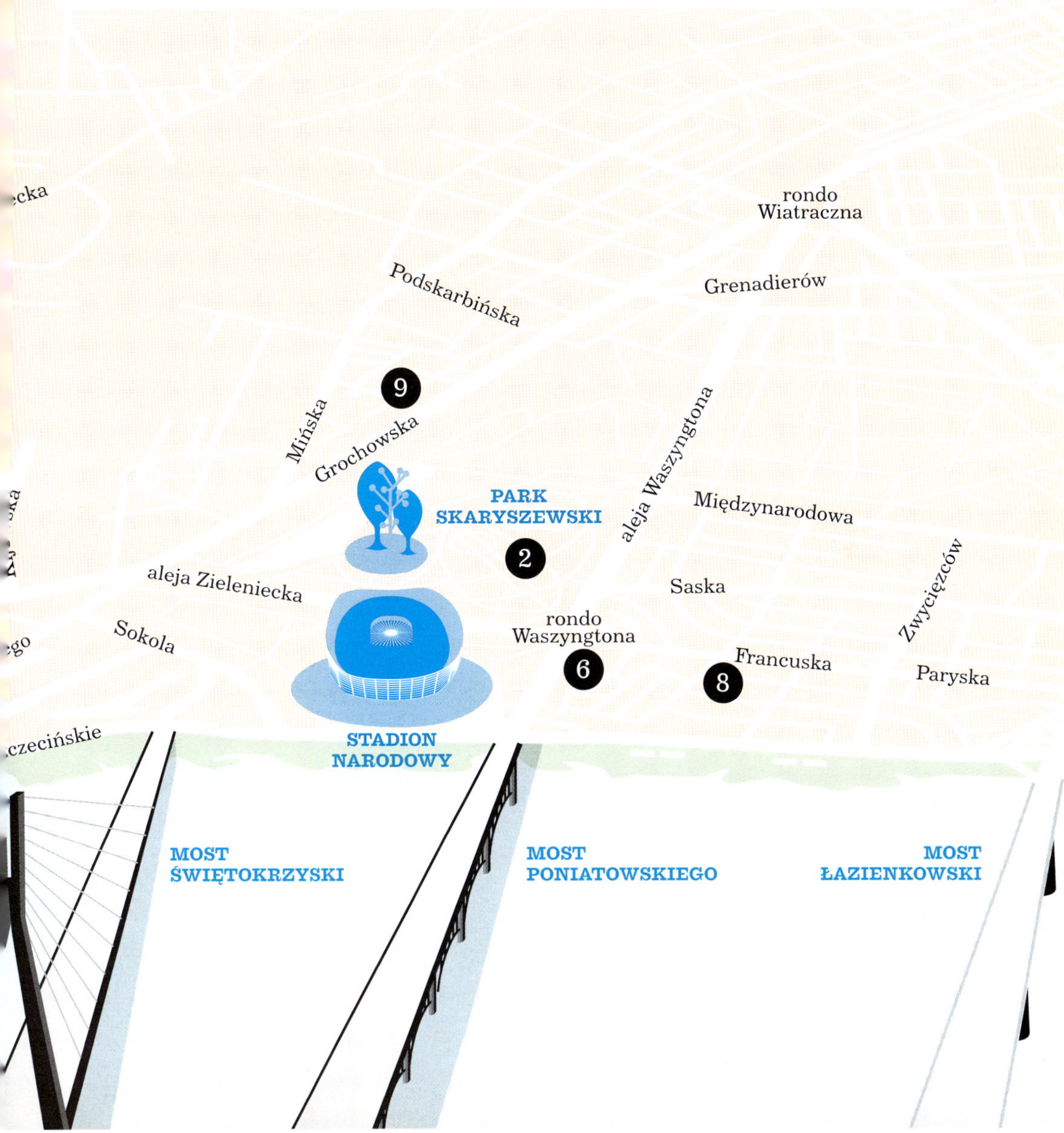

MAPA KOMUNIKACJI SZYNOWEJ

Rail Transport map

BIBLIOGRAFIA
Bibliography

◆

Brzostek Błażej, *Za progiem. Codzienność w przestrzeni publicznej Warszawy lat 1955-1970*, wyd. TRIO, 2007;

Citydoping, przewodnik, wyd. Citydoping, 2008;

Faryna-Paszkiewicz Hanna, *Saska Kępa*, wyd. Murator, 2001;

Faryna-Paszkiewicz Hanna, *Saska Kępa w listach, opisach, wspomnieniach...*, wyd. Kowalska/Stiasny, 2004;

Gomulicki Maurycy, *W-WA* wyd. Fundacja Nowej Kultury Bęc Zmiana, 2007;

Komiksowy przewodnik po Warszawie, wyd. Urząd Miasta Warszawa, Polskie Stowarzyszenie Komiksowe, 2010;

Leśniakowska Marta, *Architektura w Warszawie 1989-2001*, wyd. „Arkada" Pracownia Historii Sztuki, 2002;

Leśniakowska Marta, *Architektura w Warszawie 1945-65*, wyd. „Arkada" Pracownia Historii Sztuki, 2003;

Majewski Jerzy S., *Warszawa śladami Chopina*, wyd. Agora, 2010;

Majewski Jerzy S., *Warszawa nieodbudowana. Metropolia belle époque*, wyd. Veda, 2003;

Majewski Jerzy S., *Warszawa nieodbudowana. Lata dwudzieste*, wyd. Veda, 2004;

Majewski Jerzy S., *Warszawa nieodbudowana. Lata trzydzieste*, wyd. Veda, 2005;

Majewski Jerzy S., Urzykowski Tomasz, Bartoszewicz Dariusz, *Spacerownik Warszawski*, wyd. Agora, 2007;

Majewski Jerzy S., Urzykowski Tomasz, Bartoszewicz Dariusz, *Spacerownik Warszawski 2*, wyd. Agora, 2007;

Majewski Jerzy S., Urzykowski Tomasz, *Przewodnik po powstańczej Warszawie*, wyd. Muzeum Powstania Warszawskiego, 2007;

Notes.from.Warsaw 2007, wyd. Fundacja Nowej Kultury Bęc Zmiana, 2007 (notesfromwarsaw.blogspot.com);

Passent Agata, *Pałac wiecznie żywy*, wyd. Spis Treści, 2004;

Passent Agata, Lisowski Kacper, *Miastówka*, wyd. Pracownia Słów 2002;

Passent Agata, Wojtek Wieteska, *Stacja Warszawa*, wyd. Nowy Świat, Warszawa 2007;

Pilich Michał, *Warszawska Praga. Przewodnik*, Warszawa 2005;

Przewodnik po Muzeum Powstania Warszawskiego, Warszawa 2007;

Sańczuk Anna, Chaciński Bartek, Skolimowski Jacek, *Warszawa. W poszukiwaniu centrum. Miejski przewodnik*, wyd. Znak, 2005;

Sołtysiak Grzegorz, *Filmowy przewodnik po Warszawie*, wyd. Muzeum Powstania Warszawskiego, 2007;

Stadion X. Miejsce, którego nie było, red. Joanna Warsza, wyd. Fundacja Bęc Zmiana i Ha!Art, 2009;

Szczęsny Jakub, *Wyspa. Synchronizacja*, wyd. Fundacja Bęc Zmiana, 2009;

Tomasik Krzysztof, Zabłocki Krzysztof, Pietras Marcin, Teodorczyk Marcin, Minałto Michał, Szot Wojciech, Kostrzewa Yga, *HomoWarszawa*, wyd. Abiekt, Stowarzyszenie Otwarte Forum, Stowarzyszenie Lambda Warszawa, 2009;

Wallpaper City Guide. Warsaw, wyd. Phaidon, 2008;

Warszawa. Czas na przestrzeń, wyd. Fundacja Nowej Kultury Bęc Zmiana, 2005.

www.zrobtowwarszawie.pl
■ Odkrywaj z nami nowe alternatywne miejsca w Warszawie
■ Poznaj stolicę pełną niestandardowych atrakcji
Szczegóły na: **www.zrobtowwarszawie.pl**
i co piątek w stołecznej „Gazecie Co Jest Grane"
Partner projektu
WARSZAWA
EUROPEJSKA STOLICA KULTURY
zakochaj się w Warszawie
www.cjg.gazeta.pl
gazeta
cojestgrane
gazeta
WYBORCZA.PL

www.warszawa2016.pl
KANDYDAT 2016
WARSZAWA
EUROPEJSKA STOLICA KULTURY
zakochaj się w Warszawie
2016 KANDYDAT
EUROPEJSKA
STOLICA
KULTURY

MIEJSKIE PRZEDSIĘBIORSTWO WODOCIĄGÓW I KANALIZACJI
W M.ST. WARSZAWIE SPÓŁKA AKCYJNA

STACJA FILTRÓW OTWIERA PODWOJE

Działająca od 1886 roku Stacja Filtrów to unikatowy pod względem historycznym, architektonicznym i technologicznym obiekt, który do dziś z powodzeniem służy mieszkańcom stolicy.

W każdą sobotę wakacji warszawiacy i turyści będą mogli wejść na teren Stacji i pod opieką przewodnika zwiedzić ten wyjątkowy zabytek XIX-wiecznej architektury przemysłowej. Wizyta zaczyna się od sali wystawowej w dawnej hali pomp, gdzie wśród pamiątek związanych z historią wodociągów warszawskich znajdują się m.in. oryginalne szkice i rysunki autorstwa projektanta stacji – Williama Lindleya. W programie 45-minutowej wycieczki jest też wizyta w górującej nad terenem Filtrów 42-metrowej wieży ciśnień oraz odwiedziny w Zakładzie Filtrów Pospiesznych z pierwszej połowy XX wieku. Punktem kulminacyjnym jest wejście do filtra powolnego, który wygląda dokładnie tak, jak 120 lat temu. W pochodzącym z lat 70. budynku II ciągu technologicznego można natomiast zobaczyć, jak woda przepływa przez pulsatory. Planowana jest również degustacja wody uzdatnionej na Stacji Filtrów. Wycieczka kończy się pod pomnikiem prezydenta Warszawy, dzięki któremu powstały warszawskie filtry – Sokratesa Starynkiewicza.

Fot. Wojciech Sternak / Artfolio.pl

Filtry można zwiedzać tylko z zaproszeniami na określoną godzinę, które wydawane będą od 25 czerwca w godzinach 7.00 – 18.00 w portierni przy ul. Koszykowej 81. W każdą sobotę przewidziano sześć 25-osobowych grup. Początek zwiedzania – godz. 9.00.

Szczegóły – www.mpwik.com.pl